"工程与法"系列丛书

开发商的法律课堂

王劲松　胡玉芳　李兰兰　杨　林　著
王志强　统筹

U0330740

中国建筑工业出版社

图书在版编目（CIP）数据

开发商的法律课堂/王劲松等著. —北京：中国建
筑工业出版社，2014.9
（"工程与法"系列丛书）
ISBN 978-7-112-17196-5

Ⅰ.①开…　Ⅱ.①王…　Ⅲ.①房地产法-基本知
识-中国　Ⅳ.①D922.181

中国版本图书馆 CIP 数据核字（2014）第 194205 号

　　本书是目前市场上鲜有的房地产企业管理人员、法务经理使用的法律手册。本书从开发商的
角度出发，以开发商在整个房地产开发流程中各阶段的角色为落脚点，结合最新的法律、法规、
司法解释、审判实践中经典案例及多年的律师从业经验，自开发商取得房地产项目开始，直至最
后完成项目租售，分阶段，分重点地标识开发商所面临的法律风险，并有针对性的结合经典案例，
全面细致地阐述开发商在各阶段如何应对相应的法律风险。本书旨在全过程全方位地指导开发商
把控风险，同时本书的各部分均附有开发商常用的协议文书样本，方便开发商在处理事务的过程
中直接参照使用。
　　本书非常适合从事房地产企业的管理人员、法务经理阅读，对工程管理和工程法律专业师生
具有参考价值。

　　责任编辑：赵晓菲　朱晓瑜
　　责任设计：张　虹
　　责任校对：李欣慰　赵　颖

"工程与法"系列丛书
开发商的法律课堂
王劲松　胡玉芳　李兰兰　杨　林　著
王志强　统筹
*
中国建筑工业出版社出版、发行（北京西郊百万庄）
各地新华书店、建筑书店经销
北京科地亚盟排版公司制版
北京建筑工业印刷厂印刷
*
开本：787×960 毫米　1/16　印张：26¼　字数：440 千字
2015 年 1 月第一版　2015 年 1 月第一次印刷
定价：68.00 元
ISBN 978-7-112-17196-5
（25987）

作者简介

王劲松律师，广东联建律师事务所合伙人，深圳律协建设工程与房地产法律委员会副主任，系深圳市民商事调解中心专家调解员、腾讯大粤房产智库专家、《深圳律师》特约撰稿人、深圳电视台嘉宾律师。曾在司法机关、大型房企任职多年。执业期间办理上百起房地产案件，具有丰富的房地产诉讼、非诉讼经验。作为率先致力于三旧改造的法律专家，公开发表数十篇专业文章。

邮箱：wanglawyer@21cn.com

胡玉芳律师毕业于华东政法大学法律系，执业以来一直专注于建设工程与房地产的法律服务，为多家知名房地产、建筑企业提供过法律服务。合著有《建筑施工企业工程合同风险管理法律实务》、《建设工程施工合同纠纷判解》、《项目经理的法律课堂》等著作。现为北京市盈科（深圳）律师事务所合伙人，深圳市律师协会建设工程与房地产法律委员会委员及广东省律师协会房地产法律专业委员会委员。

邮箱：734084149@qq.com

李兰兰律师，广东君言律师事务所合伙人，十三年法律工作经历。深圳市妇联常年法律援助律师、深圳市图书馆法律援助律师、深圳市宝安区人民法院调解员、深圳市律协女律师工作委员会委员、房地产和建筑专业委员会委员、深圳市第九次律师代表大会代表。2013年《深圳市城市更新法律实务及法规政策汇编目录》主编。

邮箱：17124506@qq.com

杨林律师，广东卓建律师事务所创始合伙人，房地产与建设工程法律事务部负责人，广东省律师协会房地产专业委员会委员、深圳市律师协会房地产专业委员会委员。1999年毕业于武汉大学，2000年进入律师行业，专注于房地产与建设工程法律服务十五年，具有很强的专业能力和丰富的实践经验。

邮箱：942068451@qq.com

序一　回归专业　崇尚专业

律师专业化不仅仅源于社会分工的细化和知识结构的复杂化，也因为法律事务在多样化前提下逐呈专门性趋势，需要律师专业技能的精细化以提供有针对性的解决方案，通才式解决某类案件或法律事务越来越困难。当事人合法利益的最大化有赖于律师能够游刃有余地运用法律的精深技艺，给出更专业的答案。

不少律师不太愿意在当事人或者同行面前坦言自己不懂某专业，也不愿意在专业细分方面做出改变的努力，这不仅不利于其自身专业领域知名度的打造，也失去了律师走专业化发展方向的机会。我们要放弃那种"博"即"精品"的认识和做法，直面自己的专业定位，在律师服务市场激烈竞争中打"差异化"、"专业化"这张牌，努力将自身打造成所在专业领域的"精品"。

我们提倡的回归专业、崇尚专业并不是一句口号，它张扬的是一种职业思想、观念和意识，同时也要落实为执业过程中的行为准则和价值坚守，在形成行业共识的基础上引领律师行业发展，达致更高的水平。摆在读者面前的这本《开发商的法律课堂》，就是我们落实回归专业和崇尚专业的例证，并借此向全行业传递崇尚专业的精神。

经验应该被总结和传承。因地缘和政策优势，深圳律师在房地产、融资、科技创新、海商、国际贸易等法律事务方面有着丰富的专业经验。深圳律师协会组编的这套丛书，体现深圳律师在部分领域的执业状况和专业技能，希望成为丰富律师专业化的重要素材，并作为专业化样本能够对律师专业化水平提高有所帮助。

是为序。

高　树

深圳市律师协会会长

序二 绕过暗礁

从 1987 年深圳转让国有土地使用权算起，房地产业在中国大陆的复苏还不到 30 年。然而，它却给中国带来了翻天覆地的变化。它改变了城市的容貌，为城市中产阶层提供了舒适的现代住宅，为无数进城打工的农民兄弟提供了就业机会，带动了一系列相关产业的发展，成为名副其实的国民经济支柱。伴随着行业的成长，与房地产开发相关的法律和制度体系也逐步形成。

盘点房地产法律规范，我们看到一个有趣的现象，位阶越高的法，越不起作用。许多法律，充斥着宣教性的条文、抽象的原则，缺少具体办法，为了解决问题，还要再制定行政法规与规章。比如，《土地管理法》之下有《土地法实施条例》、《城镇国有土地使用权出让和转让暂行条例》，条例之下还有关于土地出让"招拍挂"的规章；《城市房地产管理法》之下有《城市房地产开发经营管理条例》；《建筑法》之下有《建设工程质量管理条例》等。有关房地产的司法解释就更多了：《关于商品房买卖合同纠纷的解释》（2003）；《关于土地使用权纠纷的解释》（2005）；《关于建设工程纠纷的解释》（2005）；《关于房屋租赁纠纷的解释》（2009）；《关于区分所有权纠纷的解释》（2009）等。不是法律专业人士，很难搞清它们之间的关系。

法院处理房地产纠纷案件，主要依照司法解释。而在行政机关，主要依照上级机关的文件办事。比如住宅区的停车位产权，物权法明确规定，规划内的车位属于建设单位，视同专有部分，可以出售出租附赠；而到了各地，就存在各种不同做法：上海可以登记包括人防车位在内的地下车位，北京只登记非人防的地下车位；深圳至今不办理任何车位的登记。同样的车位产权纠纷案件，在不同的地方法院，会得出完全不同的判决。

更不可捉摸的是，法律的效力往往不如政策。尽管法律也是党领导下制定的，但由于政策更加灵活，两件工具比较，自然后者顺手。所谓的宏观调控，本质就是以临时动议的"政策"改变现行的法律。比如，为了贯彻"90/70政策"，许多地方政府违反《城乡规划法》的规定，撤销已经核发的规划许可证，要求建设单位重作规划方案、重新报批；又如，为了抑制房价的过快上涨，许多地方推出限购、限价甚至禁购的政策，不符合所谓购房资格的，即使签订了合同，也不被承认。这些做法，用法律来衡量，都不具有合法性。

由于政策当家，一个事情的法律后果就存在很大的不确定性。比如，未按期动工开发的土地，逾期满一年的，依法须缴纳土地价款20%的闲置费，超过两年的，无偿收回。但实务中，不能按照出让合同约定动工开发的土地十分普遍，而受到处罚的则是凤毛麟角。究竟哪块地会收回，哪块地不会，都不确定。再如，转让土地使用权，按照法律规定必须完成25%的投资，对这种不合理的要求，转让双方往往通过各种方式规避。但一旦被行政机关认定为违法转让，甚至可以上升到刑事层面，追究"非法转让土地使用权罪"的刑事责任。再比如，一个不符合"购房资格"的人买了商品房，合同不予备案，产权不予登记，但如果双方合同都履行了，他也实际占有了房屋，这时房屋的所有权是谁的，没人说得清。

本书第13课中有一个案例，生动地揭示了司法后果的不确定性：天津购房人叶某与开发商签了商品房买卖合同，房屋总价148万元，约定叶某支付首付款48万元，剩余房款100万元贷款支付，若贷款因叶某自身原因未获批准，由叶某自行筹齐剩余房款。两个月后，天津实施限购令，叶某因非天津市户籍，银行拒绝贷款。于是叶某要求解除合同，返还房款。法院认为，因国家宏观调控政策对购房人的履约能力产生重大影响，叶某不能取得银行贷款是无法预见的重大变化，若继续履行合同，对叶某明显不公，因此支持叶某解除合同，判令开发商返还叶某已交付的购房款48万元及利息。这个判决明显荒唐：双方明明约定了贷款不成的解决方案，怎么能说是签约时无法预见？买方筹不到钱，是自身的问题，不能如约付款，就是违约，凭什么要守约方承担损失？就算叶某没有能力继续履行合同，但他总有能力承担违约责任吧？守约的开发商白白丧失了在市场火爆时成交的机会，损失谁来弥补？类似这样的案例，熟悉房地产业的人一点都不陌生。

一边是立法层面上不断地追求科学、法治，另一边却是行政层面顽强地维护已有的权力。比如，1994年房地产法制定时，被立法机关所否定的开发企业资质制度，主管部门却通过行政法规保留下来；建设工程的竣工验收，2000年法规已改成四方验收，但行政机关又通过"竣工验收备案"，设立了变相的许可。

法定的行政许可，就是通常所说的五证：土地使用权证、建设用地规划许可证、建设工程规划许可证、施工许可证、预售许可证，但事实上的各种许可数不胜数。2008年，河北省整顿房地产行政审批，清理出房地产开发盖章 166 枚，经审查只保留了 26 枚，清理出行政审批和备案手续 147 项，经审查只保留 28 项，清理出房地产开发收费项目 54 项，经审查只保留 22 项，可见，80% 以上的公章和审批，60% 以上的收费都是不正当的。由此看出房地产经营的法律环境，表面航道宽阔，航标清晰，而水下边却有无数暗礁。

对企业而言，潜规则也是规则，而且是更重要的规则。在这样的法律环境下经营，如同在暗礁密布的河流中航行。而这本《开发商的法律课堂》，就是指导房企识别与绕过暗礁的导航手册。它绝非普法教材，而是从房地产实务出发，从拿地、融资，到建设、销售、交付，系统地介绍房地产开发全过程中的法律风险，指明了一个个陷阱与暗礁。它的语言通俗明快，摆脱了学术范儿与理论味，非常适合房企的管理人员、法务经理阅读。里边大量的案例，更如同一个个标本，为关注与研究房地产业的人提供了素材。书中附录的大量文本、模板，为企业法务经理提供了宝贵的参考资料，有助于提高工作效率。比起那些天花乱坠的战略、管理书籍，《开发商的法律课堂》看似朴实无华，却相当靠谱和实用。

颜雪明

万科集团首席律师

中国房地产业协会法律专业委员会副主任

序三　专业化的要求

从 1980 年全国第一个商品房东湖丽苑在深圳的出现，到中国土地拍卖的"第一槌"；从首家中介机构的出现，在深圳成长起来的全国第一批如万科、中海、招商、华侨城、金地等品牌房企，到第一部物业管理法规出台。可以看出，特区的"特"在何处，在房地产业中得到了最淋漓尽致的体现。在深圳房地产发展的每个重要节点中都会有深圳律师的身影。房地产法律服务在深圳开展最早，发展最快，业务比例最大。律师为深圳房地产发展提供了从投融资、土地买卖、项目工程建设、房屋买卖、按揭贷款到物业管理的一条龙服务。毋庸置疑，深圳律师为深圳乃至全国房地产的繁荣、快速发展做出了重要贡献。

随着我国法制建设的日益完备和法律服务领域的日渐拓展，必然对律师的素质提出更高的要求，特别是对律师的专业化要求越来越高。作为深圳市律协房地产法律委员会首届主任，看到这本由几位深圳青年律师组织编写的房地产研究成果，我感到由衷地高兴。他们结合自身多年的从业心得，从开发商角度对项目取得、房地产投融资、项目开发建设、项目租售、前期物业管理等流程做了比较详细的介绍，并对其中可能存在的问题、风险进行了深入解读，做到了从理论到实务、从风险到对策，内容系统全面、条理清晰。

同时，本书并没有沦为一本让读者感觉枯燥、乏味的理论书，通过大量生动真实的案例，以通俗、轻松的语言深入浅出地阐述了房地产法律知识，更好地帮助开发商甚至是普通读者对房地产法律方面有更加深入的理解；通过选编简洁实用的房地产各类合同文本，为从事房地产服务的实务人员直接应对日常工作、解决棘手问题提供了实用的、可供模仿的工具。本书还对许多制度都做了有意思的讨论，比如股权收购、融资实务操作、商务租赁，诸如此类，这些来自实务前沿的思考，相信会给很多人带来启发。

简而言之，几位青年律师从诉讼实务角度对开发商可能面临的法律风险，以及可能产生的影响做了前瞻预判，而且还根据他们在律师实务工作中的体验和理解，指出了操作技巧和应对策略。这无不体现出律师平日积累的深厚专业功底以及对房地产方面所做的扎实研究。透过这些研究，更让我看到了他们作为法律工作者，心中对法治不渝的追求和情怀。

童 新

广东省律师协会副会长

中国政法大学兼职教授

前　　言

　　房地产业作为我国国民经济的支柱产业，对于经济发展具有巨大的推动作用。在当前变幻莫测的市场情势下，开发商在房地产开发的整个流程中，能否正确应对和处理各种法律问题，对于企业经营和项目运作的成败与否具有重要意义。

　　本书命名为《开发商的法律课堂》，顾名思义主要是从开发商的角度出发，以开发商在整个房地产开发流程中各阶段的角色和定位为落脚点，结合最新的法律、法规、司法解释、审判实践中经典案例及多年的律师从业经验，自开发商取得房地产项目开始，直至最后完成项目租售，分阶段、分重点地标识开发商所面临的法律风险，并有针对性地结合经典案例，全面细致地阐述开发商在各阶段如何应对相应的法律风险。

　　本书在体例编写上主要以房地产开发流程为主线，分为四个部分，分别为项目取得、房地产融资、项目开发建设、项目租售。开发商不同于房地产开发过程中的其他主体，在整个房地产开发过程中需要面对政府、承建商、供应商、投融资机构、业主和其他市场主体在内的各种主体，在不同阶段甚至是同一阶段面临不同主体时所面临的法律问题和法律风险亦是千差万别，作为重资产行业，每一个细节都不容有失。本书旨在全过程全方位地指导开发商把控风险，同时本书的各部分均附有开发商常用的协议文书样本，方便开发商在处理事务的过程中直接参照使用。

特别需要指出的是，本书在编写过程中得到了深圳市律师协会的大力支持，尤其是高树会长、张斌副会长及张弢理事的倾心点拨和指引。在深圳律师业高举创新与发展的大旗并争创一流律师业的进程中，崇尚专业，提升服务的专业水平，是每一名深圳专业律师责无旁贷的使命。

房地产市场不断变化发展，受宏观调控政策的影响较大。新政策、新情况不断出现，本书就开发商在当前房地产市场中遇到的一般问题及多发问题进行归纳梳理，由于时间仓促，作者水平有限，错谬之处难免，请读者不吝提出各种宝贵意见。

目　录

第1篇　项目取得

第 2 篇 房地产融资

第3篇 项目开发建设

第15课 商业租赁——持续提升价值 /327

第16课 前期物管——无缝对接 /369

第 **1** 篇

项目取得

第1课 土地出让与受让

💡 引言

　　要开发一个房地产项目，首先当然要取得项目用地。在开发的各个环节中，拿地是关键的一环，是进行开发的先决条件，否则即为无源之水，无本之木。

　　那么，用地从哪里来呢？本课即介绍开发商通过直接或间接的方式取得项目用地的方法和要注意的法律问题。

1.1　招拍挂的那些事

　　开发商拿地有直接的方式：①从政府手中通过招拍挂等方式拿地；②受让他人的用地。也有间接的方式：①合作开发；②收购有地公司的股权；③通过旧城改造或城市更新取得用地。直接的土地出让与受让，可以称为取得项目开发的第一把钥匙。

1.1.1　招拍挂速读

　　行业里经常提到的"招拍挂"，顾名思义其实是"招标、拍卖、挂牌"的简称。国土资源部 2006 年出台的《招标拍卖挂牌出让国有土地使用权规定》（国土资源部令第 11 号）明文规定：土地公开出让方式包括招标、拍卖和挂牌。

招标出让国有土地使用权是指市、县人民政府土地行政主管部门（以下称出让人）发布招标公告，邀请特定或者不特定的公民、法人和其他组织参加国有土地使用权投标，根据投标结果确定土地使用者的行为。

拍卖出让国有土地使用权，是指出让人发布拍卖公告，由竞买人在指定时间、地点进行公开竞价，根据出价结果确定土地使用者的行为。

挂牌出让国有土地使用权，是指出让人发布挂牌公告，按公告规定的期限将拟出让宗地的交易条件在指定的土地交易场所挂牌公布，接受竞买人的报价申请并更新挂牌价格，根据挂牌期限截止时的出价结果确定土地使用者的行为。

从实际情况来看，国有土地使用权的出让方式在不断的变化和调整，以提升相应的灵活度来满足市场需求。如，北京就土地出让采取相应措施，试点"限房价"评标以避免"价高者得"，代之以"综合条件最优者得"进行综合评标，价格所占分值由 50 分降低到 25 分，不设评标委员会；上海土地招标的新规中报价因素仅占三成，招标评分主要分为技术标和商务标，两项各占 50 分，其中竞买报价是商务标中的一项，总分 30 分，仅占到全部评标环节中的 30%。

住房和城乡建设部相关负责人表示，将在坚持和完善土地招拍挂制度的同时，探索综合评标、一次竞价、双向竞价等出让方式，抑制居住用地出让价格非理性上涨。综合评标是指在国有建设用地使用权招标出让中，按照"综合条件最佳者得"这样一个原则来确定出让的。换句话说，就是在招标出让土地中是"综合条件最佳者得"，不一定是"价格最高者得"。可见，价格将不再是决定是否竞得地块的决定性因素，这将是未来招拍挂方式发展的趋势。

除招拍挂等土地出让方式之外，广州等一些地方还试行了上网竞价等方式。

从政府手中通过招拍挂拿地是最正规简单的途径。其优点是土地手续干净，无上手法律瑕疵而可直接进入开发阶段。缺点主要有两个：一是由于此类地块较少，往往因竞争者的争夺而导致土地成交价超出收购预算；二是由于交易的对方是政府，双方协商合同的余地较小。

取得项目用地是开发房地产项目的根本之基，不容有丝毫疏忽。业内常说，开发房地产项目的风险主要包括市场风险、政策风险和法律风险。笔者认为，前两类风险属于系统性风险，开发商往往很难控制和规避，但法律风险属于操作性风险，只要"选对人，做对事"，开发商完全可以避免不必要的损失。

1.1.2 招拍挂的尽职调查

如从政府手中通过招拍挂拿地，开发商可委托专业的房地产律师做好对出让土地的尽职调查，通常包括：对申请受让国有土地进行实地踏勘，查清该出让地块动迁的情况。如需要动迁，涉及开发商受让后是否要对被拆迁人进行补偿安置，拆迁的费用、拆迁时间及推进难度如何，关系到是否能够按照受让方的预期取得该地块。

这些情况有时直接影响开发商是否能实现合同目的及收回项目投资成本，所以必须重视。

除上述工作外，负责尽职调查的律师还应进行以下工作：

（1）应调查出让土地用途规划（包括邻近地块规划）情况以及是否存在变更的可能性。

（2）调查出让土地拟建项目是否需要获得行政许可。如出让土地拟建项目需要特许经营资格，而开发商又不具备该特许经营资格，则应慎重考虑，对是否接受该地块作进一步分析研究。

对招拍挂文件，开发商也应委托律师进行审查，审查范围主要包括：国有土地使用权招标拍卖挂牌出让公告，参加受让国有土地使用权的申请书，受让人制作的标书，中标通知书或成交确认书，国有土地使用权出让合同等。

在签订国有土地使用权出让合同时，开发商的律师应注意以下几点：①国有土地使用权出让合同的效力；②出让合同约定的出让金数额及支付时间；③出让合同约定的交付土地的时间及交付条件，如交付条件是"三通一平"还是"七通一平"，拆迁责任方和完成时间如何安排等；④土地开发与建设利用时间及限制性约定；⑤违约责任及争议解决方式。

笔者曾参与处理这样一起纠纷：深圳某知名房地产企业于房地产市场高潮时在广东某地高价拍得一块用地，被当地媒体誉为"地王"。该房地产企业按照与国土局签订的《土地出让合同》的约定支付了第一期土地出让金，余款待付。2008年受金融危机影响，地价大跌，该房地产企业资金也出现问题，决定退地退款。但该房地产企业与当地国土局进行尝试性沟通时，遭到了国土局领导的严词拒绝。

该房地产企业遂召开内部会议，商议对策。专业律师应邀与会，并在仔细审查《土地出让合同》后随同该房地产企业人员到用地现场进行察看。律师发现，该用地已基本完成"三通一平"，但在用地的西北角尚有六七间简易铁皮房，遂询问该房地产企业人员，得知是三户"钉子户"因政府征收补偿过低而拒绝搬迁。

在律师的建议下，该房地产企业委托专业摄影机构对用地现场进行摄像，重点拍摄现场仍有"钉子户"铁皮房，由律师现场见证。随后，该房地产企业向国土局正式发函，函中阐述因出让方违约，至今未达到"三通一平"的交付条件，给该房地产企业造成重大损失。要求限期五日内完成全部"三通一平"，否则将依法解除合同。函件同时抄送当地政府。国土局接函后经研究发现自身确实被动。最终，在当地政府的协调下，国土局与该房地产企业签约解除了《土地出让合同》，并退还了该房地产企业已支付的第一期土地出让金。

可见，只有做好尽职调查和法律文件的审查工作，才能有效防范法律风险，一旦项目出现纠纷也能将损失降到最低点。

1.1.3 你觉得有法律风险吗？

有这样一个真实的案例：深圳某房地产企业经与安徽某县政府多次洽谈，购得开发区一块 90 亩用地。该房地产企业与开发区管理委员会签订了土地使用权出让合同。之后，合同被交给法律顾问审查把关。法律顾问在审查后认为，该合同存在重大法律风险。该房地产企业负责人十分疑惑，询问详情。

法律顾问告知，根据《最高人民法院关于审理涉及国有土地使用权合同纠纷案件适用法律问题的解释》第二条之规定，自 2005 年 8 月 1 日起，开发区管委会作为出让方与受让方订立的土地使用权出让合同为无效合同。所以该合同存在重大法律风险，出让方必须是市、县人民政府土地管理部门，而不能是开发区管委会。在法律顾问的指导下，该房地产企业通过协商沟通，与开发区管委会解除了合同，并与县国土局重新签订了土地使用权出让合同，避免了日后的法律隐患。

1.2　BT 或代建

BT（Build Transfer 的缩写），指政府通过合同约定，将拟建设的某个基础设施项目授予建筑商，在规定的时间内由建筑商负责该项目的投融资和建设，合同期满后建筑商将该项目有偿转让给政府——投资者将项目建成而不需要经营，项目建成后由政府部门支付本息采取回购方式来获得项目的所有权，投资者的收入来源主要是合同收入。对政府这个 BT 项目的最终业主来说，BT 建设方式的本质就是全额垫资。

代建制是指政府通过招标的方式，选择专业化的项目管理单位（以下简称代建单位），负责项目的投资管理和建设组织实施工作，项目建成后交付使用单位的制度。代建期间，代建单位按照合同约定代行项目建设的投资主体职责，有关行政部门对实行代建制的建设项目的审批程序不变。

项目代建制最早起源于美国的建设经理制（CM 制）。CM 制是业主委托一建设经理来负责整个工程项目的管理，包括可行性研究、设计、采购、施工、竣工试运行等工作，但不承包工程费用。建设经理作为业主的代理人，在业主委托的业务范围内以业主名义开展工作，有权自主选择设计师和承包商，业主则对建设经理的一切行为负责。

在现实中，一些地方政府借用 BT 或代建的模式，委托开发商代为投资建设某个基础设施项目，同时将 BT 或代建设置为招拍挂拿地的条件以排除其他潜在竞争者，对于开发商而言这种模式成为一种特殊的取得土地使用权的方式。

1.3　值得警惕的"土地出让"

1.3.1　协议出让及违规出让

如前所述，土地出让通常以招拍挂方式进行，另外还有以"协议"方式取得。比较而言，招拍挂方式比较充分地引进了竞争机制，操作环节透明性高，程序性比较强，既有利于对交易过程的监督，使竞争在需求者之间公开、公正、有序进行，又有利于交易双方经济利益的最大化，而协议出让的方式则存在诸多弊病。鉴于此，不少法律法规、规章制度都对协议出让土地使用权的方式进行限制，如《城市房地产管理法》、《土地管理法》及国土资源部《协议出让国有土地使用权规定》等。《最高人民法院国有土地使用权合同纠纷司法解释的理解与适用》第三条规定，经市、县人民政府批准同意以协议方式出让的土地使用权，土地使用权出让金低于订立合同时当地政府按照国家规定确定的最低价的，应当认定土地使用权出让合同约定的价格条款无效。《物权法》也明确规定，工业、商业、旅游、娱乐和商品住宅等经营性用地以及同一土地有两个以上意向用地者的，应当采取招标、拍卖等公开竞价的方式出让。

但现实中，各地土地市场还不尽规范，以协议方式出让土地使用权的现象还是大量存在。随着房地产市场的升温，不少投资人将目光转向具有价格、地段等综合优势的国有非住宅用地上的建设项目。此类建设项目用地性质往往是国有科研用地或者办公（综合）用地，不属于经营性房地产开发项目，采用协议出让等方式，土地出让金较低。但项目建成后不得分割销售，且政府政策通常规定此类项目只能按幢或按整层办理单一房屋所有权证，而不能按照套或间等最小单位分户办理。产权过户存在履行障碍，故法律关系处于不稳定状态。

一些地方政府为了招商引资，与企业签订招商协议或土地出让协议，承诺实际以极低的价格（往往低于基准地价）向企业出让土地，签约后再走招拍挂的流程，通过"企业高价摘牌，政府私下返还"的办法，以合法的形式掩盖暗箱操作。

此外，还有一些地方政府或其土地职能部门甚至将没有办理土地征收手续的集体土地作为出让土地，同企业签约。而按现行法律规定，农村集体土地使用权是不能随意出让的，房地产开发取得开发地块的使用权原则上只能是国家所有的土地①。《城市房地产管理法》第八条规定："城市规划区内的集体所有的土地，

---

① 2013年12月20日深圳首例原农村集体工业用地成功入市，方格精密器件公司在深圳市土地房产交易大厦以1.16亿元竞得位于宝安区凤凰社区的该地块。《深圳市政府优化资源配置促进产业转型升级"1+6"文件》规定成交款70%归政府，30%归社区；政策创新为实现不同权利主体土地的同价同权开辟了新路，为深圳乃至全国土改和建立城乡统一的建设用地市场带来示范意义。

经依法征用转为国有土地后，该幅国有土地的使用权方可有偿出让。"即，如果进行开发的地块是集体土地则应按照该规定先经征用为国有土地后才能由开发商取得。故从法律角度而言，此种签约一般属无权处分行为，作为拿地企业要有清醒认识和足够警惕，在决策前应进行充分的尽职调查。

1.3.2　开发商权益保护策略和技巧

在房地产市场繁荣发展的同时，关于商品房虚假广告、合同违约等问题的投诉也逐年上升。由于小比例侵害购房者权益事件，导致公众对于房地产开发商普遍存在某种偏见，不自觉给开发商打上"无诚信"、"暴利"，甚至是"欺诈"、"无良奸商"等标签。事实上，购房者的权益被侵害往往也是因为开发商的权益被侵害而造成的，只是这种侵害容易被选择性忽略。这种情况背后的原因多是开发商在进行开发过程中缺乏法律风险预防意识，事前不重视预防，事中无防护，造成无法挽回的法律后果。

故开发商在取得土地证后并非就高枕无忧了，其自身权益的保护是不可忽视的。下面，笔者就几个真实案例谈一谈开发商权益的保护。

【案例1】　海南开发商撤销国土局收地案

某房地产企业在国际旅游岛政策公布前于海南某市拍得一块4万平方米的用地，交清了土地款并办理了《国有土地使用证》。旅游岛政策公布后，地价大幅升值。因开发节奏问题，该房地产企业拍得的该用地闲置了两年多。在获悉市国土局内部决定准备无偿收回该用地后，该房地产企业立即召开紧急会议并邀请法律顾问与会讨论该如何阻止国土局的收地行为。会后，该房地产企业按照律师的建议采取了相应措施。

不久，市国土资源局果然向该房地产企业下达了《收回国有土地使用权决定书》，以其未按规定开发建设土地项目，土地闲置已超过两年为由，决定无偿收回该房地产企业《国有土地使用证》项下的4万平方米用地。

该房地产企业就该处罚决定向市人民政府提起行政复议，以该用地上仍有当地人临时搭建的建筑，政府部门未彻底完成拆迁为由，请求撤销处罚决定。请求撤销的法律依据是《城市房地产管理法》第二十六条"因不可抗力或者政府、政府有关部门的行为或者动工开发必需的前期工作造成动工开发迟延的除外。"该房地产企业还提交了以下证据：专业摄影摄像资料、律师现场见证、致市国土资源局函件（存底）等。

市政府行政复议的结果撤销了收地的处罚决定，使该房地产企业保住了该用地。

【案例 2】 某公司诉请撤销收地案

某公司以建设蔬菜基地名义取得两块用地（邻近某世界 500 强企业工厂），交纳地价后办理了土地证并经营多年。

之后，为了留住该世界 500 强企业工厂不外迁，市领导答应由政府收回某公司的该两块用地给该世界 500 强企业。国土局遂向该公司发出《关于收回××公司种养用地的通知》，称因城市建设发展需要，根据《市土地征用与收回条例》第二十五条的规定，决定有偿收回该两块用地。

因为政府规定的补偿远低于市场价格，该公司不愿接受。遂委托专业律师，精心起草了致国土局的回函。回函以"诉苦"为基调，从法律、情理两个层面指出国土局的错误，并暗示将导致严重后果。国土局接函后深感压力，便主动与该公司进行协商。

经几轮磋商，终因双方想法相差较大而未能协商一致。国土局撤回了存在法律错误的原通知，再次向该公司发出新收地通知。该公司于是制定了"以打促谈"的策略，委托律师向法院起诉国土局。法院开庭后，国土局领导听取了其代理人的汇报，得知很可能败诉，态度有了进一步转变。经请示市政府，国土局与该公司达成庭外和解：由国土局收回该两块用地，国土局同时给予该公司另外两块面积相当的用地作为补偿。该公司的权益得到了有效的维护。

附：该公司致国土局的回函

市国土局：

我公司系 1994 年成立的菜篮子工程大型骨干企业。有赖于旗下近千名员工的潜心努力，公司在本市创建了万亩无公害环保蔬菜基地，长期为广大市民提供

"放心蔬菜"。我司在菜篮子工程、商业便民工程等方面为社会作出的贡献，受到了政府有关部门和各级领导的认可。市政府授予我公司"菜篮子工程创新奖"，国家农业部将我公司列为重点扶持企业。近两年来，我公司纳税过亿元，为社会提供了数千个就业岗位，荣获区民营企业纳税百强称号（列第六名）。

主管过农业工作的省市领导郭××、李××等同志都曾莅临我公司指导、调研，对我公司的工作均给予了充分的肯定和高度评价。各级领导的关心支持，令我公司备受鼓舞，在持续发展农业产业化的艰难道路上也倍加努力。

农业产业化项目一直是我公司的重点发展领域，经过精心论证，我公司正拟开展多项农业产业化项目，形成种养生产——深加工——销售一体化的链条。在现有基地的基础上，急需再新增加工基地及种养基地。

然而，让我们没有想到的是：今年7月16日，贵局突然向我公司发出了《关于收回××公司种养用地的通知》（市土第××号），要收回我公司位于××路的64000多平方米的蔬菜基地（宗地号为A927-××、A921-××）。这犹如晴天霹雳震撼了我公司近千名员工。1994年，为响应市委、市政府的号召，我们在一片黄泥碎砂荒地上开始了艰难的创业。多年来，我们投入巨资，改造土地、道路，购置大棚和灌溉设备，进行防洪、给水、排水工程施工，克服了重重困难，抗御了一次次台风破坏、洪水侵袭，将昔日的荒地改造成了现在的沃地良田。可以说蔬菜基地的每一寸土地都饱含着我们的血与泪！

现在正值蔬菜基地产销两旺之际，眼看多年的投资开始有了回报，贵局一纸通知却要收回我公司的两块用地。我公司上下员工和数百名长期在此耕作的菜农都痛心疾首，无法接受这样一个事实。我们万万不能理解贵局在没有听取我公司意见的情况下，对我公司依法取得产权并为民造福的菜地进行征收。

我公司认为，贵局的《通知》存在以下问题：

一、收地依据不足，依法难以成立，依情难以接受

贵局的《通知》称：收地是"根据《市土地征用与收回条例》第二十五条的有关规定"。而该条例第二十五条的规定是："因城市建设发展需要和实施城市规划需要，主管部门或派出机构可以收回行政划拨的土地"。我公司的两块种养用地均非行政划拨的土地，而是有偿出让的土地，不属于《条例》的收地范围。故贵局的《通知》适用法律有误。

贵局在《通知》称收地系因"城市建设发展需要"。但该两块种养用地位于××路西北侧，从土地用途、地理位置来说，均与"城市建设发展"无关。据了解，收地的真正原因是为了满足世界 500 强企业××公司扩张的需要。贵局收回用地的行政行为依据不足，依法难以成立，且在一定程度上有涉支持外企阻挠民企发展之嫌。

我公司亦是一家发展中的大型企业，长期以来一直信守经营准则，为社会作出了巨大贡献。收地将直接导致我公司前期巨额投入付诸东流，企业陷入困境，大量员工面临失业！这种给民企预设不公平待遇的做法，更给我公司未来的发展埋下了无穷隐患。如果收地是出于道路建设等公共利益的需要，我公司将积极配合。但为扶持另一家公司而收地，依情依理，都难以令人接受。

我公司与贵局签订的《土地使用权出让合同书》明确约定，该两块用地的使用年期为 50 年，自签约时至 2046 年 9 月 9 日止，使用年限远未届满。依照法律，在一般情况下，对该两块用地，国家不应收回。

二、草率收地，可能引发社会矛盾

贵局的收地通知没有听取我公司意见，亦没有提前与数百名菜农协商。在 1 个多月的时间里，数百名来自内地的菜农如何安置，往何处安置？菜地上附作物、财产以何种方式、往何处安置？上百名子女的就学问题如何解决？这一系列问题都涉及社会稳定，关系重大。

目前，一些菜农得知征地的消息，反应十分激烈，称菜地是他们赖以生存的条件，决不答应征收，表示将用一切手段保护菜地。

我公司正在努力劝说菜农不要采取过激行为，要相信国土部门一定会充分考虑我们的特殊情况，依法秉公办事。鉴于此情况，如果草率收地，很可能会激化社会矛盾。而一旦引发菜农群体事件，后果将难以预料。

因此，我公司请求贵局收回市土第××号收地通知。

特此复函！

从以上案例可见，随着房地产市场的快速发展，所带来的种种问题也不可忽视。不少开发商权益被侵害是因为缺乏法律风险防范意识，所以一定要事前重视预防，更要懂得利用法律在房地产开发中为自己保驾护航，避免造成无法挽回的法律后果。

1.4　土地转让的"雷区"

1.4.1　土地转让的前提条件和禁止性规定

除了从政府手中通过招拍挂等拿地外，开发商还可以采用受让他人用地的方式。值得注意的是，转让、受让土地使用权存在一些法定的前提条件和禁止性规定。下面我们按出让、划拨及集体土地等类别分别进行阐述。

《城市房地产管理法》第三十九条规定："以出让方式取得土地使用权的，转让房地产时，应当符合下列条件：

（一）按照出让合同的约定已经支付全部土地使用权出让金，并取得土地使用权证书；

（二）按照出让合同约定进行投资开发，属于房屋建设工程的，完成开发投资总额的百分之二十五以上，属于成片开发土地的，形成工业用地或者其他建设用地条件。

转让房地产时房屋已经建成的，还应当持有房屋所有权证书。"

过去主流观点认为，凡是不符合第三十九条规定的未取得土地使用权证书或未完成开发投资总额的 25％ 以上，属于成片开发土地的未形成工业用地或者其他建设用地条件的，土地使用权转让均无效。但最高人民法院 2005 年 8 月 1 日起施行的《关于审理涉及国有土地使用权合同纠纷案件适用法律问题的解释》第 9 条对此作出了突破性的规定："起诉前转让方已经取得出让土地使用权证书或者有批准权的人民政府同意转让的，应当认定合同有效。"司法解释的规定将债权和物权区别对待，给土地使用权转让放开了口子。

【案例3】　新某公司与东某公司建设用地使用权转让合同纠纷案

2009 年 2 月 25 日，东某公司与泉州市国土资源局签订一份《国有建设用地使用权出让合同》，取得位于泉州市江南高新区占地面积为 20773.4 平方米的工业用地。东某公司于 2009 年 9 月 30 日领取该地块的《国有土地使用证》。

2009 年 6 月 26 日，东某公司与新某公司签订《土地使用权转让合同》，约定东某公司将上述地块使用权转让给新某公司，转让总价款为 1035 万元，新某公司应于合同生效之日起 30 个工作日内向东某公司支付第一笔转让款 725 万元，在付清第一笔转让款后 7 个工作日内，双方备齐相关资料共同向有关部门办理相关手续。东某公司将土地交付给新某公司的时间为合同生效之日起 30 日内。合同第十二条约定，东某公司拖延履行合同应尽义务（如土地使用权转让变更登记义务及交付土地义务）超过 30 个工作日，视为东某公司构成根本性违约，东某公司除应全额退还转让款及赔偿新某公司相关支出，还应按合同总价款的 30% 赔偿经济损失。

合同签订后，新某公司于 2009 年 7 月 1 日向东某公司支付了第一笔转让款 725 万元。此后双方因合同履行问题发生争议，新某公司诉至一审法院，以东某公司拒不履行交付土地及办理土地使用权变更登记手续为由，请求判令解除双方签订的上述合同；东某公司返还已付的土地使用权转让款 725 万元并按合同约定的转让总价款 1035 万元的 30% 赔偿新某公司因此遭受的经济损失，计 310.5 万元。

一审法院认为，根据《最高人民法院关于审理涉及国有土地使用权合同纠纷案件适用法律问题的解释》第九条的规定，讼争土地使用权转让合同系双方真实意思表示，其内容没有违反法律、行政法规的强制性规定，且东某公司于起诉前已取得讼争土地的使用权证书，故依法应认定为有效合同，双方均应依约全面履行各自义务。东某公司迟延交付土地及办理土地使用权变更登记手续，均已构成了合同约定的根本违约。

由于双方均同意解除讼争合同，故对于新某公司的第一项诉讼请求可予支持。东某公司已举证证明新某公司实际损失为每月 57622 元的租金，故可认定双方约定的 310.5 万元的违约金过分高于新某公司的损失，依东某公司的申请予以适当减少。据此，一审法院于 2010 年 6 月作出判决：①解除新某公司与东某公司的土地使用权转让合同；②东某公司应于判决生效之日起十日内返还新某公司转让款 725 万元，并按每月 57622 元计付自 2009 年 7 月 11 日起至判决生效之日止的违约金；③驳回新某公司的其他诉讼请求。

新某公司不服，提起上诉。福建省高级人民法院终审驳回上诉，维持原判。

对于以划拨方式取得的土地使用权转让，《城市房地产管理法》第四十条规定，报有批准权的人民政府审批。

对于农村集体土地使用权一律不得转让，法律另有规定的除外。这里的"法律另有规定的除外"主要指《土地管理法》第六十三条规定的情形，即符合土地利用总体规划，并依法取得建设用地的企业，因破产、兼并等情形致使土地使用权发生转移的可以转让。

还需要注意的是，土地使用权和其范围内的建筑物、附着物的权属应一致，即"房随地走"。转让后土地使用权的使用年限不得超过原土地使用权的剩余期限。

《城市房地产管理法》第三十八条规定："下列房地产，不得转让：

（一）以出让方式取得土地使用权的，不符合本法第三十九条规定的条件的；

（二）司法机关和行政机关依法裁定、决定查封或者以其他形式限制房地产权利的；

（三）依法收回土地使用权的；

（四）共有房地产，未经其他共有人书面同意的；

（五）权属有争议的；

（六）未依法登记领取权属证书的；

（七）法律、行政法规规定禁止转让的其他情形。"

关于该法条第（一）项，如前所述，最高人民法院的司法解释及判例对此已作出突破，主流观点亦随之发生了改变。只要在当事人向法院起诉前，转让方已经取得了出让土地使用权证书或者有批准权的人民政府同意转让的，土地转让合同即为有效。

1.4.2 "一女二嫁"，花落谁家？

实践中，往往出现原土地使用权人因为利益驱动或其他原因而"一地两卖"

甚至"一地数卖"的情况。那么，如果几个受让方都要求履行合同，土地使用权应该归谁呢？

最高人民法院《关于审理涉及国有土地使用权合同纠纷案件适用法律问题的解释》第十条规定："土地使用权人作为转让方就同一出让土地使用权订立数个转让合同，在转让合同有效的情况下，受让方均要求履行合同的，按照以下情形分别处理：

（一）已经办理土地使用权变更登记手续的受让方，请求转让方履行交付土地等合同义务的，应予支持；

（二）均未办理土地使用权变更登记手续，已先行合法占有投资开发土地的受让方请求转让方履行土地使用权变更登记等合同义务的，应予支持；

（三）均未办理土地使用权变更登记手续，又未合法占有投资开发土地，先行支付土地转让款的受让方请求转让方履行交付土地和办理土地使用权变更登记等合同义务的，应予支持；

（四）合同均未履行，依法成立在先的合同受让方请求履行合同的，应予支持。未能取得土地使用权的受让方请求解除合同、赔偿损失的，按照《中华人民共和国合同法》的有关规定处理。"

【案例4】 国企一地两卖引发的纠纷

广东省某国企一地两卖，将同一块用地先后卖给甲公司、乙公司，遂起纠纷。甲公司以其签约在先并已支付土地转让款为由向市中级人民法院起诉，要求判决国企履行交付土地和办理土地使用权变更登记等合同义务。乙公司作为第三人参加诉讼。

因甲公司代理律师准备充分且引用了最高人民法院《关于审理涉及国有土地使用权合同纠纷案件适用法律问题的解释》第十条作为法律依据，在法院庭审中明显占据优势。后经多轮谈判，甲、乙公司和国企三方在法院主持下签订了《调解协议书》，同意将该地交付甲公司并办理过户，国企、甲公司给予乙公司一定金额补偿。调解书经签收发生了法律效力。

不料之后因地价大涨，乙公司反悔，不愿履行调解书。甲公司遂向法院申请强制执行。因人为因素，执行受阻。该案久拖不决，法院遂下达裁定中止执行。

由于涉案地块在甲公司另两块用地的中间位置，如不能成片开发，将给甲公司造成极大的困难。面对这出乎意料的情况，甲公司一边对法院的中止执行裁定提出异议，一边积极寻找其他解决办法。

恰逢市规划局在进行滨海公园的规划，甲公司积极配合进行调研、论证。最终，政府部门决定将甲公司另两块用地划入滨海公园范围，政府另行给予甲公司一块等面积用地作为置换。

以上案例，可以看出土地转让中涉及细节较多，潜在或不确定的因素也多。所以作为受让方对这些因素应尽可能考虑周详，防止土地转让过程中"一地两卖"的情况。虽然有关司法解释规定了对一地数转的处理原则，对不同情况作了分类处理，但这些规定总的来说都属于"事后"处理。作为受让方真正要想取得目标地块，还要加倍注意，争取对己有利情况。在签订合同之前，受让方一定要进行土地相关情况的详细调查，在签约后要敦促转让方尽快办理使用权变更手续，将权属关系尽早明确，防止出现其他不利因素生变。为防止上述情况发生，受让方可以在合同中约定数额较大的违约金，通过加强违约责任来约束转让方，加大对方违约成本，以"震慑"的方式最大限度消除对方违约的可能性，从而保证自身利益。

1.5　排除潜在竞争者的常见情形

深圳等一些地方规定受让他人的用地也需要通过招拍挂的方式，不允许私下协议转让。对于房地产企业来说，对交易风险要有预见性。在当前竞争激烈的市场经营环境中，即使转让方、受让方对交易条件均已谈妥，也不能忽视潜在的竞争对手。

那么如何排除觊觎利益的竞争者呢？在实操中，转让方、受让方往往通过设置"门槛"的方式以阻吓竞争者，如双方在土地挂牌前即签订一份租期较长、租金很低的租赁合同，受让方实际进驻现场。有的甚至通过诉讼或仲裁的方式，使得不了解内情的潜在竞争者畏难而退。

在政府部门作为出让主体的招拍挂中也有类似情形。国土资源部《招标拍卖挂牌出让国有建设用地使用权规定》强调"招标、拍卖或者挂牌出让国有建设用地使用权，应当遵循公开、公平、公正和诚信的原则"，规定"出让人在招标拍卖挂牌出让公告中不得设定影响公平、公正竞争的限制条件"。但现实操作中，在招拍挂公告中采取设置定向条件，对注册资本、经营年限、开发资质等作出要求的情况屡见不鲜。

浙江宁波市国土资源局的一则土地出让公告，称将出让江北区核心地段的一块土地，要求竞买人须为世界500强企业（以美国《财富》杂志公布的2012年世界500强企业名单为准），并且楼面地价只有6000元/平方米。

该宗土地招标拍卖费解之处在于：其一，公告中要求竞买人须为世界500强企业，中国内地的世界500强企业虽有几十家，但真正以房地产为主业的世界500强企业只有6家，再加上一个限制性条件——"具备开发超高层（100米以上）建筑项目的成功经验"，最后符合条件的企业只有两三家。其二，这块土地位于宁波市区的黄金地段，但楼面起拍价仅为6000元/平方米，远低于周围楼面地价，让众多不符合条件的房地产企业望而兴叹。其三，招拍尚未开始，某企业官网已发布消息暗示成功拍得该地块。因而被业内质疑是为某企业"量身定制"的。

珠海市国土资源局在一则国有土地使用权挂牌出让公告中，要求准入产业类别为卫生材料及医药用品制造。公告并要求申请人应具备以下条件：①竞买人实际到位注册资本不低于5000万元人民币；②竞买人须获得国家级高新技术专业认证证书、国家级科学技术进步奖证书及省级自主创新产品证书；③竞买人须取得ISO9001质量管理体系认证证书及ISO13485医疗器械质量管理体系认证证书；④竞买人须提供在该地块投资项目可行性研究报告。

按这些要求"框"下来，符合条件的仅有当地的一家医药企业，结果自然可想而知。

可见，如果以此类方式排除潜在竞争者，应注意对"度"的把握，否则将有"萝卜招拍"之嫌，易招致投诉。

附：律师范本

合作建设××县商贸城协议书

甲方：××县人民政府

乙方：××××投资有限公司

为发展地方经济，繁荣商贸市场，甲乙双方遵照互惠互利的原则，经过平等协商，达成以下协议，双方共同遵守。

一、甲方的权利与义务

（1）甲方为乙方提供500亩产业用地，其中350亩为工业用地，150亩为商住用地。甲方保证以上用地均为国有土地，土地不存在抵押、查封、拆迁、存在争议等权利瑕疵。

（2）甲方提供的产业园用地在建设路北段西侧，工业路两旁，其中工业路北侧350亩，南侧150亩。位置详见附图。

（3）甲方为乙方提供的土地七通（上下水通，污水通，强、弱电通，路通、通信通及天然气通）一平，保障乙方签合同后三十日内能开始施工。

（4）甲方为乙方提供的土地，采取合法的招拍挂方式，确保让乙方（或乙方指定单位，以下同）依法取得土地使用权。甲方保证在××年×月×日前与乙方正式签订此500亩土地出让合同。

（5）甲方保证乙方以每亩土地出让金×万元的价格，依法获得土地使用权。甲方保证将出让金全额返还给乙方用于园区基础设施的建设。返还时间，在乙方申办土地证之日起三十天内到账。甲方保证如土地出让金超过每亩×万元，则超出部分（税费由甲方负责）将于××年×月×日之前全部返还乙方。

（6）甲方出让给乙方的工业用地，必须办理完整的工业用地证件，甲方出让给乙方的商住用地，甲方必须给乙方办理完整的商住用地证件。

（7）甲方为乙方办理的土地证，以 10～30 亩为单位进行分割，以方便产业园进行产业规划。

（8）乙方在进行产业园建设时，县政府行文各职能部门免除各种税收及行政性收费。

（9）甲方免除乙方应缴纳的工业及商住办公用地的土地契税。

（10）为支持乙方招商引资，入住商贸城的项目在税收方面享受免三减二的办法，即前三年各种税收的地方留成部分，采取先征后返的办法全额支持企业，后两年返还给乙方一半。

（11）甲方除为乙方提供宽松优惠的招商引资环境外，乙方同时享受到当地政府各项优惠政策，并落实到位。不经县优化办批准，任何单位不能到产业园内检查收费。

（12）甲方为乙方提供的商住用地，乙方建设的商业用地，乙方有权出让给产业园区内的企业职工、管理人员及建设园区有贡献的人员，甲方协助办理各种证件。

（13）甲方设专门机构负责给乙方组织招工及培训工人，配合乙方在区域内保证基本平均工资条件下，满足乙方企业的用工问题。

（14）甲方负担乙方建设的 20 万平方米厂房中的 10 万平方米的招商引资项目入驻工作。

（15）乙方厂房建成后，甲方允许乙方厂房及附属用地分期分批按照市场价格转让给其他单位或个人。甲方协助办理各种出让手续及相关证件，免收契税。

（16）甲方成立独立工作班子，为园区的建设和进区企业产前产中产后免费服务，为企业创造良好的工作环境。

（17）合同签订后，由县政府为该项目下发正式文件，为该项目建立一系列特殊优惠政策。

（18）甲方应将本协议内容形成《会议纪要》，以红头文件形式下发相关各部门，确保协议的严格履行。

二、乙方的权利与义务

（1）乙方在甲方提供的 500 亩土地内，建设集标准化厂房、生活办公用房及商业住宅用房于一体的高标准化的产业园。

（2）乙方在甲方供地后，3 年内分两期完成工业用地和商住用地的建设。第一期标准化厂房，必须在供地后 12 个月内完成 10 万平方米。如为甲方原因，建设期限顺延。

（3）乙方在工业用地范围内，建设的双层工业标准化厂房不低于 20 万平方米，容积率不低于 0.8，商住住宅用地容积率不低于 1.6。

（4）乙方在进行标准厂房建设的同时，为产业园引进一家居生活用品或床垫方面的知名品牌企业入住产业园。

（5）乙方负责 10 万平方米厂房的招商引资工作，乙方建设的生活及办公配套用房和商业展览用房，由乙方自行安排使用和处置。

（6）乙方所有工业和商住用房建设，必须在甲方规划部门的规划条件许可范围内，进行施工建设。

（7）乙方招来的工业项目，必须符合××县家居产业园的建设入住要求。

（8）乙方可将建成后形成规模的产业园，分期分批出让给同意购买的企业，甲方协助办理各种转让手续，并免收契税。

（9）乙方可在商住用地及规划许可下，将建设的商住及办公用房，出让给产业园内的企业和职工及对园区建设有贡献的单位和个人。甲方协助办理各种证件。

（10）乙方享有产业园的日常管理权限，在法律及产业范围内，自主经营管理，甲方不得干预日常管理工作。甲方职能部门不经县优化办批准，不得进园区乱检查乱收费。

（11）乙方可将建成的产业园工业及商住用房出租给企业，甲方免收契税。

三、其他

（1）未尽事宜，双方协商解决。

（2）本协议一式三份，甲乙双方及见证方各执一份，自甲乙双方盖章之日起生效。

甲方：××县人民政府

法人签字：

乙方：××××投资有限公司

法人签字：

见证方：××县国土局

××××年×月×日

第2课　合作开发

引言

> 前面介绍的几种"拿地"方式，都属于国有土地使用权的直接取得，但实务中还存在大量间接方式，比如合作开发就是一种常见的间接取得土地使用权方式。

2.1　合作开发的常见模式

由于合作各方各有所长，同时又各有所需，从而使得房地产项目合作开发具备可能性。笔者根据多年的行业经验，对常见的合作模式作了如下归类：

一是有权无钱型，即权利人拥有土地使用权，但资金不足，缺钱；二是有权无质型，同第一种情况差不多，拥有使用权但缺乏房地产开发的相关资格；三是有钱无权型，即手中握有资金，但无土地使用权；四是有钱无质型，有充足资金却缺乏经营资格；五是共同出钱出权型，即共同出资金出地的合作开发形式。事实上，合作开发房地产虽然能够做到资源优势互补，但并不意味着肯定能实现共赢，其原因是在合作开发的实际操作过程中存在着许多法律上的风险。合作开发的模式虽然很多，但在实际操作过程中，因合作开发房地产项目不符合相关法律法规，引发纠纷以至诉讼，导致当事人经济目标不能达成的情况屡见不鲜。笔者从经办的大量因合作开发而引起的诉讼案件中发现，其纠纷产生的根源往往都是因为合作双方在运作过程中未能尽量规避法律风险而造成的。因此，笔者认为合作开发房地产项目的各方当事人，只有清楚合作开发房地产存在的相关法律风险并采取有效的防控措施，规范运作，才可能减少纠纷的发生。

【案例1】 全某房地产公司与富某公司合作开发案

广州市海珠区某街道办事处与全某房地产公司签订《合作开发协议书》（下称合作协议），约定合作开发海珠区某宗土地，由街道办事处提供土地，全某房地产公司负责开发。

后全某房地产公司取得前述20203平方米土地中的13543平方米土地的《建设用地规划许可证》建设商住楼。经全某房地产公司与富某公司共同申请并与广州市国土局签订了《广州市国有土地使用权出让合同》，将前述土地中13543平方米的土地出让给全某房地产公司和富某公司建设商住楼，土地出让金为1557.0513万元。全某房地产公司与富某公司签订《合作开发商品住宅楼协议书》（下称富全协议），约定富某公司提供土地，全某房地产公司负责开发，竣工后双方按照一定比例分配售房款。

房地产销售后，双方发生纠纷。原告富某公司以全某房地产公司拒付售房款为由起诉至广东省高院，请求判令全盛公司偿付售房款及其利息损失。

全某房地产公司辩称其与富某公司之间签订的协议书是名为合作建房实为土地中介的虚假合同，应属无效。

一审判决：

与街道办签订的合作协议实际上并未履行。原被告签订的"富全协议"，是双方的真实意思表示。富某公司虽在签约时未取得合作用地使用权，但国土局后来将土地出让给两公司，并颁发了《建设用地批准书》，双方签订的"富全协议"应认定有效。现合作房屋已建成，全某房地产公司应支付富某公司应得售房款，并支付利息。

被告全某房地产公司不服一审判决提起上诉称：富某公司在所谓合作建房的"某协议"中所承诺的提供土地使用权之义务，是通过"合作协议"间接由第三人向全某房地产公司部分履行，富某公司仅仅是以中介方式非法倒买倒卖土地，富某公司没有履行房屋合建人应直接提供土地使用权的法定义务，不应享有房屋合建人的权利。故请求撤销一审判决，改判双方签订的"某协议"无效，驳回富某公司请求。

该案最后上诉至最高法院，最高法院判决驳回上诉，维持原判。

【案例2】 守约方诉违约方解除合作合同案

甲公司与乙公司签订联合开发杭州某房产项目经营协议，约定双方组建联合项目部，由乙公司提供已办理好土地使用权证的180亩土地供联合项目部开发，每亩作价80万元；甲公司负责项目开发所需的建设资金；售房款必须100%打入联合项目部账户；房屋销售收入优先抵作项目开发建设资金；项目部房产销售后的可分配利润，甲公司得60%，乙公司得40%。

履约中双方发生纠纷，甲公司以乙公司擅自定价、私收房款为由诉至法院，请求解除合同，返还投资款，赔偿预期利润损失等。

法院认为，在合作协议履行过程中，乙公司未依约履行协议，致使甲公司无法参与项目的销售以及资金的管理控制，合同目的落空，甲公司有权解除合同及要求乙公司承担违约责任。遂判决合同解除，乙公司支付甲公司预期利润损失1.3亿元，返还投资款4000万元。

通过以上案例可见，房地产合作开发通常投入资金大，开发周期长，政策性强，案情复杂。特别是涉及政策性的合作开发项目，关系利益方多，影响较大，波及面广。故对于合作开发的房地产项目需将防范工作做实做好，将风险降低到最小。

2.2 合作主体的选择

房地产开发关系重大，涉及国计民生、公共安全等，作为一种特殊行业，在市场经济条件下，对开发主体设置准入门槛无论于公于私都是有益的。我国《城市房地产管理法》第二十九条明确规定了房地产开发经营者应当具备的条件：①有自己的名称和组织机构；②有固定的经营场所；③有符合国务院规定的注册资本；④有足够的专业技术人员；⑤法律、行政法规规定的其他条件。同时，按照 1998 年国务院第 248 号令《城市房地产开发经营管理条例》的规定，除此之外，房地产开发企业还必须依法到工商行政管理部门办理企业法人登记，取得企业法人资格；然后到登记机关所在地的房地产开发主管部门备案，由其核发房地产开发资质证书。只有具备法人资格，并持有有效的房地产开发资质证书的企业才能从事房地产开发活动；未取得房地产开发资质等级证书（以下简称资质等级证书）的企业，不得从事房地产开发经营业务。另外，如果房地产开发企业到资质等级证书发放地以外的地方从事房地产开发经营，必须先到本地房地产开发经营管理部门登记备案。

因此，合作开发房地产的风险首先来自合作对象，即主体方面的风险，在合作者中至少有合作的一方应当具有房地产开发的经营资格。故在选择合作对象时，要对合作者企业资质等方面有全面的了解。对于有土地使用权但缺乏资金或房地产开发经营资格的企业，首先应当核实对方是否具有相应的房地产开发经营资格条件；有资金或房地产开发经营资格但无土地使用权的单位，须确认对方是否合法持有用于项目建设的土地的使用权。否则，双方所签的合作开发房地产合同可能因违反强制性法律法规而无效甚至受到行政处罚。《城市房地产开发经营管理条例》第三十四条、第三十五条规定，违反该条例规定，未取得营业执照，擅自从事房地产开发经营的，由县级以上人民政府工商行政管理部门责令停止房地产开发经营活动，没收违法所得，可以并处违法所得 5 倍以下的罚款；未取得资质等级证书或者超越资质等级从事房地产开发经营的，由县级以上人民政府房地产开发主管部门责令限期改正，处 5 万元以上 10 万元以下的罚款；逾期不改正的，由工商行政管理部门吊销营业执照。

为此，在合作开发过程中，应要求合作方提供经过年检合格的企业法人营业执照和房地产开发资质等级证书等证明其相关主体文件（复印全套备查）并仔细审查；同时，还可以委托律师进行资信和土地权属等调查，以此确认合同主体资格。业内人士常说，找到一个好的合作方，就成功了一半。这话不无道理。

在目前司法实践中，关于开发经营的资格问题常常引发多种争议。如有人提出疑问：一方出地，另一方出资，合作建房用于自用而非销售的，对此是否要求必须具备相应的经营资质？多数意见认为此类情况不认定开发经营房地产行为，一般以合建、联建房屋行为处理。

2.3 合作合同的风险与防范

在选择并确定合作对象后，双方就进入对合作具体事宜的谈判、签约阶段。本阶段涉及的环节、细节较多，对双方权利义务需要具体化，有可操作性。

房地产开发合作合同与其他合同比较而言有一定特殊性，具有混合性质，即一个合同可能包含两个以上的合同内容，而这类合同在法律上没有明确的范例，属于无名合同，所以对合同性质的认定会因为合同内容不同而有所区别。鉴于房地产合作开发合同具有以上特殊性，故在合同签订时必须要足够注意和谨慎。从笔者长期实践来看，房地产合作开发过程常见纠纷主要源于以下两点：一是责任不清；二是利益不均。要避免这类纠纷，就必然要求在合同约定时要具有前瞻性。笔者认为在双方进行协商，达成一致意见后签订合作开发房地产合同（或协议），一般至少应将以下事项作为风险防控重点：

2.3.1 核实土地使用权的合法性，即必须依法取得国有土地使用权

具体核实的内容有：建设项目的国有土地使用权证、国有土地使用批准文件，以及相应的房地产开发经营资质的真实性、合法性。建设项目需要使用土地的，必须依法申请建设用地，否则没有土地使用权的建设项目属于违法建设，会导致相关部门查处。以划拨土地使用权作为投资的，与其他合作方签订合同共同开发房产的，可能被法院认定无效。

2.3.2 双方的权利和义务

本项的约定事项应当包括但不限于：合作方式及相应权限，项目总投资数额及投入方式，土地使用权证的变更登记，工程建设项目相关许可证书的办理，资金到位进度安排，利润或所建房屋分配比例，税费承担，以及其他双方认为有必

要的事项。条款必须明确、具体、详细，用词（包括标点符号）准确而不发生歧义，切忌模棱两可、含混不清；口头协商一致的事项最好能够落实到具体的书面合同中，将双方的意思以文字的形式确定下来。俗话说"口说无凭，立字为据"，从风险防控角度来看，若产生纠纷时需要用证据来说话，所以在前期签订合同时双方不要怕麻烦，宁可对条款约定细致些，特别是对涉及各方重大利益的内容，如成本投入或利润分成条款要明确具体，不要在以后发生争议、己方利益受损时索赔无凭无据，吃哑巴亏。

2.3.3 违约责任及其他

合作开发房地产协议复杂性也体现在对违约责任的约定。合同文本不可能穷尽未来全部潜在风险并预先设定解决方案，但无论如何，对违约责任条款的约定是必须要有一定前瞻性的，以规避因主观原因而产生风险的可能性。除上述情况外双方还应当约定：合作期限，未尽事宜的处理方式，以及纠纷的解决方法。

笔者在长期的实务操作过程中，处理了许多合作开发的案例，从中总结了当前合作开发合同中主要存在以下问题：

（1）一方出地，另一方出资，合作建房自用而非销售的，此类行为如前所述，多数意见认为该行为不能认定为开发经营房地产行为，只能看作一般的合作建设房屋的行为，合作方不需具备开发资质。

（2）对合作一方以划拨土地使用权投资进行房地产合作开发经营的，应认定合作开发合同无效。但起诉前经有批准权的人民政府批准的，应当认定合同有效。

（3）合作双方当事人均不具备房地产开发经营资格的，应认定合同无效。但起诉前当事人一方取得房地产开发经营资格或依法合作成立房地产项目公司的，应认定合同有效。

（4）合作开发房地产合同约定仅以投资数额确定利润分配比例，当事人未足额交纳出资的，按照当事人的实际投资比例分配利润。

（5）合作开发房地产合同的当事人要求将房屋预售款充抵投资参与利润分配

的，法院将不予支持。

（6）合作开发房地产合同约定提供土地使用权的当事人不承担经营风险，只收取固定利益的，应当认定为土地使用权转让合同。

（7）合作开发房地产合同约定提供资金的当事人不承担经营风险，只收取固定数额货币的，应当认定为借款合同。

（8）合作开发房地产合同约定提供资金的当事人不承担经营风险，只以租赁或其他形式使用房屋的，应当认定为房屋租赁合同。

（9）合作开发房地产合同约定提供资金的当事人不承担经营风险，只分配固定数量房屋的，应当认定为房屋买卖合同。

综上，这一阶段，最好有专业律师参与合同的谈判、拟订，或达成初步协议后将合同草案交由律师审查，由其提出修改意见再签订正式合同，将风险尽可能降至最低。

【案例3】 合作开发合同被认定为房屋买卖合同案

2010年10月，洪某、余某（甲方）和何某（乙方）、合某公司（丙方）签订《投资合作协议》，约定三方共同投资开发海口市江畔九号商住楼项目，其中甲方洪某、余某投资600万元，未来分得该项目套内面积为1612平方米的房屋；何某、合某公司负责项目建设具体事宜，并承担与该项目相关的所有责任及债务。协议签订后，洪某、余某依约向合某公司支付了600万元。后该项目因种种原因未能如期完工（起诉时该项目建设至正负零状态，仅地下工程施工完毕），且未取得商品房预售许可证。三方就项目处理发生争议，洪某、余某遂诉至法院，要求解除合作协议，由何某、合某公司赔偿其损失。

海口市中级人民法院一审审理认为，从《投资合作协议》约定可见，两原告在本协议中不承担经营风险，只分配固定数量的房屋，依照《最高人民法院关于审理涉及国有土地使用权合同纠纷案件适用法律问题的解释》第二十五条"合作开发房地产合同约定提供资金的当事人不承担经营风险，只分配固定数量房屋的，应当认定为房屋买卖合同"的规定，双方所签订的合同应当认定为房屋买卖合同。因该项目房屋未取得商品房预售许可证，故应当认定该协议无效。在第一次开庭后，经法院对本案的法律关系的性质及效力进行释明，原告变更其诉讼请求第一项为确认协议无效，符合法律规定，予以支持。被告何某、合某公司作为出售方，对协议无效存在主要过错。两原告也存在一定的过错，应承担次要责任。一审法院据此判决《投资合作协议》无效，两被告应返还两原告支付的600万元并赔偿利息损失，驳回原告其他诉讼请求。原被告均不服一审判决提起上诉。2012年10月，海南省高级法院二审驳回上诉，维持原判。

2.4 变更登记的注意事项

此处所称的"变更登记"指的是合作当事人按照法律法规的规定办理土地使用权证书的变更登记，办理与建设工程有关的许可证书和其他相关批准文件的变更手续。

《城市房地产管理法》第三十八条规定，以出让方式取得土地使用权的，转让房地产时，应当符合下列条件：①按照出让合同约定已经支付全部土地使用权出让金，并取得土地使用权证书；②按照出让合同约定进行投资开发，属于房屋建设工程的，完成开发投资总额的25％以上。《城市房地产开发经营管理条例》第二十条规定，房地产开发企业转让房地产开发项目时，应当符合《城市房地产管理法》第三十八条、第三十九条。如未按法律、法规规定办理相关登记变更则该合同无效，不能发生预期的法律效力；只有申请办理土地使用权变更手续并获得批准后，合作方才获得该土地使用权，合作合同才发生法律效力，合作各方的权益才能够得到法律的有效保护。《城市房地产转让管理规定》第3条规定，一方提供土地使用权，另一方或者多方提供资金，合资合作开发经营房地产而使房地产权属发生变更的，是房地产转让。《城市房地产管理法》第三十九条规定，以划拨方式取得土地使用权的，转让房地产时，应当按照国务院规定，报有批准权的人民政府审批。有批准权的人民政府准予转让的，应当由受让方办理土地使用权出让手续，并依照国家有关规定缴纳土地使用权出让金；以划拨方式取得土地使用权的，转让房地产报批时，有批准权的人民政府按照国务院规定，决定其可以不办理土地使用权出让手续的，转让方应当按照国务院规定，将转让房地产所获收益中的土地收益上缴国家或者作其他处理。

法律之所以这样规定，是因为在合作开发房地产过程中，合作方往往并没有申请土地使用权，但通过合作，其变相获得了土地使用权而又未经有关部门审批，合作等于变相变更了土地使用权的归属。

申请土地使用权变更登记时，主建单位和合作单位应当向房地产管理部门提交以下文件：要求变更土地使用权申请书；建设项目批准文件；建设用地规划许可证；建设用地许可证；建设项目地形图；合作合同；营业执照或法定代表人证件等有关文件。办理土地使用权变更登记手续后 10 日内，合作双方应持土地使用权转让合同，到项目所在地的区、县（自治县、市）建设行政主管部门备案，并办理项目开发法人变更等有关手续。向建设行政主管部门报送如下文件：合作双方各自的申请报告；合作方应有对项目开发投资总额 25％以上的资本金；计委立项批复；建设工程选址意见书、建设用地规划许可证、建设工程规划许可证；建设用地批准书、国有土地使用权证或土地使用权出让合同；工程建设总平面图；涉及房屋拆迁的，房屋拆迁主管部门的批文及安置清单和安置情况说明；建委对工程初步设计意见批复；开发合同、开发项目手册；银行资信证明；企业的开发资质证书、营业执照复印件；合作双方签订的合作合同原件；经批复后方可开始房地产合作开发。

2.5　常见的违约情形及预防

由于合作开发过程中涉及不确定因素较多，包括市场变化，甚至政策影响等，各方出现违约的情况也多种多样：如，签订合作协议前后，发生未预见的相关费用引发纠纷；出资方资金不到位，从而导致缓建、停建；取得土地使用权的申报手续未能及时办妥；出地方已经提供土地，再收回土地或与他人合作；项目的立项、规划、施工手续出现问题；建设规模、施工进度变化造成违约；投资金额超出合同约定；实际建筑面积少于约定的面积；违规审批文件造成损失等等。那么，该如何预防出现违约呢？笔者认为，应尽可能做到以下几点：

2.5.1　双方责任应当具体明确

在合作合同条款文字表述上，简明准确，避免模糊表述，如"约"、"左右"、"尽可能"等不确定性的字眼；对于关键核心条款，如对质量、工期、价款、竣工验收等要明确、准确；对于具有技术性问题，最好以图以附件的形式具体说明。对于违约责任的明确，可以起到督促合同相对方履行义务，从而确保项目顺利进行。如对于供地方未能按时间提供"三通一平"土地，或对于出资方未能按约到位资金，如果对此没有约定违约责任，在实践中会对相对方造成压力，从而积累激发矛盾。所以对于双方的违约行为要做到明确，如出资方未能按约提供资金，比如迟延一天，相应减少若干平方米的房产分配或按总价款罚处一定比例的违约金，迟延至多少天，相对方可以解除合同等。对违约责任明确约定，将在合同履行过程中体现价值效率。总的来说，要在签订合同时以确定性的表述来防止后起纷争，不利于责任的划分。

2.5.2　利益分配要细化明确

这是一个纷争最多、冲突最激烈的环节。对于合作利益的分配是双方的焦点问题，特别对于以实物分配方式进行利益分享的，往往会因面积、地段等情况而产生争议。如，地理位置对房地产的价值影响很大，如果合同中对利益的分配方式没有具体可行的约定，到此环节，纠纷产生的可能性很大。另外，房地产受建材、装修、金融等行业的影响，市场形势波动也比较大，导致价格幅度可能与约定预期存在较大差异，如果对此事先没有约定，日后可成纷争点。所以，在合同中利益的分配方式不应当笼统，应当具体约定。

2.5.3　对履约中可能出现的各种问题要提前准备预案

房地产开发是一项长期复杂的过程，合作开发更是如此，不仅涉及许多政府部门、上下游单位，中间还涉及合作双方的协商配合。合作双方对项目的立项、规划、施工等各项手续的办理时间、资金的使用、施工工期等，均应预留余地，不能满打满算，以免出现问题措手不及。

2.5.4　建立风险评估机构

实践中合作双方往往将签订合同与实际履行割裂开来，合同签订后便不再对合同履行作跟踪监控。对于履行中的问题未能及时处理，最终到发生矛盾激化时，双方已经很难调和并且丧失了解决问题的最佳时机。因此，合作方完全可以建立有效的执行和风险检查评估机构，及时掌握情况，积极沟通，保持信息通畅，对存在的问题及时作出相应的处理和安排，防患未然。

2.5.5　灵活运用抵押担保、履约保函、资金共管等手段，增加掌控力度和对相对方的约束

发现相对方出现转移财产、抽逃资金、丧失商业信誉、有丧失或者可能丧失履约能力的其他情形，依法中止履行或行使不安抗辩权，从而避免损失的扩大。

第 3 课　股　权　收　购

💡 引言

> 开发商间接拿地的方式除了合作开发，较为常见的还有通过收购有地的公司股权来取得项目用地。

当前，由于土地资源的有限和市场需求不断加大，土地市场呈现出"僧多粥少"的情况，通过招拍挂方式土地价格不断被刷新。2013 年，国内多个城市"地王"继续涌现。继中粮地产以 23.6 亿元价格拿下北京朝阳区孙河西甸村地块、折合楼面价高达 4.6 万元/平方米后，新鸿基以 217.7 亿元夺上海徐家汇地王，成交楼面价达 3.73 万元/平方米。

——一线城市这样，一些二三线城市"地王"也不断出现。2013 年 8 月 26 日，福建顺隆实业有限公司以 14.53 亿元的高价拍到了兰州市高速公路天水路出口附近、面积为 51361 平方米的地块。

——财政部数据显示，2013 年全国的地方政府性基金中的国有土地使用权出让收入 4.1 万亿元，同比增长 44.6%，卖地收入刷新历史记录。一些房地产企业认为，不断出现的"地王"，呈现出一赢双损的结局，即政府通过拍卖拿到了高溢价的土地收益，而开发商因为政府限价利润变薄，购房者则要直接面对房价不断上涨。

那么有没有其他"性价比"更高的拿地方式？

笔者认为，房地产开发企业完全可以另辟蹊径，通过收购目标公司股权来实现拿地。本课将着重介绍这种方式。

3.1　股权收购获得土地的可行性

通过收购公司的方式拿地相对于前述拿地方式而言，虽然属于"间接方式"，但有明显的优势：可以避免因公开拍卖导致土地价格超出收购预算；节省了土地使用权过户的税费；办理工商注册登记变更手续后即取得对开发项目的控制权。从法律层面来看，这种方式也具备可行性。

3.1.1　以公司股权转让方式转让土地使用权有法律支持

《城市房地产管理法》第二十八条规定："依法取得的土地使用权，可以依照本法和行政法规的规定，作价入股，合资、合作开发经营房地产。"《城市房地产转让管理办法》规定所称房地产转让，是指房地产权利人通过买卖、赠予或者其他合法方式将其房地产转移给他人的行为。前款所称其他合法方式，主要包括下列行为：

（1）以房地产作价入股、与他人成立企业法人，房地产权属发生变更的；

（2）一方提供土地使用权，另一方或者多方提供资金，合资、合作开发经营房地产，而使房地产权属发生变更的；

（3）因企业被收购、兼并或合并，房地产权属随之转移的；

（4）以房地产抵债的；

（5）法律、法规规定的其他情形。

《公司法》也规定："股东之间可以相互转让其全部或部分股权"，"股东持有的股份可以依法转让"。

上述法律规定为"以公司股权转让方式转让土地使用权"提供了充分有力的法律政策支持。

3.1.2　收购方式分为收购和兼并两种方式，即股权的并购

（1）通过股权兼并方式实现的股权转让和土地使用权转让。股权兼并，指通

过股权转让的方式将公司的资产（包括其享有的开发项目的土地使用权）和权利义务均转移给受让公司，由接受全部股权的公司以吸收的方式，以自己的名义继续运行。

在这种操作模式中，公司以股权变动和产权流通来实现房地产公司的重新组合，可以避免被兼并公司的解散清算程序，有利于通过有实力的股东重新控制公司运作而实现其市场发展和顺利运作，并同时取得被兼并公司名下的土地使用权。

但是，在公司兼并中，由于受让公司吸收转让公司并以自己的名义重新开发，受让公司本身必须具有房地产开发的相应资质；兼并公司吸收了被兼并公司的全部股权，其所有的债务以及由此产生的法律风险，依法均由兼并公司承担；兼并后原被兼并公司被吸收，项目运作以兼并公司的名义进行，因此，公司开发的项目及土地使用权等必须办理变更手续。

（2）股权收购，指经由接收转让公司股权的方式而达到对原公司的控制和管理，转让公司无须消失仍可以自己的名义运作。这种操作方式由于转让公司没有被吸收，只是公司股东和股权发生变动，具有比公司股权兼并更灵活、更简便的操作性。

在股权收购中，因项目开发与运营仍以原公司的名义经营，收购公司本身未必具有房地产开发资质；对外债务仍由项目公司承担，仅是公司内部股东和股权比例发生变动，股东之间可以按股权比例或约定方式在股本金限额内承担责任；收购股东以分配股利的方式实现利益，因而对于原公司的资产，如开发项目审批文件和土地使用权等均不需办理项目变更手续。

3.2 股权收购的优劣分析

前文我们对以股权收购的方式取得土地使用权的法律上可行性进行了分析。但任何一种方式都存在利弊，都具有相对性。本节着重阐述股权收购这种间接拿地方式的优劣点，以便开发商对该方式有较理性的认识并结合自身实际情况加以使用。

3.2.1　优点

1. 转让程序操作简单

以股权转让的方式转让土地使用权，其核心标志是股权的转让，只要转让双方签订股权转让协议，并且符合不同类型公司股权转让的限制，受让方即可实际参与土地的开发利用，即土地使用权实质上发生转移。

对于以公司股权转让的方式转让土地使用权，它的一般程序是：合作开发土地的当事人就以转让公司股权的方式转让土地使用权达成协议；最后股权转让的当事人签订《股权转让协议书》，进行公司股权变更的一系列登记、备案手续。

相对而言，其手续比较简单。收购项目公司，只要签订股权转让协议并按规定办理股权变更和工商变更登记即可通过控制公司的经营权来直接控制和管理整个项目。而土地使用权、项目或在建工程的转让涉及土地使用权过户及建设手续更名等手续，比较复杂。由以上对比可以看出通过公司股权转让的方式转让土地使用权要简便得多。

2. 转让方式具有保密性特点

公司股东的变更，除依照法律规定必须公示的情况外，只要经过工商部门的变更登记即发生效力，无须第三方的认可。而土地使用权的一般转让必须经过申请、报批等手续；此外，如果所转让土地存在债务，则需通知相关债务人清理债务。对于项目转让来说也需履行申请、报批、转让等程序。虽然有的股权受让方为了保险起见，对所受让的股权进行公告，告知相关债权人申报债权，这种公告在一定程度上会披露当事人之间的股权转让，但这种公布程序要比经政府部门批准的方式转让土地使用权少得多，因此以公司股权变更的方式转让土地所有权具有显而易见的保密性。

3. 股权转让可以享受的税收优惠政策

（1）契税。契税是以所有权发生转移变动的不动产为征税对象，向产权承受人征收的一种财产税。根据财政部、国家税务总局 2001 年下发的《关于企业改革中有关契税政策的通知》中规定：企业在公司制改造中，对不改变投资主体的出资比例改建成的公司制企业承受原企业土地、房屋权属的，不征收契税。

（2）土地增值税。土地增值税是对有偿转让国有土地使用权、地上的建筑物及其附着物而就其增值部分征收的一种税。根据国家财政部、国家税务总局1995年颁布的《关于土地增值税一些具体问题的通知》，其中规定：对于以房地产进行投资、联营的，投资、联营的一方以土地作价入股进行投资或作为联营条件，将房地产转让到所投资的企业中时，暂免征收土地增值税。因此在房地产投资中以公司股权转让的方式转让土地使用权，是不需要缴纳土地增值税的。

（3）营业税。营业税是对有偿提供应税劳务、转让无形资产和销售不动产的单位和个人，就其营业收入额征收的一种税。我国《营业税暂行条例》和实施细则中规定：转让土地使用权必须交纳营业税，但如果以土地使用权入股的方式转让土地使用进行合作开发，享有利润的分配和承担投资法律风险，就无须交纳营业税。

4. 项目开发速度加快

一旦股权转让手续获得有关部门的审批通过，在项目公司的名义下，投资者即可立即投入资金进行开发建设，无须再重新立项办理建设手续。

综上所述，从财政部和国家税务总局的这些规定中可以看出，以公司股权转让的方式转让土地使用权享有免交部分税金的优惠，土地使用权、项目或在建工程的转让与项目公司股权转让相比，前者受让方必须多交契税（成交金额的3%）和房地产交易中心的交易手续费（成交金额的0.5%），转让方也须承担营业税（成交金额的5%）和土地增值税。

3.2.2　主要风险点

在房地产开发商以股权收购方式间接取得土地使用权过程中应当关注经济与法律两个层面的风险点：

1. 来自目标公司的经济风险

在我国目前的市场环境下，目标公司原股东或出资人经营期间的实际经营状况很难快速查清，即使基本了解清楚，也缺少一套明确通行的评估制度对其经营状况和财务水平做出正确评估。这种经营状况和财务水平的模糊性就是收购目标公司控股权经济风险的主要来源。

2. 来自目标公司的法律风险

股权转让时常有许多表面上不易被发现的问题，它们表现在诸如财务、法律、税务或是抵押担保方面。外部人员很难了解其真实情况，于是产生的信息不对称风险增加了沟通与谈判的难度。这些都是收购方需要加以考虑与防范的。

（1）目标公司内部法律风险。

公司股权法律风险来自于股权收购后引起的经营主体变更所产生的目标公司对外债务和义务的转移。在整个转让运作过程中，法律风险主要有：

1）被收购股权的合法性和有效性，包括股权主体（出让方和受让方）和股权转让的合法性。股权收购必须考虑我国法律的具体规定。例如我国《公司法》规定，有限责任公司的股东必须在 50 人以下，如果股权收购后股东人数不符合公司法的要求，可能会导致交易失效。另外收购中外合资的项目公司股权也必须遵守《中外合资企业法》，如果股权被两家以上中方企业收购，则须外经委审批并改变企业性质；如果外方股权被另一外方收购，也须经过外经委审核投资主体变更事宜。

2）对出让股权性质的确定，如是国有股权转让，则必须按法定程序进行交易，否则转让合同视为无效。收购国有股权须经国有资产管理办公室审批办理产权界定、登记，并在产权交易所内签订产权转让合同，由产权交易中心出具产权交割单后，才能正式办理股权和工商变更登记手续。

3）收购项目公司股权后，收购方须及时到工商企业登记机关办理登记，中外合资企业还须经过外经委审批，确认投资主体发生改变，否则股权收购合同不生效。

（2）债务法律风险问题。

目标公司或有负债，包括前述未披露的对外担保、潜在的合同违约，潜在的一般性债务等。受让方收购股权后，必须承担目标公司的债务责任。即使转让协议明确规定受让方对目标企业的债务不承担责任，这种协议条款也不能对抗善意的第三人，收购方只能在对外承包了债务责任后再对原来的股东进行追偿。但这时原来股东的偿债能力已经没有保证了。所以，股权收购方容易陷入债务的泥潭。在进行股权转让谈判时受让方一定要了解转让方是否签了土地出让合同，土地出让金及市政配套费是否交清，是否与建筑工程承包公司、设计公司、建材供应公司或供电、供水、供气、供暖方和网络、消防、电梯商等各方之间存在债务问题；如公司在融资方面常与银行或其他金融机构有借贷关系，这些债务问题也是一个不容忽视的大事情。

除了上述问题外，项目公司对原土地方的土地拆迁及补偿问题也是不可轻视的。土地拆迁与补偿占土地成本的较大比例，实践证明许多股权转让方都在拆迁与补偿方面存在较大问题。

（3）所转让土地本身可能存在的法律风险。

土地使用权是否有其他的瑕疵，有被查封、抵押或出租等禁止或限制转让的情形，主要包括：

1）所转让土地设有抵押权，也就是说，随着土地使用权和地上物所有权的转移，抵押关系的权利义务也一同转移给受让人，不管受让人是否知晓抵押之事实，都将无条件承担抵押权人追偿的债务。受让人只能向出让方主张权利，而这种主张权利的方式大多是通过诉讼来解决的。

2）所转让土地上设有租赁权。租赁合同是债务合同，依照债权的相对性，其只对合同双方具有约束力，不能对抗第三人。但是因租赁权特殊的物权化倾向，故土地使用权虽然转让，若转让前已设租赁权，转让时租赁合同未到期的，转让后租赁合同因继续有效而成为受让人的负担。

3）有关地上税、费等其他负担，如土地使用费按土地面积以年底计收，这些税、费都可以因转让时被故意隐瞒而成为受让人的负担。

3. 其他风险

以股权收购的方式间接取得土地使用权，除前述风险外，收购方还要考虑其外部风险如目标公司所涉及的诉讼与仲裁法律风险。

3.3　风险规避及对策

3.3.1　尽职调查——知此知彼

如前所述，股权转让方式取得土地使用权中潜在的问题，目标公司或因商业秘密，或为交易中争取有利地位等多种原因，有意或无意对内部信息进行技术处理。所以外部人员很难了解公司详细情况，如对外担保、负债等经营、财务或税务状况，由此产生的信息不对称无疑给受让方增加了潜在风险，这就需要通过律师等专业人士做充分翔实的调查。

1. 律师的尽职调查

通常在签订股权转让协议前，股权收购方要委托律师和会计师进行各方面的调查。律师主要在公司的法律方面进行详细调查。调查的方面包括但不限于纳税状况，转让方的个人所得税，企业所得税、营业税、增值税等；对外欠债方面，是否尚欠银行的贷款，欠股东或其他个人、单位的债务；对外担保方面，是否存在对其他第三方的担保，例如信用保证或以股权质押或不动产抵押的方式为别的单位担过保；股权的纠纷是否存在，例如股东之间是否存在股权的法律争议或股权是否存在不确定性，这种不确定性来自于股权的不止一次的转让遗留下来的问题等；法律诉讼或仲裁，由于各种合同关系产生的债务问题或其他问题使公司的资产或股权被冻结或保全，或是悬而未决的诉讼或仲裁中的案件使公司资产处在法律风险中。律师应该审查公司的工商注册历史文件，审查项目公司及涉及公司股权曾经有过的所有转让文件。同时律师还应区别出公司经营方面的法律文件和有关项目审批及拆迁补偿方面的法律文件。律师的尽职调查报告应该是在详细阅读或审查各类法律文件及进行大量外围调查的前提下制作出来的。

2. 调查对象

在尽职调查过程中，律师还要与会计师配合对公司已发生的财务问题进行审查，会计师对公司的资产负债表、损益表及各类财务报表进行分类审查。对资金的收入和支出要笔笔落实，对项目公司前期的投入和支出和将要发生的支出作出客观合理的评价。律师和会计师应该到土地管理部门、相关金融机构、原土地方、被拆迁方、工商管理机关、规委和建委及各利益相关方或有关债权人处进行调查。只有在进行了深入调查和认真仔细地审阅各类法律文件后，律师和会计师才能真正勤勉尽责地出具律师尽职调查报告和会计报告，转让才能在法律风险较小的情况下进行。

3. 法律尽职调查的基本原则

（1）独立性原则。律师开展尽职调查，应当独立于委托人意志，独立于审计、评估等其他中介机构。

（2）审慎原则。在尽职调查过程中，律师应持审慎的态度，保持合理怀疑。

（3）专业性原则。在尽职调查过程中，律师应当结合自身优势从法律角度作出专业的判断。

（4）避免利益冲突原则。律师应履行利益冲突审查义务，在提供服务过程中或服务结束后不应利用获悉的相关信息获取任何利益，也不应在提供服务过程中，代理与被调查对象有直接或间接利益冲突关系的单位或个人的诉讼或非诉讼事务。

4. 尽职调查的结论

（1）通过尽职调查，收购人可以了解到目标公司及其土地使用权的基本情况，并根据了解到的各项情况作出是否进入正式谈判阶段的决定，还可以根据了解到的各项情况对收购方案进行调整。

（2）如果在此阶段发现收购行为存在重大风险，亦可及时终止收购程序，避免产生更大的损失。

3.3.2　担保策略——后顾无忧

1. 设置合理履约担保形式促进合同双方履约

根据客观情况设置担保条款时，有以下三种形式便于操作：

（1）土地受让方可以先将买地款如数存入银行或通过其他方式取得银行信用，然后应转让方的要求请求银行出具担保函，当受让人不能如期支付转让款时，转让人可以向银行追偿；

（2）转让方也可以先取得银行的信任，请银行向土地受让方出具担保函。这样，受让方在支付转让款后，转让方未能按照约定提供开发土地时，受让方可向银行追偿。

（3）转让方和受让方可共同选定第三方为托管单位，监督合同履行并托管转让款，如律师事务所或公证部门，进行资金的监督，促进合同双方履约。

2. 保证对策

受让方要求出让方提供母公司担保或上市公司担保。担保形式比保证金形式能够更有效地避免债权法律风险。首先担保责任可以随潜在的债权法律风险规模而变化；其次，由于转让款全部支付给转让方，转让方容易接受这样一个事实，并愿意提供担保。

3. 保证金

在股权转让合同中，采取分期付款方式，留下一部分尾款作为进行股权转让潜在法律风险和潜在债务的保证金。如果在协议签订后一定时期内，因出让方或目标公司的原因，致使受让方承担了额外的债务和损失，受让方有权直接使用该笔保证金予以支付；如果在该期限届满后，没有额外的债务和法律风险出现，该款项将支付给出让方。具体操作可以分为以下两种方式：

（1）直接以尾款的形式规定在合约中，将该条款设定为附条件支付的条款，即约定尾款的支付条件。此支付条件就是在一定的期限内，不发生未包含在协议内或通过协议无法预见的法律风险和债务，也就是潜在的法律风险和债务。该期限建议确定为股权交割日后的 12～24 个月。

（2）将尾款直接列为保证金，由公证机关提存。如果发生协议之外或通过协议无法预见的额外债务和损失，该款将由公证处直接支付给债权人，相应的，出让方也就无法再要求获得该笔款项。如果期限届满，没有发生额外的债务和损失，公证处将直接把该笔担保金划至出让方账下。

3.3.3　股东承诺——有备无患

可以要求转让股份的股东（出资人）向收购人作出股东承诺。承诺一旦作出，则该股东就负有保证提供目标公司真实经营和财务状况的义务。如因原股东或出资人提供的经营和财务状况不实导致收购人遭受经济损失，收购人即可依据合同的约定向原股东或出资人主张索赔权利。在收购合同中增加特别附加条款的方式，可促使转让方积极履约。

3.3.4　其他对策

1. 分期收购

先签协议确定分期收购，约定原股东不得再转让给第三方；然后第一次收购

51%股权（保证控股），要求原股东开具银行保函确保履约；一段时间后再付款收购剩余股权。

2. 用公告的方式解决原企业拖欠债权债务的问题

按《公司法》规定，自作出合并决议之日起十日内通知债权人，并于三十日内在报纸上至少公告三次。公告程序一定程度上可以防范原股东隐瞒或遗漏债务，使债务相对更确定化。

公告可以有两种途径进行：

（1）委托律师进行公告，告知债权人在一定期间内申报债权；

（2）双方企业联合进行公告，告知企业的相关变更情况，可限期要求债权人（包括拖欠项目工程款）主张权利，最终达到掌握原企业经营状况，防范法律风险，保护土地受让方的利益。

3. 股权转让合同内容应注意的法律问题

如果双方所签订的股权转让协议，未能得到股权转让方股东的同意，或是违背相关法律法规的规定而被宣布无效，由此会造成第二次开发流产。当签署完进行了股权变更的一系列文本之后，就进入了实质性的执行阶段。其中要注意去工商部门进行股权变更登记的程序，因为只有经过登记，才会发生对抗第三人的法律效力。以公司股权变更的形式转让土地使用权，具有比通过签订《土地使用权转让合同》或项目收购等更为快捷、便利的特点，但同时也蕴涵了巨大的法律风险。

另外在以公司股权转让方式取得土地使用权的操作过程中，以下几个环节应当引起注意：

（1）公司股权变更须取得相关主管部门批准的（如三资企业、国企），应事先取得相应的审批许可。

（2）公司股权变更后须及时办理股东和公司章程的要重新登记备案。

（3）涉及土地使用权利主体发生变化的，还需办理土地使用权变更登记。

【案例1】 上海"地王"争夺战

2012年5月30日，复星国际公司向上海市第一中级人民法院起诉三家上市企业——SOHO中国、上海证大和绿城中国。涉诉地块位于上海外滩，占地约

4.5万平方米。

上海证大2010年以92.2亿元投得该地块，是当时的"地王"。2011年，上海证大以95.7亿元将其中65％权益售予复星国际、绿城中国及上海磐石。此后，SOHO中国子公司与绿城中国、上海证大、上海磐石订立股权及债权转让框架协议，收购外滩8-1地块项目50％股权，作价40亿。完成交易后，复星国际和SOHO中国将各持有该项目的一半股权。复星国际称对此项交易安排"感到惊讶"，其拥有优先认购权，本可以收购整块地块。如果优先认购权无法得到保障，"将采取一切合适的法律手段维护其权益"。

SOHO中国发布声明称，复星的起诉没有法律和事实依据，SOHO中国收购该项目的50％权益，并不涉及直接转让项目公司海之门公司的股权，复星不享有优先购买权。且谈判期间SOHO中国和上海证大均一直向复星通报相关的进展，但复星最终给出的商业条件低于SOHO中国。上海证大及绿城中国最终选择和SOHO中国成交，符合相关法律法规。

2013年4月24日，上海第一中级人民法院作出一审判决，支持复星国际的诉讼请求，认定被告上海证大、绿城中国及SOHO中国三方转让协议无效；384万元诉讼费用由被告三方共同承担，并判定，SOHO中国与绿城中国的几项合同无效。一审法院认为合同虽与复星方无直接关联，但损害了复星的利益。关于地块的股权结构，实施并认同上海海之门由复星、证大、绿城及磐石分别直接或间接占有50％、35％、10％及5％。

对此结果，SOHO中国等三方发表声明称，一审法院对于案件的事实认定以及相关法律的适用"均存在重大错误"，将就该判决结果向上海市高级法院提出上诉。

上海外滩地王争霸战演绎至这个局面，和当初选择的"勾地制度"有莫大关系。上海市规划和国土资源管理局网站公告显示，外滩国际金融服务中心8-1地块是上海土地预申请制度试验的第一幅大型地块。土地出让采取创新的先招（标）后拍（卖）模式，即"上海版勾地制"。

勾地制度来自于香港。亚洲金融危机之后，香港楼市泡沫破裂，进而引发地价一泻千里，流拍频现。香港政府自此考虑在多家开发商之间进行询价，了解规划方案，然后再通过评分招标来选择合适的开发商。

当初上海借鉴勾地制度，拟按照"综合条件最佳者得"的原则确定中标人，商务标和技术标总分为 150 分。其中，商务标 90 分（经济实力 25 分，开发业绩 32 分，运营能力 33 分），技术标 60 分（技术经济指标 40 分，规划方案 20 分），有效预申请人可加 10 分。在分数占比较大的商务标中，投标人的银行存款、净资产、商办物业开发量、滨水商办物业开发经验等都将成为评分依据。通过预申请后，进入外滩地王最终投标环节的总共 4 家企业，分别是中华企业联合体、复地联合体、新黄浦地产集团和上海证大置业有限公司。

中华企业联合体获得了全场最高的商务标得分 75 分，其余 3 家实际上甚至都没有达到进入竞买资格线的 45 分。根据文件要求，"如仅有 1 人达到或超过标底规定的标准线的，则在其他投标人中，再按综合得分确定排名顺序最高的投标人为中标候选人"。于是，上海证大成了被"赶鸭子上架"的投标人。

3.4 国有或外资企业的特殊要求

以收购股权方式间接取得项目固然是一条比较可行的方式，但是因目标企业的性质不同而对股权收购要求也有不同，这一点不得不加以考虑，特别是对国有企业或外资企业的收购，相应的法律法规对此类股权收购都有特殊的要求。

国有企业是社会主义经济的重要支柱，国家通过立法的方式加强对国有资产的监管，相关法律法规有《中华人民共和国企业国有资产法》、《企业国有资产监督管理暂行办法》及其他规范性文件，所以对国有企业进行股权收购相比之下具有一定特殊性。

3.4.1 法律对国有企业股权转让的要求

根据《股份有限责任公司国有股权管理暂行办法》、《企业国有资产监督管理暂行条例》及国资委、财政部颁布并于 2004 年 2 月 1 日实施的《企业国有产权转让管理暂行办法》对有限责任公司中国有股权转让有以下要求：

（1）符合法律、行政法规和政策，有利国有经济布局和结构的战略性调整，可促进国有资本优化配置；

（2）交易股权权属清楚；

（3）在依法设立的产权交易机构公开进行；

（4）采取拍卖、招投标、协议转让或法律、行政法规规定其他方式；

（5）国有资产监督管理机构或投资主体已经同意（全部国有股转让或部分转让股权使国家丧失控股的，已经取得同级政府批准）。

由于国家对国有资产管理有诸多规范，故对于国有股转让相关环节更多，程序性更强，一般要经过以下程序：

（1）内部审议。

企业国有股权转让应当作好可行性研究，按照内部决策程序进行审议，并形成书面决议。国有独资公司的股权转让，应当由董事会审议；没有设立董事会的，由总经理办公会议审议。涉及职工合法权益的，应当听取转让标的企业职工代表大会的意见，对职工安置等事项应当经职工代表大会讨论通过。

（2）出资人审批。

国有资产监督管理机构决定所出资企业的国有股权转让。其中，转让企业国有股权致使国家不再拥有控股地位的，应当报本级人民政府批准。

所出资企业决定其子企业的国有股权转让，但重要子企业的重大国有股权转让事项，应当报同级国有资产监督管理机构会签财政部门后批准。其中涉及政府社会公共管理审批事项的，需预先报经政府有关部门审批。

（3）清产核资与审计。

企业国有股权转让事项经批准或者决定后，转让方应当组织目标公司按照有关规定开展清产核资，根据清产核资结果编制资产负债表和资产移交清册，并委托会计师事务所实施全面审计（包括按照国家有关规定对转让标的企业法定代表人的离任审计）。转让所出资企业国有股权导致转让方不再拥有控股地位的，由同级国有资产监督管理机构组织进行清产核资，并委托社会中介机构开展相关业务。

（4）资产评估。

在清产核资和审计的基础上，转让方应当委托资产评估机构进行资产评估。评估报告经核准或者备案后，作为确定企业国有产权转让价格的参考依据。在产权交易过程中，当交易价格低于评估结果的 90% 时，应当暂停交易，在获得相关产权转让批准机构同意后方可继续进行。没有进行评估的，不影响股份转让协议的效力。有关权利人主张补充评估并补足差价的，人民法院应予支持。受让人因为需补足的差价款过高而主张撤销转让协议的，人民法院应予准许。

（5）信息披露，征集受让方。

转让方应当将股权转让公告委托产权交易机构刊登在省级以上公开发行的经济或者金融类报刊和产权交易机构的网站上，公开披露有关企业国有股权转让信息，广泛征集受让方。产权转让公告期为 20 个工作日。

披露的转让信息应当包括下列内容：①转让标的的基本情况；②转让标的企业的产权构成情况；③股权转让行为的内部决策及批准情况；④目标公司近期经审计的主要财务指标数据；⑤目标公司资产评估核准或者备案情况；⑥受让方应当具备的基本条件；⑦其他需披露的事项。

（6）签署转让协议。

1）协议方式：经公开征集只产生一个受让方或者按照有关规定经国有资产监督管理机构批准的，可以采取协议转让的方式。对于国民经济关键行业、领域中对受让方有特殊要求的，企业实施资产重组中将企业国有股权转让给所属控股企业的国有产权转让，经省级以上国有资产监督管理机构批准后，也可以采取协议转让方式。

采取协议转让方式的，转让方应当与受让方进行充分协商，依法妥善处理转让中所涉及的相关事项后，草签股权转让合同，并按照内部决策程序审议。

2）拍卖/招标方式：经公开征集产生两个以上受让方时，转让方应当与产权交易机构协商，根据转让标的的具体情况采取拍卖或者招投标方式组织实施股权交易。企业国有股权转让成交后，转让方与受让方应当签订股权转让合同，并应当取得产权交易机构出具的产权交易凭证。

转让企业国有股权导致转让方不再拥有控股地位的，在签订股权转让合同时，转让方应当与受让方协商提出企业重组方案，包括在同等条件下对转让方的企业职工的优先安置方案。

（7）履行转让协议。

受让方原则上应当一次付清股权转让价款。如金额较大，一次付清确有困难的，可以采取分期付款的方式。采取分期付款方式的，受让方首期付款不得低于总价款的 30％，并在合同生效之日起 5 个工作日内支付；其余款项应当提供合法的担保，并应当按同期银行贷款利率向转让方支付延期付款期间利息，付款期限不得超过 1 年。

转让和受让双方应当凭产权交易机构出具的产权交易凭证，按照国家有关规定及时办理相关产权登记手续。转让企业国有产权导致转让方不再拥有控股地位的，应当按照有关政策规定处理好与职工的劳动关系，解决转让方的企业拖欠职工的工资、欠缴的各项社会保险费以及其他有关费用，并做好企业职工各项社会保险关系的接续工作。转让企业国有产权取得的净收益，按照国家有关规定处理。

3.4.2　外资企业股权收购的特殊要求

对于外资企业的股权收购，我国法律也有特殊要求。在《中华人民共和国中外合作经营企业法》、《中华人民共和国中外合资经营企业法》、《外商投资企业股权变更的若干规定》等一批法律法规及规范性文件中均有详细规定。对外资企业股权收购有如下的特殊要求：

（1）转让股权需取得原审批机关批准。

《中华人民共和国中外合资经营企业法实施条例》第二十条："合营一方向第三者转让其全部或者部分股权的，须经合营他方同意，并报审批机构批准，向登记管理机构办理变更登记手续。"

合营一方转让其全部或者部分股权时，合营他方有优先购买权；合营一方向第三者转让股权的条件，不得比向合营他方转让的条件优惠。违反上述规定的，其转让无效。

《中华人民共和国中外合作经营企业法》第十条："中外合作者的一方转让其在合作企业合同中的全部或者部分权利、义务的，必须经他方同意，并报审查批准机关批准。"

（2）对于外国投资者的出资未到位的股权质押及其质押股权转让受到的限制。

《外商投资企业股权变更的若干规定》规定，在外商出资到位之前，外商投资者不得将其未交付出资部分的股权进行质押；质押后未经出资投资者和企业其他投资者的同意，质权人不得转让出资股权；未经质权人的同意，出资投资者也不得将已经出资的股权进行转让。同时，外商投资者在对其股权进行质押时也要经过原政府审批部门的核准，未经核准其股权不得进行质押。

（3）外资股权部分转让后，不得导致外资股比例低于 25％。

在《关于加强外商投资企业审批、登记、外汇及税收管理问题的通知》以及《外商投资者并购境内企业暂行规定》中规定，允许因并购设立外资比例低于 25％的外商投资企业。但是，法律法规却不允许已有的外商投资企业通过股权转让将股权减至 25％以下。

《外商投资企业投资者股权变更的若干规定》的第五条规定，除非外方投资者向中国投资者转让其全部股权，企业投资者股权变更不得导致外方投资者的投资比例低于企业注册资本的 25％。

（4）对于受让的上市公司非流通股在转让时亦受到限制。

《关于向外商转让上市公司国有股和法人股的通知规定》，外国投资者受让的上市公司国有股和法人股必须在全部价款付清 1 年后才能依法转让，并且外国投资者受让的国有股和法人股仍然属于非流通股，并不能在交易所挂牌转让。

《关于上市公司涉及外商投资有关问题的若干意见》规定，含有 B 股的外商投资股份有限公司，申请其非上市外资股在 B 股市场上流通，应在获得外经贸部同意后，向中国证监会报送非上市外资股上市流通的申请方案，同时必须符合下列条件：①拟上市流通的非上市外资股的持有人持有该非上市外资股的期限超过 1 年；②非上市外资股转为流通股后，其原持有人继续持有的期限必须超过 1 年。这意味着在这种情况下，外资股份的转让必须遵循上述规定。

（5）外商投资股份有限公司发起人股权转让受到限制。

《关于设立外商投资股份有限公司若干问题的暂行规定》中规定，外国投资者是外商投资股份有限公司的发起人情况下，其外资股权在公司成立三年内不得转让，并且要经过原政府审批部门的核准。这也是公司法对设立内资股份有限公司的发起人所作的要求。

总之，国有或外资企业在我国市场经济条件下具有特殊的地位，所以以股权收购方式取得项目，其涉及的环节、要求都表现出相对复杂性与特殊性，房地产企业对此类收购要有充分认识和准备。

附：律师范本

股权转让协议

股权受让方（甲方）：_____

住所：_____

法定代表人：_____

股权出让方（乙方）：_____

姓名：_____，性别：_____，身份证号码：_____

前　言

1. 鉴于乙方_____为_____有限公司（简称"目标公司"）现有股东，并持有目标公司 55％ 的股权，是其合法的记名股东，目标公司主要经营范围_____，营业执照于_____年__月__日签发，执照号是：_____；目标公司的注册资本为_____元人民币（RMB_____）。

2. 乙方愿意将其持有的目标公司 55％ 股权全部转让予甲方，甲方愿意在本协议条款所规定的条件下受让上述转让之股权及权益。

据此，双方通过友好协商，本着共同合作和互利互惠的原则，按照下列条款和条件达成如下协议，以兹共同信守：

第一条　定义

在本协议中，除非上下文另有所指，下列词语具有以下含义：

1. "交易股权"指在本协议签订日乙方所持有的目标公司全部股权。

2. "转让价"指"交易股权"的交易价格。

3. "本协议"指本协议主文、全部附件及甲乙双方一致同意列为本协议附件之其他文件。

4. "费用"指因受让事项发生的费用，包括但不限于差旅费、律师费、评估费、审计费等。

5. 本协议中的标题为方便而设，不应影响对本协议的理解与解释。

第二条 转让标的

甲乙双方协商一致，乙方将其所持有的目标公司55％股权转让给甲方。

第三条 转让价

1. 甲方受让"交易股权"的转让价为：人民币＿＿＿＿＿＿＿＿＿元整（小写：＿＿＿＿＿＿元）。

2. 转让价，包括转让股份所包含的各种股东权益。该等股东权益指依附于"交易股权"的所有现时和潜在的权益，包括目标公司所拥有的动产和不动产、有形和无形资产所代表之利益。

3. 转让价不包括下列数额：

（1）本协议附件2中未予列明的任何目标公司债务及其他应付款项（以下简称"未披露债务"）。

（2）目标公司现有资产与附件1所列清单相比，所存在的短少、毁损、降低或丧失使用价值（统称"财产价值贬损"）。

对于未披露债务（如果存在的话），乙方应按照该等未披露债务数额承担全部偿还责任。

4. 本协议附件2所列明的债务由甲方承担。

5. 本协议签署后＿＿＿＿＿＿＿日内，乙方应促使目标公司向审批机关提交目标公司修改后的章程，并向工商行政管理机关提交目标公司股权变更所需的各项文件，完成股权变更手续，使甲方成为目标公司股东。

第四条 付款

1. 甲方应在完成股权变更的同时（此时，乙方应保证目标公司的开发项目所需证照齐全，包括国有土地使用证、建设用地规划许可证、建设工程规划许可证、建设工程施工许可证、商品房预售许可证，并办理商品房预售备案登记），由_____银行监管账户向乙方支付70%转让价，计人民币_____元，同时在当地_____媒体上进行公告，公告期满后符合本协议约定情况的，另行支付剩余30%合同价款。公告期间，如发现乙方有本协议附件2未披露的债务的，待乙方自行解决该未披露债务之后再支付该剩余合同价款。若公告期满且甲方支付转让价余额后，发现乙方有未披露债务，乙方承诺仍由乙方负责处理直至最终解决完毕。

2. 甲方按照本条第1款支付给乙方的转让价款应存入甲方账户，并委托_____市有关第三方银行（以下简称"第三方银行"）监管。一旦股权转到甲方名下，"第三方银行"将款项按约定划入乙方提供并经甲方同意的乙方之独立银行账户中。

3. 本协议项下，股权转让之税费，由甲、乙双方按照法律、法规之规定各自承担。

第五条　权利交割及资料移交

1. 乙方应在本协议生效之日起_____日内将目标公司的"交易股权"经向当地工商行政管理机关申请办理相关变更手续变更至甲方名下。在此变更登记完成后，甲方正式对目标公司享有《公司法》及目标公司章程所规定的所有股东权利。

2. 乙方应在向工商登记部门递交股权变更手续的同时，向甲方转移目标公司所有的档案资料，包括但不限于目标公司的印章、营业执照正本及附件、组织机构代码证、账本财务资料；目标公司所拥有的客户及供应商名单、技术档案、业务资料；目标公司所涉及的工程项目的所有施工图纸、资料等。乙方所移交的该等档案资料必须全面、真实，乙方不得有任何隐瞒或替换，否则，由此导致甲方任何损失的，乙方应承担赔偿责任。

第六条　付款先决条件

1. 只有在下述先决条件全部完成之后，甲方有义务按本协议第四条的相关约定履行支付转让价义务。

（1）乙方提供目标公司股东会同意此项股权转让的决议；

（2）乙方全部完成了将股权变更给甲方之全部法律手续，包括各种变更手续和各种登记；

（3）作为对目标公司股权享有优先购买权的人（如有）按照符合目标公司章程规定之程序发出书面声明，对本协议所述之转让股份放弃优先购买权；

（4）乙方已结清目标公司在本协议签订前需支付的各项税费；

（5）乙方已将目标公司应拥有的所有不动产登记到目标公司名下，且该过程中所需要的费用由乙方自行承担。

2. 甲方有权自行决定放弃本条第一款中所提及的一切或任何先决条件。该等放弃的决定应以书面形式完成。

3. 倘若本条第1款中有任何先决条件未能于约定期限内实现，而甲方又不愿意放弃该先决条件，本协议即告自动终止，各方于本协议项下之任何权利、义务及责任即时失效，对各方不再具有拘束力，届时乙方不得依据本协议要甲方支付转让价，并且乙方应于本协议终止后，不应迟于协议终止后_____日内向甲方全额退还已经支付的转让价，并返还该笔款项同期产生的银行利息。

第七条　声明和保证

1. 本协议生效日止，乙方声明和保证如下：

（1）乙方拥有有效的签订本协议并履行其在本协议中的责任和义务所必需的资格和能力。

（2）乙方承诺，对于"交易股权"拥有毫无权利瑕疵和权利负担的所有权。"交易股权"上不存在任何索赔、质押、抵押或其他任何第三方的权利。

（3）乙方承诺，公司为根据中华人民共和国法律合法成立和存续的公司，拥有其有权资产并开展业务。

（4）乙方承诺，公司没有进入任何破产程序且公司不满足开始破产程序的条件。

（5）乙方承诺，乙方及时全面地向甲方提供甲方所需的目标公司信息和资料，尤其是目标公司尚未向公众公开的相关信息和资料，以利于甲方更全面地了解目标公司的真实情况。另外，在交割前披露给买方的有关公司的所有信息真实地反映了公司的实际状况。任何披露的信息没有以包含误导信息或遗漏重要信息的方式篡改或误导实质性的内容。

（6）乙方承诺，在本协议协商过程中，并未发生未经甲方同意之下与任何第三方以任何形式再行协商出让其所持有的目标公司股权的情形，否则，引起的一切包括甲方有权追究乙方违约责任的不利后果均由乙方承担。

（7）乙方承诺，如系因乙方过失导致本协议依我国法律法规认定为无效，则乙方应向甲方承担缔约过失责任，乙方应向甲方支付＿＿＿＿＿＿＿元的赔偿金。

2. 本协议生效日止，甲方声明和保证如下：

（1）甲方拥有适当和有效的签订本协议并履行其在本协议中的责任和义务所必需的资格和能力；

（2）本协议没有构成任何对买方有法律约束力的协议或法律的违反。

3. 如果本条款中的任何声明或保证被发现是不真实的或不正确的，违约方应赔偿并保证守约方免遭在该声明或保证真实和正确的情况下不会产生的任何损害、损失、费用或其他不利情况的损害。

第八条　违约责任

1. 如发生以下任何事件则构成该方在本协议项下之直接违约：

（1）任何一方违反本协议的任何条款。

（2）任何一方违反其在本协议中作出的任何陈述、保证或承诺，或任何一方在本协议中作出的任何陈述、保证或承诺被认定为不真实、不正确或有误导成分。

（3）在缔约过程中和本合同生效前，乙方在未事先得到甲方同意的情况下，直接或间接出售其在目标公司所持有的任何资产给第三方。

2. 如任何一方违约，对方有权要求即时解除本协议，并要求其赔偿因此而造成的损失。

第九条　保密

1. 除非本协议另有约定，各方应对其因履行本协议而取得的所有有关对方的各种形式的任何商业信息、资料、文件内容等保密，包括本协议的任何内容及各方可能有的其他合作事项等。任何一方应限制其员工、代理人、供应商等仅为履行本协议义务所必需时方可获得上述信息。

2. 上述限制不适用于：

（1）在披露时已成为公众一般可取得的资料和信息。

（2）并非因接收方的过错在披露后已成为公众一般可取得的资料。

（3）接收方可以证明在披露前其已经掌握，并且不是从其他方直接或间接取得的资料。

（4）任何一方依照法律要求，有义务向有关政府部门披露，或任何一方因其正常经营所需，向其直接法律顾问和财务顾问披露上述保密信息。

3. 双方应责成其各自董事、高级职员和其他雇员以及其关联公司的董事、高级职员和其他雇员遵守本条所规定的保密义务。

4. 本条所述的保密义务于本协议终止后应继续有效。

第十条　不可抗力

1. 任何一方由于不可抗力且自身无过错造成的不能履行或部分不能履行本协议的义务将不视为违约。

2. 如果发生不可抗力事件，履行本协议受阻的一方应以最便捷的方式毫无延误地通知对方，并在不可抗力事件发生的_____天内向对方提供该事件的详细书面报告。受到不可抗力一方应当采取合理行为消除或减少不可抗力对各方造成的损失。各方应根据不可抗力事件对履行本协议的影响，决定是否终止或推迟本协议书的履行，或部分或全部免除受阻方在本协议中的义务。

3. 不可抗力指本协议双方或一方无法控制、无法预见或虽然可以预见但无法避免在本协议签署之日后发生并使任何一方无法全部或部分履行本协议的任何事件。不可抗力包括但不限于罢工、员工骚乱、爆炸、火灾、洪水、地震、飓风或其他自然灾害及战争、民众骚乱、故意破坏、征收、没收、政府主权行为、法律变化或未能取得政府对有关事项的批准或因政府的有关强制性规定和要求致使各方无法继续合作，以及其他重大事件或突发事件的发生。

第十一条　通知

本协议项下的通知应以专人递送、传真或挂号航空信方式按以下所示地址和号码发出，除非任何一方已书面通知其他各方其变更后的地址和号码。通知如是以挂号航空信方式发送，以邮寄后 3 日视为送达，如以专人递送或传真方式发送，则以发送之日起次日视为送达。以传真方式发送的，应在发送后，随即将原件以航空挂号邮寄或专人递送给他方。

甲方：＿＿＿＿＿＿＿＿＿＿＿＿＿＿

地址：＿＿＿＿＿＿＿＿＿＿＿＿＿＿

收件人：＿＿＿＿＿＿＿＿＿＿＿＿

电话：＿＿＿＿＿＿＿＿＿＿＿＿＿＿

传真：＿＿＿＿＿＿＿＿＿＿＿＿＿＿

乙方：＿＿＿＿＿＿＿＿＿＿＿＿＿＿

地址：＿＿＿＿＿＿＿＿＿＿＿＿＿＿

收件人：＿＿＿＿＿＿＿＿＿＿＿＿

电话：＿＿＿＿＿＿＿＿＿＿＿＿＿＿

传真：＿＿＿＿＿＿＿＿＿＿＿＿＿＿

第十二条　效力

1. 本协议的任何变更均须经双方协商同意后由授权代表签署书面文件才正式生效，并应作为本协议的组成部分，协议内容以变更后的内容为准。

2. 本协议一方对对方的任何违约及延误行为给予任何宽限或延缓，不能视为该方对其权利和权力的放弃，亦不能损害、影响或限制该方依据本协议和中国有关法律、法规应享有的一切权利。

3. 本协议的任何条款的无效、失效和不可执行不影响或不损害其他条款的有效性、生效和可执行性。

4. 各方可就本协议之任何未尽事宜直接通过协商和谈判签订补充协议。

第十三条　争议解决及其他

1. 因本合同履行过程中引起的或与本合同相关的任何争议，双方应争取以友好协商的方式迅速解决，若经协商仍未能解决，任何一方均可向甲方所在地人民法院提起诉讼。

2. 本协议全部附件为本协议不可分割之组成部分，与本协议主文具有同等法律效力。

3. 本协议一式四份，甲乙双方各执两份，具有同等法律效力。

甲方：（签章）_____   乙方：（签章）_____

年　月　日

附件1　目标公司全部资产清单。

附件2　目标公司全部债务清单。

附件3　股权转让股东会决议、放弃优先购买权申请。

第 *4* 课　旧改或城市更新

💡 引言

> 为解决土地资源供求矛盾，旧改或城市更新近年来受到政府的重视和政策的推动。因为突破了招拍挂和开发资质的限制，而得到不少开发商的青睐，但其中的疑点难点问题也值得我们关注。

4.1　风格迥异的"旧改"

　　"旧改"或"三旧改造"指的是对旧城镇、旧厂房、旧村庄的改造。在我国经济高速发展的同时，大量的土地资源被消耗，原来粗放的土地利用方式已难以为继，许多地方尤其是发达地区的土地资源供求矛盾日益突出。

　　不少地方政府陆续出台过一些旧改方面的政策法规、规范性文件。因为各地情况不同，规定也有较大差异。如考虑到北京是历史文化名城，北京市出台的《北京旧城历史文化街区房屋保护和修缮工作的若干规定（试行）》提出"修缮改造与文物保护并重"，对旧城历史文化街区房屋保护和修缮以及所涉及的胡同整治、市政基础设施改造和居民疏散等相关工作作出综合考量。上海先后发布了《关于房屋拆迁补偿安置结果公开的实施意见》、《上海市城市房屋拆迁单位管理实施办法》、《上海市房屋拆迁工作人员管理试行办法》、《上海市城市房屋拆迁管理实施细则》等，要求旧区改造应以"平稳、和谐"为主，以"扩大旧改新机制试点"和"在拆基地收尾"为主。

为大力推进节约集约用地,千方百计盘活存量土地,广东省政府于 2009 年 8 月 25 日出台《关于推进"三旧"改造促进节约集约用地的若干意见》（粤府〔2009〕78 号）。《意见》除鼓励土地权利人自行改造外,对由政府统一组织实施"三旧"改造的,可在拆迁阶段通过招标的方式引入企业单位承担拆迁工作,拆迁费用和合理利润可以作为收（征）地（拆迁）补偿成本从土地出让收入中支付;也可在确定开发建设条件的前提下,由政府将拆迁及拟改造土地的使用权一并通过招标等公开方式确定土地使用权人。

此前,深圳曾发布《深圳市城中村（旧村）改造暂行规定》及实施意见、《关于推进宝安龙岗两区城中村（旧村）改造工作的若干意见》等,鼓励有实力的机构通过竞标开发或者参与开发城中村改造项目,但由于拆迁难度大,各方利益较难协调,实践效果并不理想。《意见》出台后,广东各地因地制宜,采用多种方式推进"三旧"改造,如韶关市公布了《韶关市市区"三旧"改造实施办法（试行）》,佛山市公布了《关于贯彻省政府推进"三旧"改造促进节约集约用地若干意见的实施意见》,探索了一些引入市场主体参与"三旧"改造的新方式。

【案例 1】 原村民要求撤销拆迁补偿裁决案

原村民张某在深圳市福田区某村有一套两房一厅计 65.6 平方米的房屋。第三人某开发公司取得了该城中村改造项目的《房屋拆迁许可证》及相关手续,在村股份公司的配合下与绝大多数被拆迁人签订了《拆迁补偿协议》。但张某不同意补偿方案,主张:①开发公司应按实用面积而非建筑面积补偿住宅;②其已将饭厅改为房间,家人才住得下,故其实际为三房一厅,要求返迁置换也要三房一厅;③其房子是该村最贵最好的,临时安置补助费不应参照同类房屋市场平均租金标准;④应给其装修补偿 4 万元;⑤应给其一个 70 年产权的固定车位使用权。开发公司无法与其达成协议,遂于 2010 年 4 月向深圳市规划和国土委员会（下称"规土委"）申请行政裁决。

规土委召开调查举证及调解会,双方未能达成一致处理意见。规土委遂裁决:按照同等建筑面积调换商品房并不予结算差价,房屋面积以市地籍测绘大队作出的《测绘报告》为准（即按两房一厅）,临时安置补助按平均租金计算,室内装修补偿费按评估公司报告为准，要求70年产权的固定车位使用权于法无据。

张某不服，向福田区法院起诉规土委及第三人开发公司和村股份公司，要求撤销《房屋拆迁补偿裁决》，支持其原主张。

开发公司代理律师答辩称，规土委的裁决对于事实的认定完全符合实际情况，裁决结果合理合法，体现了公平公正的原则。原告房屋虽有产权证但属城中村房屋，建筑质量差，居住生活环境恶劣，价值远低于周边商品房；开发公司对原告补偿是在同一片区按同比例进行回迁补偿，符合法律规定的产权调换房屋与被拆迁房屋同类型、同等面积、相当居住条件的要求，且产权调换的房屋无论从建筑质量、规划设计、居住环境等各方面都是定位于城市CBD标准，其价值是原房屋无法比拟的。原告提出的补偿要求不符合法律规定，要求70年产权的车位完全是曲解《物权法》。该改造项目是深圳市和福田区两级政府确定的重点项目，由于拆迁人坚持"阳光、法制、公正、和谐"的方针，加上通过集体谈判方式确定的补偿方案得到大多数被拆迁人的支持，签约面积已达96%。原告张某因个人目的不同意协商使得项目无法继续推进，不仅对第三人造成巨大损失，而且损害了广大已签约的被拆迁人的合法权益，恳请法院驳回原告诉求。

法院审理后认为，规土委作为深圳市房屋拆迁、裁决工作的职能部门，在受理申请后经过调解、听证等程序，根据《城市房屋拆迁管理条例》，按公平原则作出行政裁决，从程序到实体均符合法律规定。原告张某请求撤销的诉讼理由不成立，依法予以驳回。

4.2 深圳特色的城市更新

城市更新，是指由符合规定的主体对特定城市建成区（包括旧工业区、旧商业区、旧住宅区、城中村及旧屋村等）内基础设施亟需完善，环境恶劣或现有土地用途、建筑物使用功能明显不符合社会经济发展要求等情形之一的区域，根据城市规划和规定程序进行综合整治、功能改变或者拆除重建的活动。

2009年12月1日，《深圳市城市更新办法》正式施行；随后《关于深入推进城市更新工作的意见》、《拆除重建类城市更新项目操作基本程序（试行）》等配套文件相继出台。2012年1月21日，深圳市政府以1号文的形式发布了《深圳市城市更新办法实施细则》。这一系列配套文件，形成了较为系统的城市更新政策体系。

综合整治类更新项目主要包括改善消防设施，改善基础设施和公共服务设施，改善沿街立面，环境整治和既有建筑节能改造等内容，但不改变建筑主体结构和使用功能。

功能改变类更新项目改变部分或者全部建筑物使用功能，但不改变土地使用权的权利主体和使用期限，保留建筑物的原主体结构。

拆除重建类城市更新是指对城市更新单元内建筑物进行全部或大部分拆除后重新建设的更新改造行为。它通过更新计划的申报，更新单元规划的审批，重新确定建设用地面积、开发强度，并重新确定开发主体，签订新的土地出让合同。比较而言，拆除重建类城市更新一般经济效益更高，工作也更为复杂。

《深圳市城市更新办法》及实施细则规定，城市更新单元的划定应符合以下条件：

（1）城市更新单元内拆除范围的用地面积应当大于10000平方米。

（2）城市更新单元不得违反基本生态控制线、一级水源保护区、重大危险设施管理控制区、城市基础设施管理控制区、历史文化遗产保护区等城市控制性区域管制要求。

（3）城市更新单元内可供无偿移交给政府，用于建设城市基础设施、公共服务设施或者城市公共利益项目等的独立用地应当大于3000平方米且不小于拆除范围用地面积的15%。

虽不具备以上条件，但基于鼓励产业转型升级，完善独立占地且总面积不小于3000平方米的城市基础设施、公共服务设施或者其他城市公共利益项目等原因需划定城市更新单元的，应经特殊审批。

由于突破了招拍挂和开发资质的限制，加上政府各项优惠政策的扶持，许多产权人、开发商以极大的热情参与到城市更新活动中。截至2013年12月，深圳纳入城市更新的项目达397项，用地面积达到35平方公里，超过50%已经完成专项规划审批，面积达到18平方公里。近两年深圳市政府加大城市更新实施力度以后，目前已经完成土地出让的项目达 92 项，涉及用地面积 5.55 平方公里。此外，目前在建的城市更新项目达 72 项，在建的建筑面积达到 2000 万平方米的规模。在最近 3 年内，城市更新已成为目前深圳保证住房供应、保证产业发展的重要举措。2013 年 1～9 月，深圳城市更新投资额 257.2 亿元，占房地产投资比重的 42.1％；城市更新供地 56.5 公顷，占全市供应比例的 91％，城市更新已经成为深圳未来城市建设土地的主要来源。2013 年深圳城市更新批准预售量达到 184 万平方米，占全市的 37％。

在城市更新过程中，深圳解决了公益设施落地难的问题。目前已审批的 210 项规划中，落实了一批公共配套设施，包括中小学 51 所，幼儿园 130 所，医院 2 家，社康中心 108 家，公交首末站 34 个，落实了近 3.5 万套的保障房，断头路的现象通过城市更新得到相当大程度的缓解。未来深圳将重点放在城中村和工业区（旧仓储区）的改造，积极推进旧商业区改造，稳步推进旧住宅区改造。

我们也应看到，在深圳城市更新过程中也出现了不少问题，尤其是旧住宅区拆除重建类项目普遍存在难以推进的问题。按照《深圳市城市更新办法》公布时的规定，达到"建筑物总面积三分之二以上的业主且占总人数三分之二以上的业主同意"即可申报立项，所以一些开发商先行进驻的旧住宅区项目得以申报立项成功并通过专项规划审批。而在利益诉求多元化的现实中，业主众多、产权分散的旧住宅区，要求在后续操作中取得百分之百的业主同意补偿安置方案，是十分困难的。由于缺乏统一的标准，所以拆迁补偿谈判异常艰难。不少城市更新项目就是因此处于停滞状态，开发商投入巨大，骑虎难下。

深圳已对无法继续推进的更新项目建立常态化的清理机制，第一批已清理淘汰了沙头角保税区城市更新等 13 个城市更新单元。之前通过专项规划审批的旧住宅区项目堪称深圳城市更新的"幸运儿"，一旦因专项规划批准两年后未获得实施主体核准而被政府部门调出计划，则"幸运儿"将沦为"弃儿"，业主原本可预期的利益也将随之化为泡影，将造成开发商和业主"双输"的局面。

那么，在顶层设计中该如何平衡各方当事人利益，避免出现"双输"呢？从台湾、香港等地的城市更新经验可见，它们都实行"多数决"机制，即只要大多数业主同意更新方案即可实施。台湾规定，政府划定的更新特区采用权利变换的方式，需要土地权利人、合法建筑物所有权人 3/5 以上的人同意，土地跟楼地面面积超过 2/3 的人同意，就可以实施。台湾早期的城市更新几乎需要百分之百业主的同意，而"多数决"的机制建立后，其城市更新得到推动，迈入了新的阶段。笔者建议借鉴港台先进经验，通过特区立法的形式，制定"多数决"机制，平衡各方利益。在充分保障业主知情权、表达权的前提下，以小区业主民主投票的方式决定是否通过更新方案。只要达到了法定比例即视为决议通过，全体业主均应遵行。少数持反对意见的业主如仍认为其权益受损，则可通过向法院提起诉讼的方式解决争议。

我们还可以学习香港经验，分片区设立城市更新咨询委员会，成员由业主、租户、专业人士等组成，促进业主、开发商与政府部门之间的协调和沟通，加大更新法规政策的宣传力度，切实推进城市更新。

4.3　城市更新法律实务

《深圳市城市更新办法》及实施细则的公布，是深圳开始新的城市发展转型的重要标志，深圳旧工业区、旧商业区、旧住宅区、城中村及旧屋村改造被推向了前所未有的高潮。但一个项目是否具备更新条件，利润空间有多大，在更新过程中有哪些经济和法律风险，改造实施单位和产权人如何搭建一个合法、可行的合作架构，项目范围内一些历史遗留的产权问题如何解决，拆迁补偿如何设计才能最大化地规避法律风险，当产权人或开发商即将启动更新项目时，这些问题都很现实地摆在我们面前。因为城市更新是一项集规划、国土、拆迁、施工、产权等多种开发活动于一体的全新的综合性房地产开发活动，涉及法律关系及程序十分复杂，专业性极强，客观上有很多问题需要专业人士协助解决。律师作为法律顾问，在其中的作用显得十分重要。但笔者在工作中却发现，不少同行对此并没有意识，有的误以为法律工作的作用仅局限于审查搬迁补偿协议。从 2009 年开始，笔者担任了多个城市更新项目的专项顾问，下文将结合实践，阐述城市更新项目中应当注意的法律问题。

律师作为城市更新项目（通常为拆除重建类）法律顾问，在项目选择、城市更新单元划定、意愿征集、项目申报、实施主体的确定、土地及房产清理、拆迁补偿等各个阶段均应把握尺度，注意防范法律风险。

例如，在更新项目的选择阶段，法律顾问应帮助顾问单位（通常为实施主体）做好前期调查工作，主要包括调查该项目土地性质、土地权属来源、使用年限以及是否欠缴地价、土地使用费等情况；调查被拆迁建（构）筑物的权属类别，如违法建筑、临时建筑、有限产权房屋。法律顾问还应对项目可行性进行评估，如审查是否符合政策规定的规划、土地权属等条件，并据此给出法律风险论证意见；根据所拥有的房地产开发经验、税收、财务知识及更新各项优惠政策，协助对更新项目的经济性作出初步预算。在城市更新单元划定阶段，如发现项目周边有边角地、夹心地或插花地，法律顾问应建议顾问单位争取将上述零星用地一并划入更新单元。

在拆迁补偿阶段，法律顾问工作最为繁重，应注意的问题主要有：

（1）协助实施主体科学确定拆赔比例。法律顾问可根据所具有的房地产开发成本核算经验，综合考虑项目定位、销售价格和面积、应补地价、建设开发成本、管理费用等因素，与顾问单位共同确定合适的开发利润及拆迁风险利润，制定出可行的补偿方案。

（2）帮助实施主体辨别、确认不同种类的权属人。如申报人本身即为房产登记权利人，具有红本《房地产证》，一般不会出现权属争议。但现实中，很多申报人都不是房产登记主体。此时，法律顾问便需要根据相关法律法规及政策，结合民事法律实践，辨别、确认不同种类的权属人，规避"赔错对象"的法律风险。如申报人不能满足权属确认要求，法律顾问应向顾问单位提示风险，建议采取适当措施避免和减少可能发生的损失。

（3）帮助实施主体辨别、确认不同的权利状态。对于具有绿本《房地产证》的，土地、规划报建手续齐全但未办理产权登记手续的以及土地权属明确，规划报建手续不完善但未被认定为违章建筑的，视不同情况进行区分处理。此外，对于几种特殊房产，如安居房、经济适用房、房改房、村民祖屋及被查封或抵押的房产，法律顾问应从法律角度提出处理意见。

（4）起草、审查《搬迁补偿安置协议》、《业主搬迁承诺书》、《拆迁公告》等一系列法律文书。法律顾问应注意：①不能遗漏搬迁补偿协议必备的条款，如必须约定补偿方式、补偿金额和支付期限，回迁房屋的面积、地点和登记价格，搬迁期限、搬迁过渡方式和过渡期限，协议生效的时间和条件等相关事项；②针对小业主的不同情况，可拟定货币补偿、房屋置换补偿等不同版本；③考虑到城市更新项目不同于一般的房地产开发项目，法律顾问在协议起草时应有一定预见性，为顾问单位预留相应操作空间。

（5）指导顾问单位做好拆迁过程中的证据保全。如为了防止小业主或原村民抢建、加建，应建议顾问单位事先采取拍照摄像或与居委会、村股份公司等签署《建筑物、构筑物现状确认书》等方式固定证据。

（6）参与搬迁安置补偿谈判和协议的签署。因各自利益和认识的不同，业主往往对更新方案、补偿的标准等有不同的观点。法律顾问应在谈判和签约过程中，对业主做好法律政策解释和引导工作，避免矛盾的激化和群体性事件的发生。另一方面，律师也要引导和建议顾问单位实现规范操作，保障权利人的知情权、参与权，协调各方利益，实现多方共赢。

综上，作为城市更新项目法律顾问，应当注意很好地把握各种界限和尺度，既最大程度上规避法律风险，维护实施主体的合法权益，也要避免矛盾激化，灵活推进更新工作的开展。需要指出的是，律师担任更新项目顾问，不但应精通《物权法》、《国有土地上房屋征收和补偿条例》等法律法规，也应深入研究、掌握政府相关政策，在规划、税收、财务等方面也应有必要的知识储备。

附：律师范本

范本一：深圳市××项目城市更新专项法律顾问聘请合同

（2013）广联律顾字第　　号

甲方（聘请单位）：深圳市××房地产开发有限公司

乙方（受聘单位）：广东××律师事务所

甲方因业务发展需要，特聘请乙方的律师担任甲方××项目城市更新专项法律顾问，现经双方友好协商，一致同意订立如下条款，共同遵守：

第一条　乙方接受甲方聘请，指派王某、李某律师担任甲方专项法律顾问，并配之以其他律师及助理（不少于三人的服务团队）提供法律服务。如被指派的律师因故不能履行职务时，乙方需书面告知甲方并经甲方同意，可由乙方另派律师接替其职务。

第二条　乙方律师服务期限自本合同签订之日起至更新范围内的原有建筑物拆除完毕止。

第三条　乙方律师根据甲方需要及要求提供如下法律顾问服务：

（一）拆迁补偿协议签订前准备阶段的主要工作内容

1. 根据所具有的房地产开发成本核算经验、税收、财务知识，及更新政策规定的各项地价款政策，协助乙方对更新项目的经济性作出初步预算，以此确定项目的拆赔补偿总方案。

2. 协助甲方收集整理拆除范围内产权资料，对各类产权分析、甄别，拟定各类产权的拆赔方案。

3. 协助甲方收集整理拆除范围内业主身份信息资料，分析业主基本情况，针对不同类别的业主拟定谈判、签约的顺序和策略。

4. 协助乙方确定项目规划方案，准备项目详细规划宣传材料。

5. 对签署过程中可能遇到的如业主离婚、过世、监护权变更、公司注销及私下转让、抵押、查封、租赁等特殊情况，制定签约工作指引。

6. 针对不同类别的物业和业主拟定相对应类别的拆迁补偿协议。

7. 拟定签署拆迁补偿协议的相关配套文件，如《业主搬迁承诺书》、《拆迁公告》、《拆迁声明》、产权注销委托书等。

8. 协助甲方组建项目工作团队，对工作团队进行更新政策、拆赔方案、工作指引、谈判技巧等相关知识培训。

（二）拆迁补偿协议签订阶段的主要工作内容

1. 协助甲方督促、跟进工作团队按既定的工作指引开展谈判和签约，如权利人身份识别，相关产权证件、身份证明的收集，相关声明和承诺的签署，产权类别判断等。

2. 对签订拆迁补偿协议过程中遇到的特殊权利主体，出具相应的法律意见，防止赔错对象。

3. 对签订拆迁补偿协议过程中遇到的特殊产权状态，如出租物业，无产权证明物业，出具相应的法律意见，防范法律风险。

4. 针对个别钉子户，根据贵公司的需要，协助甲方拟定谈判策略，参与谈判、签约。

5. 协助甲方建立完善拆迁补偿协议的资料动态跟进档案，为整个拆迁补偿协议的签约、履行提供保证。

6. 协助甲方对业主做好政策解释和引导工作。

7. 协助甲方做好完善项目范围内部分产权完善登记手续，解除房屋抵押、查封及房地产证注销手续，并就专业问题出具专项法律意见。

8. 协助甲方做好相关调查取证、通知、催告工作，如拆迁导致停产停业的，提前书面通知等事宜。

9. 为了避免改造成本的增加，协助甲方做好相关部门的衔接工作，协助甲方做好拆迁前通知相关部门停办有关手续的工作。

10. 及时向甲方提供新颁布的城市更新相关法律法规、政策，并出具相关法律意见。

第四条 属于上列范围的各项事务，甲方可在办公时间内随时与乙方联系，若要求乙方外出办理业务，甲方应提前预约，乙方应妥善安排时间，认真履行法律顾问的职责。

第五条 法律顾问的权利：

1. 以事实为依据，以法律为准绳，向甲方决策机构提供法律意见和建议。

2. 应甲方之请求，根据工作需要，查阅与甲方业务有关的规章、制度、帐册、报表及其他资料。向与甲方业务有关的人员了解、调取有关材料。

3. 如有需要，乙方可参加甲方召开的有关会议，但应得到充分的准备时间。

4. 甲方保证对其聘请的法律顾问提供必要的办公条件和其他便利。

5. 乙方受甲方委托或协助甲方外出深圳办事时，其交通、食宿、差旅补助等办事所需费用均由甲方负担。

6. 甲方要求乙方以特快专递形式给有关单位和个人邮寄律师函件的，邮寄费用由甲方承担。

7. 如甲方不按合同约定支付顾问费的，乙方有权单方终止合同。已收的费用不予退还，并有权按合同约定追索未付的费用及损失。甲方拖欠的顾问费按每日万分之三计收违约金。

第六条 法律顾问的责任：

1. 恪守律师职业道德，维护甲方合法权益。

2. 严格依甲方的授权履行法律顾问职责，不得超越甲方的授权范围，做出任何有损甲方利益的行为。

3. 严守甲方及甲方相关单位的商业秘密及其他不便公诸社会之秘密，不得随意发表与法律顾问职责无关的言论；乙方承诺对本协议甲方更新项目所涉及的商业资料予以保密，除非为遵守有关法律或行政法规要求或有关监管机构要求所需。

4. 不得参与与甲方有利害关系之第三人的诉讼及非诉讼事务。

第七条 甲方应对乙方的工作给予配合。因甲方的不正当之行为造成乙方不能履行职责的，其后果由甲方自负。乙方可根据事实情由解除合同，已收取的法律顾问费用不予退回。

第八条 该项目预计完成时间为四年。

1. 根据深圳市律师行业协会制定的《深圳市律师业务收费指引》和广东省司法厅有关规定，并经双方协商，该项目专项顾问费按人民币××万元整计取，项目专项顾问费分期按年度支付。

2. 具体付款时间为：_____

甲方上述顾问费支付至乙方下列开户银行与账户：

开户名：广东××律师事务所；

开户行：××银行××支行；

账　号：

3. 在本合同签订期间，如因城市更新政策重大变化导致项目暂停或乙方顾问服务未达标，甲方可暂停本合同，但应提前15日书面通知乙方。乙方无须退还已收取顾问服务费用。

第九条 如甲方要求乙方提供超出第三条约定范围的非诉讼法律服务，双方应另行计费；如发生诉讼或仲裁，甲方应同乙方另行办理委托手续，并另行计费，乙方承诺给予适当优惠。

第十条 本合同的修改或补充，需经双方同意，并以书面方式确认。

第十一条 本合同自双方签约之日起生效。

第十二条 本合同在履行过程中如发生争议，双方应友好协商解决；协商不成的，任何一方均可向深圳市有管辖权的人民法院提起诉讼解决。

第十三条 本合同一式两份，甲方、乙方各执一份，每份具有同等法律效力。

甲方：深圳市××房地产开发有限公司

授权代表（签字盖章）：

法人代表：

乙方：广东××律师事务所

授权代表（签字盖章）：

签约日期：　　　年　月　日

范本二：深圳市××小区城市更新房屋搬迁补偿安置协议书

合同编号：（2013）××_____号

甲　　　　方：深圳市××房地产开发有限公司

地　　　　址：

法定代表人：

联 系 电 话：

邮 政 编 码：

乙方为自然人：

乙方一：_____

身份证号码：_____

现住地址：_____

联系电话：_____

Email：_____

邮政编码：_____

乙方二：_____

身份证号码：_____

现住地址：_____

联系电话：_____

Email：_____

邮政编码：_____

以上乙方一、乙方二在本协议中统称乙方。

乙方为单位：_____

单位名称：_____

法定代表人：_____

地址：_____

联系电话：_____

Email：_____

邮政编码：_____

为改善深圳市××片区旧住宅区（以下简称"片区"）综合环境，促使该区域物业最大化升值、增值，根据《中华人民共和国物权法》和广东省、深圳市城市更新等相关法律法规，甲、乙双方本着平等、自愿、互惠的原则，经友好协商，现就改造过程中因拆除乙方合法拥有处在该区域内的房屋（以下简称被搬迁房屋）所涉及的搬迁补偿安置事宜达成如下协议：

第一条　被搬迁房屋状况

1. 房屋位置：深圳市××片区_____区_____栋_____单元_____层_____号。

2. 房屋的产权性质：

□商品房；

□非商品房（取得方式：□福利分房　□司法判决　□行政划拨土地上建房　□协议转让　□继承　□工业用途土地上建房　□其他_____）。

3. 房屋的用途：□住宅　□商业　□办公　□工业　□其他_____。

4. 《房地产证》号（或购房合同号）：_____。

5. 房屋建筑面积：_____平方米；房屋套内建筑面积：_____平方米。

被搬迁房屋建筑面积以房地产证记载面积为准；如被搬迁房屋建筑面积没有产权登记的，以甲方委托的具有资质的深圳测绘单位测绘查丈的面积为准（具体内容详见附件测绘查丈报告）。

6. 房屋户型：_____房_____厅_____卫。

7. 房屋建筑结构：_____。

8. 房屋目前使用、权利状况：

□自用

□出租：承租人：＿＿＿＿＿＿＿＿

承租用途：＿＿＿＿＿＿＿＿＿联系电话：＿＿＿＿＿＿＿＿

租期：自＿＿＿＿＿年＿＿月＿＿日至＿＿＿＿＿年＿＿月＿＿日

（具体内容详见附件租赁备案的《房屋租赁合同》）

□抵押：

抵押权人：＿＿＿＿＿＿

抵押担保金额：＿＿＿＿＿＿＿＿联系电话：＿＿＿＿＿＿＿＿

抵押期：自＿＿＿＿＿年＿＿月＿＿日至＿＿＿＿＿年＿＿月＿＿日

（具体内容详见附件《房屋抵押合同》）

□查封：

查封申请人：＿＿＿＿＿＿＿＿

查封事由：＿＿＿＿＿＿＿＿＿联系电话：＿＿＿＿＿＿＿＿

查封期限：自＿＿＿＿＿年＿＿月＿＿日至＿＿＿＿＿年＿＿月＿＿日

（具体内容详见附件司法或行政机关查封的法律文书）

9. 其他：＿＿＿＿＿＿＿＿＿。

第二条　乙方合法权利人保证

乙方一与乙方二之间系＿＿＿＿＿＿＿关系，共同拥有被搬迁房屋的产权，乙方一占有＿＿＿＿＿＿＿％的产权，乙方二占有＿＿＿＿＿＿＿％的产权。乙方保证是被搬迁房屋的合法权利人，并向甲方承诺，没有隐瞒其他合法权利人；因被搬迁房屋发生的一切产权债权争议，由乙方妥善处理，所引起的责任由乙方自行承担。如影响项目实施进度的，应按本协议约定承担违约责任。

乙方保证提交的所有资料是真实的，如有提供虚假材料的，甲方将追究其法律责任。

乙方同意将被搬迁房屋按本协议约定条件及方式交付甲方，由甲方作为本项目的唯一实施主体实施拆除重建。

第三条　搬迁补偿方案

乙方自愿选择下列＿＿＿＿＿＿＿款项所述的方式进行房屋搬迁补偿：

1. 货币补偿。

2. 产权置换补偿。

乙方对上述房屋搬迁补偿方式的选择是不可变更和撤销的决定。

第四条　被搬迁房屋的货币补偿

1. 以被搬迁房屋建筑面积为计算基数，以每平方米建筑面积补偿相应数额的人民币为货币补偿标准，由甲方向乙方支付货币作为对乙方被搬迁房屋的全部补偿。

2. 被搬迁房屋的货币补偿标准以签订本协议时甲方委托具有资质的深圳专业评估公司所作市场评估价为准。经双方确认，市场评估价为人民币＿＿＿＿＿＿＿元/平方米建筑面积。

3. 被搬迁房屋补偿金额：

双方共同确认，乙方被搬迁房屋建筑面积＿＿＿＿＿＿＿平方米，按建筑面积每平方米＿＿＿＿＿＿＿元计，货币补偿总金额人民币合计：＿＿＿＿＿＿＿佰＿＿＿＿＿＿＿拾＿＿＿＿＿＿＿万＿＿＿＿＿＿＿仟＿＿＿＿＿＿＿佰＿＿＿＿＿＿＿拾＿＿＿＿＿＿＿元（小写：＿＿＿＿＿＿＿元）。

4. 搬迁补助费：

甲方支付乙方从被搬迁房屋搬出的搬迁补助费共计人民币＿＿＿＿＿＿＿元/套房，乙方从被搬迁房屋搬出且双方办理移交手续后10个工作日内支付。

上述本条第3、4项补偿款已包括被搬迁房屋、房屋装修、房屋所属土地、构筑物、附着物其他所有设施、设备、解除租赁合同对承租户的所有补偿（如有）、搬家费等所有补偿。除此之外，乙方不得再向甲方要求任何形式、名义的补偿。

5. 乙方选择货币补偿的，甲方对乙方不再承担安置责任，由乙方自行安置。

6. 货币补偿金按以下＿＿＿＿＿＿＿方式支付：

1）被搬迁房屋无抵押、查封。

在甲方取得政府关于项目实施相关批文，发出搬迁通知书且乙方将被搬迁房屋交付甲方并办理完毕移交手续后10个工作日内，甲方向乙方支付50%的货币补偿金，即人民币＿＿＿＿＿＿＿佰＿＿＿＿＿＿＿拾＿＿＿＿＿＿＿万＿＿＿＿＿＿＿仟＿＿＿＿＿＿＿佰＿＿＿＿＿＿＿拾＿＿＿＿＿＿＿元（小写：＿＿＿＿＿＿＿元）。

被搬迁房屋拆除完毕且产权注销手续办理完毕10个工作日内，甲方向乙方支付剩余的货币补偿金，即人民币_____佰_____拾_____万_____仟_____佰_____拾_____元（小写：_____元）。

2）被搬迁房屋有设定抵押或查封。

在甲方取得政府关于项目实施相关批文，发出搬迁通知书且乙方将被搬迁房屋交付甲方并办理完毕移交手续后10个工作日内，甲方向乙方支付_____％的货币补偿金，即人民币_____佰_____拾_____万_____仟_____佰_____拾_____元（小写：_____元）。

乙方须在甲方上述通知之日起30日内自行清偿全部债务及解除抵押、查封。

如乙方不能在约定期限内清偿全部债务及解除抵押、查封，由甲方代为乙方清偿其债务，乙方应在甲方代其清偿债务之日起30日内偿还给甲方，逾期应按每日万分之五向甲方支付违约金。

在解除抵押、查封且办理完毕被搬迁房屋产权注销手续后10个工作日内，双方在扣除第六条第2项款项（如有）及本条甲方代乙方偿还的债务（如有）后一次性结清货币补偿款。

第五条 房屋产权置换

（一）房屋产权置换补偿的方式

甲方对乙方原有的房屋进行拆除，其房屋产权随之灭失，待甲方重建房屋竣工后，以重建房屋（以下称"置换房屋"，位于××片区老住宅区内）的产权置换补偿乙方已灭失的房屋产权。

（二）被搬迁房屋产权置换的比例及置换房屋的面积

1. 产权置换补偿有下列五种情况，乙方按下列_____项所述的方式进行房屋置换：

（1）被搬迁房屋属有房地产权证商品房住宅的：

1）按每1平方米被搬迁房屋建筑面积补偿置换房屋建筑面积1.2平方米的比例置换住宅房屋，即被搬迁房屋建筑面积：置换房屋建筑面积＝1:1.2；

2）或按每1平方米被搬迁房屋套内建筑面积补偿置换房屋套内建筑面积1.03平方米的比例置换住宅房屋，即被搬迁房屋套内建筑面积：置换房屋套内建筑面积＝1∶1.03。

（2）被搬迁房屋属有房地产权证非商品房住宅的（俗称绿皮产权证）：

1）按每1平方米被搬迁房屋建筑面积补偿置换房屋建筑面积1.17平方米的比例置换住宅房屋，即被搬迁房屋建筑面积∶置换房屋建筑面积＝1∶1.17；

2）或按每1平方米被搬迁房屋套内建筑面积补偿置换房屋套内建筑面积1平方米的比例置换住宅房屋，即被搬迁房屋套内建筑面积∶置换房屋套内建筑面积＝1∶1。

（3）其他被搬迁房屋属没有房地产权证，有合法用地文件及建房手续，属历史遗留问题的，经确权后：

1）按每1平方米被搬迁房屋建筑面积补偿置换房屋建筑面积1.14平方米的比例置换住宅房屋，即被搬迁房屋建筑面积∶置换房屋建筑面积＝1∶1.14。

2）或按每1平方米被搬迁房屋套内建筑面积补偿置换房屋套内建筑面积0.97平方米的比例置换住宅房屋，即被搬迁房屋套内建筑面积∶置换房屋套内建筑面积＝1∶0.97。

（4）被搬迁房屋属工业用途土地上建房的，经确权后按每1平方米被搬迁房屋建筑面积补偿置换房屋建筑面积0.8平方米的比例置换住宅房屋，即被搬迁房屋建筑面积∶置换房屋建筑面积＝1∶0.8。

（5）鉴于商业（含现用作银行的物业）、商铺、办公、老干部活动中心、幼儿园、政府机关办事处的物业的置换房屋在三层以下（含三层）不用分摊高层公共面积，置换补偿标准按以下方案执行：

1）被搬迁房屋有商品房房地产产权证的，按每1平方米被搬迁房屋套内建筑面积补偿置换房屋套内建筑面积1.03平方米的标准同用途置换，即被搬迁房屋套内建筑面积∶置换房屋套内建筑面积＝1∶1.03。

2）被搬迁房屋没有商品房房地产产权证的，按每1平方米被搬迁房屋套内建筑面积补偿置换房屋套内建筑面积1平方米的标准同用途置换，即被搬迁房屋套内建筑面积∶置换房屋套内建筑面积＝1∶1。

2. 经甲乙双方确定：

被搬迁房屋建筑面积共计_____平方米，按上述第_____项置换比例，置换房屋建筑面积共计_____平方米，置换房屋用途为_____。

如按房屋套内面积置换的，被搬迁房屋套内建筑面积共计_____平方米，按上述第_____项置换比例，置换房屋套内建筑面积共计_____平方米，置换房屋用途为_____。

乙方对上述补偿方式的选择是不可变更和撤销的决定。

（三）过渡期、过渡期租金补偿、搬迁补助费

1. 自乙方将被搬迁房屋交付甲方，双方共同办理完毕验收移交手续之日起，至甲方按本协议约定将安置房屋交付乙方之日止为过渡期，具体截止日期以甲方发出房屋《入伙通知书》所载交付日期为准。

2. 甲方每月支付乙方按建筑面积计租金补偿标准为：

（1）住宅按_____元/每平方米；

（2）一楼商业按_____元/每平方米；

（3）一楼非商业性质的房屋、二楼以上（包括二楼）商业、办公、其他物业按_____元/每平方米；

根据上述第_____项标准，甲方应付乙方租金补偿金为每月人民币_____拾_____万_____仟_____佰_____拾_____元_____角（小写：_____元）。乙方将被搬迁房屋交付甲方后42个月内租金补偿金不作调整。如甲方超出42个月仍未能向乙方交付置换房屋的，逾期6个月（含6个月）以内，甲方须按本协议约定过渡期租金标准增加10%向乙方支付逾期期间的过渡期租金；逾期超过6个月（不含6个月）的，按本协议约定过渡期租金标准增加20%向乙方支付逾期期间的过渡期租金；逾期超过12个月（不含12个月）的，按本协议约定过渡期租金标准增加30%向乙方支付逾期期间的过渡期租金。

租金补偿自乙方将被搬迁房屋交付给甲方之日起计算，至甲方发出的《入伙通知书》所载交付日为止；甲方在双方办理被搬迁房屋移交手续后5个工作日内先预支付6个月租金补偿金，以后按每6个月发放一次，在每6个月第一个月的5号前发放。最后一笔租金在入伙之前双方据实结算。

3. 甲方支付乙方从被搬迁房屋搬出和安置房屋交付后搬入两次搬迁补助费共计人民币_____元/套房，乙方从被搬迁房屋搬出且双方办理移交手续后5个工作日内支付人民币_____元/套房，乙方置换房屋入伙时支付人民币

_____元/套房。

本条（二）、（三）项的补偿已包括被搬迁房屋、房屋装修、房屋所属土地、构筑物，附着物其他所有设施、设备、搬家费，以及解除租赁合同对承租户的所有补偿（如有）。除此之外，乙方不得再向甲方要求任何形式、名义的补偿。

第六条 被搬迁房屋的交付及产权的注销

1. 在甲方取得政府关于项目实施相关批文，向乙方发出搬迁通知书 30 日内，乙方将搬迁房屋交给甲方并和甲方共同办理房屋验收移交手续。

2. 房屋移交时，乙方应自行结清与房屋相关的各种费用（包括但不限于水费、电费、燃气费、电话费、有线电视费、网络使用费、租赁管理费、物业管理费等），办理完毕相关报停、销户手续，并将相关报停、销户手续凭证、票据（均为原件）提交甲方。如有未结清的费用，甲方有权在向乙方支付的租金补偿金或货币补偿金中予以扣除。

3. 乙方应于房屋移交之前，保持房屋结构完好，不得拆除或损坏各种附属设施。

4. 乙方搬离完毕并经甲方验收确认后，甲乙双方正式办理验收移交手续。乙方须在正式办理验收移交手续之前向甲方提交房屋钥匙，并移交以下所有相关产权资料的原件：

（1）《房地产证》（或《房屋所有权证》）；

（2）乙方房屋所属宗地的用地文件、建房合同、购房合同、所有付款凭证等相关产权证明材料；

（3）乙方授权甲方代为办理注销乙方房屋《房地产证》（或《房屋所有权证》）的委托公证书（该委托公证书乙方需按甲方通知的时间与甲方共同前往公证处办理）；

（4）其他主管部门基于更新改造、产权注销需要所需提交的资料。

双方按本条前述办理移交后，乙方房屋的移交手续方视为全部办理完毕。

5. 乙方房屋移交手续办理完毕后，乙方房屋的全部产权及权益均归甲方所有，一切收益均归甲方所有，被搬迁房屋由甲方拆除。甲方承担被搬迁房屋的后续处置及拆除费用。

第七条　置换房屋的选择

（一）置换房屋的选择位置

置换房屋在本项目地块之上新建物业中甲方确定的楼栋进行抽签选房。被搬迁房屋在××片区老住宅区东区的，置换房屋在东区＿＿＿栋、＿＿＿栋、＿＿＿栋、＿＿＿栋的第＿＿＿层至＿＿＿层范围内选择；被搬迁房屋在中区的，置换房屋在中区＿＿＿栋、＿＿＿栋的第＿＿＿层至＿＿＿层范围内选择；被搬迁房屋在西区的，置换房屋在西区＿＿＿栋、＿＿＿栋、＿＿＿栋、＿＿＿栋的第＿＿＿层至＿＿＿层范围内选择。

被搬迁的商业、商铺、银行、办公、老干部活动中心，一楼商业性质的房屋在一楼置换，一楼非商业性质的房屋及二楼以上（包括二楼）的房屋在二至三楼置换。

（二）置换房屋的选房时间和选房方式

甲方应在乙方选择置换的房屋当期（以下简称当期物业）预售测绘报告后，提前 15 天书面通知乙方在内的全体被搬迁人在甲方指定的本条第（一）项选房范围内选房。具体选房的时间和地点以甲方书面通知为准。

选房采取抽签方式，即先抽取选房序列号，再根据抽取的序列号按先后顺序选房，由公证处主持现场抽签、选房过程，并公证抽签结果（具体内容详见选房方案）。

乙方未按时参加选房会议，未合法有效委托他人代为选房，到场而未选房的，视为自动放弃选房权利；甲方有权在补偿房屋范围内代替乙方选择建筑面积相等或最为接近的房屋，乙方对此无异议。

（三）置换房屋的选择面积范围

乙方在安置房屋选择范围内，必须选择与第五条第（二）款第 2 项约定的补偿置换房屋建筑面积（以下简称约定补偿置换房屋建筑面积）相等或最为接近（即不得小于约定补偿置换房屋建筑面积的 5％，以下同）的房屋。

在补偿房屋范围内，如没有和约定补偿置换房屋建筑面积相等或最为接近（即不得小于约定补偿置换房屋建筑面积的 5％）房屋的，乙方可选择置换房屋面积超过约定补偿置换房屋建筑面积的房屋。

本条面积差异的处理按本协议第八条第（一）项约定执行。

第八条　面积差异的处理

（一）乙方选择房屋的实际预售测绘建筑面积与约定补偿置换房屋建筑面积的差异处理。

乙方选择房屋的预售测绘建筑面积大于约定补偿置换房屋建筑面积的，超出10%以内（含10%）的面积，乙方按当期物业销售时（即甲方取得当期物业预售许可证正式开盘当日）甲方所制定的同栋、同楼层、同方向、同用途商品房销售价格（以下简称同类物业开盘销售价格）九折（即销售价格的90%）的标准购买，超出10%以外（不含10%）的面积，乙方按同类物业开盘销售价格购买；房屋的预售测绘建筑面积小于约定补偿置换房屋建筑面积的，小于的部分面积甲方按同类物业开盘销售价格补偿给乙方。

（二）置换房屋的预售测绘建筑面积与竣工测绘建筑面积差异处理

预售测绘建筑面积与竣工测绘建筑面积正负误差比在0.6%以内（含0.6%）的，双方不退不补。

正负误差比超出0.6%（不含0.6%）的，在0.6%以内的部分，双方不退不补；正负误差超出0.6%（不含0.6%）的部分，竣工测绘面积大于预售测绘面积的，乙方按同类物业开盘销售价格九折的标准购买；竣工测绘面积小于预售测绘面积的，小于的部分面积甲方按同类物业开盘销售价格补偿给乙方。

（三）面积差异价款的结算方式

双方应在甲方取得当期物业竣工备案证明文件且甲方发出结算房屋差价通知书15日内结清全部差价款，如一方未能及时向另一方付清，则应自约定日期之日起，违约方应向守约方每日支付未结清差价款总额万分之五的违约金。如乙方在甲方交付置换房屋之时仍未付清全部差价，则甲方有权推迟乙方办理入伙手续日期，一切责任与甲方无关。

第九条　置换房屋的交付和房地产证的办理

1. 甲方自当期物业取得《建筑工程施工许可证》之日起42个月内交付置换房屋。甲方在获得竣工备案证明文件后，有权提前通知乙方入伙。

2. 甲方在获得置换房屋建设工程竣工验收备案证明（即竣工验收备案收文

回执）后即符合交房条件。

3. 甲方向乙方交付置换房屋时须按国家法律法规的规定向乙方提供《房地产质量保证书》和《房地产使用说明书》，并按相关规定为置换房屋提供保修服务。

4. 乙方应按《入伙通知书》通知的期限内办理入伙手续。乙方如期办结入伙手续的，置换房屋的交付时间为双方办结入伙手续之日；乙方未按入伙通知书规定的期限内办理完毕入伙手续的，置换房屋的交付时间视为《入伙通知书》所载交付期限届满之日，甲方于该日已完成置换房屋的交付义务。

5. 甲方向乙方交付的置换房屋以毛坯标准交楼，房屋应当符合国家质量安全标准，且室内及室外公共部分的装置、装修、装饰标准与甲方对外销售的商品房标准一致。楼层平面布置每层不超过＿＿＿＿＿＿＿，标准楼层层高不低于2.8米。置换房屋的住宅在裙楼以上。

6. 装修补偿

甲方同意按本协议确定的现有被搬迁房屋建筑面积＿＿＿＿＿元/每平方米的标准支付给乙方装修补偿。

双方确认，乙方被搬迁房屋建筑面积＿＿＿＿＿平方米，按上述标准计算，甲方共向乙方支付装修补偿款人民币＿＿＿＿＿万＿＿＿＿＿仟＿＿＿＿＿佰＿＿＿＿＿拾＿＿＿＿＿元＿＿＿＿＿角（小写：＿＿＿＿＿元）。该笔费用在置换房屋交付后10个工作日内甲方向乙方一次性付清。

置换房屋的装修由乙方自行负责。

7. 置换房屋的水、电、燃气、电话、有线电视开通费用由甲方承担。

8. 乙方同意置换房屋交付使用后由甲方委托物业管理公司负责小区物业管理，并同意住宅及商业物业服务收费标准按照甲方统一销售项目时拟定的标准执行。

本项目停车位数量最终以规划部门批准为准，停车位权益归甲方所有，甲方可以自行处分，停车位收费管理按深圳市政府有关规定执行。

9. 甲方负责从乙方入伙之日起280天内，为乙方办理置换房屋的商品房产权证。但乙方须提供配合与协助，包括及时提交身份证明材料等。

如乙方被搬迁房屋系商品房且已办理房地产证的，在本协议约定的乙方置换房屋建筑面积以内（含本数）的契税由甲方代为承担，置换房屋超出（不含本数）该约定面积的部分契税由乙方承担。如乙方被搬迁房屋系非商品房，或虽为商品房但没有办理房地产证的，置换房屋办理房地产证的契税由乙方承担。

第十条　双方保证和承诺

1. 甲方向乙方承诺和保证在本协议书签订后：

（1）甲方收到乙方交出的房地产证及相关资料，应向乙方开具收据，并妥善保管和保密相关资料。

（2）甲方负责整个项目改造建设资金的投入（包括补交地价款，土地使用年限重新办理 70 年，有关用地性质年限以政府部门最终批复为准），并保证按《深圳市城市更新办法实施细则》的相关规定办理政府主管部门的监管手续。

（3）负责拆除本协议书项下用地范围内的所有建筑。

（4）办理立项、报建、领取四证等报批手续。

（5）负责按本协议书第四条或第五条的约定向乙方按期支付相关费用。

（6）甲方保证不改变项目实施主体，不转让该项目，但如确需改变实施主体或转让该项目的，甲方须在政府部门批准及监管下确保继受单位继续履行本协议书的约定，以保障乙方权益不因此受到损失。

（7）取得《建筑工程施工许可证》后，应严格按照政府部门的规划审批（如容积率、绿化面积、总平面）进行开发建设，如发生重大规划设计修改应征求 2/3 业主的意见。

2. 乙方向甲方承诺和保证在本协议签订后：

（1）不和任何第三方就本协议书所涉搬迁房屋另行签订《搬迁补偿意向书》、《搬迁补偿安置协议》等有关搬迁补偿安置方面文书。

（2）不改变建筑的用途。

（3）就被搬迁房屋和被搬迁地块不再设置抵押权，且承诺就被搬迁房屋不再有转让、合伙、合作或装修等处置行为；如再行出租或续租必须充分考虑拆除因素，且需在租赁合同中约定：在甲方取得政府关于项目实施相关批文，向乙方发出搬迁通知书 30 日内，乙方必须协同承租人将搬迁房屋交给甲方并和甲方共同办理房屋验收移交手续；所有装修甲方不再补偿。签订租赁合同后 3 日内将租赁合同交甲方备案。

（4）被搬迁房屋和被搬迁地块无任何权属争议。

（5）保持被搬迁房屋和被搬迁地块的现状，不得抢盖、搭建，否则对改建、搭建的部分甲方不给予任何补偿，且如有影响甲方实施项目进度的，甲方有权要求乙方承担赔偿责任。

（6）乙方应对被搬迁房屋附属的其他义务承担永久责任。

（7）同意甲方提供乙方选择置换房屋的户型设计及面积。

双方如违反前述承诺和保证，一切责任概由责任方自负；因此造成对方损失的，违约方负责全部赔偿。

第十一条　被搬迁房屋已抵押、被查封、出租的处理

1. 被搬迁房屋已抵押的，乙方应在甲方取得政府关于项目实施相关批文且甲方向乙方发出搬迁通知书30日内自行清偿全部债务及解除抵押。

如乙方不能在约定期限内清偿全部债务及解除抵押，乙方同意由甲方代为乙方清偿其债务，乙方应在甲方代其清偿债务之日起30日内偿还给甲方，逾期仍未偿还甲方的，由甲方委托专业评估公司对该搬迁房屋进行市场评估，双方同意按评估价格以货币方式补偿。

乙方同意委托甲方代为清偿债务的，被搬迁房屋《房地产证》解除抵押后，《房地产证》由抵押权人直接退还于甲方，并按本协议第六条约定协助甲方办理产权注销手续。

双方按本条约定由产权置换转为货币方式补偿的，在正式拆除乙方被搬迁房屋，产权注销手续办理完毕后10日内，甲方扣除代乙方清偿的债务及乙方应承担的违约金后，将余下的货币补偿款一次性支付乙方（货币补偿的办理程序参照本协议货币补偿方案的相关约定执行。）

2. 被搬迁房屋已被查封的，参照前款抵押情况处理。

3. 本协议签订后，被搬迁房屋如出租或续租的，乙方应充分考虑被搬迁将拆除的情况，乙方应在发出搬迁通知书30日内办结退租手续并全部清场。乙方在办结退租手续时所产生的退还保证金及解除租赁关系所产生装修补偿等的全部费用由乙方自行承担。

第十二条　违约责任

1. 如甲方不能按本协议书约定时间支付相关款项给乙方的，则每逾期一日须向乙方支付该笔应付款项总额万分之五的违约金。

2. 乙方应按本协议第六条约定按时向甲方交付被搬迁房屋，否则每延迟一天，乙方须向甲方支付违约金1000元。逾期30天不交付的，可视为乙方同意甲方自行处理搬迁事宜，甲方有权自行拆除被搬迁房屋并处理房屋的财物。如造成财物损失，概由乙方自负。

第十三条　不可抗力

如遇不可抗力（地震、战争、自然灾害等不可预见、不可控制、不可避免的情形）原因及非甲方过错原因造成的置换房屋不能按期交付使用，则置换房屋交付时间应予以顺延。

第十四条　保密条款

1. 协议书的内容及甲乙双方在洽商、签订及履行协议书的过程中所获得的任何资料、文件、信息均为商业秘密，甲乙双方均负有保密义务。

2. 除向政府相关部门提供必要的相关资料、文件、信息外，未经另一方事先书面同意，不得以泄露、告知、公布、发布、出版、传授、转让或者其他任何方式使任何第三方（包括未获准知悉的一方其他职员）知悉前述商业秘密，否则须向另一方承担违约金人民币50万元，并赔偿由此而给其造成的一切间接、直接损失。

3. 如发现一方的秘密已经泄露或可能泄露时，应当立即采取补救措施，并及时通知。

4. 本保密责任有效期为永久保密，从协议书签订之日起生效。

第十五条　词语定义

1. 本协议中的住宅、商业、办公等房屋用途均以产权部门登记为准；

2. 本协议中的小于、大于、超出不包含本数；

3. 本协议中的货币指人民币。

第十六条　条款适用

1. 乙方选择货币补偿的，补偿的具体标准及执行详见本协议第四条、第六条、第十条（第十条第2款第7项除外）、第十一条第3项、第十二条、第十四条、第十五条、第十七条。

2. 乙方选择产权置换补偿的，补偿的具体标准及执行详见本协议除第四条之外的其他所有条款。

第十七条　其他约定

1. 乙方一确认其通信地址：＿＿＿＿＿＿＿＿＿＿＿＿＿＿＿

联系电话：＿＿＿＿＿＿＿＿＿＿＿＿＿＿＿＿＿＿＿＿

乙方二确认其通信地址：＿＿＿＿＿＿＿＿＿＿＿＿＿＿

联系电话：＿＿＿＿＿＿＿＿＿＿＿＿＿＿＿＿＿＿＿＿

乙方所提供的通信地址及联系电话等情况如有变动，应在3日内书面通知甲方，如因乙方未及时通知甲方致使甲方无法与乙方取得书面联系而引起的后果由乙方自负。甲方按照乙方所提供的通信地址挂号邮寄、特快专递等方式送达视为已经送达至乙方。

2. 在本合同中涉及甲方向乙方支付的所有款项均以转账的方式支付，乙方确认指定的收款账户信息如下：

账户名称：＿＿＿＿＿＿＿＿＿＿＿＿＿＿

开户银行：＿＿＿＿＿＿＿＿＿＿＿＿＿＿

银行账号：＿＿＿＿＿＿＿＿＿＿＿＿＿＿

3. 甲方所做的该项目、户型等各类宣传、广告、图册仅为项目前期效果展示，该项目、户型及相关事宜最终以政府主管部门审批的文件为准。

4. 凡因本协议书引起的或与本协议书有关的任何争议，甲乙双方应友好协商解决，协商不成的，均可向被搬迁房屋所在地人民法院起诉。

5. 签订本协议书时，乙方应向甲方提交保密承诺书及被搬迁房屋《房地产证》（产权证明书）、《房屋租赁合同》、《抵押合同》等材料的复印件，作为本协议附件。

6. 本协议签订后，甲方如与本项目其他同类物业（用途相同、产权性质相同）业主签订的《搬迁补偿协议》的补偿标准超出本协议约定的补偿标准的，甲方按新补偿标准补偿给乙方。

7. 本协议一式四份，甲方执三份，乙方执一份，各份均具同等法律效力，自双方签字盖章之日生效。

（以下无正文）

甲方：深圳市××房地产开发有限公司

法定代表人：

授权代表人：

乙方为自然人的：

乙方一：

乙方二：

乙方为单位的：

名称：

法定代表人（或受委托人）：

签订时间：_____年____月____日

签约地点：深圳市××片区城市更新改造办公室

附件一：被搬迁房屋《房地产证》（产权证明书）

附件二《房屋租赁合同》（如有）

附件三：租赁备案的《房屋抵押合同》（如有）

附件四：查封相关法律文书

附件五：其他产权证明文件

附件六：房屋测绘报告

乙方为个人的：

附件七：乙方一身份证复印件

附件八：乙方二身份证复印件

乙方为单位的：

附件七：营业执照复印件

附件八：法定代表人证明书

附件九：授权委托书

附件十：受托人身份证复印件

（以上文件均需核对原件）

第 2 篇

房地产融资

第 *5* 课　融资盛宴背后

💡引言

　　说到房地产融资，就要从房地产业的起步和发展说起，而房地产业的发展又始终伴随着住房制度改革，两者关系的调和是房地产发展的主旋律。住房制度改革最直接的手段是调控，而调控又贯穿了房地产融资发展历程的30年，对其产生最为直接的影响，这使得我国的房地产融资呈现出较为特殊的境况。本课详细介绍了房地产融资的定义，房地产的发展，房地产融资的历程，对房地产融资的现状、问题、关联因素和外部环境进行了分析，并尝试提出改善性的建议，以期对建立良性发展与有效运营的房地产融资体系有所裨益。

5.1　融资现状

5.1.1　房地产融资

1. 房地产融资界定

　　关于房地产融资，从定义上说，广义的是指为涉及房地产领域内相关经营、交易等活动而筹措资金的行为，更多学者的研究认为，广义上的房地产融资还包括资金的使用和清算。狭义来讲，即是房地产企业（又称"开发商"）通过各种途径为企业或项目筹措资金的行为，可能是为企业经营融资，也有可能是为企业的战略发展融资，当然有相当一部分融资行为是服务于企业具体的开发项目。项目融资不同于一般意义上的企业融资，其以项目为基础和融资对象，为项目服务；与此同时，项目融资往往也借助于房地产企业融资的多方渠道。

本文主要从狭义角度，从房地产企业经营及开发的角度阐述房地产融资。

2. 我国房地产发展历程

（1）住房制度改革。

要谈我国房地产的发展，就不能规避住房制度改革。毫不夸张的说，没有住房制度改革，就没有房地产业的诞生。

我们简要回顾一下我国的住房制度改革历程。新中国成立之初，我国实施"统一管理，统一分配，以租养房"的公有住房实物分配制度。城镇居民的住房主要由所在单位解决，各级政府和单位统一按照国家的基本建设投资计划进行住房建设，住房建设资金的来源90％主要靠政府拨款，少量靠单位自筹。住房建好后，单位以低租金分配给职工居住，住房成为一种福利。应该说，这种制度模式在当时较低水平的消费层次上，较好地满足了职工的基本住房需求。1958年到1977年的20年里，我国一直实行这一住房制度，但是在这段时间里，我国政府坚持以发展生产为先，住房基本建设投资规模逐年削减，因此，住房供给不足也不断显现成为严重的社会问题。1978年邓小平提出了关于房改的问题，由此开启了我国住房制度改革之路。

我国的住房制度改革，可以分为以下四个阶段：1978～1993年，住房实物分配制度改革阶段；1994～1998年，住房实物分配向住房市场化改革的过渡阶段；1999～2004年，住房市场化全面推行阶段；2005年至今房地产调控阶段。

（2）住房制度改革与房地产业定位的关系。

纵观我国住房制度改革历程的四个阶段，尤其是国发［1998］23号文、［2003］18号文"国八条"、［2007］24号文以及此后的"国十条"等重要文件的出台，不难看出"房地产业如何定位"的问题始终贯穿于我国住房制度改革的过程中。

房地产业的发展一方面能够解决老百姓的住房需求，另一方面也能够拉动社会经济增长。这两方面的作用在现实社会中存在一定矛盾，鱼与熊掌不可兼得。社会发展的背景以及内在动因决定了房地产业两方面作用的博弈，这两个方面的博弈也决定了我国住房制度改革的主要目标及调整方式，同时也促进了房地产业的发展和规范。

1997年受东南亚金融危机影响，国家需要实施积极的政策以增加和刺激社会总需求，政府需要以房地产业作为推动力，以推动经济增长。[2003]18号文就明确提出："房地产是国民经济支柱产业。"

当一些地方政府热衷于批租土地，盲目进行大规模拆迁，依靠房地产投资来带动当地经济发展，并通过土地收益、房地产税费来直接填充地方财政，一些不法开发商炒卖地皮，人为抬高房价，"房地产是国民经济的支柱产业"被一些利益集团演变成畸形的增长模式，老百姓住房供需矛盾突出时，以"解决人民住房需求"再次成为主要目标。政府就需要再次出台政策进行住房改革主要目标的转变。正如"国八条"、"国六条"，尤其是[2007]24号文的出台，我国政府多次强调建设多层次的住房保障体系，加大廉租房、经济适用房建设力度。

2008年美国次贷金融危机之后，国家又加大了四万亿的固定资产及消费投资，再次发挥房地产业对于整体经济的促进和带动作用。2009年下半年后，随着房价的过快上涨，老百姓的住房需求得不到保障，国家再次启动更为全面和深入的房地产调控，并大力发展保障房、经济适用房、廉租房的建设和投入，以此来平衡房地产发展的积极作用以及负面影响。

（3）我国房地产发展的几个阶段。

正如前文所言，我国房地产的发展与住房制度改革密不可分，直至1998年，我国启动全面的住房制度改革，房地产才开始迎来真正的春天。简要区分，我国的房地产发展可以分为如下几个阶段：

第一阶段：萌芽阶段（1992年之前）。

随着住房制度改革的推进，国家逐渐意识到单纯依靠住房分配难以解决老百姓的住房问题，邓小平多次发表讲话，强调解决住房问题应放宽限制，解放思想，国家也逐步意识到发展房地产及房地产市场化是必行之路。随着允许私人建房购房政策的出台，各地也开始不同程度与规模地进行房地产的尝试。

第二阶段：高速发展阶段（1992～2004年）。

随着邓小平南巡讲话，进一步为房地产的发展提供了政策保障，司法也为房地产发展所留下的历史遗留问题解决开行绿灯，《城市房地产管理法》、《土地管理法》等一系列相关法律法规及政策的出台，为房地产全面市场化发展铺平了道路，房地产在这个阶段获得了极大的发展。

第三阶段：规范与调整阶段（2005 年至今）。

2005 年后，尤其是 2008 年之前，我国的房地产进入了极速膨胀期，基于房地产对国民经济的重要影响，我国开始有针对性地引入调控机制，刚开始是信贷政策的小范围浅层次调整和调控，其后是全面财税、信贷、行业的全面纵深调控。以 2008 年美国次贷危机为界，房地产的发展进入了严冬时期，与此同时，房地产行业也开始了行业内的全面洗牌和纵深整合，中小房地产企业和项目公司纷纷倒闭或被收购，一批房地产行业巨头被催生。

我国的房地产业经过三十多年的发展，逐渐完成了从计划经济时代的行政导控和配置到市场经济时代的市场主导和市场配置的转变，房地产业虽然未能完全摆脱行政的干预和调控，但已经成为了一个以市场为主导的行业，一大批房地产企业不仅完成了自身的积累，经历了发展阵痛，而且逐步迈向制度化、规范化、集团化，随着市场经济的完善和成熟，随着我国农村城市化的进一步推进，我国的房地产业将会迎来广阔的发展前景。

3. 我国房地产融资历程

我国房地产业发展的历程不过三十多年，自然而然，房地产企业融资的发展时间也比较短。

前文提到，我国的住房制度改革经历了计划经济时代的土地公有制阶段、经济体制改革阶段、市场经济取向改革阶段及调控阶段。住房制度改革催生和促进了房地产业的发展，同时，伴随着房地产业的发展，我国的房地产融资也开始萌芽和成长。1998 年开始，我国陆续制定了与房地产金融相关的政策和措施。为了支持和鼓励房地产业的发展，其后几年间又出台了相关的政策。2002 年后，为规避金融风险，国家又有配套的风险防控指引和完善性政策规范。从 2003 年开始，国家开始针对性地收紧房地产金融，2005 年开始对房地产行业进行全面调控，2008 年美国房地产次贷金融危机后金融政策进一步收紧，2009 年后调控力度加大，开始转入纵深调控，全面限制贷款。在对房地产金融进行构建和调整的过程中，国家也在尝试逐步完善我国的房地产金融体系，为房地产融资创新渠道及方式提供法律和政策指引与支持（本文后面将会专门介绍）。

房地产一直是国民经济的重点行业，房地产金融也是房地产重点的业务领域，经过三十多年来的建构和调整，我国的房地产融资也逐渐形成体系。如今，国内初步形成了以银行信贷作为主要来源和调控杠杆，以其他资本市场融资工具为辅助和补充的房地产融资体系。

5.1.2　我国房地产融资现状综述

我国房地产融资的现状，可以分为几个时间段来进行具体分析：第一阶段，是 1997 年之前，主要是自有资金和银行借款，房地产融资处在摸索阶段，体量不大，目标不明，投机性较强，风险高；第二阶段，是 1997～2004 年，房地产处于行业起步阶段，融资方式从单一依赖银行借款到多种融资模式及渠道的尝试和探索，资金需求量大，同时也为融资付出了沉重的代价；第三阶段，是 2005 年至今，房地产融资活动频繁，属于调整和梳理的阶段，相关法律出台，政策调控加强，融资活动相对理性，随着融资渠道逐步尝试与国际接轨，融资的市场化和多样化也逐渐催生融资活动的规范化。

1. 第一阶段（1997 年之前）

在此阶段，住房分配仍是主要的房产来源。住房市场化仅仅只是一个概念，房地产作为一个行业刚刚被写进法律，一切都在萌芽阶段。房地产业处于起步阶段，房地产融资活动基本局限为银行信贷，而这一期间的银行信贷相对比较宽松，绝大部分的房地产开发经营活动的资金来源都是银行。

2. 第二阶段（1997～2004 年）

截至 2004 年，房地产融资产生了较大的变化。2004 年全国房地产开发资金来源构成最引人注目的变化是：国内贷款比重下降明显，自筹资金和其他资金比重有所提高。两个年度预算内投资、债券、外资三项都只占微不足道的比重，三项合计均为 1.4%；国内贷款所占比重下降了 5.4 个百分点，增长率仅为 0.5%，同比回落 40.7 个百分点；自筹资金与其他资金所占比重分别上升了 1.8 和 3.6 个百分点。这表明金融调控初显成效，融资渠道酝酿变局，房地产投资资金来源结构有所调整，过分依赖于银行贷款的风险有所缓解，信贷紧缩导致的资金需求缺口从其他资金来源中得到了弥补。

从 2004 年全年的房地产开发资金来源变化过程看，国内信贷占房地产开发资金比重亦呈持续下降态势。1～3 月份房地产投资合计 3595.39 亿元，其中国内贷款 874.86 亿元，占 24.33%；1～6 月份房地产投资资金来源合计为 7602.8 亿元，国内贷款 1667.69 亿元，占 21.94%；1～9 月份，房地产投资资金为 11614.1 亿元，其中国内贷款 2342.36 亿元，所占比重进一步降至 20.17%；1～12 月份下降到 18.4%。

对比以往数据，1998 年国家预算内资金为 14.95 亿元，2004 年为 11.81 亿元，所占比重由 0.34% 下降到 0.1%；债券 1998 年为 6.23 亿元，2004 年为 0.19 亿元，所占比重由 0.14% 下降到几乎为 0；利用外资 1998 年为 361.76 亿元，2004 年为 228.20 亿元，所占比重由 8.19% 下降到 1.3%。国内贷款 1998 年为 1053.17 亿元，2004 年为 3158.41 亿元，所占比重由 23.85% 下降为 18.4%；自筹资金 1998 年为 1166.98 亿元，2004 年为 5207.56 亿元，占比由 26.43% 上升为 30.3%；其他资金 1998 年为 1811.85 亿元，2004 年为 8562.59 亿元，占比由 41.04% 上升为 49.9%。

尽管 2004 年国内信贷在房地产开发资金来源中的比重相比 1998 年存在明显下降，金融调控的一系列政策和措施效果明显，需要特别注意的是，在房地产开发资金来源的"其他资金"中，有相当一部分是承建商和材料供应商垫付的资金，有 80% 左右是购房者的定金和预付款，而购房者的这部分资金主要来自于个人住房消费信贷。因此，在房地产开发资金来源中银行信贷仍是主要渠道。这种以间接融资为主的方式，既与我国融资主渠道吻合，也与我国金融市场不健全以及房地产金融发育不良有关。发展多元化的房地产开发融资方式以减少银行信贷风险的任务仍很艰巨。同时，2004 年房地产投资量依然处于增长状态，为 1997 年以来的最高值。

2005 年 8 月 5 日人民银行作为官方机构发布了《2004 年中国房地产金融报告》，对我国目前的房地产金融形势和对策提出了较为宏观的分析，但自 2005 年以来，中国房地产格局和金融形势都发生了极其巨大的变化，此份报告并没有对房地产金融作出多少准确和新鲜的分析和结论，只有一条停止期房预售的建议，引起社会和媒体的争议。2005 年 8 月 24 日由全国工商联住宅产业商会、中国城市开发商策略联盟等支持成立的 REICO 工作室发布了 2005 年第二季度报告，主要针对房地产行业的开发商资金课题，并指出开发商的资金链越来越紧缺。

3. 第三阶段（2005～2013 年）

2007～2008 年的央行数据显示，房地产业的自有资金不足 30％，其余均依靠外部融资。

考察 2010 年的央行报告，结合 2011 年、2012 年的房地产金融风险的相关数据和分析结论，我们发现，由于宏观政策调控的强势介入，直接的后果就是房地产行业销售增速普遍下滑，其导致的最为普遍的现象就是开发企业的资金来源大大减少，尤其是楼市定金、销售预收款、个人住房贷款等三个主要资金来源渠道的流量大幅度下降。同时银行发放的房地产企业贷款并没有政策和趋势证明已经得到缓解。这种局面对房地产行业带来的后果就是：房地产企业经营周期延长，资金周转延缓甚至停滞，资金内部收益率大大降低；工程建设进度缓慢，销售量徘徊不前，价格维持在现有水平，价格策略难以奏效，新开楼盘定价犹疑不定；房地产企业经营成本上升，融资投入加大，融资效果不明显，融资成本提高。

在我国房地产行业的后新政时期，房地产企业投资资金的来源不仅关乎房地产企业的发展和项目进程，也直接关系到房地产市场本身的前景和新政施行成效。而作为一个高速发展的产业，以及房地产行业自身的特性，在今后一段很长时间里，融资需求会非常活跃并且将会成为房地产企业投资和运营的基础和前提。

在宏观调控和信贷收紧的大局面下，现代的房地产企业已经逐步从稚嫩走向成熟，融资方式和渠道也从单一的银行信贷转向了多元的融资尝试，随着融资市场的规范和进一步完善，随着我国房地产融资法律体系的进一步规范和引导，新型的融资方式必将得到越来越多的推崇，并且在实践中发挥日益重要的作用。

5.2　融　资　困　局

5.2.1　融资是房地产企业的共同课题和难题

房地产融资对于诸多房地产企业而言，是一个普遍面临的课题，同时也是无法回避的难题。主要的原因有如下几个方面：

（1）房地产是典型的资金密集型和产业规模化的行业，项目开发时间长，所需资金数额大，房地产企业的自有资金往往无法满足实际需求，要实现项目的顺利推进和企业的快速发展，融资是首当其冲。

（2）我国房地产行业的兴起是在20世纪90年代初期，是与住房制度改革相伴而生的，全面的住房制度改革1998年才铺开，房地产行业等到此时也才开始步入全面发展的阶段。因此，绝大多数的房地产企业规模偏小，资金紧缺，融资是企业发展的主要甚至是唯一的出路。

（3）与房地产行业作为我国国民经济支柱性产业的地位相比，我国的房地产金融显然处在极其落后的初级阶段。在相当漫长的一段时间内，尤其是对于房地产行业发展至关重要的黄金十年（1992～2001年），房地产金融基本依靠单一的银行信贷。1997年亚洲金融危机后，随着国家金融政策的收紧，房地产项目融资难上加难。2008年全球金融危机之后，我国从2009年下半年开始又加强了对房地产的全面调控，信贷金融进一步收紧，房地产企业融资如果继续走单一依靠银行信贷的老路必然步履维艰，创新和开拓新的融资渠道成为房地产融资的主要方向和探求热点。

5.2.2 房地产融资特点

1. 项目资金体量大

房地产项目所需资金少则几千万，多则几个亿甚至数十上百亿，远非其他行业可以比拟。以最近的例子，2013年9月4日，北京出现的单价"地王"，以7.3万元/平方米刷新全国土地单价纪录；2013年9月5日，土地市场迎来"地王日"：上午，上海217.7亿元"总价地王"刚刚出炉；下午，杭州、苏州又诞生两位新"地王"。其中，杭州华家池地块以136.73亿元成为当地新的"总价地王"，苏州金鸡湖地王则以15150元/平方米的价格刷新当地楼面价纪录。

2. 周期长

一个房地产项目，从拿地、立项、审批、开发建设到竣工销售，动辄两三年，多则三五年，没有夯实的资金作支持，项目难免会拖垮拖瘦甚至拖死。因为周期长资金断裂导致项目转手、企业清盘的现象比比皆是。

3. 成本高

房地产项目融资，成本过高。传统的银行信贷，年资金利率不会低于 8%，但是门槛高，程序复杂，资金量较小。民间借贷，年利率不会低于 25%，而且周期短。信托略好，周期稍长，年资金成本一般也在 12%～18%，目前也在逐步走高。公开募集发行（俗称"IPO"），目前光国内排队企业就已经超过 700 家，按每个工作日审核一家批准上市，至少也要三四年，况且此前还需要企业的财务状况满足上市基本标准，进行股份制改造，企业梳理，数千万元的前期费用令企业叹为观止。境外上市，周期、程序、费用哪一样都不比国内省心，而且成功的例子实在太少。

4. 房地产企业融资的渠道受限

长期以来，我国房地产融资过分依赖于银行信贷，上市融资虽然力受推崇但毕竟覆盖面窄，近年来，信托、海外基金、私募都有一定程度的发展，但尚未成为融资的主流模式和渠道。

5. 融资相关的法律规范和指引的不健全

我国的房地产金融法律尚未形成体系，住房储蓄、抵押贷款、担保、信托、保险、住房公积金、税收等相关方面的金融活动，还没有系统完善的法律法规进行规范和管理。

5.2.3　房地产融资表现出来的问题

随着改革开放的深入，住房制度改革的推进，房地产融资逐步发展起来。多年来，我国房地产企业基本依靠直接融资，而间接融资的渠道在很大程度上受到现行房地产金融政策和法律的严管和约束，难以发挥功效，融资渠道比较单一。虽说房地产企业融资已经完成了从财政供给向市场金融资源配置的转变，但是房地产企业很大程度上仍旧依赖于银行信贷资金。房地产企业迫于压力也进行了其他新型融资方式的尝试，交了学费也付了代价，多种新型融资方式也逐渐被房地产企业接受和认同，但相关政策和法律的步伐明显滞后，也制约着房地产融资的百花齐放。总体而言，对于房地产融资所表现出来的问题，归结如下：

（1）房地产企业自有资金少，直接融资普遍，过分依赖于银行信贷；

（2）以银行信贷为主的融资渠道以及房地产企业的高负债催生和伴随着高风险；

（3）宏观调控和可选择融资渠道的稀缺导致融资难度空前加大，促使房地产企业加快融资模式多元化的步伐；

（4）房地产业的发展寻求创新多元融资产品的扶持，期待健全的金融法律体系的保障，呼唤符合市场经济和行业规律的政策发展路线的指引。

5.3 剖析及探索

5.3.1 房地产融资环境

1. 经济环境

统计数据显示，我国的房地产开发投资占每年社会总投资的23％，而房地产行业的投资拉动国民生产总值增长的比率为180％。由此可见，房地产是影响经济稳定增长的关键行业，而房地产的兴衰表现直接关乎国家的整体经济状况。2008年席卷全球的金融危机所带来的直接变化就是国家四万亿固定资产投资和消费补助的出台，再次印证了房地产是国民经济的支柱行业。

纵观国内的经济构成，实体经济趋向消退，竞争环境日益惨烈，如果无法实现产业转型和政策调整，在整体经济总量中的比例只会逐渐下降。高科技行业得到了国家的政策鼓励和扶持，增长比较快，而且将会持续增长。到头来，还是要看房地产，以及与房地产紧密关联的投融资等金融活动。

近期城镇化政策的进一步推进和持续，实际上为房地产的发展开创了新的契机，在未来30年乃至相当长的一段时间内，房地产业的发展都将呈现稳中有升的局面。可以期待，决定房地产发展命脉的融资将会得到更为有利的宽松环境。

2. 政治环境

房地产是国民经济的支柱行业，与之对应的就是当今最大的政治——民生。

比较突出的矛盾是，房价的过快上涨已经实质影响到了老百姓的安居乐业。国家对房地产进行全方位的严控，大建保障房，打击投机，整肃房价，也是为了实现"居者有其屋"的中国梦。

多年的住房制度改革，可以影射房地产发展的整个历程，国家对于房地产的态度，又爱又恨。不难预见，未来的情势，规范多于引导，控制多于鼓励，以期顾此而不失彼。

3. 政策法律环境及变化

政策和法律环境，是实际关乎房地产融资运作的核心和关键，没有法律保障，就可能成为非法，没有政策支持，就会如履薄冰。我们细举相关政策及法律变化，不难从中看出些许端倪。

首先是信贷政策：2003 年 6 月 5 日 121 号文《关于进一步加强房地产信贷业务管理的通知》规定，进一步收紧发放房地产信贷，具体表现在以下三点：

（1）未取得土地使用权证书、建设用地规划许可证、建设工程规划许可证和施工许可证的项目，不得发放任何形式的贷款。

（2）自有资金（指所有者权益）应不低于开发项目总投资的 30％。

（3）不得向房地产开发企业发放用于缴交土地出让金的贷款。

其次是信托政策：

（1）2005 年 8 月 28 日 212 号文件《关于加强信托投资公司部分业务风险提示的通知》，要求房地产企业项目"四证"齐全，开发企业具备二级以上开发资质，项目资本金比例不低于 35％。

（2）《中国银行业监督管理委员会关于进一步加强房地产信贷管理的通知》（银监发［2006］54 号）（"54 号文"），进一步规范了信托公司的房地产贷款业务，首次明确将"投资附加回购承诺等方式"视同间接发放房地产贷款进行监管。

（3）《中国银监会办公厅关于加强信托公司房地产、证券业务监管有关问题的通知》（银监办发「2008」265 号）（"265 号文"）。该文重申了 212 号文在四证、二级资质、项目资本金三个方面的要求，扩大了对间接贷款融资的监管，明确了投资附加回购承诺、商品房预售回购等方式属于间接发放房地产贷款，应符合直接发放房地产贷款的条件。

（4）《中国银监会关于支持信托公司创新发展有关问题的通知》（银监发〔2009〕25号）（"25号文"）最近一年监管评级为2C级（含）以上、经营稳健、风险管理水平良好的信托公司，在向房地产开发项目发放贷款时，可只要求项目取得国有土地使用证、建设用地规划许可证、建设工程规划许可证（"三证"），并可对房地产开发企业的资质不作要求。同时，25号文明确了对房地产开发企业开发资质的认定可以以房地产开发企业的控股股东资质为准。严禁信托公司以商品房预售回购的方式变相发放房地产贷款。

（5）《中国银监会关于信托公司开展项目融资业务涉及项目资本金有关问题的通知》（银监发〔2009〕84号）（"84号文"）规定信托公司不得将债务性集合信托计划资金用于补充项目资本金，以达到国家规定的最低项目资本金要求。进一步提高了对投资附加回购承诺的认定标准，除明确包含投资附加关联方受让的情形外，将投资附加无关联第三方受让的情形也进行了限制。2009年5月25日起，保障性住房和普通商品住房项目的最低资本金比例为20%，其他房地产开发项目的最低资本金比例为30%。

（6）《关于加强信托公司房地产信托业务监管有关问题的通知》（2010年2月11日）。该通知明确停止执行25号文中对监管评级2C级（含）以上、经营稳健、风险管理水平良好的信托公司发放房地产开发项目贷款的例外规定。信托公司以结构化方式设计房地产集合资金信托计划的，其优先和劣后受益权配比比例不得高于3：1。信托公司不得以信托资金发放土地储备贷款。该文件规定了"实质重于形式"的监管原则，以"杜绝信托公司以各种方式规避监管的行为"。

（7）《中国银监会关于加强信托公司结构化信托业务监管有关问题的通知》（银监通〔2010〕2号），进一步加强对结构化信托业务的风险新管理，确保结构化信托业务的健康有序发展。

（8）此外，2001年10月1日施行的《中华人民共和国信托法》50号，2007年3月1日施行的《信托公司管理办法》、《信托公司集合资金信托计划管理办法》着重强调了对于信托业务的监管和规范。更值得关注的是2009年2月4日《中国银行业监督管理委员会关于修改〈信托公司集合资金信托计划管理办法〉的决定》将原第五条第三项"单个信托计划的自然人人数不得超过50人，合格的机构投资者数量不受限制"，修改为"单个信托计划的自然人人数不得超过50

人，但单笔委托金额在 300 万元以上的自然人投资者和合格的机构投资者数量不受限制"。这一决定令业界振奋，代表信托募集的资金量将突破既往限制，得到大幅度的提升。

再次是银行与信托公司合作的相关规定：

（1）2008 年 12 月 9 日《中国银监会关于印发〈银行与信托公司业务合作指引〉的通知》（银监发〔2008〕83 号）界定，银信理财合作是指：银行将理财计划项下的资金交付信托，由信托公司担任受托人并按照信托文件的约定进行管理、运用和处分的行为。

（2）2009 年 7 月 6 日《中国银监会关于进一步规范商业银行个人理财业务投资管理有关问题的通知》（银监发〔2009〕65 号）。

（3）2009 年 12 月 16 日《中国银监会关于进一步规范银信合作有关事项的通知》（银监发〔2009〕111 号）。

（4）2009 年 12 月 23 日发布了《中国银监会关于规范信贷资产转让及信贷资产类理财业务有关事项的通知》（银监发〔2009〕113 号）。

（5）2010 年 8 月 10 日发布了《中国银监会关于规范银信理财合作业务有关事项的通知》（银监发〔2010〕72 号）。

（6）2010 年 12 月 3 日发布了《中国银监会关于进一步规范银行业金融机构信贷资产转让业务的通知》（银监发〔2010〕102 号）。

（7）2011 年 1 月 26 日发布了《中国银监会关于进一步规范银信理财合作业务的通知》（银监发〔2011〕7 号）。

（8）2011 年 5 月 13 日发布了《中国银监会办公厅关于规范银信理财合作业务转表范围及方式的通知》（银监办发〔2011〕148 号）。

（9）2011 年 6 月 16 日发布了《中国银监会非银部关于做好信托公司净资本监管、银信合作业务转表及信托产品营销等有关事项的通知》（非银发〔2011〕14 号）。

（10）2011 年 7 月 25 日发布了《关于进一步落实各银行法人机构银信理财合作业务转表计划有关情况的函》（银监办便函〔2011〕353 号）。

银信理财合作业务对商业银行资产业务和中间业务具有重要作用。通过银信理财合作业务，商业银行将信贷产品转变为理财产品，将相应的资金从表内转移至表外，变资产业务收入为中间业务收入，在满足客户的资金需求和理财需求的同时，规避了信贷资金规模限制。商业银行侧重客户资源优势，重点满足客户需求，变相摆脱信贷资金监管；信托公司侧重通道优势，偏离自主管理原则，逐渐丢失了专业投资技能。由此导致的是银信理财产品数量的激增和规模的扩张，以及银信合作方式的畸形发展。银信合作使大量资金处于监管视野之外，降低了货币政策实施效果。因此，上述系列规定的重点在于规范和约束银信合作，促使银信合作健康发展。

最后，来看私募股权基金：

（1）《中华人民共和国合伙企业法》。该法第二条规定，普通合伙人对合伙债务承担无限连带责任，有限合伙人以其认缴的出资额为限对合伙债务承担责任。也就是说，有限合伙自 2007 年 6 月 1 日起施行。

（2）2003 年 3 月 1 日施行的《外商投资创业投资企业管理规定》。

（3）2006 年 3 月 1 日施行的《创业投资企业管理暂行办法》。

（4）2007 年 7 月 6 日《科技型中小企业创业投资引导基金管理暂行办法》。

（5）2008 年 10 月 18 日《关于创业投资引导基金规范设立与运作的指导意见》。

（6）国家发改委 2009 年发布《关于加强创业投资企业备案管理严格规范创业投资企业募资行为的通知》。

（7）2011 年 1 月 31 日，发改委办公厅《关于进一步规范试点地区股权投资企业发展和备案管理工作的通知》。

（8）2011 年 11 月 23 日发改委办公厅《关于促进股权投资企业规范发展的通知》。

规定不得向投资者承诺确保收回投资本金或获得固定回报，且对投资者人数作出了限制。

作为关联研究，我们再来看看《公司法》关于公司制私募股权基金的相关规定。第十五条规定，公司可以向其他企业投资；去掉了此前关于累计投资额不得超过本公司净资产的百分之五十的规定。第二十六条规定，有限责任公司的注册资本为在公司登记机关登记的全体股东认缴的出资额。公司全体股东的首次出资额不得低于注册资本的百分之二十，也不得低于法定的注册资本最低限额，其余部分由股东自公司成立之日起两年内缴足；其中，投资公司可以在五年内缴足。有限责任公司注册资本的最低限额为人民币三万元。法律、行政法规对有限责任公司注册资本的最低限额有较高规定的，从其规定。现在的商事登记改革甚至做出了更为大胆的突破，即无须实缴资本，只要认缴相应资本，即可以注册，而且对于认缴期限没有明确的规定。第三十五条规定，全体股东约定不按照出资比例分取红利或者不按照出资比例优先认缴出资的除外。第四十三条规定，股东会会议由股东按照出资比例行使表决权；但是，公司章程另有规定的除外。

另外，《企业所得税法》第二十六条第二、三项规定，符合条件的居民企业之间的股息、红利等权益性投资收益，以及在中国境内设立机构、场所的非居民企业从居民企业取得与该机构、场所有实际联系的股息、红利等权益性投资收益，为免税收入。

总体而言，国家虽然非常注重监管和规范，但对于新型融资方式采取鼓励和附条件放宽的态度，这对于构建规范有序、健康运行的资本市场是非常有益的，从房地产融资的角度而言，是整个行业的幸运。

5.3.2　改进建议

目前我国的房地产融资政策及法律体系的发展和演变表现出一个规律，即放任膨胀出现严重问题，然后强力打压造成行业低迷，再扶持放任出现问题，形成一个周而复始的不良循环。对于房地产融资而言，政策及法律体系的构建需要顺应市场，顺应行业规律，才能逐步引导房地产业的健康持续良性发展。

1. 制定融资政策和法律应尊重房地产行业发展的规律和市场经济规律，变干预为鼓励，变压制为引导

房地产业的发展和融资，有一个从初级到发展再到成熟的过程，在这个过程中，政府应该扮演什么角色？一定是一个总体掌控的角色，这个掌控，不应是主观任意的横加干预，而应是尊重市场经济规律的客观理顺和调整，不应是一味的压制和调控，而应是尊重行业规律的引导和鼓励。我国的房地产业发展不过 30 年，已经处在一个从初级阶段向发展阶段迈进的过渡期，寻找更多的融资方式和广泛的资金来源已经形成行业共识，政府的职能应当是积极地引路和护航。

2. 加快立法进程，完善房地产金融法律体系

这里涉及两个层级，一是基本法律，譬如合同法、公司法、商业银行法、合

伙企业法等，二是专门的房地产金融方面的行政法规，譬如房地产开发企业融资、项目融资管理等等。

3. 创新多元化融资产品，打破信贷为主的单一局面

以美国为例，其房地产业对银行贷款的依赖程度很低，仅占资金来源的15％左右，而超过70％的资金来自资本市场的公众投资。但是，在我国，这个比例正好反过来。要改变房地产企业对于银行信贷的过度依赖，除了规范银行信贷，紧缩银根之外，更重要的是正视房地产业的融资现状和实际需求，对于那些已经被市场证明且行之有效的融资产品和方式予以大力的扶持，给予政策和法律依据，扫清障碍，譬如房地产投资信托基金、私募、资产证券化等等。

第 *6* 课　融资方式选择

💡引言

> 　　归结国内房地产企业融资方式，通常可以分为两种，一是传统型融资方式，二是创新型融资方式。本课我们就对此进行介绍和分析，并结合实际对不同融资方式的优势与劣势进行对比。企业不可能去尝试每一种方式，当然随意一种方式也不一定就适合企业的需求，因此，认知、接受和认同适合自身的融资方式非常重要。

6.1　传统型融资方式

6.1.1　银行信贷

　　银行信贷是房地产企业最传统的融资方式，曾经一度是最主要甚至是唯一的融资方式。万达的董事长王健林在做客央视《开讲啦》时谈到起家的一段寻求银行贷款不堪回首的经历，感慨说"那时谁能拿到银行贷款，谁就占得了先机"。住房制度改革引入住房市场化后，我国房地产企业的经营及发展资金几乎都是借力于银行信贷。房地产企业对于银行信贷的利用，可谓殚精竭虑，涸泽而渔，是分阶段的立体式利用。如此说来有些夸张，但却是实情：其一，在房地产开发的不同阶段，用不同的名目申请银行贷款。日常经营和土地储备，有流动资金贷款；在开发过程中，有项目开发贷款；后续再申请土地或房屋的抵押贷款。其二，开发商不仅自己利用，还要引入其他主体继续利用银行贷款，比如发包给承建商让其垫资建设用的是银行贷款，供应商垫资压款用的也是银行贷款，卖房给小业主用的还是银行按揭贷款。

2003 年央行 121 号文件的出台对房地产业寻求银行贷款进行了多方面多层次的限制，2005 年以后住房制度改革也对房地产进行调控和规范，至 2009 年后已至极致，但基于行业的选择性比较，国民经济的自身需求，银行自身竞争压力，十年来，房地产依然是信贷资金的主要利用者。2012 年央行数据显示，直接用于房地产的银行贷款占到了总额的近三成。当然，随着对于房地产的全面调控的深入，银行贷款的风险转嫁和规范控制已经功力深厚，房地产业被迫而且已经重新洗牌，催生出一批房地产行业巨头（实力较强，资信成体系，信誉好）。在未来的城市化进程中，房地产行业的发展前景依旧乐观，房地产业对银行贷款的利用和信贷重新重点投入房地产依然会是涛声依旧。

6.1.2 股票融资

房地产企业通过上市融资已经是比较传统的融资方式。早在 20 世纪 90 年代初期，在深沪两地上市的房地产企业就超过了 30 家，目前这一数据已经突破了 200，融资也不仅仅局限于境内，香港、美国、新加坡等地均留下了中国上市房地产企业的身影。

房地产开发企业上市融资的方式有两种：一是直接上市，一是借壳上市。所谓直接上市，即符合证券上市的种种严格条件，并经由国务院行业主管部门住建部的推荐以及证监会的批准，实现首次公开发行股票，俗称 IPO。借壳上市则是通过对已上市公司的收购和控股，注入优质资产，整合资产和债务，获得增发资格，利用上市公司身份进行再融资。

我国的房地产企业上市融资走过了一段不平凡的历程。在证券市场发展初期，已经有一部分房地产企业上市。伴随改革开放高潮，20 世纪 90 年代初期，因房地产泡沫所导致的虚假繁荣和通货膨胀，国家一度严控房地产，以致于证监会 1996 年暂停金融、房地产行业企业的新股发行。直至 2001 年 3 月 12 日，北京天鸿宝业在上交所上市，长达 7 年的禁令终于解除。2007 年以来，受人民币升值、奥运效应、证券市场回暖等多重因素的影响，房地产市场火爆，房价飞涨，我国的房地产步入了前所未有的极速发展期，房地产开发企业上市是一家接着一家。然而繁荣表象的深层隐藏着风险，2008 年席卷全球的美国次贷危机，再次给过热的房地产当头一盆冰水。2009 年底以来，上市闸门已经向房地产企业关闭，证监会为响应国务院房地产调控的要求，直接的结果就是房地产企业借壳上市和上市房地产企业的增发也一律被搁置。在此情形下，房地产企业积极通过海外上市等其他途径进行股票融资，尤其是在香港上市，已经成为内地房地产企业日益重要的融资渠道。2009 年 11 月 5 日，恒大在香港联交所成功上市。上市当日，公司股票收盘价较发行价溢价 34.28％，创下 705 亿港元总市值的纪录，成为内地在港市值最大的房地产企业。

6.1.3　债券融资

房地产债券融资是房地产企业向社会发行债券，借入资金，到期还本付息。发行债券门槛较高，政府会对拟发债企业进行严格的审查，有企业债、公司债等。企业债对于发行主体和主要发行指标的限定非常严格，房地产企业采用企业债券融资的情况比较少见。2007 年 8 月，《公司债券发行试点办法》出台，对公司债发行实行核准制和保荐制，无须担保，也无须人民银行确定发行价格，公司债发行一度被广泛看好。即便如此，基本上只有极少数资产规模庞大的大型房地产上市公司才有资格发行公司债。因为，在现行体制下，为了确保债权人的合法权益，我国对公司债的发行条件的审查非常严格，甚至超过上市审查。所以，公司债的发行，就房地产企业而言，只能惠及少数有能力的大公司，而且基本局限在上市房企圈内。

6.1.4　非典型传统融资方式

1. 合作开发

在房地产行业发展初期，由于土地的稀缺性，合作开发比比皆是。随着房地产行业的市场化，中小房地产企业在致力于壮大发展的路上也经常寻求合作开发。合作开发的核心点即是一方出地，一方或几方出钱，以土地、资金入股合作分成，共担风险，共享收益。

在合作开发实践运行的过程中，曾被异化，诸如名为合作开发实为借贷，变相出卖土地使用权，变相买卖房产等，当然，随着市场的不断发展和变化，司法也随之跟进和改善，合作开发目前的界定非常清楚，调整和规范规则也很清晰。

2. 过桥融资

过桥融资是房地产项目融资的一种类型，但不能成为一个独立的融资产品和资金来源。

在我国房地产行业发展初期，这是绝大多数房地产开发项目和企业惯用的融资手段，特别是依赖银行信贷融资的项目和在信贷政策宽松时期，不少项目和房地产企业就此成功。

在房地产开发贷款趋紧的新政时期，有很大一部分房地产存量项目只能面临两难选择，要么项目转手，要么寻找到过桥资金。该类型的融资需求在我国房地产行业普遍存在，在过去的金融环境和政策中，房地产项目过桥资金的需求和用途通常表现为以下两种形式：①用于购买土地，特别是用于土地出让金及相关费用的支付，在获得土地权证后一般将土地评估、抵押给银行，用银行信贷资金偿还过桥资金以及投入项目建设，主要还是限于协议出让的土地。资金来源包括：上级或控股单位的划拨和借款，银行专项的封闭土地储备或开发贷款，私募投融资借款，施工企业借款等。②开发项目的前期建设资金，在项目具备在建工程抵押贷款以及获得预售许可正式销售前的项目建设资金。一般是向非银行金融机构、机构投资者、施工企业、私人投资者进行融资，通常以土地的部分或全部权益、项目在建资产部分质押。

3. 民间借贷

在房地产业发展初期，房地产企业通过民间借贷筹集资金的情况非常普遍，以至于目前许多中小房地产企业在资金紧张的时候也频频采用这一方式来渡过资金难关。

由于我国目前企业之间借贷不受保护，于是民间借贷多是个人对个人，个人对企业，而企业对企业会转而披上银行委托贷款的外衣实现变相的民间借贷。随着信托和基金的发展，民间借贷的融资方式在房地产融资中的作用会逐渐弱化，但是不可否认的是，其作为最为传统的融资方式依然会有用武之地。

6.2　创新型融资方式

6.2.1　房地产信托

房地产信托，是指核准审批的信托公司向不特定的公众发行房地产信托受益凭证，向投资者募集资金，再将资金投向房地产开发企业或项目，房地产开发商用募集资金来进行开发在获得利润中扣除开发费用和佣金后按照约定向信托产品的受益人支付收益。

在我国，房地产信托目前较为常见的是贷款融资和股权融资。贷款融资类别于信贷，只是主体和资金来源不同；股权融资则是运作方式的不同，其回报基于信托公司认购股权及开发商的溢价回购而产生收益。

房地产信托起源于美国，并在 20 世纪 60 年代发展至较为成熟。普遍认为，在我国，是"121"号文件提高了房地产开发信贷的门槛，进而催生了房地产信托的火爆。随着金融政策的趋紧和房地产行业的风险加大，信托正成为许多房地产企业融资的首选，主要原因除了信托融资的条件较为宽松，资金成本较低之外，另一个非常重要的原因就是国家对于房地产信托的政策放宽和隐性扶持。前文提到，国家对于信托一直在松绑，先是信托个人募集的人数放宽，然后是资金规模的放宽，最后机构投资者的放宽，信托借此东风近年来一直发展迅速。

但是，2005 年下半年开始，房地产信托的销售也出现缓慢的迹象。一个很直接的原因就是信托产品的预期收益率在不断提升但同时融资成本也在急速增加，相比 2003 年、2004 年的房地产信托产品 4％左右的预期收益率，2005 年已经增至 6％，2010 年部分信托产品的预期收益已经高达 12％～18％；华智咨询2011 年 9 月的报告显示，房地产信托融资的成本已经达到 20％左右，个别产品突破了 30％。另一个直接相关的原因就是，2005 年 8 月，银监局发布"212"号文件，将房地产信托融资门槛提高，规定必须同时满足"四证"齐全，自有资金超过35％和资质在二级以上这三项条件的开发商才能通过房地产信托融资。

根据2010年房地产金融报告的数据显示，房地产信托的规模和交易相比2005年都发生了格局性的变化，这种变化是量到质的变化，房地产信托已经成为了股票融资之外市场最接受最认可的融资方式。2004年全国约有31家信托投资公司共计发行了约83个房地产信托产品，募集金额约122亿元。到2012年，这个数据同比增长了近4倍。这种变化同时更多反映的是房地产开发企业本身的进化，为了适应外部融资环境的日益严酷，开发商必须不断完善自身以提高自身融资资质，从而在行业竞争中立于不败之地。2010年7月起，银监局对信托公司启动的压力测试，更多被解读成为引导大于规范，实际上从另一个侧面反映了目前房地产信托稳健发展的现状。

6.2.2　房地产投资信托（REITs）

房地产投资信托基金（Real Estate Investment Trusts，REITs），是一种以发行收益凭证的方式集合投资者的资金，再由专门的机构进行投资经营管理，最后将投资收益按出资比例分配给投资者的信托基金模式。房地产投资信托基金实质上是一种证券化的产业投资基金，通过发行股份或收益单位，吸引社会大众投资者的资金，并委托专门的机构进行经营管理。

房地产投资信托基金最早出现在美国，是美国运用得最早、最成熟的房地产融资方式，近年在新加坡、韩国及我国台湾和香港地区已经成功运行，可以为我国开发和引进。

目前，我国内地房地产业可以通过以下两种方式来利用房地产信托投资基金进行融资：

（1）首先，我国内地的房地产商可以通过与海外房地产投资信托基金联手形成战略伙伴关系进行房地产的投资。

国内的房地产开发商通过提升项目的获利能力，项目风险的管理能力、开发商本身的企业发展能力并进一步规范财务管理等方式将非常有利于获得境外房地产投资信托基金的青睐，从而进一步地拓宽融资渠道。

（2）我国内地的房地产商可以考虑通过以房地产投资信托基金的方式在香港交易所或者新加坡交易所上市，以赢得境外投资者尤其是中小投资者的投资。

当前，中国《基金法》规定证券投资基金可以上市，但对于产业投资基金而言，由于缺乏配套的法律法规，上市的流通市场远未确定。目前内地许多规模较大的房地产发展以及一些境内外的投资机构均在探寻将中国内地的优质资产以房地产投资信托基金的方式拿到中国香港、新加坡上市。我国香港特别行政区于2005年6月修改了其《房地产投资信托基金守则》，放宽了房地产投资信托基金的地域限制，允许在香港上市的此类基金投资香港地区以外的房地产；而新加坡交易所副总裁兼上市部主任陈伟生也于2005年7月11日率团来华推动房地产投资信托基金房地产投资信托基金到新加坡上市。虽然目前的房地产开发商在项目的回报率、市盈率以及相关金融法律、法规等方面存在着一定障碍，但前景仍然较为乐观。我国房地产业内人士和很多学者多认为房地产投资信托基金将会是我国未来房地产业的主要融资模式之一，我国的专业学者还对其在我国运用的可行性进行了全方位的论证，认为现有需求客观存在，现有制度也做好了接纳的准备。

6.2.3 房地产投资基金（私募基金）

房地产投资基金（又称房地产私募股权投资基金）越来越受到房地产开发企业和投资者的关注。房地产私募基金的出现丰富了中国的房地产金融市场，为我国投资者提供更多参与房地产投资的机会；它将社会上闲散民间资本聚集起来，形成资金规模优势，通过有丰富房地产投资经验的专业基金管理公司管理，分散投资风险。

从定义上来说，私募基金与公募基金是相对的，私募基金是指通过非公开的方式向特定投资者（个人投资者和企业法人）募集资金。私募股权投资基金主要是对非上市企业进行的权益性投资，在投资实施前，设计出安全、合理、可行的退出机制，一般通过上市、并购或股权回购等方式退出。私募基金可以针对单个项目设计投资方案，也可以投资多个项目；私募基金的形式多种多样，而这种多样性是由它所具有的特点决定的。目前，我国进行房地产投资的投资公司、基金管理公司和资产管理公司，究其本质，都是房地产私募投资基金。

　　2007 年 6 月，《合伙企业法》修订引入了有限合伙的方式，为私募股权投资基金奠定了坚实的法律基础。在我国现行法律制度下，私募股权投资基金可能采取的组织形式为公司制、合伙制及信托制。合伙制则是私募基金的主要形式。它一般由普通合伙人和有限合伙人组成，普通合伙人对合伙企业债务承担无限连带责任，有限合伙人以其认缴的出资额为限对合伙企业债务承担责任。相对公司制和信托制，合伙制这种独特的权利义务关系能更大程度地激发基金管理人的潜能，优化投资组合，以回报投资者。有限合伙制的私募股权投资基金也是海外最常见的私募基金，它是全球资本市场的重要参与者。

　　房地产私募基金的投资大致遵循以下原则：①有优质项目，并具有良好的社会声誉，优秀的管理团队；②具有良好的市场前景，并且具有很好的投资价格和收益；③能够提供足够的资产信用；④投资项目具有成熟运作的模式。

　　房地产私募基金主要投向的领域包括：①拟上市房地产企业 IPO 投资；②优秀的房地产项目投资；③房地产过桥投资；④与开发商联合土地投资。

　　随着宏观调控的持续进行以及房地产市场发展的逐渐成熟，房地产企业与私募基金合作的需求明显逐步上升。中国市场创业投资与私募股权数据研究机构的数据显示，对比 2007 年与 2006 年的数据，我国私募股权市场上新募集的基金有 58 支，比 2006 年增长了 41.5%，募集资金规模为 84.31 亿美元，资金规模增长了 89.8%。同时，国家和地方政府对股权投资基金制度建设已经给予了重视。我们可以历数这些年来的法律及政策：2006 年，《合伙企业法》正式修订通过；2006 年 12 月 30 日，天津市贯彻落实《国务院关于推进天津滨海新区开发开放有关问题的意见》，在滨海新区首先试点股权投资基金；2008 年 12 月《国务院办公厅关于当前金融促进经济发展的若干意见》第十九条明确提出，"加强对社会资金的鼓励和引导，拓宽民间投资领域，吸引更多社会资金参与政府鼓励项目。出台股权投资基金管理办法，完善工商登记、机构投资者投资、证券登记和税收等相关政策，促进股权投资基金行业规范健康发展"；2009 年 5 月 25 日，《国务院批转发改委关于 2009 年深化经济体制改革工作意见的通知》指出，我国将加快股权投资基金制度建设，尽快出台股权投资基金管理办法；2010 年 4 月，国务院通过发改委《关于 2010 年深化经济体制改革重点工作意见》，明确提出要加快股权投资基金制度建设；2011 年 3 月，国家发布国民经济和社会发展"十二五"规划纲要，指出要促进创业投资和股权投资健康发展，规范发展私募基金市场。北京、上海、天津以及其他一些城市的地方政府近年已经陆续发布了一些政策文件和规定，允许设立股权投资基金和基金管理企业。从总体上看，这些政策文件和规定同时也欢迎外资股权投资基金和基金管理人在各地设立股权投资基金和基金管理企业，并在营业税及所得税等一些方面有些优惠政策。

经过以上陈述和分析，我们不难得出这样的结论：我国的房地产私募基金的出现是必然的，而且必将成为非常重要的融资手段，有着广阔和光明的前景。

6.2.4 海外基金

房地产投资基金，在香港译为"房地产基金"，在我国台湾和日本则译为"不动产投资信托"，是产业投资基金的一种，以房地产业为投资对象，实行多元化投资策略，在房地产的开发、经营、销售等价值链的不同环节及不同的房地产公司与项目中进行投资。海外房地产基金已经是一个发展了数十年非常成熟的行业。

海外基金的投资类型包括：

（1）投资在开发项目或者是开发企业——追求开发周期所带来的高风险高回报，其中包括了参与土地一级开发和项目开发，从前期开始介入，如新加坡政府投资公司（GIC）、摩根士丹利、德意志银行、荷兰ING、澳大利亚麦格理银行。

（2）投资在经营性的项目或者是投资/控股公司——追求相对稳定回报的租金收入。通过购买有稳定租户的成熟物业，长期持有物业收租盈利，不介入前期开发，如美国国际集团（AIG）、RodamcaAsia、新加坡政府投资公司（GIC）、新加坡腾飞基金。

（3）投资在不良的房地产资产——发行ABS（Asset-backed Securitization），追求把不良资产处置、包装转售或打包证券化的收益，加速不良资产处置速度。通过收购不良资产，将其证券化，打包处置，变现盈利，如高盛、莱曼兄弟、摩根士丹利。ABS即以资产支持的证券化。具体来说，它是指以目标项目所拥有的资产为基础，以该项目资产的未来收益为保证，通过在国际资本市场发行高档债券来筹集资金的一种项目证券融资方式。

（4）投资在房地产项目的抵押贷款资产——追求固定的利息收入。以房地债权投资方式投到中国的房地产贷款，现在国内还没有先例。

海外基金主要以封闭式基金的方式进入中国大陆，典型的方式有：①与开发商就项目合资，直接投资于项目，然后与开发商以股份关系进行利润分成，例如荷兰 ING 与复地集团松江项目的开发；②对开发企业直接投资参股或成立新的投资公司，例如摩根士丹利和顺驰集团、万通集团和美国房地产基金的牵手；③直接在内地成立投资公司，进行项目投资与开发，如麦格理银行投资的第一中国房地产发展集团。

海外投资者普遍看好中国的房地产产品，但是又认为市场不够透明规范，相比而言，北京和上海的房地产市场发展较快，市场较成熟。因此，北京、上海、广州、深圳房地产市场上活跃着很多海外房地产基金，如摩根士丹利、荷兰的 ING 集团、美林投资银行等。比如，RodamcoAsia 成功收购了上海盛捷服务式公寓（SGS）100％股份；新加坡发展商凯德置地通过其新加坡母公司设立房地产投资基金 Capita Land 投资中国房地产，总共筹集金额达到 1～2 亿美元投入上海的房地产项目；新加坡政府投资公司（GIC Real Estate）成为首创置业第二大股东；全国工商联住宅产业商会支持设立的第一只外资房地产基金——精瑞基金正式运作，启动资金预计 2 亿美元；美国洛克菲勒在亚洲的投资基金代表正在洽谈上海南京西路某地块的投资开发，并被邀请参与属于浦江两岸改造的外滩源开发；麦利联行、基强联行与香港私募资金合作成立的麦利联行投资基金也开始投资上海房地产项目，总投资金额估计在 5000 万美元左右。

可以看出，在地点上，目前海外基金主要选择在上海、北京投资，有成功经验后选择广州、深圳，接着开始进入经济发达的二线城市，如苏州、宁波、杭州、天津、大连等。在选择合作伙伴时，海外基金注重考察合作伙伴的管理团队、土地储备、政府关系和发展前景等，一般选择和当地最有实力和发展潜力的公司合作。在投资方向上，海外基金主要投向高档住宅项目、酒店和写字楼，以及商业项目、烂尾项目改造及一些有重大影响力的项目为主。但随着其对中国市场的了解，逐步由商用物业转向住宅，由高档物业转向中高档、中档及中低档。在投资结构设计上，海外基金选择以房地产基金公司的名义进入中国，采用国际惯用的手法，即由母公司在境外募资，以项目公司操作内地开发的方式进行。投资结构主要分为三层：母公司，下设针对具体项目的控股公司，旗下有项目公司。这样的结构在于引进其他的基金或者开发商作为投资者，是让他们在控股公司这个层面参股，而不是参股母公司。这样，新的投资者不可能进入到母公司，是一种很好的回避风险的方法。如果母公司下属的一个项目失败了，也只需把这一个项目卖掉套现，而不牵涉到其他的项目。

对于海外基金，由于我国的法律体系尚未完善，房地产金融市场尚不发达，市场透明程度不高，再加上没有专业的管理队伍和运营团队，以及外汇资金方面的控制，海外基金投资中国房地产市场还是存在较大的风险。此外，国内房地产企业与国际资本对接中还存在较大的困难和问题：以项目为依托难以向海外基金和投资者提供以年为单位的投资收益回报；土地储备与开发规模的比例很难配合；国内房地产企业的负债率过高；资产状况难以审计。这是海外基金在国内投资房地产为何一直处在不温不火状态的根本原因。但是，随着国家对海外基金的引入力度的加强和政策的有条件放开，中国房地产业的整合加强和自我约束与规范，我们完全有理由对于海外基金成为房地产融资的主要模式之一抱以乐观的期待。

6.2.5 可转换公司债券和短期融资券

可转换公司债券，是指发行人承诺债权人可以在一定期间内依据约定的条件，将所持债券转换成公司股权。发行主体并未限定为上市公司，可以是未上市的股份有限公司，但是可转债发行方必须要在约定债转股的期限到达前实现上市，这在实践中难以确定，所以目前可以发行可转债的还是上市公司。万科2004年首次发行可转换公司债券融资的金额就达到14.72万元，几乎相当于万科上市11年来的融资总额。

短期融资券是具有法人资格的非金融企业可以依照相应条件和程序，在银行间债券市场面向机构投资者发行在一定期限内还本付息的有价证券。短期融资券实质上是一种类似于商业票据的无担保短期融资凭证，期限最长不超过1年（365天）。它与票据最大的不同就是其信息披露较为充分，透明度较高，以及在市场上公开交易，流动性较好。我国发展短期融资券的历史实际上从1988年就开始了，然后于1997年黯然退市。2005年5月24日，中国人民银行发布了《短期融资券管理办法》，并同时发布了相关配套文件，短期融资券重新登场。截至2005 年 11 月 30 日，短期融资券实际发行量达到 1121 亿人民币，发行企业遍布房地产、医药、交通、电信、能源等行业。短期融资券的发行，开辟了企业融资的新渠道，同时也为房地产企业提供了一个新的融资渠道。以发行第一只短期融资券的华能国际为例，每年通过短期融资券融资的金额都在人民币 50 亿元左右。2012 年 3 月 8 日，华侨城集团发布公告，公司于 3 月 13 日发行 24 亿元短期融资券，该笔融资的承销商为建设银行，期限为 1 年。

6.2.6　房地产资产证券化

房地产的资产证券化，是指银行等金融机构可以将流动性较低的房地产贷款等资产，按不同的信用级别打包充足后直接转换成资本市场上可以流通变现的证券资产的金融过程，从而使得投资者与产品之间由原来的所属关系转化为债权关系的有价证券形式。

第二次世界大战以后，世界金融领域里的创新，最引人注目的莫过于资产证券化。经过多年的发展，发达国家的资产证券化无论是数量还是规模都是空前的。美国 1985 年资产证券发行总量为 8 亿美元，到 1992 年 8 月已达 1888 亿美元，7 年平均增长 157%，到 1996 年又上升到 43256 亿美元。住房抵押贷款证券化始于 20 世纪 60 年代的美国。当时，由于通货膨胀加剧，利率攀升，使金融机构的固定资产收益率逐渐不能弥补攀高的短期负债成本。同时，商业银行的储蓄资金被大量提取，经营陷入困境。在这种情况下，为了缓解金融机构资产流动性不足的问题，政府决定启动并搞活住房抵押贷款二级市场，为住房业的发展和复兴开辟一条资金来源的新途径，此举创造了意义深远的住房抵押贷款证券化业务。随后，住房抵押贷款证券化从美国扩展到其他的国家和地区，如加拿大、欧洲和日本等。

住房抵押贷款证券化作为一种金融技术和金融工具，在美国已发展得相当成熟和完善，它是美国商业银行资产证券化最完美的典型。

2005 年《金融机构信贷资产证券化试点管理办法》出台，为我国房地产证券化提供了相关法律依据。我国商业银行发放的住房抵押贷款期限可长达 20～30 年，借款人一般又以分期支付的方式偿还银行贷款债务。而我国商业银行的负债基本上是各项存款，在各项存款中绝大部分又是 5 年期以下的定期存款和活期存款，资产与负债的期限不匹配，加大了银行的运营风险。随着住房抵押贷款业务的发展和占银行贷款总额比重的提高，这种"短存长贷"的结构性矛盾将日趋突出，并有可能使银行陷入流动性严重不足的困境，给经济发展和社会稳定造成不良影响。通过住房抵押贷款证券化，将低流动性的贷款转化为高流动性的证券，在提高银行资产流动性的同时，还可以将集中在银行的风险转移、分散给不同偏好的投资者，从而实现银行风险的社会化。由此分析，类似的金融资产发行债券时完全可以符合房地产证券化的要求，如此则既可以带来新的投资机会，也为银行解除了后顾之忧。我国首单住房抵押贷款支持证券产品"建元 2005-1"就是由中国建设银行作为发起机构，委托中信信托在银行间债券市场发行的。

6.3 融资方式优劣对比

6.3.1 银行贷款

（1）优势：手续相对简便，融资成本较低，融资数额巨大。

（2）劣势：提供土地房产进行抵押担保，降低了再融资能力；信贷管理日益严格，申请贷款日益困难；政府宏观调控进一步加大了获得贷款的难度，同时贷款利率受调控影响制约房地产企业运作；贷款期限制约房地产企业的长期发展战略。

6.3.2 股票融资

（1）优势：短时间内获得大规模资金，企业资产成倍增长；资金可长时间使用，符合企业长线规划和发展；无须到期还本付息，资金周转压力小，财务风险小；有利于品牌推广和快速扩张。

（2）劣势：上市要求严格，手续复杂，受政策因素影响较大；证券市场不完善，股价容易波动，股权容易被稀释；上市募集资金费用太高；上市公司必须履行严格的信息披露义务，监管严格，容易暴露内部问题，也容易泄露商业秘密。

6.3.3 债券融资

（1）优势：资金使用期限长，融资成本较低，且资金使用较为自由；债券利息计入成本，可以抵扣所得税，降低了税负；对发行主体的审核没有企业债严格；可以避免稀释股权。

（2）劣势：到期支付利息，资金周转压力大，且须承受利率变化引发的风险；发行条件多，审核严格；债券市场并不成熟，流通性较差，变现能力弱。

6.3.4 信托

（1）优势：有效规避宏观调控和信贷政策的限制；对房地产企业资质的要求较少，能惠及中小房地产企业；法律关系清晰，资金投放时间自由，操作简便，交易环节少，成本低廉；产品灵活多样，满足房地产企业和项目的多样化需求。

（2）劣势：融资成本逐渐增高；资金使用期限较短，且资金量较少；退出机制缺乏，难以规避风险。

6.3.5 地产投资基金（私募基金）

（1）优势：基金封闭期（一般为5～10年）内合伙人不能随意退出，从而保证了基金有足够的资金和时间来运作项目；私募基金运作的成功与否与基金管理人的自身利益密切相关，对基金管理人的激励机制更灵活和强大；投资目标更具有针对性，能够根据客户的特点和需求，为其量身定做融资产品；更具灵活性，私募基金对于其投资领域较为熟悉，因此基金对所投资的项目的手续更加快捷且应变能力很强。

（2）劣势：对房地产企业本身选择要求高，与基金对接难度较大；缺乏完善的法律支持和保障；对基金投资收益重复征收所得税。

6.3.6 房地产投资基金（REITs）

（1）优势：使得房地产投资小额化、动产化、简单化；具有较强的流通性，容易脱手；产品收益和分红相对稳定，且有成长性；与股票、债券关联较少，加入投资组合可分散风险，并且能在一定程度上抵御通货膨胀。

（2）劣势：受整体经济和房地产周期性风险影响较大；受政策和利率变动的影响大，容易波动；管理人的信用风险高。

6.3.7 海外基金

海外基金的优势和劣势与房地产投资基金（REITs）基本相似。需要特别说明的是，目前我国内地的房地产企业由于固有的毛病与海外基金对接的难度还是较大的；另外，海外基金暂时还不能获得法律与政策的更多保障与扶持，这也是其发展缓慢的关键原因。

综合比较和衡量，企业和项目选择何种方式进行融资，以及能否用以上融资渠道应根据实际情况分析。每一种融资方式都有其利弊，有些方式在我国目前的市场条件下可能还无法有效地运作，但可借鉴。应当指出的是，房地产开发商在进行企业融资或是项目融资时，通常要综合运用各种筹资手段或分阶段通过不同的融资渠道，以最有利的方式、最低的成本筹集到资金，实现融资目标。

第 7 课　融资实务操作

引言

从融资的整体分类上，房地产融资可以分为企业融资和项目融资。房地产企业融资的目的往往是为了企业的经营发展和战略布局，而项目融资则是为了完成项目的开发和建设。本课主要针对企业融资和项目融资，从法律实践和操作的视角，探讨企业或项目本身，作出融资决策，实现融资目标等相关问题，并提出参考性的分析建议。

7.1　融资准备——打铁还须自身硬

7.1.1　企业的自我准备

就房地产企业融资而言，套用一句俗话"打铁还须自身硬"来形容是非常恰当的。房地产融资不同于普通的中小企业融资，资金体量大、周期长的特点决定了其融资难度大和操作难度大。前文陈述的真正实现了融资目标或构建了多元化融资渠道的往往都是规模大、实力强、建构规范的房地产企业。因此，房地产企业融资的第一步，是完成自我准备。

7.1.2　融资渠道对于房地产企业提出的要求和约束

前文已经花了一定篇幅介绍不同的融资渠道，以及不同融资渠道对房地产企业的要求和约束。新型融资渠道的运用法则更多地体现在经济利益投资与回报，政策和法律的限制及规范并不是最重要的考量因素。传统融资渠道是 30 年来房地产业融资的主要依靠，成为了国家法律和政策规制的重点，我们看看传统的信贷和上市，就能对房地产企业融资注重自我完善和提升有更直观的认识。

1. 信贷

信贷作为房地产企业最为传统和主要的融资渠道，近年随着宏观调控在逐步收紧，我们可以通过历数相关信贷政策来了解信贷，通过直接或间接的方式逐渐强化对于房地产企业的规范和要求。

2003 年 6 月，中国人民银行发布 121 号文件，强调提高房地产企业向银行申请贷款的门槛，开发商开发项目的自有资金比例提高，银行同时须严格审核房地产企业贷款申请和企业资质，并限制开发商对银行贷款的使用方向。

2004 年 9 月，银监会出台《商业银行房地产贷款风险管理指引》，要求开发商开发项目申请银行贷款自有资金比例不得低于 35％。

2007 年 9 月，中国人民银行、银监会出台《关于加强商业性房地产信贷管理的通知》，对项目自有资金比例未达 35％或"四证"不齐全的项目开发商，银行不得批准其贷款申请；并且，银行不批准开发商专项用于土地出让金的贷款申请。

2009 年 6 月，银监会出台《关于进一步加强按揭贷款风险管理的通知》，规定二套房贷首付比例不得低于 40％，贷款利率不得低于基准利率的 1.1 倍。

2010 年 4 月，国务院召开常务会议，特别要求二套房贷首付比例不得低于 40％，贷款利率不得低于基准利率的 1.1 倍；而且，首次购房的家庭房屋建筑面积超过 90 平方米以上的，首付比例不得低于 30％。

2010 年 11 月，住建部、财政部、中国人民银行、银监会共同出台《关于规范住房公积金个人住房贷款政策有关问题的通知》，要求二套房公积金个人贷款利率应高于同期首次购房利率的 1.1 倍；住房公积金个人贷款不得用于投机性购房；停止向购买第三套及以上住房的家庭发放住房公积金个人住房贷款。

2011 年 1 月，新国八条出台，要求二套房贷首付比例提至 60%，贷款利率不低于基准利率的 1.1 倍；严查商业银行差别化住房贷款违规审批行为。

与此同时，各地还顺应国家层面的调控政策制定或发布了配套措施，对于房地产企业通过信贷融资又附加了更为严格的条件，所以，房地产企业的信贷融资越来越难。因此，房地产企业要在如此严控和规范下完成信贷融资，必须强化自身各方面条件，以符合信贷融资的种种条条框框。可喜的是，经过了房地产近十年的宏观调控，经受了 2008 年全球金融危机的洗礼，房地产行业也经过了新一轮的洗牌，在经历了这个过程后仍然屹立不倒的房地产企业大都具备了较强的实力，并初步完成了企业的规范与蜕变。

2. 上市

我国房地产企业上市要求非常严格，这个严格是随着房地产行业的发展进程而逐步严格的。这种严格，既体现在硬性标准及隐性标准的提高，也体现在上市门槛的提高，既体现在上市开放与关闭的调控加强，也体现在市场反应与评价的逐渐成熟和理性。

房地产企业上市的硬性标准：

（1）连续三年盈利且每年收益率不小于 10%；

（2）累计投资不得超过总资产的一半；

（3）资产负债率控制在 70% 线下；

（4）所有者权益项不少于人民币 5000 万元。

仅仅以资产负债率这一项要求来看，统计数据显示，从 2003 年到 2012 年，上市总值前十的房地产企业，资产负债率低于 70% 的不到一半。而招商、保利、万科、金地平均资产负债率从 2010 年底的 72.37% 上升至 74.4%，已经是十年来的新高，2011 年上半年，上市房地产企业的整体资产负债率达到了 72%。上市房地产企业尚且如此，何况非上市房地产企业。

由是观之，我国的房地产行业比较年轻，大多数房地产企业规模较小，规范程度不一样，实力差距比较悬殊，质量差异更是参差不齐。只有具有良好业绩、运作规范、实力雄厚的极少数房地产企业才能获得上市的机会。事实胜于雄辩，目前，全国的房地产企业远远超过 5 万家，但是，算上国内证券市场深沪两市以及我国香港、美国、新加坡、加拿大等市场，全部的上市房地产企业加起来也不过 180 家。

7.1.3　房地产企业融资的基本条件

房地产企业融资，是房地产企业生存和发展的内在要求，但我们在审视其融资所需具备的基本条件时，却应该站在企业的对立面也就是投资者的角度来考量。为什么要投资，投给谁，投多少，通过什么方式投，最核心的考察标准无非两点：一是收益与回报，二是投资的安全。这两点反应到房地产企业，结合不同的融资方式与投资者，我们可以归结为以下几点，可以看作是房地产企业融资必须具备的基本条件，供房地产企业参考：

1. 规范的公司建制与良好的治理结构

分析各种融资方式，传统的银行信贷对于这一点的要求还不是特别硬性；但是，看看上市，看看私募，看看基金，投资者对于企业的规范化程度和内部治理结构还是比较关注的。一般来说，以下的几个方面是关注的重点：一是股东会、董事会、监事会的相互制约与平衡，促使企业合理决策和执行；二是董事会和管理层能有合理的授权，能够独立决策，有效决策，以确保公司的执行力；三是股东的构成避免单一和家族化，弱化股东对公司的控制；四是监事会能恰到好处，既不干扰运行，又能有效监督。

尤其是良好的治理结构，既能提高投资者对于投资安全的信任，又能获得监管机构对企业再融资的肯定评价。房地产企业如着眼于未来的长远发展和规划，构建现代公司制度，提升治理水平，增强软实力，才能为多渠道融资创造先决条件。

2. 真实的财务资料与客观的盈利预测

房地产企业融资必须向投资者提供财务数据、报表和信息，而了解企业的经营和实际状况，查看财务数据和信息是最主要的渠道，也是投资者掌握企业盈亏情况最直接的依据。虚假报表经不起审查，篡改的信息也经不住尽职调查。房地产企业要向投资者提供客观真实且可信任的财务数据和信息，要做好三方面的工作：一是规范财务建账记账；二是做好信息的分类统计；三是聘请独立的外部或第三方机构进行审计。

3. 明确的融资目标和实施计划

企业的融资目标就是投资者的投资对象，企业的实施计划就是投资回报的具象评估，企业要让投资者明白和信任，而不是一头雾水，更不是深不可测、坑蒙拐骗。明确的融资目标和投资计划有助于投资者作出客观和准确的判断。

4. 基础的资金实力与成熟的行业经验

房地产企业的准入门槛逐步提高，政策和法律规制也逐渐完善，一个需要发展需要壮大的房地产企业，自有资金是基础，而且自有资金实力往往与融资规模成正比。此外，成熟的行业经验预示实施计划的可信赖程度的加强，投资者也会评估融资企业的经营能力、业绩、行业地位和影响力，进而作出投资选择。

7.1.4 项目融资

对于项目融资而言，要引起投资者的兴趣，顺利实现融资目标，项目自身条件过硬同样是最为坚实的基础。

从房地产项目的投资结构来说，必须是具备开发资质的房地产公司，其注册资本必须到位，且具有法人资格。无论是内资还是外资，在这一点上一视同仁。

从房地产项目的资本结构上讲，股本金必须充实到位，并且能够基本支撑项目的运作，不存在债务与项目资产的严重失衡。

从项目的进展来讲，"四证"（国有土地使用证、建设用地规划许可证、建设工程规划许可证、建筑工程施工许可证）齐全是获得投资者信心与信任的必要条件。举个简单的例子，就信托来讲，项目用地"四证"齐全，才能做成房地产信托，报备银监会。

从项目的投资价值角度来说，项目本身能够给予投资者的承诺和保障以及可能的投资回报预测能够打动投资者。

因此，在项目融资商业计划书里，不仅要对于项目的商业计划、区位优势、具体情况、现实风险进行充分的详细的陈述和介绍，也要对项目价值与盈利预测、财务分析、运营保障、风险防控作出具体明确的承诺和保证，更需要作出完备的融资方案和安排，譬如渠道选择与方案策划，明晰的结构设计和安排，资金流向与安全考虑，交易退出机制的方案等等。

7.2　融资决策——适合自己的才是最好的

我国的房地产企业融资，短短 30 年，走过了一个从财政供给体系到银行供给体系再到现在的市场供给体系的过程。换句话说，我国的房地产企业融资逐步从行政主导过渡到了市场主导，融资手段和方式逐渐多样化。

7.2.1　企业融资

我国房地产企业发展状况是不平衡的，是参差不齐的，企业规模有大有小，企业实力有强有弱，而且处在不同的发展阶段。因此，就融资而言，是否需要融资，通过什么方式融资，需要多大的融资规模，不同的企业会依据自身状况进行融资决策，进而作出不同的选择，确定具体的融资方案。总的来说，企业融资的原则是，适合自己的才是最好的。一般来讲，企业融资方案的确定需要综合考虑以下因素：

1. 精确预算和有效控制企业融资成本

企业融资成本是指企业筹集和使用长期资金而付出的代价，包括资金筹集费和资金占用费。资金筹集费是指在资金筹集过程中支付的各项费用，譬如发行股票和债券支付的发行费用、中介机构费用、评估费用、公证费用、担保费、广告费等。资金占用费是指占用资金所需要支付的资金成本，如股票的股息，银行借款的利息，债券的利息，信托的投资回报，基金的收益回报等等。不同的融资规模、融资方式、融资周期所产生的融资成本是不同的，企业要融资，要精确概算成本，从而确定融资所产生的收益是否足以支付成本并留有盈余。

2. 合理确定企业融资规模

企业融资规模要量力而行，由于企业融资要付出成本，而资金的使用是有风险的，因此，企业在筹集资金时，要理性融资，确定合理的融资规模。筹资过多，会造成资金闲置浪费，增加融资成本；或者可能导致企业负债过多，使其无法承受，偿还困难，增加经营风险。而如果企业筹资不足，则又会影响企业投融资计划及其他业务的正常开展。因此，企业在进行融资决策之初，要根据企业对资金的需要，企业自身的实际条件以及融资的难易程度和成本情况，量力而行来确定企业合理的融资规模。

3. 规避融资风险，把握最佳融资机会

融资风险主要来自政策、经济环境、行业和企业自身，同时融资操作本身也会存在风险。对政策的全面了解和掌握会避免房地产企业融资出现未预料的风险；对总体经济环境的实时跟进会把握市场和投资动向，避免决策失误；行业风险主要体现在供求关系的评估和考量；企业自身的风险主要在于管理和运营的风险防控；具体的融资操作风险主要来自流程本身，合理的融资方案和专业的操作团队可以有效化解风险。同时，企业还要及时掌握国内外利率、汇率等各种金融市场资讯和信息，了解宏观经济形势、货币及财政政策、国内外政治环境等因素，合理分析和预测影响企业融资的各种条件及可能的变化趋势，选择最佳融资机会，顺利实现融资目标。

7.2.2 项目融资

与企业融资相比，项目融资虽然有其特殊性，但是，在融资决策上，同样必须结合项目自身的具体情况，选择合适的融资方案。

从通常的项目融资来讲，有四种比较常见的方式，即自有资金加银行贷款；或者是在前者的基础上再增加一定比例的信托计划；又或是股权融资加银行贷款；再或是自有资金加上类似房地产投资基金等模式。选择何种方式，设计何种方案，同样要作出适合自己的决策，前文关于企业融资已经说得很详细了，在此不再赘述。

7.3 目标实现——在博弈中双赢

7.3.1 企业融资与项目融资

关于企业融资，本文前面阐述得比较细致，相比于企业融资，房地产项目融资是房地产投资者确保投资项目的顺利进行而开展的融通资金的活动。房地产项目融资不同于传统意义上的房地产企业融资，因为：①融资围绕项目为核心；②通过为项目融资，可以促使项目资产的转换和流通；③房地产项目融资对发起人或房地产企业在责任承担上并不追及。房地产项目融资相对于企业融资而言相对简单和明晰，无须像企业融资一样对企业复杂的状况有充分的调查和评估而更多地关注项目本身。

房地产项目融资目标的实现需要重点关注的核心是项目方收益与投资方回报的平衡，实现项目方与投资方共同价值的成就，这是由资本本身的逐利性和安全性决定的。

项目融资有着鲜明的特点：

1. 项目的独立性

所谓项目的独立性，是指项目融资主要依赖于项目的资产和现金流量以及可能产生的收益和回报来实现融资，而不是依赖于投资者或发起人的实力和资信。

2. 追索权的限制

有学者认为，区分传统融资方式和项目融资有一个非常明确的标准，那就是投资方对项目业主是否具有追索权。在传统融资中，借款人或投资方在项目出现问题后除了就项目的资产进行追偿，还可以就业主的公司资产或其他财产进行追偿，也就是说，借款人享有项目的完全追索权。而在项目融资中，投资方或借款方这一点是受到限制的。投资方或借款方的追偿一般仅仅限于项目资产，当然在实践操作中也不乏项目担保的情形。

3. 风险分担和价值趋同

项目融资的风险较大，项目融资能否获得成功既要取决于各参与方对项目风险的评估和掌控以及风险分担程度，还要实现各方利益和回报的平衡程度。风险共担，利益共享，成就各方价值诉求，从而实现融资目标。

7.3.2 项目分析与价值评估

就目前的项目融资实践的操作惯例来看，几乎所有的融资都会明确反映和迎合投资方的价值取向，即便是投资方的部分意愿违背现行市场规则。我们所能接触到的融资中介机构、投资顾问公司、创业投资机构都在向融资方宣传投资项目价值评估与分析的科学性和重要性，但往往投资方在进行投资时，凭借的是其对于项目的兴趣以及相对简单的测算。尽管融资方和投资方对于项目价值评估与分析的方式可能不一样，但对于项目价值评估，我们还是要把握一些相对重要的因素。

1. 融资项目的尽职调查是风险防控的有效手段

投融资双方对于项目基本状况的认识和判断是两个相对层面的问题，双方关注的重点是不一样的，通常融资方会强调项目品质、区位优势、有竞争力的价格等，而投资方所关心的则是投资回报与实现的可行性，这种关注的不同也会对双方在交易谈判中的地位产生微妙的影响。所以，尽管融资方会出具详实的商业计划书，但投资方还是会安排己方的尽职调查，这种尽职调查除了法律风险的防控之外，更重要的核心是财务方面的尽职调查。

2. 项目资料的完整、客观与真实是构建交易诚信的重要基础

在实践中，融资方往往会对项目的实际状况和盈利预测有一些浮夸，与之对应的就是在项目资料的提交上作出针对性的隐瞒的粉饰。殊不知这往往正是导致交易失败的关键原因。投资方在介入项目的时候，都会给予项目方和项目以最大的怀疑和质疑，所以会安排详实的尽职调查，并会进行多方的了解和评估，一旦投资方的评估与融资方的陈述相距较大，往往会导致投资方认为项目不真实，存在交易陷阱，丧失信心和信任，从而致使交易失败。

3. 项目本身的过硬程度直接关乎项目的融资能力

投资方的关注重心有两个，一是投资是否有回报，能有怎样的回报，二是投资回报如何实现，是否存在现实或不可预测的风险会阻碍投资回报的实现。至于投资回报，投资者自会判断，而对于投资风险，投资者也会详细审查。前文提到了项目融资的关键是自身过硬，讲的就是项目的成熟程度，项目越成熟，投资风险越小。这里的成熟就是指项目进展所具备的开发许可程度，包括但不限于：项目自有资金及项目进展的状况、项目资产及可能影响项目进展的负债或担保，项目资金方对项目的控制和介入程度，土地性质的完整与完备，权属的确定，项目规划要件的落实，相关行政许可的内容等等。举个简单的例子，四证齐备，投资方会关心四证的详细许可内容和期限，土地使用权的地价是否缴清，是否有后续的抵押或担保融资，是否有开发贷款，在建工程是否进行了抵押，相关规费有无拖欠，资质有否挂靠或借用等等，这一切的因素，都会影响投资方对于项目的价

值评估和判断。

在项目价值评估的分析的博弈中，投融资双方既要最大限度地考虑自身的立场和需要，同时也要尽量满足对方的诉求和意愿，能够缩小差距，达成一致，才能顺利完成融资交易。

7.3.3　融资交易的设计和安排

房地产项目融资的类型多种多样，不同类型所采用的交易结构也是千变万化，为了形象和直接地描述，我们可以将项目融资简单划分为两类：一是项目转让，一是股权转让。

如果是项目转让，其交易结构和流程设计相对比较简单，评估交易价值并达成一致，完成项目转让资金的监管和安排，办理项目转让和控制的实际流程配套，即完成了项目转让的主体交易。但是，项目转让的风险在于行政审批的繁琐及不可确定性，以及因此而产生的高额转让税费。

对于股权转让而言，其交易环节和过程相对比较复杂。股权转让的突出风险在于排除隐性债务的存在，另外一点值得注意的是，虽然交易本身不发生过多的税费，但是往往土地增值税、所得税和相关税费会在这一流转环节发生转嫁。其中关于交易成败的核心是项目的管理与实际控制，这一方面是由于双方对于房地产项目融资活动所需的专业知识和经验缺乏或者不对称，另一方面也与政府的行政审批程序直接关联。因此在交易过程中，又需要重点把握两点：一是股权的处置，二是融资资金的安排。

在股权处置过程中，尤其是投资方，要着重把握以下几点：

（1）股权的性质是否涉及国有，落实评估及审批程序并公开交易；涉及外资企业，应落实审批流程。

（2）股权瑕疵或限制排除。

（3）股权转让确保得到转让方及其所在公司的确认，并落实股东会决议或同意转让的声明文件。

（4）如涉及股权托管，要分门别类办理好托管的文件和手续。

（5）如涉及资质挂靠，要明确实际出资方与资质单位的法律文件的承接和权利义务的移转，签订好三方协议。

（6）明确股权转让的期限、流程、生效、移转及实际变更，约定违约责任，并严格执行。

（7）对项目本身的合法性及后续开发风险的考量和论证。

（8）对隐形或潜在债务风险应有事先清查和排除，予以评估，并明确转让方承诺和提供充分的担保。

在融资资金的安排上，投资方必须将资金安排与交易进程紧密挂钩，并处理好如下事项：

（1）把握好分阶段支付，支付时点与交易进程（项目谈判、项目转移、项目换手）的节点控制保持一致。

（2）为确保交易进行和资金安全，可以视需要安排资金监管。

（3）属于权益融资的，确保资金汇付与项目资产对应，除了核实项目资产价值以外，关键在于对项目资产的控制以及相关权益的锁定（如资产质押、资产分割、项目销售收入及收益权的转让等等）。

（4）涉及机构投资的，要设计好担保及信用保证结构并实际约定，担保可以由项目投资者提供，也可以由与项目有直接或间接利益关系的相关人提供，可以是直接的财务保证，也可以是间接的担保。此外，为确保资金安全和收益的最大化，在特殊的项目融资中对于分散投资者而言，还需要约定回购条款。

第 *8* 课　经 典 案 例

💡 引言

本章收集了部分房地产企业或房地产项目在不同阶段不同状态下的融资实例，并努力挑选其中有代表性和借鉴意义的典型案例予以呈现，这些案例反映出房地产融资成功与失败并存的现实，也昭示了通向成功融资的共通规律。

8.1　恒大私募，浴火重生

2006 年 11 月至 2009 年 9 月，恒大陆续与德意志银行、美林、淡马锡、瑞信等投行签订协议，投行们或认购恒大的可换股优先股，或向其提供巨额的抵押贷款，拿到 9 亿美元资金的恒大开始大举圈地。

美林、高盛、瑞信是恒大赴港 IPO 的承销商。其中美林 2006 年接手了许家印控制下的雅立集团及其附属公司 40％的股权，作为代价美林支付给恒大 7.6 亿人民币。

2006 年 11 月 29 日，恒大地产与德意志银行、美林及淡马锡签订协议，以恒大地产 1/3 股权作抵押，由三家机构投资者以总价 4 亿美元认购其 8 亿股可换股优先股。

恒大招股说明书披露了投行的意愿。按照约定，恒大地产若在 2008 年之前实现上市，其回报将不少于股票发行总价值的 30%；若在 2008 年 6 月 6 日前完成上市，其回报则不少于 40%；若至 2009 年方完成上市，则承诺回报将上涨至不少于 70%。上市后，机构投资者股权将稀释至 3.66%，许家印则以持股 68.16%，重新实现对恒大地产的全权掌控。

2007 年 8 月，恒大地产通过另一上市保荐人瑞信担保，再次筹得 4.3 亿美元境外贷款及 2000 万美元境内贷款。其中境内贷款以金碧天下的土地使用权作为抵押。双方约定，在上市后恒大将以部分融资偿还结构担保贷款，其余款项将于 2012 年 8 月到期前清偿。恒大还承诺，若在 2009 年 10 月 31 日前仍未达成上市，则向贷款人售出认沽期权。

2007 年 9 月，恒大通过抵押恒大御景半岛项目，再次向美林贷得 1.3 亿美元用于购买土地。

到 2007 年 9 月 30 日止，恒大总负债已达到 140 多亿港元，资产负债比高达 95%。其中，投行们给恒大"贡献了"30% 的负债。恒大融资的近一半都是来自投行。

此前 10 年间累计销售面积只有 200 万平方米，2007 年前 9 个月销售额只有 23 亿的恒大地产，2008 年 2 月恒大的土地储备已由 1 年前的 600 万平方米暴增了 7 倍多至 4580 平方米，超越碧桂园成为中国地产界第一大"地王"。截至 2008 年 1 月，恒大有 111.334 亿元人民币银行贷款及其他贷款，还有近 10 亿美元的机构投资者借款，以及未来 4 个月内至少 40 亿以上的土地出让金欠款。

巨额的土地储备与高额的负债使得恒大迫切需要在资本市场融资，以获得持续性发展所需要的资金。恒大原本计划用香港上市募集的资金来满足其巨量土地储备中尚未支付的出让金和现有项目投入，以及缓解高负债压力。对其整个计划而言，这是最终变现的最重要一步：大肆举债—疯狂囤地—快速上市—获取资金—还债和进行房产开发，而如果香港上市成功，则恒大的房地产开发资金链条方可不致断裂，故香港上市成功与否，成为了影响恒大后续发展的一个关键因素。这让恒大地产谋求香港上市获取融资成为其必然的一个选择。

然而就在恒大地产雄心勃勃准备上市的 2007 年底，国内房地产市场因为政策调控介入而急转直下，国内一线城市的房价急跌，成交量亦大幅下滑。与此同时，港股恒生指数自 2007 年 12 月创下 31000 点记录之后掉头直下，到 3 月 13 日恒大正式招股时，恒指已跌去了 30％。恒大连续多日在香港媒体刊登整版广告，但期间港股一路急跌。

据《环球企业家》了解，当时基金和一些机构投资者的报价远低于恒大最低询价 3.5 港元/股。在和承销商美林、高盛、瑞信紧急协商后，许家印表示决不能承受这么大的折价，遂决定中止上市。3 月 20 日 19 时，恒大地产在香港联交所网站发布公告，宣布中止上市计划。

在首次香港上市计划搁浅后，为应对日益紧张的资金需求，3 个月后，恒大地产宣布达成私募 5.06 亿美元的协议，向包括德意志银行、美林在内的机构发行了近 4 亿股新股。同时通过在某些项目的稍许折让，在并不稀释股权的前提下，以项目融资的形式获得了公司持续发展的宝贵资金，为恒大地产及时提供了项目拓展资金，并且牢牢将合作伙伴聚拢在自己身边，其中主要的项目融资交易分别在恒大地产与美林、恒大地产与郑裕彤旗下的周大福之间完成，投资对象分别为恒大在广州、佛山和武汉的三个物业。根据合约规定，恒大地产与美林共同开发广州恒大御景半岛，后者注资 1.3 亿美元。在佛山和武汉的两个项目中，恒大从周大福分别获得 4.82 亿元和 2.72 亿元的中长期贷款。可以说，恒大地产通过以私募和项目融资的形式有惊无险的度过了首次上市不成功后公司所面临的巨大经营风险。

在度过最艰难的时期后，以二线城市为主要战场的恒大地产步入收获期。2009 年 7 月 10 日，率领集团上半年落袋 127 亿元的许家印在广佛交界处的恒大御景半岛举行"合作伙伴交流会"，高调宣布 2009 年恒大将跨入"300 亿"俱乐部，同时只要国际资本市场允许，恒大将重启上市步伐。功夫不负有心人，2009 年 11 月 5 日，恒大在香港联交所成功上市。上市当日，公司股票收盘价较发行价溢价 34.28％，创下 705 亿港元总市值的纪录，成为起于内地，在港市值最大的内地房地产企业。

【案例启示】恒大的成功传递给我们两点非常值得借鉴的启示：其一是充分运用了私募和股权融资渠道，引入了国际资本，解决了资金困境，并实现了企业的发展壮大；其二是恒大与融资伙伴保持了长期的友好合作，互相信任，并在融资伙伴的帮助下顺利实现赴港上市。

8.2 绿城果决，自我盘活

1. 资金链紧绷，债务危机暴露

2011 年上半年，绿城的现金已经从 2010 年底的近 150 亿元骤降至 97.46 亿元，而资金负债率则从去年的 132%，大幅上升至 160% 以上。负债率上升的同时，绿城的销售业绩却在下滑。截至 10 月底，绿城的销售金额仅约 258 亿元，较今年初订立的销售目标 550 亿元，尚未完成一半。绿城已将全年销售目标下调至约 400 亿元，即便如此，达标率仍仅 64.5%。

2011 年 9 月下旬，银监会要求各家与绿城有合作关系的信托公司自查所有相关信托项目的情况，绿城债务危机暴露，当日绿城中国的港股股价暴跌 16.23%。

2. 传言愈演愈烈，绿城自我救赎

资金链紧绷的绿城，2011 年 11 月再度被推上风口浪尖，几乎是一日冒出了三个传言。2011 年 11 月 15 日，业内传言绿城董事长宋卫平频繁接触融创集团主席孙宏斌，商讨合作可能，孙宏斌将为绿城带来大笔资金支持。还有传言称"杭州市将注资绿城、滨江等本地大型房地产企业"，虽然政府注资传言后被否认，但绿城内部人士透露，绿城正在与多家国资企业洽谈合作事宜。此外，还有传言称，绿城还被爆出加紧腾挪项目，以换取资金。

业内人士认为，因资金紧张而转让项目、公司股权的开发商并不在少数，绿城只是更引人关注。万科等龙头房地产企业近期开启了"过冬"模式，大幅降价促销举措屡见不鲜。房地产行业的整合趋势似乎已在所难免，并购大潮正渐行渐近。

但也有人表示，绿城因为融资成本过高，实际利润率已经很低了，不敢降价卖房，一旦降价即可能亏损。同日还有传言称，杭州市政府拟主导注资绿城、滨江、金都三家本地房地产企业，其中国资企业杭州交投集团拟注资绿城，金额高达 40 亿元。绿城集团内部人士对此予以否认，不过该人士透露，绿城为了解决资金问题，目前正在与多家国资企业洽谈合作事宜，其中包括浙江铁投集团、能源集团等有过合作经历的企业，但没有杭州交投集团。

不仅如此，还有传言说绿城目前在加紧腾挪项目，以股权换资金。杭州当地传言绿城将腾挪旗下两个项目——杭州兰园和杭州新华造纸厂地块，将尚未进入销售阶段的新华造纸厂地块项目部分股权转让给合作方，同时换取该合作方在杭州兰园中的股权。然后，绿城将部分杭州兰园的股权，转让给杭州城投和钱江新城管委会下面的国有企业，从而获得一笔资金。

据绿城中国2010年年报显示：杭州新华造纸厂地块，绿城应占权益为35%，土地面积37360平方米，总建筑面积约13万平方米；杭州兰园，应占权益为42.5%，土地面积44502平方米，总建筑面积212217平方米。目前杭州兰园住宅项目正在销售中，而新华造纸厂地块则还未进入销售阶段。业内人士指出，尽管绿城尚未承认，但绿城缩短战线，从未销售项目中抽身，换得正在销售项目股权，是有可能的，目的是为了尽快回笼资金。

那一段时期，围绕绿城的传言四起。海航30亿元收购绿城、监管部门调查绿城房地产信托、绿城退市、绿城破产等传言后来均被回应是谣言。绿城董事长宋卫平亲自撰文澄清，称"绿城目前一切尚好"，并提出三步走策略，绿城将会坚持"努力销售"、"腾挪项目"、"降价退市"三步走。目前业内传言的股权转让，正属于"三步走"中的第二步——"腾挪掉几个项目"。

面对危机，绿城集团由于拥有4000多万平方米总建筑面积的优质土地储备，确保了集团顺利找到解决办法，例如积极进行降价销售，有些项目甚至降到成本价，或者以代建的方式，在不增加负债的情况下进行扩张。当然，出售资产是最迅速也是最有效的办法，绿城以21亿元的价格出售旗下上海项目给SOHO中国，2012年4月又再次转让旗下置业公司的股权，回笼资金用于还债，降低了负债率，逃离了债务危机，实现了自我救赎。

【案例启示】房地产企业经营的最大风险在于外部不可预控的政策风险和自身经营资金链断裂的风险，绿城虽然依靠自身雄厚的根基靠低价出售资产保住了金身，但付出了惨重的代价。本案更多的启示在于，绿城以自身实例向诸多房地产企业敲响了警钟，合理安排资金和作好融资决策是多么重要。

8.3　首创连横，另辟蹊径

8.3.1　资本"大连横"

2013 年 3 月，首创置业宣布，拟由旗下全资附属公司 Central Plaza Development 发行美元高级永续证券 4 亿美元，初始分派率为 8.375％。汇丰是该次证券发行的全球独家协调人。

首创置业的发展天生与资本势能血脉相连。20 世纪 90 年代中期，华亭项目作为首创置业前身阳光房地产公司直接进入市场化运作的第一个项目，其与华远的合作锻造了"投资组合"的全新价值观，成为其投资组合以及资金配置的启蒙。

紧接着，阳光房地产公司收购广西虎威，创下了中国地产业买壳上市第一案例，再次见证其敏锐的资本嗅觉。2002 年，由首创集团地产业务重组而成的"首创置业股份有限公司"，凭借其天然拥有产融结合优势，在"大资本"角斗中赢得胜利。

首创置业强大的资本雄心在 2003 年彰显。当年地产业却迎来了资本市场的"冰冷时代"，首创置业却成为非典之后首家进行全球公开招股的中国公司，重新启动了因"非典"而停顿的香港 IPO 市场。德意志银行 2003 年底，称首创置业为"蓝血"贵族公司，向投资者大力推荐。首创置业的"资本大连横"由此发迹。上市后，首创置业又分别与华夏银行和国家开发银行达成银企合作协议，分别获得 15 亿元和 45 亿元授信。一口气拿下数十亿元现金的首创置业令业内外刮目相看。

在资本市场，首创置业继续通过与普华永道、汇丰、JP 摩根等知名投资银行和审计事务所合作，积极参与国际资本市场的竞争之中。其次，在项目投资与发展上，与新加坡政府投资公司 GIC、美国 AG 基金开展成功的合作，为首创置业在亚洲市场融资通路奠定基础。

同时，首创置业与国内各商业银行建立战略关系。从 2009 年到 2010 年，首创置业接连获得中国建设银行和中国银行的 100 亿银行授信，并与之建立长期战略合作关系。其还与德意志银行、新加坡星展银行、三菱银行、花旗银行等跨国银行进行了不同层面的合作。

2009 年 10 月，首创置业的 10 亿元 5 年期公司债成功在上海证券交易所上市交易，成为首家在内地发行债券的纯 H 股地产公司。首创置业已迈出"打通两地资本市场融资平台"的第一步。

资本从本质上提升了首创置业的竞争力，地产和资本的有效融合为其发展输入新鲜的能量。今天，首创置业已经构建了全立体资本平台，在资本途径、资本手段、治理结构、国际化融资方式上的构建等已经非常扎实。首创置业集战略投资基金、项目投资基金、政策性银行、商业银行、跨国银行、海外金融杠杆为一体"资本大连横"格局由此形成，不仅彰显着其强大的资本意志，更成为其强大的永恒势能。

8.3.2　"国际化"营运通路

2013 年 3 月，首创置业引入世界最大体育管理集团美国国际管理集团 IMG，打造中国地产业界首个以顶级专业机构为背景的体育客服组织"首创铁人俱乐部"。4 月法国总统奥朗德来华，首创置业与法国夏斗湖城乡共同体（CAC）"中法经济贸易合作区"项目签约合作，是中国第一个位于发达国家（法国）的经贸开发区。

"中法经济贸易合作区"毫无疑问是中国地产国际化的重要一笔。IMG 是首创置业众多国际伙伴中的新成员。数年来，首创置业一直坚定不移的推进其国际化战略。首创置业的全面国际化通路由资本国际化而发端，进行战略协同大演习，打造职业大地产，影响中国地产格局。

早在阳光房地产公司时期，首创置业就曾与全球顶尖的金融集团和房地产集团 ING 集团、新世界集团以及长实集团等亚洲顶尖地产集团密切地合作，是未来走向国际化的最早战略萌动。

在香港上市的过程中，首创置业选择了全球著名的金融机构汇丰银行。上市以后，首创置业与国际顶尖跨国公司的合作开始被激发。世界最知名的投资公司之一 GIC，成为上市后首创置业的第二大股东。随后，首创置业赫然提出要作国际级别的"地产综合营运商"。一系列成就的背后，首创置业的手法中已经有了最明显的特征——国际化。

最初的国际化战略是要尽快建立"全球协作体系"，与国际化的顶尖公司合作是首创置业国际化进程中的一个关键步骤。地产的国际化是全面的国际化，而不是仅仅几个环节的国际化，从上游融资到中游的企业管理，再到下游的产品设计、制造，都要国际化。

首创置业希望逐渐纳入到"全球营销体系"之中。2003年北京房地产行业的一个标志性事件是到香港办"展会"，打中国地产品牌。对于中国地产公司来说，香港展会是拓展海外市场、实现品牌国际化的重要步骤。2005年5月，唐军率领首创置业展开"地产外交"大型活动，这不是一次简单的出国考察、旅游，当唐军站在哈佛大学讲演台上的时候，台下的听众提问不断。而随后，美国曼哈顿区区长以及美国最大地产商Related公司的回访，也成为首创置业国际化发展的标志性事件。

对等跨国公司，引入国际战略投资者，进行国际资本合资开发，引入国际顾问服务，联手全产业链国际盟友，创建国际协作的稳健平台和体系……首创置业日渐丰富其国际化的内涵，稳扎稳打地将战略部署落地。

2013年，首创置业计划建立"首创置业全球创新联盟"。这将成为其在国际化综合营运方面的重要动作，并将产生不可估量的集合势能。由此，首创置业继续发挥国际合作、资本构建以及商业运作等方面的优势，于丰台区丽泽商务区、奥特莱斯、首创国际半岛项目打造创新综合体，以期成为区域新十年最重要板块的"发动机"。

8.3.3 "地产＋产业"新局

2013年5月，北京CSD核心，首创奥特莱斯盛大开业，这是首创置业商业地产战略的第一家奥特莱斯。同月，首创青旅两岸城全球启幕，以国际化旅游高端功能配套，呈现原生态水乡古镇昆山锦溪。

无论是超级产业综合体奥特莱斯，还是新兴的旅游产业综合体两岸城，都是首创置业"地产＋产业"的新兵，融汇着一家领先的地产综合营运企业对中国城镇化进程的思考。

首创置业认为国际大城市必须摒弃"摊大饼"的扩张模式，把居住与产业序列资源配置到大城市周边的新城里，重新建设一个城市新中心，同时带动其他产业集群发展。在奥特莱斯的进化过程中，首创置业是城市新中心的运营商。

核心引擎资源—资源带动产业集群—形成新型特色城镇—推动城镇化进程，这是首创置业在昆山古镇锦溪的运营逻辑。首先使其具备城镇化的条件，然后再用国际化的理念，国际化的开发运营模式进行建设，从而带动全面发展，成为推动其发展"核引擎"。这既是首创置业首次进入旅游产业综合体开发，更是其涉足新兴城市扩围的大胆探索。

早在2003年上市之初，首创置业就确立了综合地产的业务模型，地产＋产业的萌芽初动。早前，首创置业曾在商业地产小试牛刀，并取得了喜人业绩，比如，在城市综合体A-Z Town产品线中已经融入了商业地产的开发，目前，北京A-Z Town和成都A-Z Town项目都是都市副中心城市综合体，商业部分运营良好。另外，还有金融街洲际酒店和中环假日酒店，经营得也是有声有色。

随着国家调控住宅价格脚步的加快，地产行业的竞争加剧，以往的单一住宅产品模式受到了前所未有的挑战，重大战略转向势在必行，如何充分利用土地资源特点拓展地产内涵，首创置业一直在不断摸索地产多元营运模式。

2012年，首创置业关于地产与产业与城市的思考强势浮出水面，首创置业董事长刘晓光先生创新性提出"十大城市综合营运模式"，"高端旅游产业新区模式"、"潮流文化产业模式"、"地铁枢纽开发模式"、"国际物流经贸产业模式"以及"未来创意新城模式"……其中的每一个模式都立足于地产与城市，地产与产业领域的高效互动。首创置业希望以此完成创新性的战略转型，全面融入到主流城市复兴、新兴城市崛起、小城镇升级等城镇化发展浪潮中去，以创新为城镇化全面提供"创能量"，成为带动城镇化浪潮的"核引擎"。

作为最早提出作城市综合运营商的企业之一，"十大城市综合营运模式"与新型城镇化不谋而合。中国地产业的成长一直与中国的城市化进程密不可分，根本上说中国城市化的战略方向和进程直接决定了地产业的发展方向乃至发展模式。

"模式创新"毫无疑问主导中国地产业未来趋势。首创置业将在未来几年大力推进"城市综合营运模式"，将把开发的重心集中在"城市化、综合化、营运化"三位一体的资源整合发展方面，如在天津武清项目与澳大利亚黑利伯瑞国际学校签订了战略合作协议，与新加坡养老机构宜康合作推进青岛香蜜湖养老公寓建设，和中国社会福利教育基金会旗下的"长青基金"的合作等等。

首创置业城镇化的产业模式创新项目，将包括京津国际半岛以及定安湖畔思香小镇、昆山西岸城等。其在朗园 vintage 项目中与潮流文化产业的完美组合，青岛项目中与空港产业园区的组合，以及丽泽项目中以"超级金融港"建立的国际顶级城市综合体，也都充分显示了首创置业在"地产＋产业"领域的能量。

值得注意的是，首创置业首度涉水海外地产便紧盯产业地产。首创置业计划在法国建立的"中法夏斗湖经济贸易合作区"是中国第一个在欧美发达国家建立的经贸合作区，也是目前中法经贸交流活动中最具投资潜力的企业孵化器，不仅显示其推进海外战略的决心，更进一步显示其在产业地产方面的布局。

数年耕耘，首创置业在"地产＋产业"上已然建树丰硕。首创置业在发展过程中经历过两次重大节点。第一次是从北京走向全国，第二次就是从单纯的住宅向商业地产、旅游地产、教育地产、养老地产等产业地产转型。独特的多元营运模式为企业发展带来了立体化的支撑，首创置业的业绩持续增长，企业成长性彰显无疑。

8.3.4　产品扩张大雄心

2013 年，"首创·光和城"落户重庆，成为该产品线第二个项目。"首创光和城"此前已在沈阳面市，该产品线将成为"城邦系列"的又一鼎力新作。

首创置业自 2005 年启动异地扩张起，除了大手笔的攻城略地，在各目标区域市场中迅速形成优势土地储备之外，更初步确立了以产品线（产品品牌）为核心的产品高效复制策略。不断创新的产品开发理念，不断丰富的产品线，推动地产标准化实质进程。

首创置业在成都的"头生子"——成都 A-Z Town 项目开盘销售。该项目是首创 A-Z Town 产品系列的复制产品，共推出 500 套房屋，当天即签约 420 套。

与成都 A-Z Town 项目同处成都成华区成都东三环住宅项目，成为日后首创另一重要产品线"国际城"的又一力作，也标志着首创置业在西南重点城市成都取得了纵向发展的阶段性成功。

2008 年 9 月，首创国际城在沈阳、天津、无锡、西安、成都五城同时启动，总建筑面积超过 300 万平方米，超大规模的复制与扩张开首创先河。

【案例启示】首创置业的快速发展与其成功的融资是密不可分的，更为重要的是首创置业在与资本对接的过程中所展现出来的专业、良好的基础和敏锐的嗅觉，这却是绝大多数房地产企业所缺乏的。

8.4　万科借"基"，暗度陈仓

2004 年 7 月 5 日，万科 A（000002）发布公告称，已与 Hypo Real Estate Bank International（以下简称"HI"）签订合作协议，为即将开发的中山万科城市风景花园项目（以下简称"万科中山项目"）融得 3500 万美元。项目回款之后，万科将以同业拆借利率再加几个点的利息赎回股权。

"121"文件出台后，银行收紧对房地产公司的贷款，窥伺中国市场许久的海外资金得到了最好的进入机会。在万科与 HI 公司合作之前，国内房地产商与海外资金合作大多是以股权融资，海外房地产基金以资金入股房地产项目，共享利润。万科开了房地产企业从海外银行贷款的先例。对于此笔贷款的利率，万科与 HI 公司方面都三缄其口，但是声称比国内现在海外房地产基金的利率要低很多。

方案一出，它受到的关注不只来自房地产业界，很多大型公司的 CFO 都对这种融资创新感到兴奋好奇。业内将其称为"变相"贷款：以 FDI（外国直接投资）之名，行商业贷款之实。

万科是如何，获得海外银行的贷款的？其间奥妙，还需要谈判双方详细道来。

8.4.1　门当户对

德国 HYPO 集团主要从事不动产金融业务，其重要机构 HI 核心资产达 12

亿欧元，资本充足率 8.5%，主要业务是为国际大型房地产商提供金融信贷服务。作为专注于房地产投资的银行，HI 在全球化的过程中得到一条经验："必须抢在别人前面进入才能抢占先机。"HI 执行董事 Mr.Fenk 把与万科的合作称为"两年迈出的第一步"。

这两年，HI 对中国房地产市场作出了自己的判断："住宅市场的发展潜力最大，商业办公项目已经有点过热了。"在中国寻找合作伙伴，HI 条件是"最大的房地产开发商"。做住宅项目又要是国内大型开发商，万科很自然地出现在 HI 的谈判对象名单中。

"HI 先找万科的。"万科总经理郁亮很愿意强调这一点。事实上，自称除了 H 股和海外资金，已经试遍各种融资渠道的万科，早就开始了和海外资金的接触。和其他房地产商不同的是，万科主要寻找的是海外的商业银行，而不是现在在国内房地产业风头正劲的房地产基金。"从房地产基金那里拿钱成本太高。现在惯例是不低于 20% 的复利率，一个项目两年下来就是 44%。"基本放弃了房地产基金的万科遇到了 HI，看上去很是门当户对，舍我其谁，但两者能否最终契合，还需要一个合乎现行法律法规政策的架构来支撑。

8.4.2　关键公司：万科中山

经过 9 个月的谈判，万科与 HI 公布了合作方案：

此次融资的载体万科中山公司是一家中外合资公司，由万科和其附属公司香港永达投资公司共同设立，万科实际持控其 100% 股权。万科将所持有万科中山公司 80% 的股权转让给一家名为 Best Gain Investment 的公司（以下简称"BGI"），后者由 HI 公司与万科共同设立，HI 占股 65%，万科占 35%。

经过这一轮股权转换，万科直接和间接持有万科中山公司的权益只有 48%（20%＋80%×35%）。形式上，HI 取得了万科中山公司的控股权。实际上，尽管 HI 公司拥有中山项目 52% 的股权，但并不拥有实际控制权，项目的运作方是万科。根据双方约定，在中山项目回款之后，万科将以同业拆借利率再加几个点的利息赎回股权。也就是说，在法律上，这是一笔以股权换资金的股权融资，实际上，却是一笔商业贷款。

141

这个合作方案的核心在于选择万科中山公司作为投资载体。由于商业贷款属于资本项目，直接的境外信贷有违目前的外汇管制。中外合资的企业性质，为以股权形式取得境外融资打开了方便之门，避开了相关的管制要求。

但是对于外界为这笔融资扣上一个"变相贷款"的帽子，郁亮却有自己的看法："我一直很纳闷为什么大家称之为'变相贷款'，典型的国际融资都是这样安排的。"HI 公司 Mr.Fenk 对此也作出相同回应："我们在与万科合作的贷款文件基本上适用公司标准条款，并没有新增其他附加条款。"

无论新或者旧，变相或者标准，万科与 HI 的合作为中国房地产业融资辟出一条新的路径。"在这个方案的基础上，以后万科或者其他房地产商，再和海外银行合作的谈判都应该会比我们这次用的 9 个月时间短。作为先行者，我们付出比后来者更多的成本，但是也获得先机。"郁亮对此次与 HI 合作如此评价。那么，万科能从这次合作中得到什么？其他房地产商能不能复制万科的融资模式呢？

8.4.3　3500 万美元的成本与收益

万科与 HI 的谈判，持续了 9 个月，用 21 个文件和 9 个附件达成了协议。回忆谈判过程，郁亮说：最困难的还是框架的问题。

HI 是一个银行，不能直接投资，所以要先成立 BGI 作为投资载体。万科是国内公司，直接接受外资银行贷款有政策限制，所以成立万科中山公司作为贷款载体。"最后确定架构花了很长时间，因为要通过构建海外、我国香港、内地多层次的控股构架，适应多国、多地区（英国、香港、内地）的法律政策。"郁亮向《中国企业家》介绍，单就实现贷款的公司构建，我们就讨论了不下 10 种方案。"这些讨论并不是白费时间，很多方案可能会适合将来项目的合作。"郁亮还透露，万科与 HI 有就新项目合作的可能。

谈判的另一个焦点是监管。每个与海外资金达成合作的房地产商都不会忘记合作背后的反复争执是多么的头疼。郁亮坦言："不可能满足外资对工程项目的所有要求，否则我们就死掉了。"

不和外资接触，国内的房地产商大概还不知道自己的项目管理水平和国外的差距。以环保为例，国内做过环境评估，就开始建设。在国外，要求做完一期，评估一期建设完后对周边的影响，得出报告以后才可以拿到贷款。对此，国内开发商会觉得这是重复环评。国内项目细节经常改变，海外资金又会觉得任何调整都算是违约，等等。这样，对工程管理要求的不同造成双方对于风险的认识不一样，就很难达成共识。

万科要拿到 HI 的钱，就要与后者相互解释，相互让步。"这种让步当然是值得的，通过我们和 HI 的合作，除了资金，提升项目管理水平也是我们很重要的目的。"郁亮说。

对于万科此次的融资成本，郁亮始终不肯透露。在记者的追问下，郁亮说："万科今年上半年的负债率是 54%，距离全国房地产企业平均高达 74% 的资产负债率还有很大的距离，如果 HI 资金的成本过高，我不如去银行贷款。"

但是从银行贷款，恐怕已经没有郁亮说的这么容易。万科 2004 年中报显示，万科在银行的短期借款从去年年底的 16.8 亿元猛增至 32.39 亿元，长期借款也由 1.6 亿元增至 7.49 亿元，分别增长 92% 和 368%。可以说已经将银行借贷的能力发挥到了较高的程度。从以上数据不难看出，万科在努力控制短期贷款在银行贷款中的比例，已经将去年 91% 的危险数字降低到 81%，但是总体看来，如果不是万科债转股顺利实现，在减少债务的同时扩充了总资产，今年猛增的银行贷款将会大大提升万科的负债率，并进而增加其在银行的贷款难度。

所以业内对万科中山项目的融资成本并没有郁亮描述的如此乐观，华夏证券的房地产分析师张燕称："究竟融资成本有多高，只有万科自己知道。毕竟在宏观调控的背景下，万科也有资金压力。"不过，张燕也表示：这笔资金的获得不是简单的一笔钱的问题，对于提高企业资本运作水平和降低短期负债率都有好处。

8.4.4 其他房地产商的机会

对万科来说，与 HI 的合作只是与海外资金合作的开始。郁亮表示有可能会与 HI 就其他项目展开合作，也不排除和其他海外银行合作的可能。

对于其他房地产商是否可以复制万科此次的融资模式，郁亮比较保守："很多人觉得我们这个方案是对制度的突破，认为最难克服的制度问题被解决了。其实，吸收海外资金的最大困难不在于制度，而在于公司本身的透明度。"郁亮认为，海外资金要投资给一个公司，最大的要求是能够看清楚被投资公司和项目的风险，但是国内很多房地产企业在财务、项目运作等方面并不透明，挡住了资金的来路。

香港房地产资本资产服务有限公司主席高广垣也支持郁亮的看法："很多房地产商在和海外资金谈项目的时候，总喜欢向对方介绍项目的回报率，但是海外资金更关注项目的风险预期。"

事实上，风险高的项目不一定不是好项目。银行的贷款利率是5％，没有必要接受高风险的项目。但是海外房地产基金是20％的复利，自然有自己控制风险的措施，关键是它要求自己知道风险究竟有多大和在什么地方。高广垣向《中国企业家》介绍："一方面，海外基金投入资金的同时，会将管理方法带入，用合同的方式严格项目操作，让项目变得可控。一方面，会在合同中有抵押担保股权回购等项目，保证资金的安全。比如万科中山项目就是采用了股权回购的方式。"

通过与多家海外房地产基金的合作，高广垣发现，海外基金并非仅仅青睐大型房地产开发商，更注重的是开发商的项目操作能力，"如果你有好项目，而且有成功的开发经历能证明自己的操盘能力，那就不难找到海外资金。"宏源证券房地产分析师陈新莓证实了这一说法："现在，北京很多小型房地产开发商都在与海外房地产基金接触，有的已经进入合作。"

现在，进入中国的海外资金的形式非常多样，更为主流的是股权融资的形式。

2003年，美国房地产同业公会房地产基金与华润置地（1109.HK）合作，在北京北部开发项目；德意志银行房地产投资基金锁定京沪两家房地产企业，在北京东四环和小汤山附近开发项目；2004年6月，荷兰国际集团和北京首创集团在海外共同成立的中国房地产开发基金在北京的首个控股项目"丽都水岸"入市；天津顺驰、上海国际、深圳金地等近期先后与著名投资银行摩根士丹利联手合作……

即使对这些房地产基金高达20％复利的资金成本表示难以接受，郁亮还是对这些项目给予了很高的评价："和房地产基金合作的多是外销楼盘，海外资金除了提供资本，还会带来大批优质客户。"

据高广垣预测，在未来的3～5年内，海外房地产基金将在国内投入300亿美元，可谓"小试牛刀"。房地产公司，只要有好的项目，都有机会和海外基金合作。

【案例启示】万科的品牌和影响力引发国际资本的关注，虽然颇费周折，但成功对接对双方而言都是一次难能可贵的尝试。这次成功的尝试，其意义是里程碑式的，开创了国际资本与中国房地产业对接的新模式、新路径。

8.5 万通弃发，取道信托

2010年11月10日，万通地产（600246）一连发布4份公告。其中，公司正式宣布撤销"拟定向增发1.5亿股，筹集25亿元"计划，改为向旗下全资子公司申请2.7亿元信托借款提供担保；此外，通过出资1.4亿元认购北京万通新世界商城项目集合资金信托计划，促成规模不超5.5亿元的信托资金收购北京阜鑫商业投资有限公司（与万通地产同为万通控股子公司）所持北京万通新世界商城物业100%的股权。

8.5.1 万通无望2009年获批再融资

如此一来，万通地产成为今年下半年继冠城大通（600067）、招商地产（000024）、世茂股份（600823）等地产商后的又一位再融资计划的放弃者。

2009年12月3日，万通地产发布公告称，拟募集资金25亿元，用于北京天竺新新家园、运河国际生态城一期、天津万通上北新新家园三期、天津万通华府项目B地块4个项目。如最终实际募集资金相对于拟投入募集资金存在不足，公司将根据项目轻重缓急，决定投资次序和金额，同时通过自筹资金弥补不足的部分。

鉴于国家针对调控楼市所发布的系列政策，一年来，几乎没有房地产上市公司的再融资计划获批。而始于 2009 年 8 月，约有近 60 家房地产上市公司提出过再融资计划，万通地产再融资的计划也在其列。

对此，方正证券地产分析师周伟告诉《证券日报》记者，"再融资计划的实施期限为 18 个月，即便此次万通地产不撤销计划，再过 5～6 个月，该计划也需重新通过审议。此外，在宏观房地产政策的影响下，管理层对地产再融资不会轻易开绿灯。"另一位不愿具名的分析师更向记者表示："年内地产上市公司的再融资计划都不可能获批，这样严格的审批可能会延续至明年的中期。"

此外，依据万通地产再融资计划定价基准日为 2009 年 12 月 5 日，定价基准日前 20 个交易日股票交易均价约为 11.7 元/股，而截至 11 月 10 日万通地产报收 6.62 元/股。接受《证券日报》记者采访的万通地产董秘程晓晞表示，"目前股价已与当初锁定增发价差距过大，这也是最终选择撤销再融资计划的一个因素。"

8.5.2　信托成万通地产融资主渠道

程晓晞还告诉记者："去年拟通过增发投资的 4 个项目目前都在顺利进行中，鉴于 4 项目均属住宅，将主要采取自筹资金的方式弥补不足。"

根据万通地产 11 月 10 日公告，目前，公司共为控股子公司（成都万通时尚置业有限公司、北京万通龙山置业有限公司、天津富铭置业有限公司及天津万通时尚置业有限责任公司、北京万通时尚置业有限公司及杭州万通时尚置业有限公司）提供总计 16.3 亿元的担保。

11 月 3 日，万通地产公告称，公司与平安信托签署了《房地产项目投资战略合作框架协议》。对此，程晓晞告诉记者："这是一份框架性协议，具体项目投资将采取一事一议的方式进行，但可以肯定的是信托将成为公司未来融资的主渠道之一。"

周伟对万通地产采用信托方式融资表示赞同，他向记者表示："此次万通地产通过出资 1.4 亿元认购北京万通新世界商城项目集合资金信托计划，使商业地产与信托产品有机结合。商业地产不受房地产宏观政策影响，可创造稳定可观的收益满足信托投资者需求，也为房地产上市公司提供良好的融资渠道。"

根据公告，本次信托计划存续期限为 5 年，信托成立 4 年后，受托人有权随时终止，但一般收益权的存续期限不短于优先收益权的存续期限。

依据戴德梁行出具的评估报告，万通新世界商城评估单价 23454 元/m²，评估总价为 6.55 亿元，约有 1700 个经营席位，商城出租率维持在 90% 以上，年租金收入 7000 万元左右，年净营运收入约 4000 万元。这是万通能够成功获得贷款类信托的关键原因。

【案例启示】宏观调控等因素的介入是企业融资不可预测的风险，企业自身所具备的较强实力才能拓宽融资渠道，才能从容应对。

8.6 SOHO 上市，漫漫求索

2007 年 10 月 8 日，SOHO 中国在香港联交所主板成功挂牌上市。公司上市成功后，在北京举办的一次港股走势及投资策略论坛上，潘石屹说："我们是在美联储降息 50 个基点、全世界的股票都在上涨的背景下，最终成功上市的。""我看到很多优秀的房地产公司最后都是被庞大的土地储备拖垮的，对于一个房地产公司而言，拥有一堆土地储备与实现巨大利润之间还有一段很长的道路要走。"

10 月 8 日，挂牌之前，数十万香港散户向这个他们甚至都不懂得名字为何物的公司投入了数千亿港元，而排队进入 SOHO 中国基础投资者名单行列里的机构投资者则个个地位显赫。

此前，传统估值目光层层笼罩下的地产公司典型代表碧桂园、远洋地产、奥园先后登陆港股，并获得热烈追捧。仔细对比，两种成功各有千秋，意味无穷。SOHO 中国凭借品牌文化和独特商业潜质获得成功。

SOHO 中国的上市是目前亚洲最大一宗商业地产 IPO，SOHO 中国如今是亚洲规模第二的商业地产开发商。参与此次上市发行事宜的瑞银集团（UBS）执行董事兼资本市场部主管朱俊伟在回答媒体问题时，把 SOHO 中国与历史悠久的香港置地与太古地产作类比。

我们可以对 6 年来 SOHO 中国的两次上市历程作一个回顾。

2001 年底，公司的两个小股东，其中一个英国人叫作安德鲁，提出到国外上市，该提议引起了潘石屹和张欣的思考。自从 SOHO 中国创立以来，这两个英国股东一直给予 SOHO 中国很大的支持，在其困难的时候不断投入资金。但是，SOHO 中国一直没有分红，而把这些钱全部又投入到公司的开发建设中，这样这两个股东的股份就一直不断被稀释到各占 2% 左右。潘石屹也想借上市，给这些一直支持的股东一些回报。但是，那时在内地上市是需要指标的，而有关部门配的上市指标"打死也不会给 SOHO 中国"。作为民营企业，内地上市基本上是行不通的，SOHO 中国把目光投向了海外。

2001 年底，SOHO 中国与高盛开始联系。在交谈中，高盛对 SOHO 中国的模式与前景非常乐观。两天之内，他们出了一个关于 SOHO 中国的很厚的报告，报告的第一页就写着一句话："SOHO 中国不是一家普通的地产公司。"在此之前，潘石屹对自己的公司都未有如此清晰的定位和了解。SOHO 中国只是觉得自己盖的房子新颖，有特色，但从未把公司战略提炼成这样一种商业模式，而高盛报告的第二部分则是关于 SOHO 中国的业务模式。报告称，SOHO 中国是注重品牌的一个公司，不是一个注重土地储备的地产公司，和其他房地产企业最大的差异就是 SOHO 中国所拥有的独特的商业模式。

在讨论上市时，高盛比 SOHO 中国还要乐观并提出建议去美国上市，于是 2002 年 10 月，SOHO 中国到美国考察市场，并造访了纽约交易所。相比于一般的人只能在高处平台参观，SOHO 中国来到了底层的交易大厅。巨大的屏幕和仪器乱放在一起，交易员闹哄哄的，碎纸片飞得到处都是。相比纳斯达克的电子化操作，这里显得热闹多了。每个人都很兴奋，这一场景点燃了潘石屹的上市雄心。随着 SOHO 中国上市的启动，大环境开始变得不利起来，SOHO 中国几乎遭遇了所有的不利因素。安然事件爆发后，美国上市公司监管非常严格，全美国的股票市场一片萧条。而布什政府也开始酝酿攻打伊拉克，这对股票市场同样是一个很负面的消息。

那时，SOHO 中国已经拿到了中国证监会的无异议函，香港证监会和联交所的批复以及纽交所的批复。上市之途万事俱备了，可是又在 2003 年的春天遇到了中国的非典疫情。非典对北京和香港的经济影响，在外界看来是非常大的。在这种情况下，SOHO 中国决定终止上市，一方面是其自身的判断，另一方面是大势所趋，很难再进行了。之后，所有的媒体报道都说，终止上市是因为高盛与SOHO中国在定价上有分歧。对此，潘石屹表示从未对任何人解释过，"其实没有任何分歧，但最关键的因素是投资者。当时，投资者对北京非典期间的经济充满疑虑，我们很难打消他们的顾虑。那时，我们作了一个利润预计，后来SOHO中国的实际利润水平远远超过当初的预期，但那时没有人愿意相信。"

在第一次没有成功的上市里，SOHO中国主要推介的资产是位于北京市十八里店的物流港项目，这是一个体量超过300万平方米的项目，由SOHO中国、嘉里建设、华远地产和京泰来共同做土地的一级开发和未来的开发。但因北京市政府调整规划，这个项目最终取消了。

第一次上市停顿下来后，SOHO中国觉得小本经营也不错，自己的现金流、预售状况都还不错，于是就慢慢往前做了，上市太麻烦了。但整个房地产行业在随后的四五年发展特别快，不仅房价增速快，企业的规模也迅速增长。然而，2003年以来，银根持续紧缩，高速发展的房地产行业并未得到银行资金的大力支持。"而在我们第一次上市暂停后，很多地产公司完成了上市。上市失败后，我几乎没有再关注上市的事情。可是几年之后，我突然发觉，以前和SOHO中国差不多的公司已经走在了前面。我突然意识到，中国地产界的游戏规则发生变化了，主流俱乐部的入场券更昂贵了。"

"查看万科的年报，在2001年，万科与我们的盈利水平差不多，但几年之后，万科已成为千亿市值企业了。而富力在做北京富力城时，我们在开发建外SOHO售价比它高了一倍。可是，它随后便完成了香港上市。最让我受到刺激的是，2004年，万科的郁亮告诉我万科的年度利润，说一半的利润都是由地价、房价上涨带来的。今年，我看到其他地产公司的年报，震撼不已，没想到一大批地产公司完成与资本市场接轨后都飞了起来。我想，再不改变战略，就是麻木不仁，就是愚蠢的商人了。"于是上市被再次提上日程。"我需要的就是时间，不能让市场淘汰。最终，SOHO中国花了9个月的时间完成上市。"

2007年1月8日，SOHO中国再次上市举行启动仪式。为了达到这一目标，SOHO中国再次邀请第一次上市时的整个团队，包括高盛和毕马威，原班的律师，原班的会计师，原班的投资银行。10月8日，公司在香港上市成功，128亿港元到SOHO中国的账户，整整9个月，SOHO中国终于完成了上市。公司的上市也创造了很多纪录。

在二次上市的整个过程，路演是一次极其考验人的经历。开始时，SOHO中国把定价保持在6.0～8.3港元之间。当时最担心国际上出现不确定因素，因为美国次级债的影响还是相当广泛，周围谣言四起，有人还判断金融危机可能出现。然而，当走到路演的第二站新加坡时，消息称美联储下调利率50个基点。这是一个大的利好，路演第二天，SOHO中国认购已经超过4倍。这个时候，UBS建议提价。可这时，路演期间使用的招股书尚未印刷，而香港媒体早已把定价区间报道了。此时提价至8.8港元，则可为公司多募集资金7亿港元，但也面临公众形象损失。SOHO中国最后决定维持原价，这一决定大大出乎投行人士的意料。

在与机构投资者一对一会谈时，他们对SOHO中国提出的问题非常详尽和刁钻，但路演期间，基金经理的下单率高达94.8%，这同样是一个创纪录的数字。投资者们对SOHO中国的商业模式投了赞成票。

最后两个月，UBS加入SOHO中国的上市团队。关于此，外界多有猜测，背后其实另有故事。汇丰下面的一个投资银行团队集体跳槽，参加SOHO中国上市的汇丰人员只剩下了一个人，此时UBS加入对SOHO中国是一个很大的帮助。

其间，在SOHO中国的募资金额上，外界一直有错误的声音，而媒体也在揣测推迟上市的原因。其实，公司融资的目标总金额并无太大的变化，约在15亿～18.9亿美元，外界猜测的4亿美元、6亿美元都是错误的。而在时间上也是按部就班，只是8月是西方人休假的时间，整个团队的两三百人要聚拢在一起工作，难度比较大。潘石屹称，这就是外界误以为公司上市推迟的原因。

上市成功以后，SOHO中国成为一个公众公司，将对数十万股东负责。上市募集到的128亿港元，加上公司的现金，以及由此产生的银行贷款，都将是SOHO中国未来在土地市场大有作为的资本。

但是，SOHO中国不会为了迎合某类投资者幼稚的想法而去大规模圈地，而将坚持自己的商业模式。

【案例启示】SOHO中国的漫漫上市之路及最终的成功上市给予的最重要的启示在于：企业的清晰定位、商业模式的特质化是企业重要的个性和生命线，资本关注的是不同，而不是千篇一律。

特别说明：本篇"房地产融资"部分（共四课），在行文内容部分数据和资料的使用上参考或借用 wind 资讯、中国证监会网站、中国银监会网站、地产中国网、中国人民银行、国家统计局、财政部网站、住房和城乡建设部网站、证券时报、新闻晨报、21 世纪经济报道、华夏时报、腾讯网、大粤网、万科、SOHO、恒大、绿城、首创置业等多家房地产企业的网站、深圳市房地产行业协会网站、中原地产报告、其他公开媒体的报道和公开信息，并参考了黄远华主编《房地产法学》，许小年著《自由与市场经济》，符启林、邵挺杰主编《房地产合同实务》等专著或论文的部分观点和见解，未一一注明作者和出处，在此一并表示感谢！

第3篇

项目开发建设

第 *9* 课　行政许可——打开建设之门

项目前期准备工作纷繁复杂，有立项审批、规划设计、工程报建、办理招投标、办理质量监督、办理施工安全监督、办理施工许可等，其中涉及多个政府行政管理部门，需要各级政府行政管理部门颁发多个行政许可。由于对办事流程的不了解或对政策规定的不熟悉，或因存在不可预知的变化，房地产开发商在项目前期准备工作中往往花费了远超出预期的时间及代价。

9.1　项目建设必需的行政许可

项目前期准备工作是奠定一个项目成功的基础，在项目前期准备中，房地产开发商需要对项目有全盘的策划准备，从市场研究，到项目分析、项目规划、概念设计、形象设计、营销策略、物业服务等进行通盘规划。在这过程中，除了力求经济利益最大化的目标外，还经过一系列的行政许可程序，取得国家规定的行政许可证书，如俗称的"四证"、"五证二书"等。

9.1.1　项目建设行政许可的种类

行政许可，是指行政机关根据公民、法人或者其他组织的申请，经依法审查，准予其从事特定活动的行为。根据我国当前法律、法规、规章，按项目建设的时间顺序，房地产建设项目具体需取得的行政许可为：

（1）在项目核准前应取得：

154

1）城市规划主管部门批复的选址意见书；

2）地震安全性评价批复；

3）厂址地质灾害危险性评价审查意见；

4）建设项目用地预审意见；

5）水土保持方案论证意见；

6）环境影响评价文件的审批意见；

7）职业病危害预评价评审意见等。

（2）项目的核准，其自身也是一种行政许可。

（3）在项目取得核准后，还涉及后续的行政许可、审批，主要包括：

1）建设用地规划许可；

2）建设用地批准书；

3）建设工程规划许可；

4）工程初步设计批复；

5）建设工程施工许可；

6）环保设施、水保设施、职业病防护设施的"三同时"验收等。

以上这些行政许可还仅是项目开工所必需的，贯彻在项目建设过程中，还有其他大量的行政许可，以浙江省建设系统为例，在公开的《关于建设系统执行行政许可项目的公告》中，由浙江省建设系统在本省范围内负责实施的行政许可项目有182项。

9.1.2　未经许可，擅自从事应当取得行政许可活动的法律责任

如未经行政许可擅自从事行政许可活动的，则会侵害他人的合法权益或者公共利益，因此未经行政许可，就擅自从事未依法取得行政许可的活动，必须负法律责任。具体到房地产开发前期众多的行政许可中，可细分为：

1. 房地产项目违法，施工合同无效

主要是违反了一些特许的规定，如在未经核准的情况下，项目不可能取得相关权证，如规划许可、用地手续等，项目可能被确定为非法项目。这一类的行政许可主要为：土地使用权证、用地规划许可证、工程规划许可证等。

一般的行政许可并不涉及到合同的效力，我国《合同法》第五十二条规定："有下列情形之一的，合同无效：……（五）违反法律、行政法规的强制性规定。"最高人民法院于2009年7月7日在《关于当前形势下审理民商事合同纠纷案件若干问题的指导意见》中又要求人民法院应当注意区分效力性强制规定和管理性强制规定，违反效力性强制规定的，人民法院应当认定合同无效；违反管理性强制规定的，人民法院应当根据具体情形认定其效力。只有涉及到效力性强制规定的行政许可，才会产生合同效力问题，如最高人民法院在《关于审理商品房买卖合同纠纷案件适用法律若干问题的解释中》，就认为登记备案手续不影响预售合同的效力。

2. 行政处罚

房地产项目前期的行政许可除了影响到项目合法性的特许之外，大部分属于普通许可，如果违反的话，可要求改正或撤销、拆除、或者罚款等等。如《城乡规划法》第六十四条规定：未取得建设工程规划许可证或者未按照建设工程规划许可证的规定进行建设的，责令停止建设；尚可采取改正措施消除对规划实施的影响的，限期改正，处建设工程造价百分之五以上百分之十以下的罚款；无法采取改正措施消除影响的，限期拆除，不能拆除的，没收实物或者违法收入，可以并处建设工程造价百分之十以下的罚款。

3. 刑事责任

在项目不合法的情况下建设项目，可能导致承担刑事责任，如《刑法》第三百四十二条规定，违反土地管理法规，非法占用耕地、林地等农用地，改变被占用土地用途，数量较大，造成耕地、林地等农用地大量毁坏的，构成非法占用农用地罪，处五年以下有期徒刑或者拘役，并处或者单处罚金。

在目前国家的项目审批体制下，许多建设项目必须要经过各级发改委核准，之后才能办理用地、规划等前期工作。特别是获得规划许可，是项目合法的标志。由于国家发改委的核准程序需要很长的时间，为了便于建设单位先行开展一些前期工作，实务中发改委往往以"路条"的形式给予预核准。但是，路条并不具有项目核准的法律效力，也不能表示项目的合法，更不能代替正式的核准。在项目尚未正式核准之前，原则上不能正式开工建设，更不能在补偿问题尚未妥善解决的前提下实施所谓的"保护性"施工，否则，将可能导致侵权的不利后果，严重的会影响项目的核准。

【案例 1】 某项目停建拆除案

某项目系国家重点建设项目，根据相关规定须报经国家发改委核准。由于项目工期较紧，在尚未获得核准之前，建设单位即行开建。因工程需要，建设单位拟征用与工地附近村民的部分林地，并就林地的补偿事宜与村民进行协商。经过数月艰难的磋商，其中有两户村民拒不配合，对补偿价款漫天要价，致使协议未果，工程暂停。后在当地政府的要求和配合下，该工程采取了保护性施工，强行占用该两户村民的林地。两户村民随后向建设单位所在地法院提起诉讼，以该项目未核准，且补偿协议未达成为由，要求建设单位退还林地，恢复原状，并承担侵权赔偿若干。

本案经开庭审理，法院认定，该项目在案件起诉及审理过程中尚未经国家发改委核准，更没有获得规划许可，属于违法建设，最终判令工程停建，在原告林地上的建筑物应当拆除，并且赔偿原告的经济损失。

根据《企业投资项目核准暂行办法》（中华人民共和国国家发展和改革委员会令第 19 号）第三条规定，企业投资建设实行核准制的项目，应按国家有关要求编制项目申请报告，报送项目核准机关。第二十七条规定，项目核准机关要会同城市规划、国土资源、环境保护、银行监管、安全生产等部门，加强对企业投资项目的监管。对于应报政府核准而未申报的项目、虽然申报但未经核准擅自开工建设的项目，以及未按项目核准文件的要求进行建设的项目，一经发现，相应的项目核准机关应立即责令其停止建设，并依法追究有关责任人的法律和行政责任。

本案中建设单位在工程尚未获得核准及开工建设，严重违反了上述规定及《城乡规划法》的相关规定，依法应当承担相应的法律责任。

9.2　行政许可中易出现的问题

在项目建设中的行政许可，常出现一些难以把控的问题，集中体现为行政许可的依据和行政许可的效力。

9.2.1 政府专题会议纪要、工商行政登记能否作为行政许可的法律依据

《行政许可法》第四条规定："设定和实施行政许可，应当依照法定的权限、范围、条件和程序。"因此，行政许可的设定必须遵循实施主体、范围、条件、程序等法定原则。按照《行政许可法》（第十四、十五、十七条）规定：只有法律、法规（省、自治区、直辖市人民政府）规章以及必要时，国务院可以采用发布决定的方式设定行政许可，其他任何规范性文件均无权设定行政许可。所以行政许可的依据是法律、行政法规。

政府专题会议纪要仅是一个行政工作文件，不是一个法律性文件。而工商行政登记只对工商设立进行规范，也不涉及到具体的单项行政许可。所以政府专题会议纪要、工商行政登记并不能作为一个行政许可的法律依据。

【案例2】 泉州《建设项目用地预审意见》被撤销案

2006年泉州市政府用地联席会议纪要同意丰泽区牵头对该区华大街道法花美旧村进行改造，项目用地面积约160亩，腾出的空地进行"招、拍、挂"出让。丰泽区政府即以专题会议纪要形式确定由丰泽×××有限公司作为项目建设业主单位。该公司取得了工商营业执照，注册经营范围是社区基础设施建设、社区规划管理等等。2007年6月，丰泽×××有限公司向某市国土资源局提交了《关于申请对华大片区法花美"城中村"改造项目用地预审的报告》，请求国土资源局对该项目用地进行预审。2007年8月6日，泉州市国土资源局作出了泉国土资预〔2007〕98号《建设项目用地预审意见》。该《建设项目用地预审意见》注明"项目用地符合国家产业政策和供地政策，符合泉州市城市总体规划，但拟用地范围没有纳入土地利用总体规划建设用地区，需先办理规划局部修改手续"。

2007年10月，泉州市花美社区的魏某等五人以申请人的身份向福建省国土资源厅申请行政复议，请求撤销泉州市国土资源局作出的国土资预〔2007〕98号《建设项目用地预审意见》。在泉州市国土资源局提交的《行政复议答辩状》

中，被申请人对此作了如下说明，"但大部分未纳入土地利用总体规划确定的建设用地区范围内……如果该项目确实无法通过论证、听证，将不予修改土地利用总体规划"。同时，经审查被申请人提交的复议答辩材料和证据，在丰泽×××有限公司提请被申请人作出预审意见的材料中并不包括补充耕地初步方案。

福建省国土资源厅认为：泉州丰泽×××有限公司已经工商行政主管部门批准登记，核定了经营范围，具有独立法人资格，至于其工商设立是否违法，不属用地预审审查事项。但该公司承办的华大片区法花美"城中村"改造项目不属于《土地管理法》第 26 条规定的建设项目。根据《建设项目用地预审管理办法》规定，被申请人在项目用地大部分不符合土地利用总体规划情况下，作出预审意见，显属不当。根据《行政复议法》第二十八条第一款第三项之规定，本机关决定如下：撤销泉州市国土资源局泉国土资〔2007〕98 号《建设项目用地预审意见》。

在本案中，作为项目业主虽然得到了政府部门对项目的支持，但也应关注项目所利用的土地是否符合当地的土地利用总体规划。如果项目不符合土地利用总体规划，可能导致有关批文被依法撤销而最终无法获得土地使用权。

9.2.2　经过相关政府部门的批准，房地产开发商变更规划是否对购房人需承担违约责任

开发商在开发房地产时，必须有规划部门根据批准的详细用地规划提供的出让地块的位置、范围、规划用地性质、建设容积率、建筑密度、绿地率、停车场地、大厦层数、房屋结构等各项规划要求及附图。在开发和经营土地的活动中，未经原审批的规划管理部门同意，不得变更出让合同中的各项规划要求。如该规划变更已经通过了行政部门审批，仍不能免除其对购房人的民事责任。《商品房销售管理办法》第二十四条属于行政部门对房地产开发公司的行政强制要求，房地产开发公司未经规划部门、设计单位批准而擅自改变规划、设计的，应承担相应的行政责任。房屋开发公司的变更规划通过了行政部门审批，只能免除其行政责任，不能免除其相应的民事责任。房地产开发企业确需变更规划许可证规定内容的，应当书面征得受影响的预购人同意，并取得规划行政主管部门的批准。因

规划变更给预购人的权益造成损失的，房地产开发企业应当给予相应的补偿。

【案例 3】 温州某大厦房产纠纷案

1999 年 5 月，原告孙某等同被告浙江省温州市某房屋开发公司签订《商品房买卖合同》，在签订的商品房买卖合同中约定由原告孙某等购买被告开发的位于浙江省温州市鹿城区的商品住宅房一套。合同约定：对所购买的房屋所在的大厦按照十八层主体结构设计施工。2001 年 2 月，原告购买被告浙江省温州市某房地产开发公司房屋所在的大厦封顶；2002 年 4 月，被告将所建成的商品住宅房交付原告孙某等。原告在对房屋装修入住后，却发现大厦由原来的 18 层变成了 19 层。而在此前被告从未与原告作过任何协商，也没有正式通知原告。在与被告协商无效后，2003 年 10 月原告孙某等起诉至浙江省温州市鹿城区人民法院要求被告浙江省温州市某房屋开发公司赔偿损失，赔偿金额为被告房地产开发商通过加层获取的利润。

被告辩称：对大厦由 18 层增加到 19 层的事实认可。但对原告等购买房屋所在的大厦加层并不构成违约。根据建设部有关房地产开发企业应当按照批准的规划、设计建设商品房之规定，被告加层获得了政府相关部门的批准，加层属于合法的设计变更。浙江省温州市鹿城区法院判决，判令被告浙江省温州市某房地产开发公司支付原告孙某等人各自不同数额的赔偿款。一审诉讼后被告向浙江省温州市中级人民法院提起上诉，经浙江省温州市中级人民法院调解结案。

本案诉争的诉讼焦点问题之一是被告对大厦加层经过了政府相关部门的批准不能免除对原告孙某等的违约责任。本案中被告浙江省温州市某房地产开发公司对原有大厦由 18 层增加为 19 层的变更规划行为虽然取得了当地政府规划行政主管部门的批准。但没有书面征得受影响的购房人同意，并因增加层高的规划变更给购房人孙某等的权益造成了损失，因此浙江省温州市某房地产开发企业应当给予孙某等相应的补偿。

一般说来，开发商单方变更规划，应视为其对与购房人签订的房屋买卖合同的违约，应当承担相应违约责任。开发商也可在商品房销售合同中将政府行为导致的变更规划约定为不可抗力，即合同约定一旦因政府强制变更原来配套设施规划时，房地产开发商得以免责。

9.2.3 政府规划变更是否属于不可抗力

实践中对这个问题有两种意见：

（1）认为属于不可抗力，政府改变规划非当事人意志所决定，当事人履行合同主观上无过错，应当属于不可抗力的范畴。从我国目前经济发展和城市化的实际情况看，地方政府进行规划变更是常有的事，对行政管理相对人而言，这些变更大多只涉及局部的利益调整或补偿问题，很少有完全剥夺其权益情形的发生。

（2）认为不属于不可抗力。我国《合同法》所指不可抗力是指在现有的技术条件下不能预见，不能避免，不能克服的情形，而政府改变规划不属此范围，此种情形是完全可以预见、避免和克服的。

我们收集研究了相关的案例，发现法院对这个问题也认识不一。

【案例4】　张某某合伙纠纷案

2005年4月25日，在加油站地址已选定的情况下，为重新组建张某某个人开办的石油材料经营部，张某某与谢某某、俞某某三人签订了合伙经营加油站的协议。协议约定，张某某出资228万元（包括无形资产即经营部的营业执照、经营许可证、土地价款优惠及迁建加油站的全部合法完备手续等折价150万元），占总出资额的38%；谢某某出资205万元，占总出资额的35%；俞某某出资162万元，占总出资额的27%。还约定加油站的迁建工作由张某某负责，保证加油站在同年8月18日前竣工，9月8日前正式合法营业，如一方违约，违约方应向另两位合伙人支付违约金60万元。协议签订后，谢某某于签约当天支出出资款60万元并汇入张某某的石油材料经营部账户，由张某某签收。合伙协议签订后不久，在迁建加油站的过程中，因该市政府部门对加油站的布局进行了调整，致使原加油站地址不能建造加油站，而对加油站的新址规划部门在2005年10月17日才初步选定，导致张某某未能在协议约定的期限内完成加油站的迁建工作。谢某某认为张某某已严重违约，遂于2005年9月22日将张某某诉致余姚市人民法院，请求法院判令解除合伙协议，张某某返还谢某某投资款60万元，并支付违约金60万元。

　　一审法院审理后认为，三合伙人在已经确定加油站地址的基础上签订了合伙协议，但协议签订后因政府对加油站的布局进行了调整，原确定的地址不允许再建造加油站。因此，协议中确定的地址建造加油站已不可能，现谢某某要求解除合伙关系及要求张某某返还投资款60万元，理由正当，予以支持。同时认为政府对加油站布局的调整，导致原址不能建造加油站，并非张个人行为所致，应属不可抗力。据此判决：解除合伙关系，张某某返还谢某某投资款60万元，驳回谢某某的其他诉讼请求。

　　二审法院认为，被上诉人张某某签订协议时未能充分考虑承建加油站过程中可能发生的变化，而将加油站位置及营业时间明确并固定，最终致使协议无法履行，责任在被上诉人张某某。鉴于上诉人在履约中支付出资款60万元，也是全额出资中的一部分，上诉人要求被上诉人全额支付违约金的上诉理由，不予采纳。据上述理由，二审法院判决：一、维持原审法院判决第一、二项。即解除合伙关系。张某某返还谢某某投资款60万元；二、撤销原审法院判决第三项。即驳回谢某某的其他诉讼请求；三、被上诉人张某某支付谢某某违约金17.5万元。

　　二审法院判决后，张某某不服，向检察机关申请抗诉。浙江省余姚市检察院受理张某某申诉后审查认为，张某某在合伙协议签订后未能按照原定地址建造加油站，是由政府行为调整加油站布局所致，非由张某某决定，而政府行为调整了原已选定的加油站建造地址对张某某来说，是不可预见、不能避免并不能克服的，属于不可抗力，根据《合同法》第117条规定，应当免除张某某的违约责任，据此认为二审法院判决确有错误，遂按照审判监督程序建议宁波市检察院提请浙江省检察院向浙江省高级人民法院抗诉。

　　随着《合同法解释二》的出台，我们认为，规划调整的结果更符合情势变更的构成条件。情势变更是指合同有效成立之后，因当事人不可预见的事情的发生，或者因不可归责于双方当事人的某种客观情况的出现，致合同的基础动摇或者丧失，若继续维持合同原有的效力则有悖于诚实信用原则，并会造成显失公平的结果，因此应允许当事人变更合同内容或者解除合同。情势变更原则实际上是诚实信用原则的具体运用，目的在于消除合同因情事变更所产生的不公平后果。从情势变更的适用条件看，它有别于不可抗力的重要一点，就是不可抗力一般导致的是合同履行遭遇严重的外在困难或根本就无法履行，客观受阻色彩浓厚，类似"欲而不能"；而情势变更所造成的往往只是合同履行的基础条件受损，并未从客观上剥夺当事人的履约能力，当事人如果自愿承担风险仍然可以继续履行，但如果不愿承担风险却仍继续履行，则必然带来显著的不公平结果，因此为公平起见，应允许当事人变更或解除合同。从当事人的角度看，其情形类似"能而不欲"。因此，政府的规划变更行为实际上是带来了交易所依赖条件的变化，造成了当事人履行合同义务的基础不复存在，这不是不可抗力的问题，而显然是情势变更的问题。

9.3　行政许可的救济途径

《行政许可法》第七条规定了行政许可的权益保障和救济原则："公民、法人或者其他组织对行政机关实施行政许可，享有陈述权、申辩权；有权依法申请行政复议或者提起行政诉讼；其合法权益因行政机关违法实施行政许可受到损害的，有权依法要求赔偿。"

如果公民、法人或者其他组织认为行政机关的具体行政行为侵害了其合法权益，可以通过行政诉讼，请求法院审查行政机关的具体行政行为是否合法，也可以向行政系统内部通过行政复议进行纠正。例如，行政机关作出不予许可的决定，行政相对人可依据《行政复议法》或者《行政诉讼法》对之申请行政复议或者提起行政诉讼。又或者行政机关实施的其他行政许可行为侵犯了公民、法人或者其他组织的合法权益，利害关系人也可申请行政复议或者提起行政诉讼。

在实践中，对政府行政许可采取的救济途径，通常有如下三种：

9.3.1　与政府主管部门协商解决

在项目前期准备中涉及的与政府部门行政许可的纠纷，较多的是关于规划的变更引起的。这类的纠纷，多数都是静悄悄地协商解决。

根据《土地管理法》第五十八条规定，由有关人民政府土地行政主管部门报经原批准用地的人民政府或者有批准权的人民政府批准,可以收回国有土地使用权,这些情形包括:(一)为公共利益需要使用土地的;(二)为实施城市规划进行旧城区改建,需要调整使用土地的;(三)土地出让等有偿使用合同约定的使用期限届满,土地使用者未申请续期或者申请续期未获批准的;(四)因单位撤销、迁移等原因,停止使用原划拨的国有土地的;(五)公路、铁路、机场、矿产等经核准报废的。依照前款第(一)项、第(二)项的规定收回国有土地使用权的,对土地使用权人应当给予适当补偿。

2013 年 7 月 5 日,南京市国土局发布 1109、1110 两宗地块收回公告:称因公共利益需要,收回原下关区滨江 2 号地块的使用权。这幅地块是中冶置业拍下的 2012 年全国总价地王,当时央企中冶集团旗下的南京临江老城改造建设投资公司以底价 56.2 亿元竞得该地块,成为当年全国的"总价地王"。至于地块收回的补偿,没有见到任何新闻报道,应该也是协商解决的。

无独有偶,广州万科的一块"地王",也是通过协商来解决规划变更的事情。该地块位于广州海珠区江湾大桥引段以东,大元帅府以南。于 2007 年 3 月,由广州万科和北京万信投资联合,以总价 4.6 亿元竞得,比起拍价高出 2.7 亿多,而 7082 元/平方米的楼面价也创下当时的新高,成为"地王"。2007 年 9 月 25 日,该地块规划公布,该地块总用地面积为 9629 平方米,将修建一栋 56 层的高楼以及一栋 29 层高楼,两栋楼之间有连廊相连,小区内还配套一所 3 层的幼儿园。但因该地块在广州划定的 20.39 平方公里历史城区范围内,所以建 50 多层的高楼一直备受争议。

2012 年 1 月 18 日,广州市规划局管网站挂出了"有关海珠分区 AH020207(万科项目江湾大桥以东地块)控制性详细规划调整的批前公示"。本次公示的内容主要是调整该地块的用地性质,共提出两个更改方案:一是将原来的用地性质由 R2(二类居住用地)更改为 C3(文化设施用地);容积率由 7.754 调整为 1.5;绿地率由 30%调整为 40%;建筑控高调整为 25 米。二是用地性质由 R2 更改为 G1(公共绿地),规划控制指标按照公园设计标准进行控制。但广州市规划局有关负责人表示:"目前方案还没最后确定,文化设施建什么也没有明确。该地块还在万科手中,政府计划收回,双方正在谈。"之后关于协商的结果,也鲜见于新闻报道。

9.3.2 申请行政复议

《行政复议法》第六条规定："有下列情形之一的，公民、法人或者其他组织可以依照本法申请行政复议：

（一）对行政机关作出的警告、罚款、没收违法所得、没收非法财物、责令停产停业、暂扣或者吊销许可证、暂扣或者吊销执照、行政拘留等行政处罚决定不服的；

（二）对行政机关作出的限制人身自由或者查封、扣押、冻结财产等行政强制措施决定不服的；

（三）对行政机关作出的有关许可证、执照、资质证、资格证等证书变更、中止、撤销的决定不服的；

（四）对行政机关作出的关于确认土地、矿藏、水流、森林、山岭、草原、荒地、滩涂、海域等自然资源的所有权或者使用权的决定不服的；

（五）认为行政机关侵犯合法的经营自主权的；

（六）认为行政机关变更或者废止农业承包合同，侵犯其合法权益的；

（七）认为行政机关违法集资、征收财物、摊派费用或者违法要求履行其他义务的；

（八）认为符合法定条件，申请行政机关颁发许可证、执照、资质证、资格证等证书，或者申请行政机关审批、登记有关事项，行政机关没有依法办理的；

（九）申请行政机关履行保护人身权利、财产权利、受教育权利的法定职责，行政机关没有依法履行的；

（十）申请行政机关依法发放抚恤金、社会保险金或者最低生活保障费，行政机关没有依法发放的；

（十一）认为行政机关的其他具体行政行为侵犯其合法权益的。"

根据《行政复议法》第十二条、十三条、十四条、十五条的规定，一般情况下，申请行政复议，可由申请人选择向作出行政行为的该部门的本级人民政府申请行政复议，也可以向上一级主管部门申请行政复议。对地方各级人民政府的具体行政行为不服的，可向上一级地方人民政府申请行政复议。

9.3.3 提起行政诉讼

《行政诉讼法》第十一条规定："人民法院受理公民、法人和其他组织对下列具体行政行为不服提起的诉讼：

（一）对拘留、罚款、吊销许可证和执照、责令停产停业、没收财物等行政处罚不服的；

（二）对限制人身自由或者对财产的查封、扣押、冻结等行政强制措施不服的；

（三）认为行政机关侵犯法律规定的经营自主权的；

（四）认为符合法定条件申请行政机关颁发许可证和执照，行政机关拒绝颁发或者不予答复的；

（五）申请行政机关履行保护人身权、财产权的法定职责，行政机关拒绝履行或者不予答复的；

（六）认为行政机关没有依法发给抚恤金的；

（七）认为行政机关违法要求履行义务的；

（八）认为行政机关侵犯其他人身权、财产权的。"

审查一个行政处罚行为是否合法，不仅要看是否符合规定的处罚事由，还应审查程序是否合法，是否超越职权。以下案例中，虽然房地产公司存在违法行为，但因作出行政处罚的主体不合法，因而行政处罚被撤销。

【案例5】 海口市国土资源局与海南某房地产开发有限公司土地行政处罚纠纷上诉案

2000年8月23日，海南某房地产开发有限公司（以下简称"某公司"）依法受让位于海口市某处的11939.53平方米国有建设用地，并取得由海口市国土资源局（以下简称"市国土局"）颁发的海口市国用（籍）字第Q3336号《国有土地使用权证》，土地登记用途为工业建设用地。

2010年6月25日，海口市高新区规划建设土地管理局给某公司核发了《建设工程规划许可证》，明确建设项目为某制鞋厂厂房一幢，层数为5层。

2010 年 7 月，某公司未经依法报建许可，擅自在上述工业用地上进行项目开发建设，建成建筑物共 12 层。

2010 年 11 月 26 日，海口市秀英区城市管理行政执法局发现某公司的违法建筑后，责令某公司停工并立案处理。市国土局根据海口市秀英区城管部门提供的平面设计图和现场建成的建筑物的结构布局，认定该建筑物实际上是住宅楼，而非厂房。市国土局根据《海南经济特区土地管理条例》第四十七条之规定，以某公司未经批准，擅自改变土地用途和规划为由，于 2011 年 4 月 27 日立案调查。并于 2011 年 4 月 29 日作出《责令限期改正国土资源违法行为通知书》，责令某公司限期 7 日内改正；逾期不改正的，将依法收回土地使用权，并注销土地使用权证。

截至 2011 年 5 月 6 日，某公司按要求进行整改，拆除了部分隔层，但未整改到位。市国土局遂于 2011 年 6 月 10 日作出市土资执〔2011〕272 号《行政处罚决定书》，决定依法收回某公司持有的海口市国用（籍）字第 Q3336 号《国有土地使用权证》项下的 11939.53 平方米土地使用权，并注销该国有土地使用证。

某公司不服，向海南省人民政府申请复议。经复议，海南省人民政府于 2012 年 2 月 27 日作出琼府复决（2011）150 号《行政复议决定书》，决定维持海口市人民政府作出的处罚决定。

某公司于是以市国土局作为被告向法院提起行政诉讼。一审判决认为，本案争议的焦点是市国土局作出的市土资执字〔2011〕272 号《行政处罚决定书》认定事实是否清楚，程序是否合法，是否超越职权。根据《海南经济特区土地管理条例》第七十六条的规定，国有土地使用者未经批准，擅自改变土地用途，且逾期拒不改正的，由原批准用地的机关收回土地使用权。某公司持有的海口市国用（籍）字第 Q3336 号《国有土地使用权证》的批准用地机关为海口市人民政府，如需收回土地使用权并注销《国有土地使用权证》，应由海口市人民政府作出决定，市国土局无权以自己的名义直接作出决定。市国土局辩称其受海口市人民政府委托行使收回土地使用权的职权以及作出决定前已报海口市人民政府同意的理由，原审法院认为：市国土局受委托行使职权但仍应以海口市人民政府的名义出现；内部报批也不能违反上述规定。因此，市国土局作出的行政处罚决定，超越职权；对市国土局的上述辩解理由，原审法院不予采纳。某公司据此要求撤销市国土局作出的行政处罚决定，理由成立，原审法院予以支持。综上，依照《中华人民共和国行政诉讼法》第五十四条第二项第（4）目之规定，判决撤销市国土局 2011 年 6 月 10 日作出的市土资执字（2011）272 号《行政处罚决定书》。案件诉讼费人民币 50 元，由市国土局负担。后市国土局提起上诉，但二审仍维持原判。

在提起行政诉讼时，诉讼时效同样不能忽视，《最高人民法院关于执行＜中华人民共和国行政诉讼法＞若干问题的解释》第四十一条规定，行政机关作出具体行政行为时，未告知公民、法人或者其他组织诉权或者起诉期限的，起诉期限从公民、法人或者其他组织知道或者应当知道诉权或者起诉期限之日起计算，但从知道或者应当知道具体行政行为内容之日起最长不得超过 2 年。以下一个案例判决房地产公司败诉的直接理由，就是已经超过诉讼时效。

【案例 6】　海南某发展投资公司与海口市国土资源局土地行政管理纠纷上诉案

在本案中，发展公司的第一项诉讼请求，即要求国土局按发展公司在五环城项目中的实际支出计算补偿金并补发相应数额的换地权益书的问题。

1998 年 8 月 11 日，经原琼山市政府批准，同意发展公司在"五环城"项目用地中划出约 300 亩土地变更为"五谷大观园"农业项目。2003 年发展公司成立清算小组，决定由五谷大观园公司接管"五谷大观园"项目，至此，有关"五谷大观园"项目的权利义务均由五谷大观园公司承接。基于此，国土局就"五谷大观园"项目实际征地面积 245.99 亩向五谷大观园公司作出了 399 号决定书。发展公司现要求以其在五环城项目中的实际支出要求国土局补偿并补发换地权益书，该项请求未经相关部门作出具体行政行为，不符合行政诉讼法关于行政诉讼案件受案范围的规定，原审法院不予审理。

对发展公司提出的第二项诉讼请求，即判令国土局越权撤销五环城国家项目和违规违法将已批准征用的建设用地改为农业用地，要求国土局给予经济补偿的问题。

原琼山市人民政府在 1997 年 8 月 28 日以市长办公会议纪要的方式决定将五

环城项目的建设用地改为农业开发综合用地项目，发展公司遂在 1998 年 3 月 25 日与海南海通实业发展有限公司、深圳市华源贸易公司签订划分地块协议，以原五环城项目已转向农业开发，将五环城项目用地重新划分，说明包括发展公司在内的三家联营方在当时已知道原琼山市人民政府撤销了五环城项目改变了五环城项目用地的土地性质，且对该处理意见没有提出异议。发展公司现提出要求确认国土局越权撤销五环城项目和将项目建设用地变更为农业用地的行为违法并赔偿损失，已经超过法律规定的两年诉讼时效。

一审法院依照《最高人民法院关于执行〈中华人民共和国行政诉讼法〉若干问题的解释》第四十四条第（一）、（六）项之规定，裁定驳回海南文化发展投资公司的起诉。二审法院裁定驳回上诉，维持原裁定。

第*10*课　征收与拆迁——与时间赛跑

2011 年 1 月 21 日《国有土地上房屋征收与补偿条例》正式颁布实施，2001 年 6 月 13 日国务院公布的《城市房屋拆迁管理条例》同时废止，虽然沿用近十年的拆迁许可证和强拆已经变成历史名词，但拆迁已经成为具有独特中国元素早已深入人心。而且拆迁本身催生了各种矛盾，有统计称拆迁所造成的社会矛盾成为当前中国为数最多的矛盾之一。《国有土地上房屋征收与补偿条例》的实施，让广大民众期盼着能改变这一老大难现象。

10.1　征　收　决　定

对于拆除重建类的城市更新来说，拆迁赔偿是由来已久的"老大难"问题，除了旧工业区因产权较为单一，升级改造阻力相对较小外，城中村和老旧住宅区无一不陷入天价拆迁补偿的泥沼中。百姓认为"给钱不够，参与不足"；政府或房地产公司认为"百姓刁蛮，不断加价，给多少钱也不卖，甚至卖了又后悔"，双方站在各自的立场上互不相让。常常见到已完成审批的城市更新项目在拆迁阶段陷入停止状态，开发进程陷入僵局，使房地产开发企业和被拆迁人利益都受到严重损害。深圳罗湖鹿丹村早在 2001 年市政府就决定对其拆除重建，但历经十三年，直至 2014 年，鹿丹村的征收工作才有实质性进展，2014 年 5 月 31 日，鹿丹村的拆除工作开始分批进行。

2011 年 1 月 21 日《国有土地上房屋征收与补偿条例》（以下简称《征收补偿条例》）正式颁布实施，2001 年 6 月 13 日国务院公布的《城市房屋拆迁管理条例》同时废止，沿用近十年的拆迁许可证和强拆已经变成历史名词。在新的法律制度下，拆除、搬迁变成了城市更新申报主体或实施主体、或业主们自主的民事行为。《征收补偿条例》规定了"一调查、两论证、两评估、两申请、两公告、三征求意见、四公布"等复杂的法定征收程序。而市、县级人民政府的房屋征收决定，只有在基于"公共利益"的需要并依照法律程序下才会作出。

10.1.1 需基于"公共利益"的需要

《征收补偿条例》规定，市、县级人民政府作出房屋征收决定，必须以为了保障国家安全、促进国民经济和社会发展等公共利益的需要为前提。并以列举的方式对公共利益进行了界定，明确了因公共利益征收的范围。

（1）国防和外交的需要；

（2）由政府组织实施的能源、交通、水利等基础设施建设的需要；

（3）由政府组织实施的科技、教育、文化、卫生、体育、环境和资源保护、防灾减灾、文物保护、社会福利、市政公用等公共事业的需要；

（4）由政府组织实施的保障性安居工程建设的需要；

（5）由政府依照城乡规划法有关规定组织实施的对危房集中、基础设施落后等地段进行旧城区改建的需要；

（6）法律、行政法规规定的其他公共利益的需要。

虽然《征收补偿条例》列举了五类公共利益的具体种类，但仍有一个其他的兜底条款。在实践操作中，"公共利益"是一个极难界定的概念。在征收过程中，政府或开发商的目的是不是符合"公共利益"，无论在理论上还是实践上都产生了巨大的困惑。如果拆迁的目的是危房改造，征收显然符合"公共利益"；但如果拆迁的目的是商业开发，又如何认定呢？这些都需要在实践中逐步探索。

以下一个案例，最大的争议焦点是政府征收的事实依据是否符合公共利益。法院从《征收决定》的目的，政府进行了召开论证会，发布通告征求公众意见，开展宣传解释，听取被征收人意见等程序角度考虑，认为政府的征收行为符合公共利益的要求。

【案例 1】　云南某物资有限公司与昆明市某区人民政府房屋行政征收纠纷上诉案

2010 年 11 月昆明市某区人民政府（以下简称区政府）编制了 2006～2020 年土地利用总体规划图。2010 年 12 月 4 日昆明市发展和改革委员会（以下简称市发改委）作出了《关于对昆明市拓东片区旧城改造可行性研究报告的批复》，该片区用地功能混乱、交通状况不佳、公共服务设施缺乏、整体环境质量差，尽快启动，办理单项工程规划、用地等手续，开展拆迁评估工作。

2011 年 9 月 2 日，区政府召开第 80 次常务会议原则同意对某区苏家村、东站新村旧城改建项目作出征收决定，发布征收公告；对原模拟征收已签完的协议，进行再次确认，同日作出《关于对某区苏家村、东站新村旧城改建项目房屋征收的决定》（以下简称《征收决定》），并附《某区苏家村及东站新村片区旧城改建房屋征收补偿方案》（以下简称《补偿方案》）。同年 9 月 3 日对上述《征收决定》和《补偿方案》予以了公告，决定对某区苏家村及东站新村片区旧城改建项目范围国有土地上的房屋进行征收。征收部门区旧城拆迁局；委托实施单位盘江公司；征收范围东至环城东路，南至拓东路，西至云南省体育局用地地界，北至东风东路。该片区占地面积 197.08 亩；地上建（构）筑物总面积约 30 万平方米。

云南某物资有限公司（以下简称物资公司）不服《征收决定》向昆明市人民政府申请行政复议，昆明市人民政府以云昆政行复决字〔2011〕第 37 号《行政复议决定书》维持了区政府作出的《征收决定》具体行政行为。物资公司不服《征收决定》向法院提起行政诉讼。

本案争议焦点即区政府是否具有作出被诉具体行政行为的主体资格；作出被诉《征收决定》认定事实是否清楚，依据是否充分；程序是否合法，适用法律是否正确。

一审法院驳回了物资公司的诉讼请求。

二审法院认为：关于区政府作出《征收决定》的主体资格。本院认为，《条例》第四条第一款规定，"市、县级人民政府负责本行政区域的房屋征收与补偿工作"，被上诉人区政府作为县级人民政府，具有本案国有土地上房屋征收主体资格。

关于《征收决定》的事实依据。本院认为，本案区政府提交了某区国民经济和社会发展第十二个五年规划纲要的决议及五年规划纲要、某区土地利用总体规划、某区白塔分区控制性详细规划、某区拓东片区城市设计暨苏家村东站新村旧城改建规划方案、市规委会会议纪要、某区人民代表大会关于国民经济和社会发展计划执行情况与国民经济和社会发展计划的决议及报告等，上述证据已证明区政府作出《征收决定》符合《条例》第九条的规定。同时，上述规划和计划不是本案被诉的具体行政行为，其行政行为合法性不属于本案审查范围。

关于《征收决定》的执法程序和适用法律。从被上诉人区政府提供的执法程序方面的证据查明，区政府于2011年2月23日组织有关部门对本案征收补偿方案召开论证会，并于2011年3月29日政府常务会讨论同意征收补偿方案。2011年4月22日，区政府发布房屋征收补偿方案征求意见的通告，随后区政府向被征收人发送了《征求意见表》，征求被征收人对补偿方案的意见。2011年5月10日，由区政府拓东街道办事处、区维护社会稳定领导小组办公室作出本次房屋征收的社会稳定风险评估报告。2011年9月2日，区政府常务会讨论通过了本案房屋征收决定，并于9月3日发布了房屋征收决定的公告。上述查明事实表明区政府已按照《条例》规定，履行了国有土地上房屋征收的主要程序。区政府适用《条例》等法律规定作出《征收决定》，其适用法律正确。

综上所述，区政府作出的《征收决定》认定的主要事实清楚，程序合法，适用法律正确。上诉人物资公司的上诉理由不能成立，其诉讼请求应予驳回。一审判决认定事实清楚，适用法律正确，本院依法予以维持。

对于公共利益的界定，法律并无一个严格的界定方法，只能在实践中由行政部门按照法律规定自行决策，然后通过司法程序来予以监督。

通常认为，在界定公共利益时应该注意以下方面：

（1）受益人的非特定性。公共利益的受益人应当是不特定的多数人。公共利益中"公共"应当是一个开放的群体，而不是特定的群体。例如环境保护的受益者是不特定的，受益群体是开放的，不是封闭的。如果受益人是特定的，属于私法范围。

（2）范围的法定性。为了防止公共利益范围不适当地扩大到不必要的领域，界定公共利益范围的权力只能到国家法律为止，其他法规、规章、规范性文件都不应当被授予解释公共利益具体范围的权力。

（3）内容的非营利性。公共利益的内容具有公共性，公共利益内容的公共性决定了其内容应当具有非营利性，经营者不得通过该项目获取额外的利益。

（4）程序的正当性。以公共利益为由采取强制规划、征收、征用等特殊行政措施，会严重影响到公民的基本权利，必须做到决策和执行全过程的公开透明，依法保障行政相对人的知情权、陈述权、申辩权、听证权、参与决策权等程序权利的有效行使。

现实中，盗用"公共利益"之名行"商业拆迁"之实的事例屡见不鲜，严重地侵犯了当事人合法权益，在个别地区，土地征收征用、城市房屋拆迁，已成了影响当地社会稳定的重要因素之一，因此，对"公共利益"概念加以明确界定，是法律亟待解决的一个难题，也是能够维护人民群众合法权益，维护社会稳定的一项重要工作。

10.1.2　征收补偿方案应征求公众意见

《征收补偿条例》提高了对征收补偿方案的公众参与程度，征收补偿方案应征求公众意见，多数被征收人认为征收补偿方案不符合本条例规定的，应当组织听证会并修改方案，"修改方案"被列入条例，是对被征收人权益的尊重，也是突破。

10.1.3　房屋价值的评定

《征收补偿条例》规定，对被征收房屋价值的补偿，不得低于房屋征收决定公告之日被征收房屋类似房地产的市场价格。被征收房屋的价值，由具有相应资质的房地产价格评估机构按照房屋征收评估办法评估确定。《征收补偿条例》规定房地产价格评估机构由被征收人协商选定；协商不成的，通过多数决定、随机选定等方式确定，这就极大地维护了被征收人的权益，有利于房屋评估的公平和公正。这样打破了以往一家的评估局面，并从根本上转变错估、漏估、少估等明知有误又无法改变的不公现象，使评估更贴近实际，更公平，更具科学性。

有些地方政府为规范评估行为，还专门制定了评估机构选定办法，如陕西省建设厅 2012 年 1 月 16 日出台了《陕西省国有土地上房屋征收房地产价格评估机构选定办法》。

10.1.4 社会稳定风险评估

政府作出房屋征收决定前,应当进行社会稳定风险评估。房屋征收决定涉及被征收人数量较多的,应当经政府常务会议讨论决定。被征收房屋的调查结果和分户补偿情况应当公布。

被征收人对征收决定和补偿决定不服的,可以依法申请行政复议或者提起行政诉讼。

10.2 搬迁补偿安置协议

在城市更新中,虽然有政府部门的房屋征收制度,但是与诸多产权人签订搬迁补偿安置协议,仍是城市更新实施中房地产开发商不可避免的难题。如《深圳市城市更新办法实施细则》中就规定:城市更新单元内项目拆除范围存在多个权利主体的,所有权利主体通过以下方式将房地产的相关权益移转到同一主体后,形成单一主体:①权利主体以房地产作价入股成立或者加入公司;②权利主体与搬迁人签订搬迁补偿安置协议;③权利主体的房地产被收购方收购。

在旧城区改造中,权利主体(房地产开发企业)与搬迁人签订搬迁补偿安置协议是形成单一主体的最主要方式。在签订搬迁补充协议时,应注意:

10.2.1 搬补偿协议的要素

搬迁补偿协议的签订,首先要明确几个要素:

1. 确定搬迁补偿协议的签订对象(补偿对象)

搬迁补偿协议的签订对象一般应当是产权人,即房产证上登记的权利人,但实践中常遇到各种特殊情况:

(1)因婚姻引起的特殊情况。

如房产证登记仅为一人,但该房产实际为婚内购买,则一般应作为夫妻共同财产，搬迁协议的签订对象为夫妻双方。如该房产为婚前单方购买，婚内共同偿还贷款的，按目前的司法解释规定，房产的权利人仍为购买方单方，但出现这种情况下，我们建议搬迁补偿协议仍应以夫妻双方共同签订为佳，这样可以减少今后不必要的争议。

（2）因继承引起的特殊情况。

《中华人民共和国继承法》第二条规定："继承从被继承人死亡时开始。"在搬迁活动中遇到房屋所有权人死亡的情况，则房屋所有权由继承人取得，继承人便依法享有被搬迁房屋的补偿权。房屋搬迁安置补偿协议只能与继承人签订。如协议已签订但尚未履行或未全部履行的，被继承人的权利义务便由继承人继受。

（3）产权不明确的特殊情况。

产权不明确的房屋是指无产权关系证明，产权人下落不明，暂时无法考证产权的合法所有人或因产权关系正在诉讼的房屋。如一些历史遗留问题的房屋，产权不明确的祖屋等等，搬迁产权不明的房屋，由搬迁人提出补偿安置方案，报房屋搬迁管理部门审核同意后实施搬迁，搬迁前，搬迁人应当对被搬迁房屋办理证据保全公证，并将搬迁补偿款依法提存后，方可实施房屋拆除。

（4）家庭分户的特殊情况。

当一个家庭人口众多，结构复杂时，便会遇到分户的情况，即将权利主体按家庭实际情况分别安置。在这种情形下，更容易遇到家庭矛盾及安置对象争议问题。对此，搬迁人应协调好权利主体的家庭关系，在签订分户搬迁补偿协议时，应取得每个权利主体的书面同意。

以下案例即是在签订分户搬迁补偿协议时，未对家庭实际情况了解准确而发生的纠纷，该案表面上是权利人与政府之间的安置补偿合同纠纷，实际则是外祖母与收养的外孙女之间的土地之争。

【案例 2】　杨某美与琼海市国土环境资源局房屋拆迁安置补偿合同纠纷上诉案

原告杨某美系琼海市某村农民，其有一子王某良，两人户口不在同一户；还有一个收养的外孙女即本案第三人王某说。2008 年 6 月 22 日，被告琼海市国土环境资源局作为拆迁人，与被拆迁人即原告杨某美及其儿子王某良和王某礼（华侨）三户签订《东环铁路房屋拆迁补偿安置协议书》，其中约定：三户被拆迁人同意拆除其位于琼海市某村建筑面积 154.93 平方米的房屋（大屋和横屋），同意政府安排位于孟里村安置地处宅基地面积 360 平方米，即王某良、杨某美、王某礼每户各安排 120 平方米，拆迁人支付三户被拆迁人补偿安置费总价款 99221.55 元和过渡安置费、搬家费等。协议签订后，三户被拆迁人领取了补偿款（杨某美和王某礼户由王某良代领），同时被告分别给三被拆迁户各安置了 120 平方米宅基地。由于王某说已满 22 周岁，符合安置条件，故被告将其中杨某美户的宅基地安排给王某说使用。对此，被告已对原告进行解释，且负责落实该村宅基地安置工作的塔洋镇人民政府对宅基地安置名单进行了公示。

2011 年 4 月 27 日，原告杨某美以被告琼海市国土环境资源局不履行拆迁补偿安置协议书造成其居无定所为由，诉请法院判令被告将 120 平方米安置地安排给原告，且诉讼费由被告承担。

原审法院认为：本案的争议焦点为原告杨某美要求被告琼海市国土环境资源局对其个人安排拆迁安置地有无合法依据。根据琼海市人民政府批复同意的《海南东环铁路（琼海段）拆迁补偿安置方案》规定精神，杨某美应跟随王某说或者王某良安置，不应单独享有宅基地。尽管原告与被告签订的《东环铁路房屋拆迁补偿安置协议书》确定的被拆迁人为杨某美，但宅基地的安置对象不应是杨某美，而应该是王某说。因此，原告主张被告安排安置地，不符合《海南东环铁路（琼海段）拆迁补偿安置方案》的精神，不予支持。

二审法院认为，本案属房屋拆迁安置补偿合同纠纷。本案中签订的《东环铁路房屋拆迁补偿安置协议书》是双方当事人的真实意思表示，符合法律的有关规定。因此，被上诉人应当积极履行协议中的相关义务，即应当按照协议内容将宅基地安置在被拆迁人杨某美的名下。而琼海市人民政府批复同意的海南东环铁路（琼海段）拆迁补偿安置方案仅仅是政府部门在实施拆迁补偿安置工作过程中的指导性文件而已，并非双方当事人所签订的拆迁补偿安置协议中的内容，因此被上诉人琼海市国土环境资源局有义务履行合法生效的协议内容。上诉人杨某美上诉理由成立，于法有据，应予以采信。原审认定事实基本清楚，但适用法律不当，导致判决结果错误，应予改判，改判被上诉人琼海市国土环境资源局履行双方签订的补偿安置协议，将已安排给第三人王某说的 120 平方米安置地变更安排给上诉人杨某美。

（5）权利人无法联系的特殊情况。

有些搬迁房屋历史较久远，权利主体或出国，或无法分辨，在这种情况下，可以考虑以房屋的实际居住人或管理人来签订搬迁补偿协议。我们处理过一个争议，房屋的权利人据说早年出国去了，曾经把被搬迁房屋口头赠予其他人，但没有办理过户手续，被赠予人十余年来一直在实际居住并管理被搬迁房屋，但面临搬迁，被赠予人与搬迁单位均无法联系到房屋的权利人。这种情况下，我们建议搬迁单位与被赠予人签订搬迁补偿协议，并采用实物安置的方法。

2. 确定房屋搬迁的补偿范围

补偿范围是确定搬迁活动造成的损害中，哪些财产利益是应依法给予补偿的。根据《城市房屋搬迁管理条例》的规定，房屋搬迁补偿范围包括三个部分，即：房屋所有权、附属物所有权、受益权。

（1）房屋。被搬迁房屋及列入补偿范围的，必须是合法房屋。所谓合法，就包含二方面含义，一是所有权人合法所有，二是房屋本身合法，如不得是违章建筑等。《国有土地上房屋征收与补偿条例》规定："对认定为合法建筑和未超过批准期限的临时建筑的，应当给予补偿；对认定为违法建筑和超过批准期限的临时建筑的，不予补偿。"

（2）附属物。被搬迁房屋的附属物是指房屋所有人或使用人在房屋上增加的依附于房屋有某种用途的设施。作为房屋的附属物，一般具有以下特征：①依附于房屋而存在；②具有某种用途，并有利于房屋的升值；③必须是能计算其价值的物体；④被搬迁房屋的附属物应具有合法性。

（3）受益权。城市房屋搬迁补偿范围中的受益权应具有以下特征：受益权人系合法地占有使用被搬迁房屋，其受益权必须有合同或法律依据；收益应当合法产生；收益应当是有依据的产生，包括既得收入和合法预期收入。在城市房屋搬迁过程中，应予补偿的收益主要有三种：①租金；②生产、经营预期收益；③费用，如《国有土地上房屋征收与补偿条例》第 17 条规定的因征收房屋造成的搬迁、临时安置的补偿。

3. 确定被搬迁房屋的补偿面积

被搬迁房屋面积的确定，有产权证记载建筑面积的，以记载的建筑面积补偿；未记载建筑面积的需委托有资质的测绘单位进行测绘，以测绘报告的数据计算补偿价格。

10.2.2 特殊情况的房屋搬迁

1. 有抵押的房屋

按照补偿方式的不同分两种情况处理：

（1）采用货币补偿方式操作。

抵押房屋搬迁若采用货币补偿方式，应当首先由抵押权人和抵押人协商重新设立抵押或先偿还债务，使抵押房屋的抵押权消灭，被搬迁人方可向搬迁人领取补偿款。若抵押人与抵押权人不能就重新设定抵押或先偿还债务达成一致，搬迁人可以将补偿款交公证机关或房屋搬迁管理部门提存或代保管。

（2）抵押房屋搬迁采用产权调换方式操作。

抵押人和抵押权人应当将产权调换后的房屋作为抵押物而重新签订抵押合同，并登记后生效。此前，开发商不得与业主订立搬迁补偿协议。

2. "住改非"房屋

"住改非"房屋是指合法用途（产权证标明的）为住宅，而实际用于商业或其他经营的房屋，如商店、饭店、美发厅等。搬迁这类房屋一般应当按照产权登记用途为准。但对依法取得营业执照的，可按照地方的有关规定，根据其经营状况、经营期限及纳税等实际情况给予适当补偿。

3. 正在出租的房屋

由于房屋的搬迁并不必然解除租赁关系，所以当被搬迁人与承租人解除租赁关系的，或者被搬迁人已对房屋承租人进行了安置，承租关系不再对被拆迁人的房屋所有权有影响时，被拆迁人才可以选择补偿方式，否则，搬迁人必须对被搬迁人实行产权调换，产权调换的房屋由原承租人继续承租，租赁关系继续有效。

10.3 房屋征收纠纷处理

在《城市房屋拆迁管理条例》的实施体系下，很多拆迁纠纷出现争议是关于拆迁补偿合同的效力，及合同主体是否适格的问题。而现行《征收补偿条例》实行后，更多争议则集中在公共利益的界定和主体、程序等合法性问题。

10.3.1　征地补偿的主体

随着《国有土地上房屋征收补偿条例》的正式施行，《土地管理法》中有关集体土地征收补偿的相关规定也在加紧修订当中。在可预期的未来，建设项目土地征收补偿工作所面临的困难将会越来越大，处理不当，随时会导致群体性事件发生，严重影响建设工程的进度。为此，建设单位应谨慎处理土地的征收和补偿事宜，争取在签订合法的补偿协议之后方正式开工建设，同时，要切实把握，征地补偿是政府的法定责任，企业不可越俎代庖。

下文案例中，李某德等人的上诉理由之一即是区人民政府无征收权利，但该上诉理由被一审、二审法院均驳回。

【案例3】　李某德等与昆明市某区人民政府房屋行政征收纠纷上诉案

2011年9月2日，昆明市某区政府召开第80次常务会议原则同意对某区苏家村、东站新村旧城改建项目作出征收决定，发布征收公告；对原模拟征收已签完的协议，进行再次确认，同日作出《关于对某区苏家村、东站新村旧城改建项目房屋征收的决定》（以下简称《征收决定》），并附《某区苏家村及东站新村片区旧城改建房屋征收补偿方案》（以下简称《补偿方案》）。同年9月3日对上述《征收决定》和《补偿方案》予以了公告，决定对某区苏家村及东站新村片区旧城改建项目范围国有土地上的房屋进行征收。征收部门区旧城拆迁局；委托实施单位盘江公司；征收范围东至环城东路，南至拓东路，西至云南省体育局用地地界，北至东风东路。该片区占地面积197.08亩；地上建（构）筑物总面积约30万平方米。

2011年10月18日，市规划局、区政府提出某区拓东片区城市设计暨苏家村、东站新村旧城改建规划方案。同日市规委会召开第16次主任办公会原则同意《某区苏家村、东站新村旧城改建规划方案》及市规划局审查意见。李某德等6人不服上述征收决定向法院提起行政诉讼。

一审法院审理认为，区政府具有本案适格行政主体资格，其有权作出本案房屋征收决定，并未超越职权。其作出本案房屋征收决定有事实和法律依据，行政程序合法。李某德等6人提出的诉讼观点与本案事实不符，其提出撤销《征收决定》，由被告承担全部诉讼费用的诉讼请求依法应予以驳回。

李某德等3人上诉称：①区政府不具有征收主体资格；②《征收决定》认定事实错误。请求撤销一审判决，支持其一审诉讼请求。区政府答辩称：①区政府是国有土地上房屋征收决定的适格主体。国务院《条例》规定"市、县级人民政府"可以作为房屋征收的主体，并非上诉人所述"市、县人民政府"。而区政府属于县级人民政府，依照条例规定，可以成为实施征收的主体。②《征收决定》合法。

二审法院认为《条例》第四条第一款规定，"市、县级人民政府负责本行政区域的房屋征收与补偿工作"，被上诉人区政府作为县级人民政府，具有本案国有土地上房屋征收主体资格。区政府作出的《征收决定》认定的主要事实清楚，程序合法，适用法律正确。上诉人李某德等3人的上诉理由不能成立，其诉讼请求应予驳回。一审判决认定事实清楚，适用法律正确，本院依法予以维持。本案经本院审判委员会讨论，依照《中华人民共和国行政诉讼法》第六十一条（一）项的规定，判决如下：驳回上诉，维持原判。

市、县政府是合法的征收主体，而以下案例中，政府未作审慎决策，贸然决定征收，当发生争议时，又决然撤销征收决定，导致了旷日持久的纠纷。

【案例4】　某电力企业征用采石场补偿案

山东省电网公司某线路建设分公司（下称"电网分公司"）在威海X县进行工程建设时，因工程建设需要，拟征用当地集体采石场土地及房屋。虽经当地政府的多次协调，分公司与采石场就土地补偿事宜最终未能达成协议。考虑到工程工期紧，任务重，政府遂以自己的名义向采石场发出通知，通知中明确了征用土地、房屋的面积以及补偿金额。电网分公司即按照通知中的金额向采石场的业主全额支付了补偿金。之后，工程立即上马建设，采石场土地被实际征用。

在工程即将竣工时，采石场业主向法院提起诉讼，以补偿系电网分公司与采石场业主之间的民事权益纠纷为由，要求撤销政府所作出的有关土地征用和补偿的通知。政府最终撤销了该补偿通知。之后，采石场业主又以电网分公司未对其采石场充分补偿为由向法院提起了财产补偿诉讼。案件历经 4 年，尚未判决。

本案中电网线路的建设目的是服务于公共利益的，因此政府有权对于工程建设必须利用的采石场土地及房屋等财产进行征收，同时，政府也应当依法予以适当的补偿。而作为一家企业，电网分公司不可能成为采石场的征收主体，也没有权力对采石场进行关闭，其只能按照法律规定和政府的要求，办理项目的立项和建设工作。而政府则根据项目建设的需要，将完成征收和补偿的土地或场地有偿交给企业使用。企业的法定义务是对接受政府交付的土地或场地支付必要的对价，纳入其项目建设的成本。因此，电网分公司与采石场业主之间不存在直接的法律关系，更没有征收和补偿的法律关系，电网分公司向采石场业主付款行为也仅仅是为了减少流转程序，而根据政府的要求和指令所做的事实行为。因此，我们认为，就本案的诉讼请求而言，采石场业主应当以作出征收决定的政府为被告，而不应将电网分公司作为被告，本案存在被告不适格情形，应予以驳回。

政府所作出的补偿通知性质应当属于具体的行政行为，电网分公司正是基于该通知而履行了支付补偿金及工程建设等行为。而后来政府撤销该通知的行为是非常不妥当的，也是缺乏法律依据的。正是由于政府的不负责任的这一做法，才导致了案件旷日持久，给电网分公司造成长期诉累，并承担巨大的法律风险。

10.3.2 搬迁补偿安置协议的法律性质

如何认定有关搬迁补偿安置协议的性质？根据我国民法通则和合同法的规定，应当认为搬迁补偿安置协议是作为平等的民事主体即搬迁人和被搬迁人在平等的基础上，基于双方真实的意思表示，签订的对双方都具有法律约束力的民事合同。因此，搬迁人和被搬迁人一旦达成拆迁补偿安置协议，就应当视为民事主体签订了一份民事合同，其民事法律关系受民法通则和合同法的调整。

【案例 5】 某国有浴池土地收购案

2006 年 10 月 12 日，某市饮食服务集团公司浴池（系国有，以下简称"国有浴池"）与第一被告某市国土资源局（以下简称"国土资源局"）、第二被告某市商业国有资产经营公司（以下简称"国有资产经营公司"）签订了《国有土地使用权收回补偿合同》，其中约定第一被告有偿收购国有浴池 1795 平方米的土地使用权，第一被告支付补偿款共计 450 万元，其中 200 万元给第二被告用以企业改制和安置职工，其余 250 万元待国有浴池办理完产权交割和交付灭籍手续后，由第一被告向其分别支付 220 万元、350 万元。

次日，也就是 2006 年 10 月 13 日的下午 14 时，某市土地收购储备交易中心与国有浴池进行了土地及地上物的现场交接，且该国有浴池改制后的法人某商贸有限责任公司（以下简称"商贸公司"），也就是本案原告在现场交接记录上加盖了公章。

同日，国有浴池的法人代表以筹备中的商贸公司的名义，与第二被告商业国有资产经营公司签订了以国有浴池为标的的《产权转让合同》，合同约定产权转让成交价为 299.3 万元，扣除土地使用权价值量 219.84 万元，抵扣本案原告商贸公司应承担的费用 232.18 万元后，应支付价款为 0.00 元。

随后，国土资源局依约向第一被告、第二被告分别支付补偿款 220 万元和 200 万元。

2008 年 7 月 15 日，原告商贸公司向法院起诉，要求确认国有浴池和第一、二被告签订的《国有土地使用权收回补偿合同》无效，要求第一被告给付 1795 平方米的土地使用权及地上物，要求第一、二被告共同赔偿相关损失 350 万元。

法院经审理认为，本案系双方当事人之间就土地使用权归属及补偿问题所发生的争议，《国有土地使用权收回补偿合同》合法、有效。

这起案件实质上是一起针对国有土地使用权收回而产生的拆迁补偿、安置纠纷案件，其复杂性在于既包含了行政法律关系，又包含了关于赔偿、安置等问题的法律关系。

《征收补偿条例》将房屋征收过程中的法律关系复位为地方政府和被征收人的关系，将民事法律关系复位为行政法律关系。为确保城市房屋征收过程中被征收方合法权益得到切实、合理的保护，必须辅之以完善的行政诉讼类型制度，然而，我国现行行政诉讼制度并不能满足这一需要，需要立法不断地予以完善。

第 *11* 课　招投标——机遇与风险同在

招投标是提高经济效益、保证项目质量的最佳方式。招投标从第三方服务机构的选聘、施工总承包单位的选择到货物、产品的采购，贯穿项目建设的整个过程。开发商一方面可以通过招投标遴选到合适的合作伙伴，另一方面，也应注意招投标工作并不能随心所欲，而应依法公开、公平、公正进行，谨防触雷。在房地产项目开发中，项目施工的招投标工作因其关键作用而占据重要地位，下文重点展开的就是项目施工的招投标。

11.1　招投标的红线

招投标，即是招标和投标，包括招标和投标两部分不同的内容，是一种市场交易行为。在项目建设中，招投标根据招投标内容的不同可以分为工程招投标、服务招投标和货物招投标。招标人通过事先公布的采购和要求，吸引众多的投标人按照同等条件进行平等竞争，按照规定程序并组织技术、经济和法律等方面专家对众多的投标人进行综合评审，从中择优选定项目的中标人。

国家为了保障和规范招投标的活动出台了很多的法律和规章制度，2000 年元月开始就正式颁布和实施了《中华人民共和国招投标法》（以下简称《招投标法》），国家各部委、地方政府也都配套了很多跟招投标管理相关的政策法规文件，各地建设主管部门通常还设有招投标办公室对招投标活动进行管理、指导，另外政府部门还设有专门的交易市场来进行招投标活动。法律和政府部门对招投标活动的规范和管理，其目的是为了保证市场交易环境的公开、公平、公正。但是作为建设项目的开发商，总希望能全面掌控项目，甚至希望有些交易行为不公开。当公权力与私权利产生冲突时，招投标活动就脱离了原本的轨道。于是产生诸多围标、串标、卖标、阴阳合同等违法行为。

为了防范招投标风险，房地产开发商必须对哪些属于国家强制要招投标的项目，哪些属于无效的招投标情况有着明确了解，同时应积极采取措施对招投标风险进行防范。

11.1.1 强制招投标的种类及规模

强制招投标是指法律规定某些类型、或达到一定金额以上的采购项目，必须通过招标进行，否则将会面临采购行为无效和承担法律责任的后果。我国《招投标法》及原国家计委《工程建设项目招标范围和规模标准规定》对强制招投标的范围作了详细规定。

《招标投标法》约定的调整对象大多属于建设工程领域，所以开发商在投资建设，或选择合作伙伴共同建设时，应事先判断所投资的项目是否属于强制招标的范围，这可能直接影响到项目的开发建设模式。

需要注意的是：属于《招投标法》调整范围内的招投标行为包括公开招投标和邀请招投标，这里通常容易忽视的是邀请招投标，俗称"邀标"。常有人错误地把邀标撇除在《招投标法》范围外，这点应特别重视。邀请招标是指招标人以投标邀请书的方式邀请特定的法人或者其他组织投标。是采用公开招标还是邀请招标，则应视项目情况和法律规定来确定。但是国务院发展计划部门确定的国家重点项目和省、自治区、直辖市人民政府确定的地方重点项目，原则上是必须公开招标的，只有当不适合公开招标，且经国务院发展计划部门或者省、自治区、直辖市人民政府批准，才可以进行邀请招标。进行邀请招标时也应注意，招标人应当向三个以上具备承担招标项目的能力、资信良好的特定法人或其他组织发出投标邀请书。如果投标人少于三个的，招标人应当重新招标。

根据目前法律规定，强制招投标的种类及规模如下：

1. 大型基础设施、公用事业等关系社会公共利益、公众安全的项目

（1）大型社会公共利益、公众安全的基础设施项目的范围包括：

1）煤炭、石油、天然气、电力、新能源等能源项目；

2）铁路、公路、管道、水运、航空以及其他交通运输业等交通运输项目；

3）邮政、电信枢纽、通信、信息网络等邮电通信项目；

4）防洪、灌溉、排涝、引水、滩涂治理、水土保持、水利枢纽等水利项目；

5）道路、桥梁、地铁和轻轨交通、污水排放及处理、垃圾处理、地下管道、公共停车场等城市设施项目；

6）生态环境保护项目；

7）其他基础设施项目。

（2）关系社会公共利益、公共安全的公用事业项目的范围包括：

1）供水、供电、供气、供热等市政工程项目；

2）科技、教育、文化等项目；

3）体育、旅游等项目；

4）卫生、社会福利等项目；

5）商品住宅，包括经济适用住房；

6）其他公用事业项目。

2. 全部或者部分使用国有资金投资或者国家融资项目

（1）使用国有资金投资项目范围包括：

1）使用各级财政预算资金的项目；

2）使用纳入财政管理的各种政府性专项建设基金的项目；

3）使用国有企业事业单位自由资金，并且国有资产投资者实际拥有控制权的项目。

（2）国家融资项目的范围包括：

1）使用国家发行债券所筹资金的项目；

2）使用国家对外借款或者担保所筹资金的项目；

3）使用国家政策性贷款的项目；

4）国家授权投资主体融资项目；

5）国家特许的融资项目。

（3）使用国际组织或国外政府贷款、援助资金的项目包括：

1）使用世界银行、亚洲开发银行等国际组织贷款资金的项目；

2）使用外国政府及其机构贷款资金的项目；

3）使用国际组织或者外国政府援助资金的项目。

另外，依法必须进行招标的各类工程建设项目，包括项目的勘察、设计、施工、监理以及与工程建设有关的重要设备、材料等的采购，达到以下标准之一的，必须进行招标：

1）施工单项合同估算在 200 万元人民币以上的；

2）重要设备、材料等货物的采购，单项合同估算价在 100 万元人民币以上的；

3）勘察、设计、监理等服务的采购，单项合同估价在 50 万元人民币以上的；

4）单项合同估价低于以上 1）～3）项规定的标准，但项目总投资额在 3000 万元人民币以上的。

建设项目的勘察、设计采用特定专利或者专有技术的，或者其建筑艺术造型有特殊要求的，经项目主管部门批准，可以不进行招标。

综上，招标投标法主要采用了二个标准以界定招标主体，其一是项目的性质标准，关系到社会公众利益、公共安全的项目必须招标；其二是项目的资金来源标准，"部分或全部使用国有资金投资或国家融资的，涉及使用国际组织或外国政府贷款、援助资金的项目"，必须强制招标。

除以上二个标准外，还有一个是资金规模标准。2000 年 5 月 1 日国家发展计划委员会发布的《工程建设项目招标范围和规模标准规定》授权各省、自治区、直辖市人民政府根据实际情况，可以规定本地区必须进行招标的具体范围和规模标准，但不得缩小本规定确定的必须进行招标的范围。国家发展计划委员会可以根据实际需要，会同国务院有关部门对本规定确定的必须进行招标的具体范围和规模标准进行部分调整。如深圳规定一次发包工程造价在 200 万元以上的必须招标，一次发包工程造价在 100 万元以上 200 万元以下，但工程总造价在 2000 万元以上的也必须招标，江苏规定工程项目在 50 万元以上必须招标。

11.1.2　几种特殊项目的界定

虽然法律对强制招投标种类及范围有明确规定，但在实践中仍然有些让人存在疑虑的地方。

1. 开发商自筹的商品住宅项目是否属于强制招投标范围

《招投标法》规定大型基础设施、公用事业等关系社会公共利益、公众安全的项目属于必须进行招标的范围。《工程建设项目招标范围和规模标准规定》也明确了商品住宅属于强制招标的范围。理由是因为商品住宅是指由开发商开发建设并在市场上相对自由流通的供人生活居住（简单讲就是遮风避雨长期生活）的建筑物，涉及公众安全，所以不论是否国资还是私企投资，均应属于强制招投标范围。

有一个例外情况，《深圳经济特区建设工程施工招标投标条例》第八条规定："下列建设工程是否实行招标发包，由投资者自行决定：（一）全部由外商或者私人投资的；（二）外商或者私人投资控股的；（三）外商或者私人投资超过50%且国有资金不占主导地位的。"因为这个属于特区立法，根据《立法法》"经济特区法规根据授权对法律、行政法规、地方性法规作变通规定的，在本经济特区适用经济特区法规的规定。"所以在深圳经济特区，开发商自筹的商品住宅项目就不属于强制招投标范围。

那么非普通商品房是否属于必须招标的建设项目？别墅或公寓都属于非普通商品房是否应当招投标？我们认为也应比照普通商品房来确定。

2. 自行投资的民营医院是否属于强制招投标范围

这个要区分情况来确定。国务院《关于城镇医药卫生体制改革的指导意见》指出："建立新的医疗机构分类管理制度。将医疗机构分为非营利性和营利性两类进行管理。国家根据医疗机构的性质、社会功能及其承担的任务，制定并实施不同的财税、价格政策。"如果医院是属于非营利性的医院，则应该是关系到社会公共利益，必须进行招标。反之，如果属于营利性医院，则不必进行招标。

11.1.3 违反强制招投标的法律后果

违反强制招投标规定，主要指法律、行政法规规定的必须进行招投标的项目，但没有进行招投标。根据《招投标法》及《合同法》等相关规定，主要的法律后果有：

1. 合同无效

《最高人民法院关于审理建设工程施工合同纠纷案件适用法律问题的解释》

第一条第三项规定，建设工程必须进行招标而未招标或者中标无效的，应当根据《合同法》第五十二条第（五）项的规定，认定无效。

这里要指出的是，如果依据的是建设部《房屋建筑和市政基础设施的工程施工招投标管理办法》规定的必须进行招标的项目没有招标，由于该办法属于部门规章，不属于合同法第五十二条第五项规定的法律或行政法规，因此仅违反该办法并不会导致合同无效。

2. 责令限期改正

《招投标法》第四十九条规定，违反本法规定，必须进行招标的项目而不招标的，将必须进行招标的项目化整为零或者以其他方式规避招标的，责令限期改正。

3. 罚款

《招投标法》第四十九条规定，可以处于项目合同金额千分之五以上千分之十以下的罚款。

4. 暂停项目执行或者暂停资金拨付

《招投标法》第四十九条规定，对全部或者部分使用国有资金的项目，可以暂停项目执行或者暂停资金拨付。

5. 对单位直接负责的主管人员和其他直接责任人员处分

《招投标法》第四十九条规定，对单位直接负责的主管人员和其他直接责任人员依法给予处分。

11.2　招投标的准备工作

开发商在进行招投标工作时，就应基本确定发包模式，并编制招标文件和确定评标方法。

11.2.1　发包模式的选择

开发商（发包人）应根据工程规模、工程特点和工程性质等，以及自身合同管理能力以及工程管理能力，确定工程发包方式。合适的工程承发包模式对维护项目发包人的利益具有直接和重要的影响，目前，国内常见的有如下几种承发包模式。

1. 平行承发包模式

平行承发包模式（也可称分项发包模式）是指发包人将建设工程的设计、施工以及材料设备采购的任务经过分解分别发包给若干个设计单位、施工单位和材料设备供应单位，并分别与各方签订合同。各设计单位之间的关系是平行的，各施工单位之间的关系也是平行的，各材料设备供应单位之间的关系也是平行的。采用这种承包方式，每个直接承包的承包商对发包人负责，并接受监理工程师的监督。经发包人同意，直接承包的承包商也可以进行分包。

（1）平行发包模式适用范围：

1）项目工期较紧，初步设计完成后就要求招标。在这种情况下，由于整个工程的施工详图或者招标设计尚未完成，甚至还没有开始，不具备施工总包的条件。为了赶工期，尽早开工，可采用项目分阶段设计和施工招标投标，安排设计施工流水作业。

2）工程规模大，技术复杂，有能力承包这类工程的施工企业很少，或者有总包能力的施工企业任务饱满，无余力参与该工程项目的投标。为避免因投标者过少而导致招标失败，延误工程建设，发包人可以选择分项发包的组织模式。

3）发包人由于竞争环境和优选承包商、降低中标价的考虑，同时发包人也有能力和经验做好项目的协调管理工作，可以选择分项发包的组织模式。

（2）平行发包模式的特点：可以节约成本，管理的实施也更加有力。因为每一个承包商和建设单位都是直接签订合同，并且也免除了施工总承包合同中需要支付给总承包商的管理费。

1）可以充分利用竞争机制，选择专业技术水平高的承包商承担相应专业项目的施工从而取得提高质量、降低造价、缩短工期的效果。

2）发包人的工作量大，由于发包人需要分别和多个承包商签订合同，所以发包人方的组织协调和合同管理的工作量大。

3）工程变更较多，设计和施工在一定程度上还是脱节，会引起较多的设计变更和索赔。

2. 施工总承包模式

这是目前国内应用最广的一种建筑工程承包模式，大多数施工单位甚至发包人单位都已经熟悉。指发包人把一个项目的全部设计或施工任务发包给一家有资质的设计单位或施工单位作为总包单位，设计总包或施工总包可以将其中部分任务再分包给其他承包单位，形成一个总包带若干个分包的结构模式。

（1）施工总承包模式适用范围：适用于项目前期准备工作充分，设计文件已全部完善的项目。如边设计边施工，则会面临造价难以控制的局面。

（2）施工总承包模式的特点：

1）有利于项目的组织管理，由于发包人只与总承包商签订合同，合同结构简单。

2）有利于控制工程造价、质量、工期，发包人无须直接面对诸多分包商，避免了分包商之间扯皮、踢皮球，而由总承包商作为唯一的直接对发包人负责的主体，全盘对项目的建设负责。

3）会引起较多的设计变更，增加建设成本。随着现代化建筑的构成日趋复杂化，如果设计和施工过程仍旧按顺序依次进行，设计在施工上是否可行一直要等到设计全部结束并招标后才比较明朗，则往往会引起较多的设计变更。

3. 设计—建造模式

设计—建造模式（也可称为交钥匙工程）是指发包人和一个实体采用单一合同的管理方法，由该实体负责实施项目的设计和施工，该实体可以是大型承包商，具备项目管理能力的设计咨询公司，或者是专门从事项目管理的公司。一般来说，就是在项目原则确定后，发包人只选定唯一的实体负责项目的设计与施工，设计—施工承包商不但对设计阶段的成本负责，而且可用竞争性招标的方式选择分包商或使用本公司的专业人员自行完成工程施工。

设计—建造模式有如下特点：

（1）责任的单一性。承包商对于项目建设的全过程负有全部的责任，避免了工程建设中各方相互矛盾和扯皮，同时，排除了承包商因招标图纸出现错误进行索赔的权利。

（2）成本的高效性。由于工程设计方就是施工方，所以可以在工程设计中采用更多先进可行的施工技术和标准建筑材料，从而提高质量，缩短工期，降低成本。

现在国内的承包商大多只是具备施工能力，如要从设计开始就介入，则更多的需考虑联合承包。而且发包人方也不习惯这样全盘发包的模式，更多的发包人希望能够完全地掌控项目，由此决定了设计—建造模式在国内运用的现象很少。

除以上模式外，还有 CM 模式，即快速路径施工管理方法。建造—运营—移交（BOT）模式等。但这些模式在普通的房地产开发中运用不多，此处不多介绍。

11.2.2 招投标工作流程

开发商如果决定要组织招投标工作，一般按如下流程进行：

1. 招标人（即开发商）组建招标工作机构，进行必要的前期准备工作

招标人可以自行选择有相应资质的招标代理机构来代为招标，制作招标文件、标底、组织招标工作等。如果招标人具有编制招标文件和组织评标能力的，也可以自行办理招标事宜。

2. 编制招标文件和标底，建立评标机构，制定评标、定标办法

招标文件应当包括招标项目的技术要求，对投标人资格审查的标准，投标报价要求和评标标准等所有实质性要求和条件，还包含有拟签订合同的主要条款。在编制招标文件时，项目的发包模式和主要条款就应该已经确定了。

需要提出的是，招标人不得利用其市场优势地位，以不合理的条件限制或者排斥潜在投标人，如就同一招标项目向潜在投标人或者投标人提供有差别的项目信息；设定的资格、技术、商务条件与招标项目的具体特点和实际需要不相适应或者与合同履行无关；依法必须进行招标的项目以特定行政区域或者特定行业的业绩、奖项作为加分条件或者中标条件，比如有些项目要求投标人必须具备获鲁班奖等获奖条件，或者在特点地域有设立分公司等。

另外，编制招标文件时，需特别注意国家对投标人资格条件有特别规定时，应遵守其规定，体现在建设工程中就是关于投标人的资质要求。

【案例1】 湖南某空调有限公司与湖南省某招标有限责任公司等不正当竞争纠纷案

2002 年 10 月，湖南省某招标有限责任公司（以下简称省招标公司）受湖南某市地税局的委托，就该局新建综合大楼所需的地温螺杆式热泵机组的采购及安

装服务向国内公开招标，邀请该种热泵机组的生产商或供应商投标，创某某公司、富某某公司等七家单位在规定的期限内投标。2002年11月12日，由省招标公司主持开标、唱标，湖南省公证处对这一过程进行公证。此后由评标委员会进行了询标、评标。2002年12月2日，评标结果公示，富某某公司中标。

本次招标标的是机组采购及安装服务，安装是指对该中央空调系统内，通过本次招标投标采购的主机机房内的数台热泵机组及配套设备的安装，不包括该中央空调系统中管网及末端的安装。招标文件对投标人的资格作出了规定，要求投标人提交相应的十种资格证明文件，该十种资格证明文件中不含有建筑业企业资质证书。招标文件对投标人的安装资质未提出要求。创某某公司具有建筑业企业资质，富某某公司不具有建筑业企业资质。

中标结果公示后，省招标公司向创某某公司出具过《技术参数比较》，将富某某公司机组的部分井水工况参数与创某某公司机组标准工况参数进行比较。招标工作完成后，创某某公司即认为被告串通投标，实施不正当竞争行为损害自己的利益，向法院提起诉讼。请求法院判令富某某公司中标无效，富某某公司、某市地税局签订的《地温螺杆式热泵机组采购合同》无效，富某某公司和省招标公司赔偿原告经营利润损失37.2万元、商业信誉、商品声誉损失20万元。

原审法院经审理认为：本次招标标的与中标标的内容一致，原告关于被告改变了招标标的的主张不能成立。省招标公司向原告出具的《技术参数比较》虽然对原告的设备有所贬低，但并未扩散，更未对原告及其设备造成社会评价的不利影响，因而不构成对原告商业信誉和商品声誉之侵权，原告就此向省招标公司索赔20万元的诉讼请求不能成立。创某某公司不服上述判决，向法院提起上诉。

二审法院认为，本案所涉安装服务属于建筑工程中的一种活动，从事该项工程依法必须取得建筑资质。虽然招标文件并未要求投标人应当具有建筑资质，但是根据《招标投标法》第二十六条规定，无论对于招标项目中的主体、关键性工程，还是非主体、非关键性工程，投标人除应具备招标文件规定的资格条件之外，还应知晓国家对投标人资格条件的有关规定，并具备相应的资格条件。富某某公司作为投标人必须具有完成安装服务所需的建筑资质，但富某某公司未提供建筑资质证书，其不具有建筑资质。在本案所涉安装服务要求投标人具备建筑资质，而富某某公司没有该资质的情况下，富某某公司与省招标公司在创某某公司投诉后，为达到使富某某公司中标的目的，相互串通伪造富某某公司投标文件中的《指定安装单位说明》、某某安装公司《建筑业企业资质证书》、《企业法人营业执照》，使某某市招投标办公室依据伪造的投标文件，认定富某某公司已将安装服务依法分包给某某安装公司，错误地作出维护中标结果的处理决定。

最终法院认定，因富某某公司与省招标公司存在串通行为并影响中标结果，且该串通行为系弄虚作假、骗取中标的行为，根据《招标投标法》第五十条、第五十四条第一款之规定，富某某公司中标无效，因中标而导致的富某某公司与某市地税局签订的合同当然无效。本案合同已经履行，合同无效将导致返还财产、折价补偿的法律后果，使国家财产蒙受巨大损失，为维护社会关系的稳定，应维持该合同履行的现状，判决由省招标公司与富某某公司共同承担赔偿创某某公司损失15万元的民事责任。

3. 发布招标公告和发出招标邀请书

招标人在这个程序中，应该要注意做好相应的政府部门备案工作，并按照政府主管部门要求，在指定的报刊、信息网络等发布招标公告。

招标邀请书则应向三个以上具备承担招标项目的能力、资信良好特点的法人或其他组织发出。

此外，招标人还要注意工作时限，依法必须进行招标的项目，自招标文件开始发出之日至投标人提交投标文件截至之日止，最短不得少于20日。如果招标人对已发出的招标文件进行必要的澄清或者修改的，应当在招标文件要求提交投标文件截止时间至少十五日前，以书面形式通知所有招标文件收受人。

4. 投标人递交投标文件

投标人应当按照招标文件要求的时限和地点，递交投标文件。招标人在收到投标文件后，应当签收保存，不得开启。如果投标人少于三个，招标人应当重新招标。

5. 开标

开标应当在招标文件确定的提交投标文件截止时间的同一时间公开进行。开标时，应首先检查投标文件的密封情况。

6. 评标，定标

评标由招标人依法组建的评标委员会负责。评标委员会由招标人的代表和有关技术、经济等方面的专家组成，成员人数为五人以上单数，其中技术、经济等方面的专家不得少于总数的 2/3。专家是从政府提供的专家名册或者招标代理机构的专家库内确定。

7. 发出中标通知书，同时通报所有投标人

中标通知书对招标人和中标人具有法律效力。中标通知书发出后，招标人改变中标结果的，或者中标人放弃中标项目的，应当依法承担法律责任。从法律意义上来说，一般认为投标是邀约，中标是承诺。

8. 招标人与中标人签订承包合同

《招投标法》第四十六条规定，招标人和中标人应当自中标通知书发出之日起三十日内，按照招标文件和中标人的投标文件订立书面合同。招标人和中标人不得再行订立背离合同实质性内容的其他协议。

11.2.3　必要的担保

为了避免因为投标人违法或违规行为造成投标无效，或中标结果无法履行，通常在投标过程中，招标人会要求投标人提供一定的投标保证金或投标保证函。投标保证金即是对招标人利益的一种担保行为，如招标人在因投标人的行为受到损害时可根据规定没收投标人的投标保证金。

投标人应提交规定金额的投标保证金，并作为其投标书的一部分，《中华人民共和国招标投标法实施条例》第二十六条规定，招标人在招标文件中要求投标人提交投标保证金的，投标保证金不得超过招标项目估算价的 2%，投标保证金有效期应当与投标有效期一致。

在确定中标人后，投标保证金往往会转化为履约保证金。中标人的投标保证金，将在买方与中标人签订合同后的 5 个工作日内退还。但是，下列任何情况发生时，投标保证金将被没收：

（1）投标人在招标文件中规定的投标有效期内撤回其投标。

（2）中标人员无正当理由不与招标人签订合同，或签订合同时向招标人提出附加条件或更改实质性内容，或未能根据招标文件规定提交履约保证金。

（3）投标人采用不正当的手段骗取中标。如制造一些假证明或者假业绩，有的甚至会触犯刑法，构成刑事犯罪。

对于中标后，招标人不按中标通知书要求与中标人签订合同的行为，能否支持双倍返还保证金？对此司法实践中认为此时合同尚未成立，投标保证金尚未转化为履约保证金，招标人此时应依法承担赔偿责任，而非双倍返还投标保证金的责任。

【案例2】　上海某经济发展有限公司与上海某建设有限公司投标纠纷案

2004年9月24日，上海某经济发展有限公司（以下简称某东公司）就"某某宾馆大堂改造工程"对外招标。上海某建设有限公司（以下简称某海公司）作为投标单位，根据某东公司要求，按时提交了投标文书，并于2004年10月13日支付120000元保证金（原审误为2005年10月13日）。2004年11月18日，某东公司向某海公司发出"上海市建设工程施工中标（交易成交）通知书"，通知某海公司中标。后某海公司与某东公司未签订施工合同，某东公司将120000元保证金退还某海公司。因双方未能就是否需另行支付120000元保证金达成协议，遂涉讼。某海公司请求判令某东公司支付某海公司违约金120000元。某东公司辩称：双方未订立合同，某海公司要求双倍返还保证金无法律依据，请求驳回某海公司诉请。

本案争议焦点在于：某东公司未按中标通知书要求与某海公司签订施工合同，能否适用《工程建设项目施工招标投标办法》第八十五条，即"如招标人不履行合同的，应当双倍返还中标人的履约保证金"。《中华人民共和国招标投标法》第四十六条第一款规定，"招标人和中标人应当自中标通知书发出之日起三十日内，按照招标文件和中标人的投标文件订立书面合同。招标人和中标人不得再行订立背离合同实质性内容的其他协议"。显然该法明确合同自签订成立，中标通知书并不构成双方间合同已实质成立。同时，《工程建设项目施工招标投标办法》第八十一条规定，"招标人不按规定期限确定中标人的，或者中标通知书发出后，改变中标结果的，无正当理由不与中标人签订合同的，或者在签订合同时向中标人提出附加条件或者更改合同实质性内容的，有关行政监督部门给予警告，责令改正，根据情节可处三万元以下的罚款；造成中标人损失的，并应当赔偿损失"。该条款明确了招标人未按中标结果与中标人签订合同的法律后果，该条款适用于某海公司与某东公司间的纠纷。

根据上述分析，原审认为，某海公司要求某东公司双倍返还履约保证金，属适用法律不当，法院不予支持。某海公司可依《工程建设项目施工招标投标办法》第八十一条规定，要求某东公司赔偿其实际损失，法院就此在庭审过程中多次向某海公司予以释明，但某海公司坚持其诉请，不同意变更。

上海高院二审认为，某东公司在收取了某海公司投标保证金，并向某海公司发出中标通知书以后，未与某海公司签订施工合同，某东公司应承担相应的责任。但某海公司按照《工程建设项目施工招标投标办法》第八十五规定，要求某东公司双倍返还保证金，与法律规定不符。因双方间产生的投标文书和中标通知书并不能构成施工合同，某海公司可依据《工程建设项目施工招标投标办法》第八十一条的规定，向某东公司主张实际损失。二审判决驳回上诉，维持原判。

11.3 招投标风险的防范

招投标行为的本身，是为了通过公开、公平竞争来选择最经济、最优化的合作伙伴。但是如果招标人或中标人违规操作，便会与招投标的初衷背道而驰，有的会造成中标无效，有的会造成刑事犯罪。

11.3.1 招标人行为不规范的法律风险与防范

招标人在进行招标行为中，常见有如下不规范的行为：

1. 招标条件不具备就开始招标

有的招标人为了赶工期，在项目还不具备招标条件时就急切地进行招标，如项目未立项未经批准就开始招标，初步设计及概算应当履行审批手续还未获批准，土地、规划手续不齐，资金来源还未落实到位等。这种情况下的招标可能会导致被有关行政监督部门责令改正，根据情节处以罚款，情节严重招标无效；或者项目最终未获批准，前期费用损失；投资超概算等不利后果。

我们曾处理过这样一个纠纷：

【案例3】　东莞某电厂工程结算纠纷

东莞某电厂工程，业主在仅有初步设计时就采用初步设计图纸进行招标，在《招标文件》3.1.1条规定，"本次报价为一次包死价，除3.2条所述情况外，其他任何情况均不作调整。"3.2条约定有7种情况可协商作调整，其中实际主要涉及的有三种方式：第一单项设计变更调整金额在5万元以上的；第二图纸错误造成返工调整金额在2万元以上的；第三施工期钢材价格平均上涨（下降）幅度超过15％的。另外在《招标文件》第3.8条规定，本工程投标报价，高于概算价或低于成本价的投标视为废标。

该工程由二家施工单位组成的联合体中标，合同总价款12288.7万元（土建部分为5525万元），但工程竣工后，土建施工单位报送结算价为12129万元。双方对合同价款调整方式有不同理解，结算价存在3000万元左右的差距。

双方争议最大的是对《施工合同》约定的"单项重大设计变更（指施工图本身的重大变更或初步设计与施工图之间的重大变化），且调整金额在5万元及以上者"的理解不同。由于是按照初步设计报价，现双方对量差有约2700万元的差距。

由于争议很大，双方一直不能达成结算协议，最终在双方上级部门的协调下达成和解。业主也为之付出超出投资概算1000多万元的代价。

根据《招投标法》规定，施工招标应当具备下列条件：已按规定办理计划立项手续，已按规定取得建设工程规划许可证，有满足施工招标需要的设计文件和其他技术资料，建设资金已经落实。所以发包人在进行招标前，应审慎考虑是否具备以上条件，筹划适当的招标方案，以免造成不必要的损失。

2. 违规组织招标活动

这些违规的行为主要表现为：

（1）招标人或招标代理机构以不合理的条件排斥潜在投标人；发包人采用这种行为，其目的一般是为了排斥不可控的对象进入投标范围，或者为了让意向对象减少竞争。但缩小竞争范围其实是把双刃剑，虽然会使竞争范围缩小，也可能让意向对象中标，但另一方面可能会被其他投标人举报，造成招标无效；而且更容易让投标者有串标、围标的机会。

（2）违法泄露应当保密的与招投标活动有关的情况和资料；这种泄密行为有的是故意，有的则是无意或过失的，泄密会直接导致招标无效，泄密者还可能造成刑事犯罪。这就要求招标人在招标伊始就应该严格做好保密工作，也可以要求涉密人员签订相应的保密协议。

3. 定标、签订合同违规

《招投标法》对定标和签订合同有着严格的规定，招标人需根据评标委员会提出的书面评标报告和推荐的中标候选人中确定中标人。而且招标人和中标人签订的合同必须按照招标文件和中标人的投标文件来订立，双方不得再行订立背离合同实质性内容的其他协议。

"黑白合同"是违规签订合同的典型表现形式，指招标人与中标人按照招投标文件签订合同后，又签订与中标合同实质性内容不一致的合同。《最高人民法院关于审理建设工程施工合同纠纷案件适用法律问题的解释》第二十一条规定，另订立合同同备案的不一致的，应当以备案的中标合同作为结算工程价款的根据。而且招标人与中标人不按照招标文件和中标人的投标文件订立合同，或者招标人、中标人订立背离合同实质性内容的协议会被监管部门责令改正并罚款。

为防范"黑白合同"风险，招标人应按照招标文件和中标人的投标文件签订合同，如果履约过程中发生范围调整、工程变更等情况时，在专业人士的帮助下规范签署补充协议，并将依法签订的补充协议及时办理备案手续，避免签订"黑白合同"。

11.3.2 投标人行为不规范的法律风险与防范

投标人为了中标，有时会不择手段地采用违规、违法行为；中标人中标后，有的会"卖标"，这些行为都会给招标人带来严重损失。

1. 串通投标

串通投标也称"围标"，是指投标人之间互相串通，以排挤竞争对手或者损害招标者利益的行为，从而达到使某个利益相关者中标，从而谋取利益的目的。其表现形式有：投标人之间相互约定抬高或压低投标报价；投标人之间相互约定，在招标项目中分别以高、中、低价位报价，投标人之间先进行内部"竞价"，内定中标人，然后再参加投标；某一投标人给予其他投标人以适当的经济补偿后，这些投标人的投标均由其组织，不论谁中标，均由其承包。

串标直接侵害了其他投标人的合法权益，破坏市场竞争；串标同时也会侵害招标人的合法权益，因为串标常常会导致中标价超出正常范围，从而加大招标人的成本；串标还会导致工程质量不合格或导致发生事故，参与串标的企业往往诚信度不高，不严格施工，很难保证工程质量。

为了防止有串标现象，招标人应放宽资格审查制度，不要提出高于招标工程标准所需要的资质条件，让更多的投标人参加投标，加大串标者的行为成本，使串标成为不可能；尽可能使用最低价评标法，防止串标抬高价格。

2. 投标人弄虚作假

投标人弄虚作假是指投标人在投标文件中有虚假内容，如资历、证书、证明等造假，还有的投标人自身不符合招标要求，通过转让或者租借等方式从其他单位获取资格或者资质证书投标。投标人的弄虚作假行为直接导致招标人不了解实际投标人的真实情况，致使评标结果失实，而且往往因为实际投标人无资质、无履约能力或履约能力差，导致项目质量、进度失控，甚至发生安全事故。

为了防范这种风险，招标人在进行招标时，应要求投标人的投标保证金必须由其基本账户汇出；严格审查有关人员资质证书、劳动合同、社保凭证等，必要时核对原件。为了防范投标人投标时使用的不是自身的项目管理班子，招标人可以在招标文件的合同条款里约定，中标人不得更换项目经理及主要技术人员，否则可解除合同，要求项目经理及主要技术人员必须在施工现场。

我们办理过大量因为挂靠引发的案件，最近正在办理的这样一个案件：黄某某借用某装饰公司的名义，中标了大庆某酒店装饰工程，合同价款2000余万元。黄某某施工半年后，由于当地气候不适，工程成本超出预计，出现了亏损状况，施工工期和质量都严重与合同不符。在施工约半年后，黄某某突然失踪，大量材料商和分包商蜂拥至项目，给发包人造成很大困扰。之后某装饰公司不得不接受黄某某未完工程，继续完工，为此造成了某装饰公司 1000 多万元的亏损。现某装饰公司一方面正在与发包人办理结算，另一方面在想办法向黄某某进行追索。

3. 中标人转包、违法分包

有的中标人中标后会有"卖标"的行为，其表现行为主要有：总承包单位将建设工程分包给不具备相应资质条件的单位的；施工总承包单位将建设工程主体结构的施工分包给其他单位的；分包单位将其承包的建设工程再分包的；承包单位承包建设工程后，将其承包的全部建设工程转给他人或者将全部建设工程肢解以后以分包的名义分别转给其他单位承包的行为。

层层转包、违法分包会导致工程管理不顺畅，不利于质量、进度、安全、投资等控制工作；转包或分包单位安全意识、管理水平和人员素质较差，容易发生质量和安全事故。因为转包或违法分包出现的事故层出不穷，如上海"11·15"火灾事故。2010 年 11 月 15 日，上海市静安区胶州路 728 号公寓 28 层的一栋大楼发生一起因企业违规造成的特别重大火灾事故，造成 58 人死亡，71 人受伤，建筑物过火面积 12000 平方米，直接经济损失 1.58 亿元。经过调查，事故直接原因是施工人员违规电焊作业，电焊溅落的金属熔融物引燃下方 9 层位置脚手架防护平台上堆积的聚氨酯保温材料碎块、碎屑引发火灾。事故间接原因是建设单位、投标企业、招标代理机构相互串通、虚假招标和转包、违法分包。

为了尽量控制转包和违法分包的分析，招标人在招标文件中应明确禁止转包和违法分包，并设定严格的违约责任。为了加强控制，对于专业分包项目如消防工程等，可以考虑单独分包招标。更多的则是招标人在施工过程要加强监督，及时发现、制止中标人可能有的违法行为。

11.3.3　招投标中的刑事犯罪

招投标作为一种保证商业公平竞争的形式，因其制度的缺陷和群体利益等因素，时常成为腐败等经济犯罪的高发区。招标投标中的刑事法律责是指招标投标法律关系主体因实施刑法规定的犯罪行为所应承担的刑事法律后果，如串通投标罪、泄露国家秘密罪、行贿罪、受贿罪等刑罚。

1. 串通投标罪

我国《刑法》第二百二十三条规定："投标人相互串通投标报价，损害招标人或者其他投标人利益，情节严重的，处三年以下有期徒刑或者拘役，并处或者单处罚金。投标人与招标人串通投标，损害国家、集体、公民的合法利益的，依照前款的规定处罚。"

串通投标罪的主体限于招标人和投标人，同时也是多数主体，因为二人以上方可构成串通；另外招标人、投标人一般情况下为法人单位，但也可以是个人。对于涉及串通投标行为的招标代理机构、评标委员会，其与参与串通行为的招标人、投标人构成共同犯罪，也可成为本罪的犯罪主体。

根据《刑法》的规定，串通投标罪为情节犯，即达到情节严重的才构成本罪。如何认定情节严重，在实践中可依据最高人民检察院、公安部《关于经济犯罪案件追诉标准的规定》处理，即投标人相互串通投标报价，或者投标人与招标人串通投标，涉嫌下列情形之一的，应予追诉：损害招标人、投标人或者国家、集体、公民的合法利益，造成的直接经济损失数额在 50 万元以上的；对其他投标人、招标人等投标招标活动的参加人采取威胁、欺骗等非法手段的；虽未达到上述数额标准，但因串通投标，受过行政处罚 2 次以上，又串通投标的。

【案例 4】　吴××、雷×强等人串通投标案

2010 年 8 月，雷×通过深圳市某新区城市建设投资有限公司（下称某城投公司）工程部经理肖×韬（另案处理）获悉，某城投公司负责的"聚龙花园二期"和"竹韵花园"两政府工程即将进行施工总承包招标。2011 年 5 月，雷×将上述信息告诉吴××，双方商议由吴××负责挂靠有相应资质的建筑公司参加投标，而雷×则负责联系肖×韬，让肖×韬设置有利于吴××挂靠公司的招标条件，以便进行围标。中标后雷×将获得两项目中防水、门窗等五小项分包工程，并分得其他项目造价 3% 的分成款，吴××则获得两项目的其他工程。双方为此签订了《合作协议书》。

2011 年 6 月 22 日"聚龙花园二期"项目招投标在网上公告后，李××即着手准备以中核某公司的名义参与投标。吴××找到李××，说他有几家公司，希望一起合作投标，中标的概率会提高，以后无论谁中标，项目一人一半。李××

答应与吴××合作，并商定，由李××负责审查表述，并想办法搞定评标专家，让合作投标的公司排名前三，保证中标，其余事情由吴××负责。

根据事先约定，吴××先后找到中建×局深圳分公司、中建×局广州分公司深圳事业部，商量挂靠两公司参与"聚龙花园二期"项目投标。2011年8月初，在评标当天，肖×韬将某城投公司向深圳市建设工程交易服务中心提交抽取评标专家申请表的准确时间透露给吴××。雷×强于是根据抽出的专家名单找到技术标评审专家马×宁、张×华等人，让其在评标过程中按事先约定的暗号给中建×局深圳分公司、×局广州分公司和中核某公司的表述打高分，以便该三家公司全部进入抽签名单。在评标时，马×宁、张×华按要求给前述三家公司的标书打出高分并排列前三名，经抽签，中核某公司中标。事成后，雷×按李××指示，给予评标专家马×宁15万元，张×华5万元。

2011年11月23日，"竹韵花园"项目施工总承包招标公告发布，于是吴××、李××、雷×三人商议以之前相同的方式对"竹韵花园"项目进行围标。经过投标，中建×局中标，事后，李××通过雷×强给予评标专家吴×尧好处费20万元。

2012年3月22日，深圳市公安局接到举报后立案侦查，同年5月8日至5月31日，先后将吴××、李××、雷×强、马×宁、张×华、吴×尧等人抓获归案。

2012年12月3日，深圳市某区检察院以深盐刑诉（2012）2××号起诉书向盐田区人民法院提起公诉，指控被告人吴××、李××、雷×强犯串通投标罪和对非国家工作人员行贿罪，指控被告人雷×犯串通投标罪，指控被告人马×宁、张×华、吴×尧等人犯非国家工作人员受贿罪。

法院经审理后判决被告人吴××犯串通投标罪，判处有期徒刑一年六个月，并处罚金人民币20万元；犯行贿罪，判处有期徒刑一年；犯对非国家人员行贿罪，判处有期徒刑一年。决定执行有期徒刑三年，并处罚金人民币20万元。李××犯串通投标罪，判处有期徒刑一年六个月，并处罚金人民币20万元；犯对非国家人员行贿罪，判处有期徒刑二年。决定执行有期徒刑三年，并处罚金人民币20万元。雷×强犯串通投标罪，判处有期徒刑九个月，并处罚金人民币10万元；犯对非国家人员行贿罪，判处有期徒刑一年三个月。决定执行有期徒刑一年三个月，并处罚金人民币 20 万元。其余人也各判处有期徒刑一到三年不等。

2. 侵犯商业秘密罪

侵犯商业秘密罪指采用不正当的手段，获取、使用、披露或允许他人使用权利人的商业秘密，给商业秘密的权利人造成重大损失的行为。招标活动中，招标人员侵犯商业秘密行为的主要表现形式为违反招投标文件中的约定或者违反投标人有关保守商业秘密的要求，披露、使用或者允许他人使用其掌握的商业秘密。

根据《刑法》第二百一十九条规定，构成本罪，处 3 年以下有期徒刑或者拘役，并处或者单处罚金；造成特别严重后果的，处 3 年以上 7 年以下有期徒刑，并处罚金。

3. 贿赂犯罪

在实施串通投标行为的过程中，行为人可能会采取贿赂等手段。工程建设和政府采购是当前商业贿赂专项治理的重点领域，2008 年 11 月 20 日，最高人民法院、最高人民检察院联合发布了《关于办理商业贿赂刑事案件适用法律若干问题的意见》（以下简称《意见》），《意见》共有 11 条，主要就办理商业贿赂刑事案件所面临的 7 个比较突出的问题作了规定。

商业贿赂犯罪涉及《刑法》规定的以下 8 种罪名：①非国家工作人员受贿罪（《刑法》第一百六十三条）；②对非国家工作人员行贿罪（《刑法》第一百六十四条）；③受贿罪（《刑法》第三百八十五条）；④单位受贿罪（《刑法》第三百八十七条）；⑤行贿罪（《刑法》第三百八十九条）；⑥对单位行贿罪（《刑法》第三百九十一条）；⑦介绍贿赂罪（《刑法》第三百九十二条）；⑧单位行贿罪（《刑法》第三百九十三条）。

《意见》明确规定了依法组建的评标委员会、竞争性谈判采购中谈判小组、询价采购中询价小组的组成人员，在招标、政府采购等事项的评标或者采购活动中，索取他人财物或者非法收受他人财物，为他人谋取利益，数额较大的，依照《刑法》第一百六十三条的规定，以非国家工作人员受贿罪定罪处罚。依法组建的评标委员会、竞争性谈判采购中谈判小组、询价采购中询价小组中国家机关或者其他国有单位的代表有前款行为的，依照刑法第三百八十五条的规定，以受贿罪定罪处罚。

第 *12* 课　施工建设——系统地控制

　　目前建筑市场基本是卖方市场，开发商处于优势地位，有的开发商在施工合同签订时，甚至不允许承包方作任何修改。但这种优势地位在施工建设阶段就逐渐弱化，有的承包人在签订承包合同前低价中标，一旦进场后，就使出百般招式，提出变更、索赔，增加工程款，而开发商（甲方）囿于项目工期紧迫，或资金压力，或管理漏洞，或社会压力，不得不答应承包人的诸多要求，甲方优势地位荡然无存。所以开发商在施工建设过程中，应注意对施工全过程系统地控制。

12.1　承发包模式的设计

　　项目的施工建设实际上承发包双方全面履行项目施工合同的过程，承发包合同的设计对发包人来说至关重要。开发商（发包人）应根据自身特点及项目特点，选择合适的承发包合同，平衡承发包双方的利益。一份好的承发包合同，不一定是最低价，而是在最少造成承发包双方纠纷的前提下的合理低价合同。

　　如果承发包严格履行项目施工合同，则发包人可以实现项目施工合同签订的目的。但项目施工建设是个长期的过程，而且往往因客观因素或主观因素不可避免地存在变更，当面临变更时，横亘在承发包双方则是索赔与反索赔、合同价款增减的问题。在签订施工合同前，发包人往往能利用优势地位迫使承包人签订不平等的合同，一旦签订合同后，承包人进入现场开展施工，控制现场就变成承包人的一大优势。有的承包人会以停工、工人索要工资等理由迫使发包人答应一些合同外的条件；有的承包人会以设计文件缺陷为由，要求发包人同意设计变更，增加合同价款。特别是当发包人本身存在一些违约情形时，更加处于被动局面。如一些三边工程，承包人往往会以开工条件不具备为由来要求延迟开工，以施工图纸更换为由要求顺延工期、增加工程造价等等。

设计承发包模式是控制施工建设的核心，其关键在于承发包合同的拟定。承发包合同主要内容应包括工程名称、承包范围、承包方式、工期、质量、计价方式、付款方式、验收、结算、保修等等。其中最重要的是计价方式，据合同计价方式的不同，可把合同分为如下几类。

12.1.1　总价合同

总价合同是以施工图纸和工程说明书为依据，在明确各分项工程的工程性质和工程量的基础上，合同双方按照商定的总价签订工程承包总价合同。总价合同由于不需要计算工程量，而只需计算在实际施工中工程量的变更即可，因而合同易于管理，但由于前提是必须明确分部分项工程内容及各项技术经济指标，准备划分和计算分部分项工程量将会占用很长时间，从而会延长设计周期、拖长招标的准备时间。总价合同又分为总价包干合同和可调值总价合同。

1. 总价包干合同

指承发包双方以图纸及有关规定、规范为基础，协商一个固定总价，总价包死。在合同执行过程中，承发包双方均不能因为工程量、设备、材料价格、工资等变动和地质条件变化、恶劣气候等理由，提出对合同总价变化的要求，除非设计、设施和工程范围有变更，才能随之相应调整。对发包人而言，由于图纸和说明书不够详细，未知因素较多，或材料市场价格极不稳定，承包商必然会加大不可预见费，用来消除不确定因素给其带来的风险，因而提高工程项目报价，而且发包人也丧失了因设备、材料、工人价格下调而引起的工程成本降低的机会。

总价包干合同一般适用于工期较短，对工程要求非常明确的建设项目，发包人可通过尽可能明确分部分项工程内容、范围及工程量，提供完善的设计图纸来降低这种合同方式风险。

2. 可调值总价合同

指承发包双方在约定合同总价不变的基础上，通过相应增加一些必要的调价条款予以调整。调价条款大致有 2 种形式：①发包人对合同签字日与实际施工安装时的材料、设备和人工等成本的差异全部予以补偿，俗称材料人工调差；②规定材料、设备和人工等成本增加超过某一限度（如 5%）时，发包人才给予补偿，即小额风险由承包商承担，大额风险由双方分担或完全由发包人承担。这种方式发包人可以有效地降低承包商的报价，但其承担了建设期间的通货膨胀风险因素，如工料成本增加较大，将会大大提高工程造价。可调值总价合同适用于工期较长，对工程内容和技术经济指标规定很明确的项目，业主可通过规定恰当的调价变动幅度以降低其风险。

12.1.2　单价合同

在施工图不完整或工程项目内容、技术经济指标一时不能明确、具体时就需要开工，即不能比较准确地计算工程量，又要避免凭运气而使发包人与承包商任何一方承担过大的风险，此时采用单价合同比较合适。在国际工程承包中，普遍采用的 FIDIC 土木工程施工合同便是使用单价合同。

1. 估量工程量单价合同

发包人委托设计单位或专业估算师提出总工程量概算表，列出分部分项工程量，然后承包商在此基础填报单价，最后按照实际完成工程量计算总价。采用这种合同方式时要求实际完成工程量与原估算工程量不能有实质性的变更，工程量是统一计算出来的，发包人只要审核单价，承担的风险相应较小，但如遇工程量大幅度增加，可能影响工程成本，使发包人蒙受损失。另外，发包人在实践中往往很难精确确定工程量以及变动范围多大才算是实质性变更。

估量工程量单价合同方式一般适用于工程性质比较清楚，但其任务及要求标准又不能完全确定的工程项目，目前在实践中国际上采用较多。对于估量工程量单价合同发包人可以通过规定工程量极限变动幅度，当工程量变幅超过极限幅度时，才允许适当调整单价来降低风险。纯单价合同方式适用于没有施工图，工程量不明确，却又急于开工的紧迫工程项目，发包人可通过尽可能明确分部分项工程内容、范围及工程量，提供完善的设计图纸来降低其风险。

2. 纯单价合同风险

发包人仅开列有关分部分项工程范围、名称和计量单位，不对工程量作任何规定，由承包商逐项填报单价，经双方磋商后签订单价合同，工程竣工后，按合同单价和实际完成的工程数量结算工程价款。采用此种合同形式不利于发包人控制工程成本，容易因工程量不确定、单价不合理而引起成本风险，同时，对于工程费在不同工种间分摊以及不易计算工程量的工程，易产生相关索赔事件。

12.1.3 成本加酬金合同

成本加酬金合同的基本特点是按开发项目实际发生的成本（包括人工费、材料费、施工机械使用费、其他直接费和施工管理费以及各项独立费，但不包括承包商的总管理费和应缴所得税），加上商定的总管理费和利润，来确定总价。采用这种合同方式，发包人面临对工程成本不能实施有效控制和承包商对降低成本不感兴趣的风险，同时确定承包商的实际成本会大量增加发包人的工作量，而且准确确定承包商的成本也有很大困难并存在许多漏洞。

成本加酬金合同又具体可分成如下几类：

1. 成本加固定百分比酬金合同

发包人对承包商支付的人工、材料费等全部按实际直接成本据实补偿，同时，按照实际直接成本的固定百分比的酬金作为利润付给承包商。这种合同方式，承包商所得酬金与工程成本成正比，发包人面临承包商故意提高成本以增加酬金收入的较大风险。

2. 成本加固定酬金合同

发包人承担实际直接成本，酬金是事先商定的一笔固定金额。这种合同虽不会使承包商故意提高成本，但承包商也没有降低成本的动力，发包人会蒙受可能降低成本的机会风险。

3. 成本加浮动酬金合同

双方事先商定目标成本，承包商所得为成本加酬金，如果实际成本低于目标成本，承包商所得除实际成本加酬金外，还可根据成本降低额额外获得一笔酬金；当实际成本高于目标成本时，发包人根据成本增加值，从实际成本加酬金中扣除部分酬金。

4. 最高限额成本加固定最高酬金合同

承发包双方首先确定最高限额成本、报价成本和最低成本，当实际成本低于最低成本，承包商花费的成本和应得酬金均可得到支付，并可分享成本节约额；当实际成本在最低成本和报价成本之间，承包商仅能得到成本和酬金；当实际成本在报价成本与限额成本之间，只有全部成本可以支付；当实际成本超过限额成本，超过部分发包人不予支付。这种合同方式有利于发包人控制成本风险，并鼓励承包商最大限度降低工程成本，其风险在于实践中合理、准确确定目标成本、最高限额成本、报价成本、最低成本和酬金较为困难。

成本加酬金合同方式主要用于发包人在开工前对工程内容及其技术经济指标尚未完全确定，而工期紧迫又必须立即发包的工程，或发包人与承包商相互信任，承包商在某些方面具有专业技术、特长和经验的工程。对于成本加固定百分比酬金合同和成本加固定酬金合同方式，发包人可通过在承包合同中增加一些补充条款，如奖励条款等，以鼓励承包商降低成本。

12.1.4 新版建设工程施工合同

为了规范和指引市场主体签订合同，政府相关部门往往会出台一些示范文本供选择使用，建设工程施工合同就是其中重要一类。编号为 GF-1999-0201 的《建设工程施工合同（示范文本）》（以下简称"旧版合同"）已使用多年，2013年 4 月 3 日，国家住房城乡建设部和工商总局联合发布通知，2013 版《建设工程施工合同（示范文本）》（以下简称"新版合同"）将于 2013 年 7 月 1 日起执行。

1. 新版合同结构的变化

总体上新版合同与旧版合同一样，分为三个部分：协议书、通用条款和专用条款，但在合同条款安排上有很大变化。

旧版合同协议书部分为 10 条，新版合同协议书部分为 13 条。协议书部分的结构变化不大，仅是条款上的修改。

旧版合同通用条款部分为 47 条，新版合同通用条款部分为 20 条。

旧版合同附件为 3 个，新版合同附件为 11 个。

其中，通用条款部分的结构变化较大：

（1）取消了旧版合同中汉语标序的概括条款，如"一、词语定义及合同文件，二、双方一般权利和义务，三、施工组织设计和工期"等等。

（2）不再单设发包人工作和承包人工作，而是分别插入"2. 发包人"和"3. 承包人"的约定中。

（3）调整了旧版合同的逻辑顺序，新版合同按照主体——质量——安全文明施工——工期——材料——检验——变更——价款——验收——结算的逻辑顺序来编排。而旧版合同的顺序为：定义——双方权利义务——工期——质量——安全——价款——材料——变更——竣工验收和结算。

2. 新版合同新增的内容

新版合同协议书部分对工期和合同价款作了比较细致的约定，其中对合同价款还分列了"安全文明施工费、材料和工程设备暂估价金额、专业工程暂估价金额、暂列金额"，还新列了项目经理及签订时间、签订地点等条款。条款较旧版合同更加详细。

虽然新版合同通用条款从条款序号上看少了一半多，但内容总体来看增加不少。以下仅列举几个重点增加的内容：

（1）对词语定义更加严谨。新版合同通用条款词语定义共计 45 小项，较旧版合同增加 23 项，整整 1 倍。主要增加的内容是对工程和设备、工期、合同价格和费用的词语定义。（通用条款 1.1）

（2）新设交通运输条款，对于场内外交通、超大件和超重件运输等作了详细约定。（通用条款 1.10）

（3）对承包人的要求更加严格，新设项目经理的约定，对项目经理要求有劳动合同、社保缴纳记录和到场时间要求。还新设了承包人应提交主要管理人员安排的报告的要求。（通用条款 3.2、3.3）

（4）新设监理人一大项规定，创立商定或确定的争议解决方式。（通用条款 4）

（5）新增质量保证措施的规定，对发包人和承包人、监理人对质量的工作详细约定。（通用条款 5.2）

（6）对安全文明施工和环境保护从旧版合同 4 小项，新增到 9 项，增加了安全生产要求、保证措施、特别安全生产事项、治安保卫、文明施工、安全文明施工费、紧急情况处理等约定，此外还新增了职业健康、环境保护的约定。（通用条款 6）

（7）工期方面新增了测量放线、不利物质条件、异常恶劣的气候条件和暂停施工的处理。工期延误的因素也略作调整，取消了停水停电的情况。其中对暂停施工的原因、后果等进行了详细约定，是新版合同的一大亮点。（通用条款 7.8）

（8）新增了样品的约定。对于采购样品的程序和审批、保管均作了详细约定。（通用条款 8.6）

（9）新增了试验与检验的约定。对于材料、工程设备和工程的试验和检验作了详细约定。（通用条款 9）

（10）在工程变更中新增了暂估价项目的确认程序。对暂估价项目区分必须招标和不用招标两种情况进行了约定。（通用条款 10.7）

（11）对于价格调整进行了详细的约定。这是新版合同新增的亮点，设立了两种价格调整方式供当事人参考选用。（通用条款 11）

（12）明确了文件传递程序。在计量规定中，明确文件递交的程序是承包人交监理人、再有监理人交发包人。（通用条款 12.3、12.4）

（13）新设了发包人违约金标准。约定发包人逾期支付进度款，按同期同类贷款利率支付违约金。（通用条款 12.4.4）

逾期验收、办法工程接受证书的，每逾期一天，按签约合同价的同期同类贷款利率支付违约金。（通用条款 13.2.2）

逾期支付结算款超过 56 天的，按二倍的同期同类贷款利率支付卫浴间。（通用条款 14.2）

（14）新设了临时进度款支付证书和临时竣工付款证书，约定对无异议的部分应先行支付。（通用条款 12.4.4、14.2）

（15）对竣工验收、移交和接受工程做了详细约定，并约定相应的法律后果。（通用条款 13.2）

（16）新设缺陷责任期规定。规定缺陷责任期最长不超过 24 个月。（通用条款 15.2）

除以上新增内容外，新版通用条款还在其他地方有不少改变，如新设了一些担保条款、保修条款，还有争议评审的约定，对于承发包双方的违约情形也进行了详细梳理。

在使用新版合同中，我们注意到新版合同与建设工程承发包现状仍有些差异，新版合同较旧版合同的内容更加丰富，更多地考虑到保护承包人的合法利益。而且新版合同约定了很多的默示条款，这要求承发包双方在履行合同时应认真对照合同约定，严格履行自身权利义务。

12.2　合同的履约管理

由于工程项目通常具有投资大、周期长、涉及面广和管理难度大等特点，在建设过程中隐藏着众多的风险，所以在施工合同签订后，履约管理也是发包人方不可忽视的重要工作。

发包人施工合同的履约管理分为成本、工期、质量等三方面。

12.2.1　成本管理

成本管理贯穿项目建设的全过程，在不同阶段，发包人对成本管理的重点也不同。

1. 施工阶段

在施工阶段，工程项目全面启动，大量的人、财、物资源都在此阶段消耗，因此发生成本管理风险的可能性也增多。在这一阶段，发包人的成本管理重点是尽量避免合同变更，控制工程投资。

（1）发包人要严格执行合同，防止索赔事件发生。发包人首先自身做到严格履行，对照合同约定按时履行合同义务，如图纸交付、施工前证照办理、水电等配套。另外一项制约发包人的重要义务就是按约定付款，如果发包人付款不到位，根据《最高人民法院关于审理建设工程合同纠纷案件适用法律问题的解释》第九条规定，发包人未按约定支付工程价款的，致使承包人无法施工，且在催告的合理期限内仍未履行相应义务，承包人请求解除建设工程施工合同的，应予支持。

如：某某花园施工合同约定垫资到封顶后一个月，最迟三个月之后80％进度款，工期约定2006年3月前封顶。实际封顶A栋2006年8月24日，B栋2006年9月3日。但由于发包人存在迟延付款行为，承包人在发包人销售正旺时，采取了诉前保全措施，发包人不得不与承包人签订和解协议，解决之前垫资工期的问题，确定工程款支付及保障办法，并免除了承包人工期违约责任，保修金5％降3％，停窝工损失150万元。

（2）严格签证手续。在必须变更且属于变更增减项目工程量签证时，必须由发包人、监理、设计、施工四方现场确认。发包人也要对现场代表权利作必要的限制，如约定现场代表只能对金额在5万元以下的变更签字确认，超出5万元的则需要特别的程序；或约定有效签证需经现场代表、项目总经理、成本部等签字确认方为有效。

（3）必要时引入专业的审价机构。如果发包人认为自身管理条件有限，则可在项目施工过程中就引入专业的审价机构，对于进度款的支付、价款变更等进行审计。这样有利于在过程中控制款项支出。

2. 竣工验收阶段

工程竣工验收合格后，施工方提供完整的工程决算供发包人审核。对工程结算进行审核就是发包人此阶段成本管理的主要内容。工程结算是建立在实际完成工程的基础上，风险较小，但也不能掉以轻心。

本阶段发包人成本管理的主要目标是保证工程结算审计的准确性和真实性。施工方往往会高估冒算，虚报工程量。发包人一方面要对施工方高估冒算做个约定，如约定施工方报送的决算价不能超过最终审核价的5％，超出则需支付一定的违约金；另一方面要亲临现场勘察工程变更、或工程完成情况，做到不多算，不漏算。另外，在自己仔细审核的基础上还需委托有资质审计公司详细审核，并积极配合其完成审计工作。

成本控制除了以上工作外，还要重视项目各方的合作，发包人要尽可能争取主管部门和投资部门的支持和理解，还应尽可能加强与工程咨询设计单位交流，避免项目施工过程中的工程变更带来的索赔，从源头上对成本加以控制。此外，发包人也要处理好与施工单位及监理单位的关系，使项目顺利进行。

12.2.2　工期管理

工程建设的进度控制是指对工程项目各建设阶段的工作内容、工作程序、持续时间和衔接关系编制计划，将该计划付诸实施，在实施的过程中经常检查实际进度是否按计划要求进行，对出现的偏差分析原因，采取补救措施或调整、修改原计划，直至工程竣工，交付使用。进度控制的最终目的是确定项目进度目标的实现，建设项目进度控制的总目标是建设工期。

1. 审核各种进度计划

虽然合同中有对开工时间、竣工时间、工期等的约定，但在施工过程中还需要对工期进行分解，制定各种进度计划。

（1）施工总进度计划。

施工总进度计划用于确定各单位工程、准备工程和全工地性工程的施工期限及开竣工日期，确定各项工程施工的衔接关系。

（2）单位工程施工进度计划。

单位工程施工进度计划是在已经确定的施工方案的基础上，根据规定的工期和技术资源供应条件，遵循正确的施工顺序，对工程各分部分项工程的持续施工时间以及相互搭接关系作出安排并用一定的形式表示出来。

（3）分部分项工程施工进度计划。

分部工程是单位工程的组成部分，是单位工程的进一步分解。按照不同的施工方法、构造与规格，可以把分部工程进一步划分为分项工程。

（4）年、月、旬、周施工进度计划。

相对于施工总进度计划，年、月、旬、周施工进度计划属于实施计划，是一定时间内工程施工的目标。

施工过程，各种进度计划常因施工的实际有所调整，这种调整是否意味着合同工期的变更呢？如果没有例外的约定，又有证据证明发包人对变更后的进度计划审批同意，则有理由认为双方对合同工期的调整达成了一致。所以为了避免被认为调整合同工期，发包人需要注意在审批承包方提交的进度计划中，需注明进度计划的调整不意味着合同关于工期约定的变更，也不意味着发包人放弃对工期索赔的权利。如有一家发包人在一封关于工期安排的函件中最后注明：

"此函件的任何内容，均不得被解释为：①我司放弃合同和其他相关文件项下的权利及法律规定的权利；②贵司对我司依据合同应负义务或履行期间的变更。同时我司的所有权利都明示保留。"

2. 做好自身工作，避免不利因素

在开工之前发包人要切实做好自己应做的各项施工准备工作，为开工后的施工创造有利的条件，保证施工活动得以顺利进行。如进行场地平整，完成施工用水、用电及场外道路等外部条件。依据合同按期、按质、按量履行合同规定的义务，为施工单位顺利实现预定工期目标提供良好的条件。提前进行专业招标、材料设备采购，避免延误造成总承包商的索赔。

大部分工程工期相对计划工期都有不同程度的拖延，因为实际施工要受到很多外部因素的影响，这些因素主要包括有施工单位自身能力、现场施工环境、自然环境的影响等，把这些不利因素一一找出，并将其分析后逐步去解决，引导施工单位排除不利因素的干扰，真正有效地控制好施工工期。

3. 加强监督，及时采取有力措施

发包人应加强对工程进度的检查，可以通过实地检查、统计资料和调度会议等了解实际情况，掌握尽可能多的信息，并将他们与计划进度进行对比，以发现进度是超前或落后，是否符合总进度计划中的总目标和分目标的要求，进度超前就要督促施工单位调整进度计划，进度落后要督促施工单位分析原因，采取赶工措施。必要时，发包人应发出书面催告文件，甚至更严重的，发包人也需要考虑是否要解除承发包合同关系，将进度严重拖延的施工单位清退出场。

综上，对工程进度不利的影响很多，需要发包人承担工期延误责任的因素有迟延付款、迟延配合施工等，另外还有不可抗力、停水、停电和其他非承包方因素。工期管理是影响工程建设成本的重要因素，对于发包人而言，加强工期管理，保证进度目标的实现需要引起高度的重视。

12.2.3 质量管理

工程质量的优劣，不仅严重影响承包商的信誉，也将影响工程建设项目发包人的经济效益。因此，搞好工程质量控制，是有关各方共同义不容辞的责任。但是，在实际工作中，由于参建各方所处的位置不同，各自所关注的重点也有所不同，作为发包人的主要任务之一，就是要以质量控制为纽带，协调设计、监理、施工单位三者关系，加强对设计、监理、施工的质量控制，保证工程达到预期的质量目标。

1. 发包人对工程建设项目进行质量控制的基本内容

工程质量是工程建设项目的投资效益得以实现的根本保证，质量控制是确保工程质量的最有效方法，并贯穿于建设的全过程。为确保工程质量，发包人可按以下内容对工程建设项目进行质量控制：

（1）预测建造期和使用期对质量影响的全部因素，做好建设项目的全部规划。

（2）选择资质等级、经验、信誉合格的设计、施工及监理单位，签订合同，在合同中必须涉及质量条款并明确质量责任。

（3）做好对重大技术方案、设计文件、施工组织设计的审定。

（4）做好实施阶段的质量控制，如图纸会审与技术交底、施工设备、材料、机械供应及施工中的质量控制。

2. 发包人对设计、监理、施工的质量控制

工程建设项目从决策到验收交付使用，共分为 4 个阶段，即：①工程立项阶段；②设计阶段；③施工阶段；④工程验收阶段。在这 4 个阶段中，除第一阶段和监理、施工涉及较少外，其余 3 个阶段无不涉及，而涉及的重要纽带之一就是质量，从设计质量、监理质量到施工最终凝结成工程质量。而在各个阶段，发包人要针对不同时期的不同重点，采取相应的质量控制手段，来最终完成对建设项目的质量控制，达到预期的质量目标。

3. 发包人对施工的质量控制

发包人对施工的具体质量控制主要是委托监理进行。监理依据发包人与承包商签订的工程承包合同，对建设项目进行全面监理，使承包商的工程质量活动完全处在监理的控制之中，有效地开展质量控制。但是，在实际工作中，有些问题不是监理和施工单位就能解决的，还需要发包人做大量的工作。发包人在施工阶段的质量控制主要有以下几个方面：

（1）确定工程质量控制流程中主动控制影响质量的因素（包括人员、材料、机具、设备、施工顺序和方法等）。工程质量控制流程明确后，进一步完善质量监督组织。如发包人可设质量管理部门，直接负责监督监理和施工单位的质量行为，并协调二者关系。

（2）抓好质量检验、落实检验方法。质量检验方法包括：施工人员的自检、质检员的专检、班组内的互检、各工序间的交接检以及发包人、监理、设计及政府质量监督部门的检查。要求各参建单位，做好图纸会审和各级设计交底工作，让所有施工人员都领会设计意图和质量技术要求。

（3）督促各工序施工质量检查坚持执行"三检"制度，逐级检查，层层把关，并严格执行质量等级评定。合理安排工序的穿插施工，加强成品的保护。所有隐蔽工程必须经有关单位验收、签字盖章，并如实做好隐蔽记录后，方可组织下道工序的施工。对完成的分部（分项）工程，按相应的质量评定标准和办法进行检查、验收。

（4）审查质量问题（事故）报告，参与质量监理会议。当施工中出现质量问题（事故），应及时引起重视，防止诱发重大质量事故；组织专人调查分析原因及特点，并审查监理、施工单位填写的工程问题（事故）报告单及处理方案报审单。

12.3　典型纠纷及处理

12.3.1　工期索赔纠纷

工期变更通常会带来工期纠纷，但无论是何种原因导致工期变更，发、承包人双方争议焦点一般都集中在索赔上，包括但不限于工期索赔、窝工索赔、价格调整索赔和奖励索赔等。因此，工期纠纷的核心在于索赔，索赔能否成立，索赔的金额大小，直接决定着发、承包人双方的工程结算款数额。

1. 工期索赔的法律依据

我国《合同法》有关工程工期可能引起索赔的规定：

（1）《合同法》第二百七十八条规定，隐蔽工程在隐蔽以前，承包人应当通知发包人检查。发包人没有及时检查的，承包人可以顺延工程工期，并有权要求赔偿停工、窝工等损失。

（2）《合同法》第二百八十条规定，勘察、设计的质量不符合要求或者未按照期限提交勘察、设计文件拖延工期，造成发包人损失的，勘查人、设计人应当继续完善勘察、设计，减收或者免收勘察、设计费并赔偿损失。

（3）《合同法》第二百八十一条规定，因施工人的原因致使建设工程质量不符合约定的，发包人有权要求施工人在合理期限内无偿修理或者返工、改建。经过修理或者返工、改建后，造成逾期交付的，施工人应当承担违约责任。

（4）《合同法》第二百八十三条规定，发包人未按照约定的时间和要求提供原材料、设备、场地、资金、技术资料的，承包人可以顺延工程工期，并有权要求赔偿停工、窝工等损失。

（5）《合同法》第二百八十四条规定，因发包人的原因致使工程中途停建、缓建的，发包人应当采取措施弥补或者减少损失，赔偿承包人因此造成的停工、窝工、倒运、机械设备调迁、材料和构件积压等损失和实际费用。

2. 引发工期延误的原因

（1）发包人原因导致的工期延误。

根据《合同法》第二百八十三条和第二百八十四条，《标准施工招标文件》（2007年版）通用条款11.3条规定，发包人存在增加合同工作内容，改变合同中任何一项工作的质量要求或其他特性，迟延提供材料、工程设备或变更交货地点，提供图纸延误，未按合同约定及时支付预付款、进度款等因发包人原因导致工期延误的情形时，承包人有权提出顺延工程日期、支付停窝工损失、进行价格风险调整等索赔要求。上述规定看似易于执行，但承包人的索赔却往往会因为以下一些因素而增加难度：

1）通常发包人会在合同中设置"本工程暂定开工日期为×年×月×日，具体开工日期以发包人的书面通知为准"的条款，以此来规避延期开工的工期延误责任。笔者就曾见过发包人以此拖延了一年之久未开工，而承包人却难以主张延迟开工索赔的例子。

2）施工合同中往往约定的工期调价风险系数不合理，或约定承包人的报价中已包含了工期风险，因此工期无论如何调整，由此带来的全部损失均由承包人承担。这样的约定对于承包人极为不利，工期调整较小尚可，一旦发生大的调整，就可能对承包人的施工成本造成严重影响，那么承包人将承受由此带来的巨大损失。若承包人要提出索赔，则首先必须变更合同约定，但这一目标通常会因发包人的拒绝而难以实现。

3）窝工期间，承包人留驻施工现场的人员（数量、职称）、机械设施、设备、窝工时间等未及时办理签证或签证不规范、不齐全，导致承包人的窝工索赔证据存在缺陷，难以获得发包人的认可。

（2）异常恶劣的气候条件导致的工期延误。

《标准施工招标文件》（2007 年版）通用条款 11.4 条并没有对异常恶劣的气候条件进行明确规定，而是给予了发、承包人双方自主约定其具体内容的权利。因此，是否符合施工合同中约定的异常恶劣的气候条件，是决定承包人能否因气候原因停工，停工后索赔能否成立的关键。

此类纠纷产生的原因，一般是因为发、承包人双方对此没有约定，或对恶劣气候条件的具体内容和范围约定不清。比如，合同约定遇大雨持续一定时间可停工，但对什么样的雨量程度算大雨，以及大雨具体持续时间没有约定。如此一来，发包人和承包人就可能对大雨的标准产生不同判断，从而影响到工期索赔。因此，合同中应当注意完善对异常恶劣的气候条件的约定。

（3）工期提前。

《标准施工招标文件》（2007 年版）通用条款 11.6 条规定，发包人要求承包人提前竣工，或承包人提出提前竣工的建议能够给发包人带来效益的，应由监理人与承包人共同协商采取加快工程进度的措施和修订合同进度计划。发包人应承担承包人由此增加的费用，并向承包人支付专用合同条款约定的相应奖金。

这种工期提前承包人可获得的奖金，在实践中一般被称为赶工费，其纠纷通常集中在赶工费是否应当支付和如何支付上。就前者而言，施工合同中往往约定为发包人有权要求承包人赶工，相应的赶工费用视为已包含在合同价款中，不予另计；就后者而言，合同中时常出现约定不清或约定过低的情况，难以执行。对此，从公平的角度来说，承包人要提前完成工程，必然要增加其人员、机械等施工成本，得到相应的赶工费用是应该的。但鉴于工期暂定，有少量提前也可算在正常施工工期范围内，因此合同中应当设置赶工的认定标准，即提前多少期限属于赶工。而就赶工费而言，发包人可以采取按包干价/日（周或月）的方式支付，也可以实际计算增加的工程费用而支付。

（4）承包人原因导致的工期纠纷。

通常情况下，承包人导致的工期延误是由于承包人的施工组织和管理出现问题，未能按照施工进度计划完成工作，或因工程质量不过关而返工，或承包人擅自停工等导致。出现此类情形并导致工程进度落后或逾期竣工时，合同通常约定承包人需按日承担违约金，除此之外，《关于建设工程施工项目延期开工和中间停工的计价调整问题答复的通知》中也明确规定了承包人分阶段承担价格下降材料的调价风险。

3. 工期纠纷的几个争议难点

（1）只要发包人有迟延付款的事实，承包人就可主张工期顺延吗？

实践中有种观点，只要发包人迟延支付预付款、进度款，不论承包人是否有主张过工期延误，都可以要求工期顺延。

目前司法实践普遍认为这种观点是错误的，发包人迟延付款导致工期顺延还有个前提条件，即发包人的迟延支付行为，导致了施工不能正常进行的后果。如发包人虽然迟延付款，但承包人自行筹款进行施工，并未影响到施工进度，在此种情况下，如承包人提出顺延工期或者工期索赔的要求，发包人不予认可是有依据的，也是合理的。此时，承包人只能因发包人迟延付款向其主张利息损失及其他损失，如双方对此约定了违约责任，则承包人还可以依据合同向发包人主张违约责任。

但在同样的情形下，如果发包人认可了承包人的工期顺延或者工期索赔要求，在双方发生纠纷时，发包人再以迟延付款行为并未影响到承包人的施工进度为理由，否定此前的认可行为，发包人的此种主张能否获得法律支持呢？从工程角度分析，发包人签字认可了承包人的工期顺延或工期索赔要求的行为，属于工程上的签证。而工程签证是合同双方在履行施工承包合同过程中，按照合同约定或经协商一致，对施工过程中发生的各种费用、工期顺延、经济索赔等所达成的意思表示一致的补充协议。而作为补充协议，则意味着双方已经一致同意对原协议的某些内容进行了变更，双方当事人必须履行已经签订的补充协议。当发包人认可了承包人的工期顺延或者工期索赔要求后，发包人再以迟延付款行为并未影响到承包人的施工进度为理由，否定此前的认可行为，该否认行为不能获得法律的支持。

【案例1】 东莞"××中心"工程施工合同纠纷案

四川某集团有限公司与东莞市某商住区建造有限公司于2002年签订施工合同，约定工程工期为360天，如承包人不能按约定日期竣工，承包人承担违约责任，每延期一天，支付罚金5000元。合同签订后，"××中心"工程与2003年3月1日实际开工，但直至2004年12月20日初步竣工。发包人东莞市某商住区建造有限公司于2005年向法院提起诉讼，要求承包人支付工期违约金50万元；赔偿损失10304元；在竣工验收报告等资料上签名盖章，并提交完整的验收资料和配合进行竣工验收。

承包人提出反诉请求：要求支付工程款15614510.61元，支付利息1905038.65元，支付违约金150万元。

案件审理中，承包人对发包人工期违约金的抗辩理由为：造成工期延误的原因，是由于发包人拖欠巨额工程进度款造成的，根据《合同法》第六十七条的规定，发包人支付进度款是先义务，承包人依法可以履行"先履行抗辩权"，而放缓施工进度，甚至暂停施工。

法院认为：由于承包人未能提交证据证明其已依据合同约定就延误的工期以书面形式向工程师提出报告，故对于承包人关于工期应顺延的主张，不予支持。承包人虽然一直致函要求发包人支付工程进度款，但依据承包人提交的已完工程量统计报表及陈述，承包人并未停工，故发包人虽存在未及时支付工程进度款的行为但该行为并未导致合同中约定的"施工无法进行的结果"。法院最后判决承包人应支付工期违约金50万元。

（2）发包人就工期延误的间接损失是否可以主张承包人予以赔偿？

对于承包人工期延误导致发包人的直接损失，承包人毫无疑问应当予以赔偿。如发包人的水电损失、管理费、因逾期交付对案外人承担的违约损失等，都属于直接损失，发包人可以主张承包人予以赔偿。但对发包人的间接损失，也就是可得利益损失，是否可以获得赔偿，实务中的看法不一。

如发包人是开发商，如承包人在合同约定工期内未能完工，发生了工期延误一年，在这一年中因国家政策调整，商品房价格出现较大幅度的下降，开发商是否可以主张其销售商品房差价的损失？《合同法》第一百一十三条规定，当事人一方不履行合同义务或者履行合同义务不符合约定的，给对方造成损失的，损失赔偿应当相当于违约所造成的损失，包括合同履行后可获得利益，但不能超过违反合同一方订立合同时预见到或者应当预见到的因违反合同可能造成的损失。可见，我国法律对可得利益损失是有所限制的，限制在订立合同时违约方可预见的范围内。

因此，对于发包人就工期延误的间接损失是否可以主张承包人予以赔偿问题，我们的结论是，在承包人订立建设工程施工合同时可以预见或应当预见的发包人间接损失，承包人仍应予以赔偿。以上举例中发包人是否可以主张商品房销售差价损失，关键在于承包人订立合同时能否预见到商品房价格的大幅下降，若依普通公众对商品房政策和市场预期，广泛可以预见到商品房价格会发生大幅降低，那么承包人就应当赔偿该部分损失，否则该部分损失应由发包人自行承担。

12.3.2　合同解除纠纷

合同的解除，一般包括约定解除和法定解除两种形式。法定解除主要适用于当事人不履行合同的主要义务，致使合同目的无法实现的情形。

1. 合同解除的条件

最高人民法院公布的《关于审理建设工程施工合同纠纷案件适用法律问题的解释》对于《合同法》第十六章的规定作了细化：

（1）发包人请求解除合同的条件。

承包人具有下列情况之一，发包人可请求行使解除权：

1）明确表示或以行为表明不履行合同主要义务的。

2）合同约定的期限内没有完工，且在发包人催告的合理期限内仍未完工的。

3）已经完成的工程质量不合格，并拒绝修复的。

4) 非法转包、违法分包的。

（2）承包人请求解除合同的条件。

发包人具有下列情况之一，承包人可请求行使解除权：

1) 未按约定支付工程价款的。

2) 提供的主要建筑材料、建筑构配件和设备不符合强制性标准的。

3) 不履行合同约定的协助义务的。

4) 合同解除后发包人还要承担违约责任的。

2. 合同解除后的法律后果

根据《合同法》规定，合同解除后，尚未履行的，终止履行；已经履行的，根据履行情况和合同性质，可以要求恢复原状，采取补救措施，并有权要求赔偿损失。合同解除，不影响合同中结算和清理条款以及纠纷解决条款的效力。

对于建设工程来说，合同解除后具体会产生如下法律后果：

（1）发包人应支付已完工程的工程价款。

解除后已完成的工程质量合格的，发包人应当按照约定支付相应的工程价款。

已完成的建设工程质量不合格的，按以下原则处理：

1) 修复后的建设工程经竣工验收合格，发包人请求承包人承担修复费用的，应予支持。

2) 修复后工程经竣工验收不合格，承包人请求支付工程价款的，不予支持。

（2）一方违约导致合同解除的，违约方应赔偿因此而给对方造成的损失。

（3）施工单位退场，交付工程现场与发包人。

3. 合同解除的几个难点问题

（1）有关合理期限的界定。

施工合同解除涉及三个合理期限问题：一是催告履行的合理期限，包括发包人催告承包人履行完工义务和承包人催告发包人履行相应义务两种情形；二是法律没有规定或当事人没有约定解除权行使期限，经对方催告后在合理期限内不行使即丧失的"合理期限"；三是前述解除合同程序中有关被通知人提出异议的合理期限。司法解释对上述期限均未涉及，出现真空。

综合实践与理论各方面的意见，我们建议可参照关于审理商品房买卖合同纠纷案件司法解释的规定，对各种合理期限作出具体规定。虽然建设工程施工合同不同于商品房买卖合同，履行情况较为复杂，不像逾期交房或逾期付款较为单一，难以把握，但也有共性之处。如，对承包人要求发包人履行相应义务的，往往就是付款、提供材料及其他协助履行义务，可明确规定一个具体时间，鉴于工程施工的拖延往往会造成较大损失，因此，可确定为一个月内为宜。而对发包人催告承包人履行完工义务的，则涉及未完工工程量多与少的问题，该合理期限较难以确定，但建议可与总工期作一比较，明确一种计算方式。对当事人未约定解除权行使期限的，经对方催告后的合理期限为一个月，没有催告，则为解除权发生之日起六个月。而对解除合同的被通知人，其异议期限宜确定为接到通知后的一个月，包括向法院或仲裁机构提出确认解除合同效力的诉讼。

（2）对一方的解除合同通知有异议，是否必须要通过诉讼或仲裁提出？

根据合同法第九十六条的规定，当事人一方行使约定或法定解除权时，应当通知对方，合同自通知到达对方时解除，对方有异议的，可以请求人民法院或者仲裁机构确认解除合同的效力。

对解除通知有异议是否须通过诉讼程序予以确认。在实践中，主要是发包方提出解除建设工程合同，但是作为承包方一旦承建建设工程合同，便要调集大量的建筑材料、设施等，因此不愿解除合同，对于解除合同通知往往有异议，同时为了长期的承建业务不想破坏合同双方，不愿通过诉讼程序来表达异议的意思，而仅以书信方式对解除通知表示异议，此时异议能否支持？根据合同法的规定，解除通知到达对方时合同解除，也就是说，通知采用到达主义，通知只有在送达被通知人时才生效，但被通知人对合同的解除或解除权的行使有权提出异议。异议提出的方式，应与解除合同的通知相同或相类似，但异议并不必然产生其预期效果，解除权人是否撤回解约通知，完全取决于解除权人的行为。因此，如解除权人在被通知人提出异议后仍未撤回解约通知，被通知人必须通过诉讼途径对合同解除的效力予以确认，否则，合同即告解除。

12.3.3　合同无效纠纷

司法解释第 1 条和第 4 条规定了合同无效的五种情形，在具体适用上基本不存在歧义，但实践运用中会有如下难点：

1. 如何判断是挂靠还是内部承包？

1999 年，建设部颁布第 53 号令《关于若干违法违规行为的判定》，规定了挂靠的判定标准：①有无资产的产权（包括所有权、使用权、处分权、受益权等）关系，即其资产是否以股份等方式划转现单位，并经公证；②有无统一的财务制度管理，不能以"承包"等名义搞变相的独立核算；③有无严格、规范的人事任免和调动、聘用手续。凡不具备上述条件之一的，定为挂靠行为。

根据法律、法规和规章的规定，结合建设工程现实状态以及司法审判实践经验，判定是合法的"工程内部承包"还是违法的"施工挂靠"，可以从四个方面加以判断。

（1）施工现场管理人员是否真正属于施工承包单位，为第一标准。"挂靠人"通常也持有被挂靠单位的营业执照副本、授权书、聘任书等，参加投标，并授权签订工程承包合同。但是，施工现场管理人员，包括承包人代表、总工程师、项目经理、技术员、施工员、安全员、材料员和资料员等，是否属于施工承包单位。不仅要核查劳动合同、聘任合同，也不仅要查看工资发放，证书注册、社会保险和外来综合保险缴纳等更是真实可靠。

（2）财务收支是否为施工承包单位统一管理，也是重要的判断标准。包括资金投入、工程款支付、材料款支付、工资支付等方面。

（3）工程质量安全是否独自承担。

（4）是否独立核算、自负盈亏。

2. 合同无效承包人要求据实结算的处理

司法解释第 2 条规定施工合同无效，但工程经竣工验收合格，承包人请求参照合同约定支付工程价款的，应予支持。该条文体现了"承包人请求"这一字眼，是否意味着无效合同参照合同约定结算工程的权利只赋予承包人，只有承包人请求才可按合同约定结算，即使发包人请求按合同约定结算，而承包人请求以工程定额为标准通过造价鉴定来确定工程价款的，亦只能按承包人的请求决定工程结算标准，实践中对此条款的适用存在分歧。主要有三种观点：观点一是既然司法解释将工程结算标准的权利赋予承包人，则意味着承包人有决定工程价款是否参照合同约定标准进行结算的权利，因此，应尊重承包人的选择权，如承包人要求据实结算，则应据实结算，但应扣除利润，对利润实施追缴。观点二是如承包人请求据实结算的，则适用就低原则，即如据实结算价款低于合同约定结算价款的，则按据实结算价款确定工程造价；如据实结算价款高于合同约定价款的，则仍按合同约定价款确定工程造价。观点三是合同虽然无效，但只要工程验收合格，不影响合同约定的工程结算标准，无论承包人是否请求按合同约定方式结算，只要有一方请求参照合同约定结算工程价款，即应按合同约定结算。

目前实践中普遍认同第 3 种观点。主要理由是施工合同无效的责任应是可归责于双方的，任何一方当事人对合同无效存在过错，任何人不能从自己的错误、违法行为中获得额外利益，均不能从合同无效中获得合同利益，这是民法公平原则的最基本体现。建设工程施工实践中由于"僧多粥少"的原因，施工合同约定的工程造价结算标准往往低于国家颁布的工程定额，合同无效，作为施工人这一方，从多获得工程款的角度出发，必然会推翻合同约定的结算标准，而要求据实结算即按定额标准结算；而发包人基于少付工程款的趋利心理，必然是要求按合同约定结算。因此，如施工人提出据实结算，一般已经过利益衡量后才作出取舍，据实结算后的价款往往高于合同约定的价款，如推翻合同约定据实结算，则施工人就可从无效合同中获得比签约当时预期利益更多的收益，这显然有失公平。

3. 劳务分包与工程转包、工程分包的区分

劳务分包与工程转包的区别在于劳务分包只要分包人具有劳务作业法定资质条件，劳务分包合同就有效，而工程转包自始无效。劳务分包与工程分包的区别，就在于劳务分包无须建设单位认可，而工程分包须经建设单位认可方有效，且再分包工程亦为无效分包。因此，实践中如何区分劳务分包、工程转包和工程分包，事涉合同效力的判定。

建设部在《建筑业劳务分包企业资质标准》规定了 13 种劳务分包情形，分别为：木工、砌筑、抹灰、石制作、油漆、钢筋、混凝土、脚手架、模板、焊接、水暖、钣金、架线。这个规定是目前确定劳务分包最直接的依据，凡超出此范围的就确认为非劳务分包。13 种劳务只要劳务分包人具备相应的资质等级标准及作业的具体范围，合同就应确认为有效。

我们顾问单位曾经发生过一起幕墙清洗工人工亡的事件，当时发包人要援引

承包合同规定，称施工单位存在违法分包，幕墙清洗企业入场时未事先通知发包人。经过我们的研究认证，我们认为该幕墙清洗合同属于普通的服务合同，不属于专业分包范围内，不适用合同及法律对违法分包的规定。最后承发包双方接受了我们的观点，使事件得到了圆满的解决。

12.3.4　工程款支付及结算纠纷

工程款支付及结算是工程建设履约的最重要、最关键的内容，很多纠纷都是因此而引发。发包人如拖延支付工程款，可能引发工程停工，甚至合同解除等法律后果。结算的拖延办理可能引发承包人的投诉、上访，甚至一些堵门、游行等过激行为。为妥善处理这些纠纷，发包人在实践中应明确如下问题：

1. 工程款的支付对象到底是谁

这个问题貌视简单，但实践中往往会出现很多纠纷。工程款的支付对象是签订合同的人？还是实际施工人？还是能控制工程的人？

正常情况下，工程款的支付对象应该是签订合同的主体及它合法授权的对象。

但如果发生有转包和违法分包时，发包人能否直接支付给实际施工人？我们认为对此情况发包人应慎重对待。从合同效力的角度来看，转包合同及违法分包合同依法无效，但发包人与承包人之间的合同不必然因承包人的转包和违法分包而无效，所以发包人仍应履行与承包人签订的合同，向承包人履行付款义务。但是最高人民法院《关于审理建设工程施工合同纠纷案件适用法律问题的解释》第二十六条规定："实际施工人以转包人、违法分包人为被告起诉的，人民法院应当依法受理。实际施工人以发包人为被告主张权利的，人民法院可以追加转包人或者违法分包人为本案当事人。发包人只在欠付工程价款范围内对实际施工人承担责任。"由这条规定引申出来，发包人对实际施工人也有一定的付款义务。但在实践中，我们不推荐发包人直接向实际施工人付款，因为实际施工人的地位往往会有很多争议，实际的情况也真真假假无法辨认。对于发包人而言，支付给签订合同的主体是较为安全的方式。

如果囿于实际需要，需支付给实际施工人，发包人最好需掌握有力的证据证实际施工人法律地位的证据材料，如承包人与实际施工人之前的转包或违法分包协议，资金支付情况，或有行政主管部门的参与见证。

2. 合同对工程量单价或材料单价未约定，双方又无法协商一致的，该如何处理

合同对工程量单价或材料单价未约定，通常出现在有设计变更，或甲方认质认价的材料价格双方无法协商一致的情况下。

根据《合同法》第六十一条规定"合同生效后，当事人就质量、价款或者报酬、履行地点等内容没有约定或者约定不明确的，可以协议补充；不能达成补充协议的，按合同有关条款或者交易习惯确定。"第六十二条规定"当事人就有关合同内容约定不明确，依照本法第六十一条的规定仍不能确定的，适用下列规定：……（二）价款或者报酬不明确的，按照订立合同时履行地的市场价格履行；依法应当执行政府定价或者政府指导价的，按照规定履行……"所以当承发包双方对于价格无法协商一致时，应该采用订立合同时的工程所在地的市场价格。

3. 迟延支付工程款，利息和违约金是否同时适用

逾期利息在法律上讲是违约金的一种，也称为罚息。因此实际上，逾期利息与逾期支付违约金是同一个法律属性，都是由于逾期付款导致的违约责任。只不过在发包人与承包人有明确约定的情况下，这一违约责任体现为逾期付款违约金；在发包人与承包人没有明确约定的情况下，这一违约责任体现为利息。因此利息与逾期付款违约金是不能同时适用的。

《浙江省高级人民法院民事审判第一庭关于审理建设工程施工合同纠纷案件若干疑难问题的解答》第二十一条规定："承包人不能按照建设工程施工合同的约定，既请求发包人承担逾期支付工程款的违约金，又同时请求支付相应利息。"

【案例2】 广州"××苑"工程款案

承包人中建某公司与发包人广州某实业公司签订施工合同，约定由承包人承包施工广州"××苑"工程。该工程于2006年4月30日基本完工，但因发包人拖欠工程款，承包人于是起诉至法院，要求发包人支付工程欠款30415736.9元及利息（利息按中国人民银行颁布的银行同期贷款利率，自2007年1月28日计

算至实际付清之日止）；支付延期付款违约金 973303.6 元（按拖欠工程款的日万分之五从 2007 年 1 月 28 日起计自实际付清之日止，暂计至 2007 年 4 月 1 日）。

该案一审判决发包人需支付工程欠款 120568386.76 元及利息（利息按中国人民银行颁布的银行同期贷款利率，自 2007 年 1 月 28 日计算至实际付清之日止），支付违约金（以判决第一项确定的拖欠工程款 20568386.76 元为本金，按日万分之五从 2007 年 1 月 28 日起计自实际付清之日止，违约金总额不超过本金）。

发包人提出上诉，认为一审判决赋予承包人收取贷款利息的权利，没有法律依据。广东高院二审认为：虽然利息属法定孳息，但双方当事人在和解协议中已约定了逾期付款的违约责任，且工程款所产生的损失，只能是占有资金所产生的利息或投资所产生的收益，不能二者同时产生，因此原审依据约定支持违约金的情况下，判决广州某实业公司向中建某公司支付工程款利息缺乏合同依据或法律依据，亦有失公平。二审法院遂判决仅支持违约金。

4. 承发包双方对结算无法达成一致时，如何确定结算造价

从解决问题方式的角度来说，达成结算的途径有二种，一为协商，二为诉讼。但实践中情况远远不止如此简单。结算价的最终形成，除了双方协商一致外，还有如下几种情况：

（1）送审价视为结算价。

最高人民法院《关于审理建设工程施工合同纠纷案件适用法律问题的解释》第二十条规定"当事人约定，发包人收到竣工结算文件后，在约定期限内不予答复，视为认可竣工结算文件的，按照约定处理。承包人请求按照竣工结算文件结算工程价款的，应予支持。"适用这条的前提是双方在合同中有约定适用条件。

（2）合同约定的固定价即为结算价。

最高人民法院《关于审理建设工程施工合同纠纷案件适用法律问题的解释》第二十二条规定"当事人约定按照固定价结算工程价款，一方当事人请求对建设工程造价进行鉴定的，不予支持。"

（3）双方共同委托咨询公司审核后，审核报告作为结算价。

双方共同委托咨询公司审核造价后，一方对审核结论不满意，能否重新起诉

要求司法鉴定？对此，《北京市高级人民法院关于审理建设工程施工合同纠纷案件若干疑难问题的解答》第 33 条规定："当事人诉前已经共同选定具有相应资质的鉴定机构对建设工程作出了相应的鉴定结论，诉讼中一方当事人要求重新鉴定的，一般不予准许，但有证据证明该鉴定结论具有《最高人民法院关于民事诉讼证据的若干规定》第二十七条第一款规定情形除外。"

12.3.5 工程质量纠纷

司法解释确定了质量优于合同效力的原则，只要工程质量合格，则无论合同是否有效，承包人都可以要求发包人按照合同约定支付工程款。

实践中处理工程质量纠纷有如下困扰：

1. 以质量不符约定为由请求减付工程款是否须另行反诉？只作答辩是否可行？

工程质量不符合合同约定，承包人拒绝修理、返工或改建的，发包人要求减付工程款究竟是答辩还是反诉，司法解释对此未予以明确规定，导致实践中存在两种看法：一种观点认为，发包人要求减付工程款，实际上是以质量不符合约定造成的损失与应付工程款进行抵扣，实质上是一项独立的诉求，况且法院必须对工程质量及修复费用进行鉴定，工作量较大，因此，应作为反诉予以处理；另一种观点认为，虽然发包人以质量不符合合同约定为由要求减付工程款可能涉及返工费用或工程质量的鉴定，但这只是发包人一种抗辩权的行使，发包人并不要求承包人支付其款项，而是要求减少其应付款，因此，只构成抗辩而不构成反诉，只有发包人作为一项独立的诉求要求承包人承担修复费用，才构成反诉。

我们认为以质量不符约定为由请求减付工程款应当分两种情形加以处理，第一种情形为提出方按约定主张对方应当的承担违约金具体数额，那么其诉求不仅明确而且具体，具备民事诉讼法"诉"的全部条件，应当作为反诉予以裁判；第二种情形为提出方以质量不符约定为由请求减付工程款，但没有提出对方因质量不符合约定应当承担的违约金具体数额，仅是笼统提出"质量不符合约定请求法院减付工程款"，那么其诉讼请求不具体，根据《中华人民共和国民事诉讼法》第一百零八条的规定，诉讼请求具体是诉的最基本特征之一，这种情形下的诉求只能视为抗辩权的行使，抗辩方如果能够证明工程主体质量不合格，那么抗辩成立，拒付工程款予以支持，反之则不然。

2. 发包人自行直接修复的，可否要求承包人承担修复费用？

司法解释只规定了承包人拒绝修复或修复后仍无法达到质量要求的情况下发包人权益的保护，但实践中存在工程质量不符合约定，发包人直接自行修复，或者发包人拒绝承包人的修复要求，而是另行委托他人进行修复，进而要求承包人承担修复费用，承包人以应由其先行修复为由拒付修复费用。

实践中存在两种观点：一种观点认为，发包人可以要求承包人对工程进行修复，也可以另行请求其他施工人对工程进行修复，修复过程中发生的费用（按照合理的市场价格）发包人有权要求承包人承担；另一种观点认为，工程存在质量问题，首先应由承包人修复，而不是由发包人另外找人修复，承包人付钱。对此，我们认为，根据《合同法》第十五章承揽合同的规定，工程质量存在缺陷，首先应由施工人修复，这是法律规定承包人的义务，不应予以剥夺。如果发包人自行直接修复的，则不能要求承包人承担修复费用。

【案例3】　深圳××花园防水纠纷案

××花园于 2003 年 1 月 3 日竣工，由于防水工程存在质量缺陷，致使屋面长期渗漏，深圳市某实业公司多次通知施工单位深圳某建安公司维修，但施工单位未来维修，实业公司无奈只能自行委托维修，至 2005 年 7 月，共发生维修费用 916984 元，2008 年 10 月 16 日，实业公司与涉案工程业委会及物业管理公司达成协议，由物业管理公司进行维修，实业公司一共支付维修费用 853236.6 元。2009 年，小业主向龙岗区建设局投诉渗漏水，龙岗区建设局组织双方进行协调，由实业公司组织维修，待处理完毕后，再由责任单位分摊，实业公司遂委托其他单位维修，合同金额约 700 万元，现维修正在进行中。

深圳市某实业公司咨询我们，拟起诉深圳某建安公司，请求支付维修费人民币 8770220.6 元。

我们经详细研究相关材料，对深圳市某实业公司提出了如下风险意见：

1. 第一笔维修费用：916984 元。

证据：2005 年 7 月 11 日律师函，无章。

分析：证据不足，较难支持。2003～2005 年期间催维修函件已无原件，且维修前未告知对方，律师函也无原件，计算该费用无依据。

2．第二笔：853236.6 元。

证据：维修协议、竣工验收报告。

分析：较难全部支持。维修前未告知对方；维修合同签订时间为 2008 年 10 月 16 日，而施工单位保修期限至 2008 年 1 月 3 日。

3．第三笔：700 万元。

证据：政府会议纪要、维修工程承包合同。

分析：较难全部支持。《关于××苑渗漏问题的分析报告》分析渗漏原因：2002 年 9 月 12 日设计变更，改为一道合成高分子防水涂料（911）3.0 厚，二道防水改一道，设计防水标准不高。多次局部修理，修补方案不够合理。

时效问题，施工单位保修期限至 2008 年 1 月 3 日。

责任分担，既往的维修应由既往的维修单位来承担，第二笔维修合同中有约定由维修单位承担保修责任。另更改设计是否全属原施工单位责任也未定。

综合以上分析，深圳某实业公司的诉求由于证据缺失难以得到支持，我们建议不要贸然起诉，该公司也采纳了我们的意见。

第4篇

项目租售

第13课 房产销售——盖的好不如卖得好

💡引言

　　"让房子找主人"，因为每套房子天生就有爱它的主人存在，建造、装饰得再好的房子如果没有找到自己的主人导致被闲置，不仅达不到房地产开发的经济目的，同时也失去了它的社会效益。如何保障"广告"真正起到行之有效的牵线搭桥的作用，以及在签售买卖合同中如何保证交易活动的顺利、合法进行？需要我们从法律法规、经验教训中学会避免自我束缚和防范风险，本课着重从广告宣传、预售许可、交易流程、案例处理等进行——剖析。

13.1　广告的尺度

　　"酒香也怕巷子深"，商品的广告对于商品销售来说，是行之有效的策略和手段。同理，在商品房交易市场中，绝大多数的商品房销售自然也都离不开各种各样的广告宣传和推广。广告的最高境界：朦胧美，留给人以想象空间。但是，作为开发商往往会因为拿捏不好广告的尺度，使得自己陷入到纠纷之中，尤其是在商业地产项目的销售中，买方常常会从广告中找借口来达到自己目的，这样，开发商就要面临承担法律责任的风险。比如有的房产明明是商住混杂的塔楼，售楼广告说成是与国际接轨的 SOHO 产品；明明是积压的空置房，却说成是保留单位、典藏户型；明明是楼盘紧靠着很多蚊虫的烂泥塘，却说成是热带雨林性气候。曾有开发商在广告里写入送家私，广告下方一行蝇头小字"活动解释权归开发商"。后来入伙时业主问为什么没有送家私？开发商解释说，广告的意思是如果业主买了家私，由开发商免费提供车辆和人手，帮业主把家私"运送"到家里，而不是赠送家私。这样的广告都是不恰当的宣传，涉嫌误导消费者而导致可能需要对此承担法律责任。

因此，作为开发商来说，应当重视房产销售广告的尺度，同时也是增强自我保护意识。

13.1.1 广告与实际交付房屋不一致，是否需要承担责任？

在商品房销售过程中，开发商的商品房广告与实际交付房屋存在不一致的情形，但是开发商对此并不必然承担违约责任。因为在一般情况下，商品房销售的广告资料（包括样板房、楼书以及各种广告宣传品等）是未纳入买卖双方签订的合同内容中的，这样，从原则上来讲，这些广告内容对买卖双方是不具有合同约束力的。

但是，当商品房广告符合以下情形时，开发商需要对此承担违约责任。

（1）根据《最高人民法院关于审理商品房买卖合同纠纷案件适用法律若干问题的解释》之相关规定：商品房的销售广告和宣传资料为要约邀请。当开发商销售商品房的广告就商品房开发规划范围内的房屋及相关设施所作的说明和允诺具体确定，并对商品房买卖合同的订立以及房屋价格的确定有重大影响的时候，即使以上说明和允诺未载入双方所签订的商品房买卖合同，也会被视为合同内容，开发商一旦违反以上说明和允诺，应当承担相应的违约责任。

（2）根据《广东省高级人民法院关于审理商品房买卖合同纠纷案件若干问题的指导意见》之相关规定，商品房售楼广告的内容没有在商品房预售合同中约定，但符合下列情形之一的，该广告内容具有法律约束力：①向购房者提供优惠条件或赠送礼品的许诺；②对商品房外墙或共用部分装饰标准的告示；③对商品房各组成部分或共用部分使用功能质量的陈述；④对商品房周围环境质量作出的具有明确的公建指标的说明；⑤其他载有明确指标的说明。开发商如有违反，也应承担相应的违约责任。

（3）根据《广告法》相关规定，利用广告对商品或者服务作虚假宣传的，由广告监督管理机关责令广告主停止发布，并以等额广告费用在相应范围内公开更正消除影响，并处广告费用一倍以上五倍以下的罚款；对负有责任的广告经营者、广告发布者没收广告费用，并处广告费用一倍以上五倍以下的罚款；情节严重的，依法停止其广告业务。构成犯罪的，依法追究刑事责任。

以下案例涉及开发商在广告宣传中的承诺足以影响买受人订立房地产合同，开发商未兑现而导致承担违约责任。

【案例 1】　严某诉某开发商违反广告承诺纠纷案

香港居民严某因工作需要往返深港两地，深圳市某开发商在售楼书和发布的广告中承诺提供港深直通巴士，严某为之心动就购买了开发商的一套房，并以每次 20 元的价格搭乘直通巴士往返深港之间。但直通巴士持续了一段时间以后，开发商发现，营运巴士每个月都是亏损的。开发商遂以深港两地政策不允许为理由，停开了巴士。严某认为开发商违反了最初的承诺，告到法院要求赔偿。法院审理认定，开发商的承诺未兑现构成违约，并判定开发商赔偿业主车资费两千余元。

13.1.2　广告中要怎么样做好自我保护?

（1）开发商销售商品房的广告，要以抽象笼统为原则，不能作出具体明确的说明和允诺。例如，在推广宣传中，可以有"国际潮、繁华色"，"升值潜力不可限量"等的宣传内容跟口号，但是尽量不作出类似"绿化率不低于 X％"的说明和允诺，以免对开发商约束太多。可以宣传是"健康住宅"吗？——有关部门对"健康住宅"有详细的建设技术要点要求，包括面积指标、空气质量标准、采光标准等等。如果所售楼盘不能完全符合，就不能宣传是"健康住宅"。

如深圳某楼盘 16 户业主集体退房案：深圳某楼盘位于宝安中心区，开盘时间为 2007 年 5 月 20 日，当时正值全国房地产市场上涨高潮时期，商品房的价格在当时是日新月异，持续上涨，一直到 2007 年 11 月底，上涨的势头在国家严厉的宏观调控下得到遏制。房价从最高时单价 1.6 万元左右，跌落到低谷时不到 8000 元，由此引发大量小业主退房纠纷。

本案争议焦点之一是："创享二变四、三变五空间"，"一房变三、三房变五"广告用语是否属于虚假广告？代理律师通过对虚假广告的法律定义、认定标准等相关法律规定以及房屋买卖合同从签订到履行过程的充分论证，得出该广告用语并非虚假广告的结论。法院最终采信该结论，并判决开发商胜诉。

（2）开发商与买方签订买卖合同时，最好不要将商品房推广宣传资料中的内容纳入到合同中来。实践中，有开发商为了顺利销售房产，将推广宣传资料的内容放入合同条款里或者直接将推广宣传资料作为买卖合同的附件，这些都是不可取的，因为一旦将商品房推广宣传资料中的内容纳入到合同中来，该宣传内容对开发商便具有了合同上的约束力，开发商对此是需要承担合同义务的。如北京某高档小区在售楼时在宣传资料中承诺，"小区内综合绿化面积达总占地面积的31%，拥有 6800 平方米的绿地和中心花园，环境宜人，5000 平方米的地下超大停车库，原装高档现代电梯，小区实行封闭式管理，24 小时保安，房屋共用部分精美装修等等"。同样业主入住以上承诺纷纷不能兑现，要求开发商承担违约责任。一审法院认为，开发商对于绿地、花园面积、车库、原装现代电梯以及对商品房各组成部分装饰装修标准的说明和允诺，影响到了商品房的档次及居住质量，也会对买受人购房，订立购房合同及房屋价格的确定产生重要影响，因此对上述几项开发公司说明和允诺的内容应当认定为合同内容。一审法院判决开发商承担违约责任，并赔偿购房人经济损失。

（3）商品房销售时设置的样板房如果与实际交付房屋的质量、设备及装修存在差异，应当作出明确说明。如在楼盘模型、沙盘及样板房中显著位置标注"不作为合同内容"，避免因模型、沙盘或样板房与实际有所出入而引发纠纷。

1）根据《商品房销售管理办法》第三十一条规定："房地产开发企业销售商品房设置样板房的，应当说明实际交付的商品房质量、设备及装修与样板房是否一致，未作说明的，实际交付的商品房应当与样板房一致。"

2）根据《深圳市房地产市场监管办法》相关规定，房地产开发企业的销售广告、售楼书、样板房等就商品房及相关设施的说明和允诺具体确定，并对商品房买卖合同的订立和价格的确定有重大影响的，应当视为商品房买卖合同的内容。房地产开发企业应当对样板房的装修装饰材料及其价格、规格等信息以书面形式详细说明，并逐项列明是否与销售商品房一致，置于样板房入口等显要位置。房地产开发企业未提供样板房说明，样板房即为具体确定的商品房及相关设施的说明和允诺；样板房说明未予说明、明确的项目，该样板房项目即为具体确定的商品房及相关设施的说明和允诺。

（4）开发商委托销售代理商代理销售商品房的，开发商应当在其发布的商品房预售广告中同时载明受托销售代理商的名称和备案编号，以免发生被人冒用、盗用其名号的情况。

（5）《房地产广告发布暂行规定》规定，广告中不得含有以下内容：不得含有风水、占卜等封建迷信内容，对项目情况进行的说明、渲染，不得有悖社会良好风尚；不得利用其他项目的形象、环境作为本项目的效果；不得出现融资或者变相融资的内容，不得含有升值或者投资回报的承诺；不得含有广告主能够为入住者办理户口、就业、升学等事项的承诺；表现项目位置的，应以从该项目到达某一具体参照物的现有交通干道的实际距离表示，不得以所需时间来表示距离。

另外，房地产广告中的项目位置示意图，应当准确、清楚、比例恰当；涉及内部结构、装修装饰的，应当真实、准确。预售、预租商品房广告，不得涉及装修装饰内容。

13.2　销　售　模　式

从房地产的历程、现状及未来发展趋势来看，现在的房地产行业销售模式主要有自主销售、代理销售、房地产超市、网络营销。

13.2.1　自主销售模式

自主销售是指开发商不仅负责房地产的开发，同时还负责房地产的销售。这是传统的销售模式。该模式的优势体现在：可以节约运营成本，减少间接费用产生，使企业利润实现最大化，而且销售团队由自己掌握，便于管理和控制，销售人员也相对稳定和熟悉，方便公司的管理。但也有其弊端：缺乏专业的营销手段和市场及社会资源匮乏，直接影响销售进度和整个项目的效益。该模式不是本课需要探讨主要内容，故简述之。

13.2.2　代理销售模式

随着房地产市场的逐渐成熟，分工越来越细，越来越向着专业化的方向转变，专业成熟的房地产销售代理商因其直接面对市场，拥有既专业又强大的营销团队和策划宣传能力、丰富客户资源和成熟的实战经验，对楼盘销售的各个环节比较熟悉和把握，可以很好地弥补开发商的不足，从而在较短的时间内完成销售面积和开发商的营利目的。目前大多数开发商将自己投资建设的项目委托此类专业代理公司进行销售，这就是房产开发与销售相分立的代理销售模式。

1. 代理销售的分类

代理销售可分为：独家全程代理、联合代理、协同销售。

（1）独家全程代理，是目前部分城市的房地产市场的主流销售模式。由于代理商在操盘过程中有丰富的经验，每一个环节和细节都有比较深的了解，可以较为准确地把握市场客户品位、心理、消费习惯等，可以避免或减少开发商盲目揣测市场，偏离市场需求，专业的服务团队和能力与开发商优势互补，达到最好的销售效果。但是，如果碰到不讲信用、不成熟的独家代理商，不仅对楼盘的销售无效，反而会出现变客为主，使得开发商非常被动以至陷入纠纷之中，因此，选择一家优秀、诚信的代理商，是开发商必须慎重考虑的一个问题。

（2）联合代理，即开发商同时委托两家以上代理商进行销售。既然存在两家以上代理商，则势必会带来竞争，因此，该代理模式可以充分调动代理商的积极性，在设定代理佣金条款时，可以由开发商选择付拥条件，不会出现因为独家代理导致反客为主的情形。但容易出现两家代理商为抢业绩，破坏公平的竞争环境，出现摩擦纠纷在所难免，这样，对整个项目都会带来极大的负面影响，开发商的利益也会因此受损，而且很可能会将开发商也牵扯入纠纷中。

（3）协同销售，即开发商与代理商合作共同销售。这种模式让开发商与代理商之间紧密合作、取长补短，代理商面对开发商的竞争，势必慎重地选择销售团队和充分利润策划优势，争取更多的代理收入，开发商的销售团队可以在销售过程中，学习代理商的销售技巧和专业水平，以及可以利用代理商的丰富信息作为有效参考，在市场定位和营销策略等制定过程中提供有利依据。同样，任何一种销售模式都会有利有弊，这种模式会出现联合代理的类似恶性竞争的情形，而且在出现矛盾后，开发商往往会偏护自己的销售团队，因此，会给代理商以不公平的感觉，无法最大化地发挥代理商的专业优势，也不利于整个项目的销售和开发商的整体利益，但开发商却还会因此而付出不对等的代理费用。

因联合代理和协同销售会出现管理复杂、操作流程容易发生混乱以及容易产生纠纷，间接造成销售业绩及企业利润的损失，因此，一般的房地产公司不宜采用。

2. 如何选择一家优秀的代理商

开发商应根据自身的情况，合理选择代理销售的模式，无论是哪一种模式，都离不开需要选择一家优秀、诚信、专业的销售代理商，从哪些方面考量和选择代理商？

（1）是否拥有合理的组织架构和专业团队？

（2）是否拥有完善的销售管理流程和成熟的管理经验？

（3）是否拥有强大的营销策划、宣传推介能力和优秀的销售人才？

（4）是否拥有丰富的客户信息资源和社会资源？

（5）是否拥有有效的信息搜集、分析和动用能力？

（6）成功的实战经验。

（7）有效的合同执行能力和拓展合作能力。

3. 在与代理商进行合作时，应重点注意的事项

（1）开发商应当充分尊重销售代理商。

开发商应当充分尊重销售代理商的利益，尊重销售代理公司内部的管理和销售模式，在制定销售任务、营销策略以及市场定价等方面与销售代理公司进行及时有效的沟通交流，尊重销售代理公司的劳动成果，依照相关约定按期足额支付相应的代理费用。

（2）开发商要充分利用好销售代理商。

销售代理商是房产项目销售的专家，其拥有丰富的专业技能、丰富的实践经

验、丰富的人力资源、丰富的社会市场资源。开发商与销售代理商合作，正是需要借助其上述资源来成功完成合作项目的销售，因此，开发商在合作过程中应该积极调动销售代理商的各方面资源，为自己所用。

4. 签订销售代理合同时，应重点注意的关键条款

为保证销售进度和销售利益的最大化，开发商必然需要对销售代理商进行一定的限定与督促。因此，开发商应当以合同形式（参见范本一）将双方的权利义务明确细化，并重点关注以下几个关键条款：

（1）关于销售代理商的权限。

明确销售代理的范围：是代理销售项目的全部还是部分，应当进行明确的约定，如果代理销售所涉及的范围比较复杂，一般开发商可以就此范围制作详细的代理销售明细表，作为销售代理合同的附件。

明确销售代理的方式：是独家销售代理，还是联合销售代理或者一般销售代理。

明确销售代理的期限：销售代理的期限不宜采用概括性的约定，例如"代理期限至本代理合同项下代理销售项目销售完毕时止"等，建议采用确定的期限来进行限定，以维护开发商在销售代理合作中的主动权。

笔者在实践中，接触过这样一个案例：有一家开发商跟销售代理商所签订的销售代理合同中，约定"本合同期限：本合同生效后开发商就所委托销售的物业取得预售许可证并在深圳主流宣传媒体上第一次发布解筹广告、对外公开解筹之日起 12 个月止"。约定的代理范围为"开发商位于某某处的某某项目之住宅、商业及车位"。后来，销售代理商的销售业绩不佳，引进了第三方就住宅项目进行联合销售。第三方的销售业绩显著，很快就完成了住宅项目的销售进度。开发商鉴于此，为了保证销售进度，希望与先前的销售代理商解除合同，与第三方就该项目的商业等部分达成销售代理协议。然而，开发商根据先前销售代理合同的约定，却陷入了尴尬的境地：首先，根据先前销售代理合同约定的代理期限，因为该项目的商业部分在该销售代理合同签订后的近 2 年左右才公开解筹销售，因此，先前的销售代理合同还在有效期内，开发商无权单方解除该销售代理合同；其次，根据先前销售代理合同的约定，开发商在目前的销售现状下也无权引进第三方进行联合销售。后来，根据我方的建议，开发商只好与先前的销售代理商进

行协商，最终以引进第三方进行联合销售结案。

（2）关于代理销售的物业价格的确定。

关于代理销售的物业价格，开发商一般采取两种方式来予以确定：一是，就代理销售项目制作一份详细的销售价格明细表，作为代理合同的附件，并且要求销售代理商严格遵照执行，不得加以变动；二是，就代理销售项目制作一份详细的销售基价表，作为代理合同的附件，双方约定，销售代理商可以高于销售基价进行溢价销售。前一种价格确定方式，可以防止销售代理商因为追求溢价销售而延误到项目的销售进度，但是，同时，不利于发挥销售代理商对市场价格把握所具有的专业优势，可能无法实现开发商销售利益的最大化；后一种价格的确定方式，能够充分发挥销售代理商自身对市场价格脉搏的准确把握，有助于实现销售利益的最大化，但是，同时，销售代理商可能为追求销售溢价为自身所带来的利益而拖延到整个项目的销售进度。因此，面对以上两种价格确定方式，开发商应该根据自身的实际情况进行选择，如果开发商市场经验丰富，能够较为准确的把握房地产市场的价格并能制定出科学合理的销售定价，开发商为保证销售进度，可以选择第一种价格确定方式。在签订上述相关条款时，我们建议，开发商要在合同中明确保有对于销售价格的变更权和最终决定权。

（3）关于销售代理佣金及支付。

佣金计提约定：开发商要以合作共赢的意识来看待销售代理商，因此，对于销售代理商最为关注的销售代理费用及其支付问题，双方应当进行科学合理的约定，以维护开发商和销售代理商双方利益以及保证销售代理合同的顺利实施。在目前的房地产市场中，销售代理佣金一般是双方约定按照销售代理签订房屋买卖合同金额的一定比例计提代理佣金，而且，如果开发商采用销售基价基础上浮动溢价销售时，开发商还需要按照一定比例计提溢价部分给销售代理商，但，该销售溢价部分不得重复计提，因此在销售代理合同中应明确该溢价部分不再按照约定比例计提代理佣金。在此，还有一点需要注意，关于溢价分成部分税费的承担与扣减问题，开发商也应当在销售代理合同中予以明确确定，以避免在溢价分成之外，还要额外的承担溢价分成部分的各种税费。在实践中，有的开发商在向销售代理商支付溢价分成部分款项时，按照双方约定比例预先扣除相关税费，待项目销售完成时，双方再就此进行总的结算；有的开发商采取在支付溢价部分分成款项时，按照约定比例一次性扣除相关税费，双方不再就此进行退补结算。

佣金计提依据：一般来说，开发商与销售代理商约定将销售代理商成功代理签订房屋买卖合同作为计提相应代理佣金的依据。也就是说，销售代理商计提代理佣金的前提必须是成功代理签订房屋买卖合同，而实践中又往往会遇到多种特殊情形，因此，需要双方在签订销售代理合同时对代理佣金的计提进行更为详细的约定，例如：销售代理商在代理期限内与买方签订了认购书但是尚未签订房屋买卖合同，代理期限届满或解除后，开发商最终自行与买方签订房屋买卖合同的情形，这种情形下是否需要向销售代理商计提代理佣金以及计提比例是否另有约定等。

佣金支付时间：对于代理佣金的支付时间，在实践中，有约定在房屋买卖合同签订后且全部房款支付完毕时支付全部代理佣金，也有约定在房屋买卖合同签订后按照各期房款实际支付的时间来分阶段支付相应比例的代理佣金。无论是约定在哪个节点进行支付，应当提请注意的是，应当在销售代理合同中对该节点进行明确的约定，以免产生歧义。

销售进度与佣金计提比例区别条款的设置：对于开发商来讲，在销售代理合同中设置销售进度与佣金计提比例区别条款是必要的，也是销售代理合同核心条款的重中之重。实践中，开发商将整个项目销售进度划分为各个阶段的销售进度，然后针对各个阶段的销售进度设定相应的不同比例来计提代理佣金，以此来对销售代理商进行督促与激励，例如："本代理合同项下项目销售分为四个销售阶段，销售阶段如下：第一阶段（2013 年 1 月 6 日～2013 年 3 月 5 日）：完成该项目总销售面积的 20%，开发商以实际到账的各期房款的 1.8%计提代理佣金给销售代理商；如未完成该项目总销售面积的 20%，开发商以实际到账的各期房款的 1.0%计提代理佣金给销售代理商；第二阶段（2013 年 3 月 6 日～2013 年 7 月 5 日）：完成该项目总销售面积的 40%，开发商以实际到账的各期房款的 1.8%计提代理佣金给销售代理商；未完成该项目总销售面积的 40%，开发商以实际到账的各期房款的 1.0%计提代理佣金给销售代理商……"实践中也有开发商将各个阶段的销售进度作为单方解除销售代理合同的依据在合同中予以确定下来，例如："本代理合同项下项目销售分为四个销售阶段，销售阶段如下：第一阶段（2013 年 1

月 6 日～2013 年 3 月 5 日）完成该项目总销售面积的 20％；第二阶段（2013 年 3 月 6 日～2013 年 7 月 5 日）完成该项目总销售面积的 40％……，如果，销售代理商在第一阶段未能完成项目总销售面积的 10％，或者销售代理商在第二阶段未能累计完成项目总销售面积的 40％……，开发商有权利单方解除本代理合同，开发商单方解除本代理合同的……"

13.2.3　房地产超市模式

该模式在上海已经出现，即开发商将产品的模式放在房地产超市的展厅内，配置各种说明、宣传资料，以及职业顾问，在超市里采用先进的电子技术及设备、多媒体的展示和公布各种房地产信息等，由潜在消费者以逛超市的方式去选择，选好以后再去现场察看。此种模式可以让开发商与消费者进行直接的信息沟通，可以缩短消费者看房选房的时间，也利于开发商与相关企业如建材、装饰企业的交流和合作，同时，也可以让政府部门更集中地了解和收集各种房地产信息数据。不过，此种模式因开发商需要交纳参展费加大了开发成本，同时维持房地产超市的持续经营费用较高，暂没有成为主要的销售模式。

13.2.4　网络营销模式

前三种模式都是传统的销售模式，现随着网络设施的健全和网络知识的普及，数据信息的瞬息万变，市场需要更新的销售模式以满足消费者个性化的需求，出现了网络营销的新型销售模式。顾名思义，该模式以网络为主要手段，主要体现在：

（1）网上房展，由消费者直接在网上看房、选房，消费者不受地域和时间的限制，大大方便了消费者。

（2）网上竞拍，为保障竞拍的成功和有效，应设置竞拍者资格准入条件，如搜房网要求竞拍者必须已经参观过楼盘现场，并登记了个人资料才能参与竞拍等。

（3）方便、及时进行房地产市场的调查，由于互联网辐射面广，此种调查也有着层面广、及时的优势，开发商可随时根据市场需要作出反应和调整。

（4）网络公关宣传，包括在网上传播公布广告链接发布广告、房地产常识，及时发布最新房地产动态和政策动态，通过友情链接和搜索引擎链接，增加网站的访问量，从而加大房地产交易量。

（5）网络社区，在网上建立开发商与消费者之间的交流之外，还可以促进消费者与消费者之间的沟通和了解，包括购房者可以通过自己选房、装修的经验和事例给其他人一些借鉴等。

该种模式最大的优势在于通过互联网的传播使企业品牌提升，可以有效地加强开发商与消费者之间的交流，中间环节少，成本低，通过交流及时地满足客户的需求，方便统计数据为下次营销作参考，加大成交量等。存在的缺点是，基于目前消费者对网络缺乏足够信任，每个消费者都较为谨慎，也无法满足直观地看房需求，无法形成即时有效的购买力，且交易流程中因涉及到政策、银行等部门，不能在网络上完全实现购房的整个交易流程，同时，在目前环境下，该种营销模式还应与传统的传播方式如广告、宣传资料等相结合。但随着网络时代的到来，互联网几乎无限的信息容量的优势，超越时空的房地产营销势必会出现新的突破和变革，房地产开发商应增强对网络营销的认识和投入，以满足现代化的市场和消费需求。

13.3　买卖合同的关键条款

虽然我国现行法律并未规定开发商与买受人必须以建设部、国家工商局发布的《商品房买卖合同》示范文本签订房产买卖合同，但是，目前房地产市场中，开发商一般都会根据当地行政主管部门的要求，与房产买受人按照上述示范文本进行签约。开发商与买受人选择使用示范文本的，不得直接删除或修改合同示范文本的条款，对于合同示范文本中可选择的内容及空格部位填写的内容，双方应当协商确定。对于合同示范文本中未约定、约定不明或不适用的内容，买卖双方当事人可以根据具体情况签订书面补充协议（参见范本三），该补充协议可以作为买卖合同的附件，但是，补充协议中含有不合理地减轻或免除合同示范文本中约定应当由出卖人承担的责任或不合理地加重买受人责任、排除买受人主要权利内容的，买受人可以格式条款为由主张撤销。为避免纠纷，保障自身合法权益，我们建议开发商就买卖合同中关键条款以及经常易发生纠纷的事项，作相应的补充约定，以明确各方权利、义务，保证买卖合同的顺利履行。

13.3.1　有关面积条款的补充约定

开发商所设计的商品房面积值与实际交付商品房面积值之间存在差异，虽然是不可避免的，但开发商应该对商品房面积差异处理方法从法律规定与房产项目的实际情况进行综合考量，然后在合同中加以明确约定，以避免陷入纠纷。

1. 面积差异有约定的处理方式

根据合同意思自治原则以及《最高人民法院关于审理商品房买卖合同纠纷案件适用法律若干问题的解释》之规定，开发商与买受人就商品房面积差异的处理方法有约定的，按照约定处理。

2. 面积差异没有约定的处理方式

根据《最高人民法院关于审理商品房买卖合同纠纷案件适用法律若干问题的解释》之规定，出卖人交付使用的房屋套内建筑面积或者建筑面积与商品房买卖合同约定面积不符的，双方当事人对此在合同中没有约定或者约定不明确的，按照以下原则处理：

（1）面积误差比绝对值在 3％ 以内（含 3％），按照合同约定的价格据实结算，买受人请求解除合同的，不予支持。

（2）面积误差比绝对值超出 3％，买受人请求解除合同，返还已付购房款及利息的，应予支持。买受人同意继续履行合同，房屋实际面积大于合同约定面积的，面积误差比 3％ 以内（含 3％）部分的房价款由买受人按照约定的价格补足，面积误差比超出 3％ 部分的房价款由出卖人承担，所有权归买受人；房屋实际面积小于合同约定面积的，面积误差比在 3％ 以内（含 3％）部分的房价款及利息由出卖人返还买受人，面积误差比超过 3％ 部分的房价款由出卖人双倍返还买受人。

　　根据以上，建议开发商在买卖合同中对交付使用的房屋套内建筑面积或者建筑面积与商品房买卖合同约定面积不符时的处理方法予以明确约定，例如，直接约定"出卖人交付使用的房屋套内建筑面积或者建筑面积与商品房买卖合同约定面积不符的，双方同意按照面积差异值，由买卖双方据实结算、多退少补"，以避免风险的承担。

13.3.2　交付条款的补充约定

　　关于房产的交付，此处仅对以下几点作相应的说明，详细的阐述详见第 14 课。

1. 交付的方式

　　商品房交付意味着房屋毁损、灭失等风险的转移，因此，房产交付的方式以及如何认定房产已交付，对于开发商与买受人来说都尤为重要。

　　根据《最高人民法院关于审理商品房买卖合同纠纷案件适用法律若干问题的解释》之规定，对房屋的转移占有，视为房屋的交付使用，但当事人另有约定的除外。那么，何为房屋的转移占有？理论与实务界对此都存在争议，因此，开发商应当在签订商品房买卖合同时，对房屋的交付方式与交付日期的确认进行明确的约定，比如说以"交钥匙"为界限，例如："卖方书面通知买方入伙后，买方经验收同意收楼的，本房地产的交付时间为卖方交付本房地产的钥匙之日。"

2. 交付的通知

　　开发商应注意在买卖合同中对房产交付的通知条款予以完善，我们建议从以下几个方面着手：

（1）通知的地址。

　　开发商通知买受人收房的地址，应当为买受人在商品房买卖合同中预留的地址。但实践中，经常会遇到买受人预留地址与真实地址不一致或买受人地址变更的情况，导致开发商的书面通知未送达买受人而产生逾期交房纠纷。我们建议，开发商在补充协议中明确买受人的通知地址及联系方式，并且，由买受人作出相应的承诺，例如，"买受人承诺预留地址及联系方式真实有效，上述地址或者联系方式发生变更的，买受人应及时书面通知出卖人，否则，因此导致出卖人书面通知不能送达的，由买受人承担相应的责任"。

（2）通知的形式。

开发商对于买受人收房的通知事宜，应当采取书面形式，这样也有利于开发商日后合法权利的维护。另外，开发商的书面通知应当采用通常的邮寄方式，将书面通知送达到买受人预留的地址。

（3）通知的内容。

开发商应当在通知中表述清楚交付商品房的具体时间，地点，应当携带的文件、证件，详细参见下面篇章中的《入伙通知书》等文件。

3. 交付流程

我国现行法律、法规等并未对房产的交付流程进行明确的规定，因此，实践中，开发商与买受人常就房产交付流程产生争议，原因在于两者利益的不一致性。开发商往往规定先交费后验房的房产交付流程，例如，规定买受人需要先预交产权办证费、管道煤气开通费、物业管理费、补交面积差价款、缴纳契税和维修基金等才能验房，而对于买受人来说，尚不知道房产的情况就要交费，在情理上会有抵触。但是，如果开发商同意买受人先验房后交费，便会导致费用收取的困难，因此，我们建议开发商就房产交付的流程在合同的补充条款中予以明确，以避免纠纷的发生。

4. 交付期限

逾期交房是指在双方约定的交房期限届满时，开发商没有将符合交付使用条件的房屋交付给买受人的行为。对于逾期交房违约责任的预防问题，开发商在合同条款的设计上，应当注意以下几点：

（1）可以与买受人就逾期交房免责事由进行约定，例如，"如果项目施工中遇到异常困难及重大技术问题时，开发商可以根据实际情况延期交付房产，并且，买受人确认，开发商无须因此承担违约责任"等。

（2）关于逾期交房的合同解除权的约定。

根据《最高人民法院关于审理商品房买卖合同纠纷案件适用法律若干问题的解释》之规定，除当事人双方另有约定外，开发商迟延交付房产的，经买受人催告后，开发商在三个月的合理期限内仍未履行的，买受人有权解除买卖合同。也就是说，开发商逾期交付房产的，合同是否解除首先以双方约定为依据，双方没有约定的，买受人根据法律规定，享有解除合同的权利。因此，提请开发商注意，在签订买卖合同时，根据房产项目的进展情况，为避免逾期交付导致的买卖合同的解除及赔偿事宜，开发商应当就此与买受人进行明确的约定。

5. 交付质量条款

商品房质量问题指的是，开发商向买受人所交付的商品房及其物业配套等存在不符合法律规定或合同约定的质量标准而产生的纠纷。

根据《最高人民法院关于审理商品房买卖合同纠纷案件适用法律若干问题的解释》第十二条以及第十三条之规定，如果"房屋主体结构质量不合格不能交付使用，或者房屋交付使用后，房屋主体结构质量经核验确属不合格"的，或者"房屋质量问题严重影响正常居住使用"的，买受人有权请求解除合同并要求开发商赔偿相应的损失。

需要提请开发商注意的是，只有在房屋主体质量不合格或者房屋质量问题严重影响到正常居住使用时，买受人才能行使解除合同并要求赔偿损失的权利，如果，开发商所交付的房屋虽然存在质量问题，但尚未达到上述两点情形的，买受人是不能够直接行使上述权利的。为了防止实践中，买受人以房屋质量为由拒绝收房，开发商应当在签订房产买卖合同中明确买受人可拒绝收房的情形范围，以防此类纠纷的发生。

13.3.3　小区车位、车库的权利归属问题

根据《物权法》之相关规定，"建筑区划内，规划用于停放汽车的车位、车库的归属，由当事人通过出售、附赠或者出租等方式约定"。也就是说，对于建筑区划内，规划用于停放汽车的车位、车库的归属，开发商可以通过在合同中予以明确约定的方式，保留小区车位、车库的所有权。开发商可以与业主就小区车位、车库所有权的归属在房产买卖合同中予以约定，也可以与业主就小区车位、车库所有权的归属另行签订合同予以明确。但开发商应注意到小区车位、车库所有权取得的限制，以免导致合同条款的无效（相关规定和案例详见16.3节内容）。

13.4 预售实战指引

所谓商品房预售指的是，"房地产开发企业将正在建设中的房屋预先出售给买受人，由买受人支付定金或房价款的行为"。商品房预售的特殊性正是体现在其出售的标的是正在建设尚未竣工，不能即时移交及办理房屋所有权登记的商品房。

13.4.1 房地产预售的法定条件及办理预售许可证程序

开发商在依法取得房地产预售许可证前，不得直接出售或者以内部认购、内部认筹等方式变相出售商品房，未取得房地产预售许可证签订的合同为无效合同。

按深圳市政府的有关规定，房地产预售许可须报经深圳市规划和国土资源委员会审批，并且依据申请——审核——公示的程序办理。

1. 房地产预售的法定条件

开发商要取得房地产预售许可证，需要满足一定的法定条件，以深圳市为例，根据《深圳经济特区房地产转让条例》、《深圳市房地产市场监管办法》之相关规定，房地产开发商预售房地产应当符合下列法定条件：

（1）已付清地价款，并取得房地产权利证书。

（2）取得《建设工程规划许可证》、《建设工程施工许可证》，施工图已经规划主管部门备案合格。

（3）开发企业已取得房地产开发资质等级证书。

（4）除付清地价款外，投入开发建设的资金已达工程预算投资总额的25%，并经注册会计师验资；七层以下（含本数）的商品房项目已封顶；七层以上的商品房项目已完成地面以上 2/3 层数。

（5）确定施工进度和竣工交付日期。

（6）预售商品房项目及其土地使用权未设定他项权利且未被司法机关或者行政机关查封、扣押。

（7）项目资本金账户余额不低于项目资本金10%。

（8）已完成拟预售房屋的预售测绘。

（9）已按规定明确物业服务用房房号、面积。

（10）已确定商品房预售资金监管措施。

另，根据国务院办公厅《关于继续做好房地产市场调控工作的通知》（国办发〔2013〕17号）的要求："2013年起，各地区要提高商品房预售门槛，从工程投资和形象进度、交付时限等方面强化商品房预售许可管理，引导房地产开发企业理性定价，稳步推进商品房预售制度改革。继续严格执行商品房销售明码标价、一房一价规定，严格按照申报价格对外销售。各地区要切实强化预售资金管理，完善监管制度；尚未实行预售资金监管的地区，要加快制定本地区商品房预售资金监管办法。对预售方案报价过高且不接受城市住房城乡建设部门指导，或没有实行预售资金监管的商品房项目，可暂不核发预售许可证书。各地区要大力推进城镇个人住房信息系统建设，完善管理制度，到"十二五"期末，所有地级以上城市原则上要实现联网。"

2. 提交房地产预售许可申请

根据《深圳市房地产市场监管办法》的相关规定，房地产开发项目申请预售前，项目资本金账户余额应当不低于项目资本金10%，并在项目取得规划验收合格凭证后，方可提取使用。在符合提取使用条件前，房地产开发企业不得以任何方式将前款规定的项目资本金挪作他用，商业银行不得拨付。商业银行出具不实资本金存储证明或者不按本条规定拨付资金的，银行监管部门应当依法处理并在征信记录中作不良行为记录。

开发商办理房地产预售许可，需要根据项目所在地区向深圳市规划和国土资源委员会（市海洋局）所直属的管理局提交以下申请材料：

（1）深圳市房地产预售申请表（原件1份，指定样表）。

（2）申请人身份证明材料（单位营业执照复印件1份，验原件；法定代表人证明书及授权委托书原件各1份；法定代表人身份证及受托人身份证复印件各1份，验原件；其中，港、澳、台地区及境外的单位，其身份证明须提交按规定进行公证、认证或见证的文件原件1份）。

（3）开发企业资质等级证书（复印件1份，验原件）。

（4）《房地产证》（原件 1 份）、《土地使用权出让合同书》、《补充协议》及付清地价款证明（复印件各 1 份，验原件）。

（5）《建设工程规划许可证》（复印件 1 份，验原件）。

（6）《建设工程施工许可证》（复印件 1 份，验原件）。

（7）已向主管部门备案的施工图纸（原件 1 份）及备案证明文件（复印件 1 份，验原件）。

（8）会计师事务所出具的已投入开发建设资金的验资报告（原件 1 份）。

（9）施工进度和竣工交付日期说明以及建设工程监理单位出具的进度报告及工程形象进度报告（原件各 1 份）。

（10）商品房预售方案（预售方案应当说明商品房的位置、装修标准、预售面积及分户汇总表、交付使用后的物业管理等）（原件 1 份）。

（11）预售查丈报告及商品房的总平面、立面、剖面图及分层平面图（原件各 1 份）。

（12）按规定需要建设公建配套设施的，需提交公建配套设施移交意向书（原件 1 份），同时应确定按规定要求需明确的物业管理用房具体房号、面积。

（13）预售监管协议（原件 1 份）。

（14）商业银行出具的项目资本金账户余额不低于本项目资本金 10% 的存储证明（原件 1 份）。

3. 管理局房地产权登记管理科对开发商申请进行审核

开发商提交有关申请材料后，管理局房地产权登记管理科对开发商提供的申请材料是否符合法定条件及要求进行审查（对工程形象进度进行实地考察）。经审查，开发商的申请符合许可条件的，房地产权登记管理科报管理局领导审批，获批准的预售申请，由管理局核发《房地产预售许可证》，《房地产预售许可证》应当加盖房地产管理部门的印章。经审查，开发商的申请不符合许可条件的，作出不予行政许可决定，并应当加盖房地产管理部门的行政许可专用印章。管理局应当自受理申请之日起 20 个工作日作出上述批复（材料不符合要求或补交材料时间不计入在内）。

4. 公示

房地产管理部门作出的准予商品房预售许可的决定，应当予以公开，公众有权查阅。开发商在取得房地产预售许可证之后，应当在 10 日内通过房地产信息系统一次公示全部预售商品房、预售时间、预售地点、预售方式及预售价格，不得以内部认购、内部认筹等方式进行非公开预售。开发商进行商品房预售，应当向买受人出示《房地产预售许可证》，售楼广告和说明书应当载明《房地产预售许可证》的批准文号。

13.4.2 商品房预售特殊的备案制度

由于商品房预售的性质，房产的不确定因素较多及整个交易流程的相对漫长，出于有利于国家和市场对房价的正确引导、防止开发商一房两卖、维护小业主权益等的考虑，国家和地方政府相继出台多项政策予以调控和监督。我们这里着重介绍深圳市的预售价格备案制度、房地产预售备案和解除制度以及预购商品房预告登记制度。

1. 预售价格备案制度

（1）备案依据。

深圳市行政区域内的房地产开发企业在商品房预售之前或价格调整超出最近一次备案价格的一定幅度时，应当向房地产开发项目所在地的市场监督管理局辖区分局告知商品房预售价格。

根据《深圳市房地产市场监管办法》与深圳市市场监督管理局 2013 年 5 月 1 日起施行的《深圳市商品房预售价格备案办法》之相关规定，房地产开发企业销售商品房之前，应当合理确定销售价格，并报价格监督执法部门备案。商品房预售价格备案实行一套一备案，房地产开发企业在商品房预售之前，应按照房地产预售许可证核准的商品房套数，一次办理全部商品房预售价格备案。房地产开发企业在商品房预售过程中，价格调整幅度超出最近一次备案价格上下 15%（含15%）时，应在调整之前办理商品房预售价格备案变更。

（2）办理程序。

深圳市房地产开发企业商品房预售价格备案，按下列程序办理：

房地产开发企业向房地产开发项目所在地市场监督管理局辖区分局提交规定的材料，辖区分局在 3 个工作日内完成材料审查工作。经审查合格后，房地产开发企业免费获得深圳市市场监督管理局"网上办事"报送数据的用户名、密码等信息。对于首次备案的房地产开发企业，应通过网络报送房地产预售许可证核准的全部商品房预售价格信息等电子数据即《深圳市商品房预售价格备案表》，并打印备案回执；对于变更备案的房地产开发企业，应通过网络报送价格调整幅度超出最近一次备案价格上下 15％的商品房（按套）预售价格变更信息电子数据（要求同上），并打印变更备案回执。

（3）行政管理。

深圳市房地产开发企业未按规定办理商品房预售价格备案，或者价格调整幅度超出最近一次备案价格上下 15％未办理备案变更的，深圳市市场监督管理局将依据《深圳市房地产市场监管办法》的有关规定实施行政处罚（责令改正，处 10 万元罚款）。

2. 房地产合同预售备案制度

房地产开发商应当按房地产登记机关的规定将预售房地产的买卖合同向房地产登记机关备案。根据《深圳市房地产市场监管办法》的相关规定，房地产开发企业预售商品房，应当在商品房买卖合同签订之日起 10 日内，将签订的合同通过房地产信息系统报主管部门备案。如果开发商预售房地产，未按规定将房地产买卖合同报登记机关备案而预售房地产的，相关的主管机关发现后会作出转让价款 5％以下的罚款，如果开发商持有房地产开发资质证的，主管机关会根据情节轻重作出警告、不予资质年审或者吊销房地产开发资质证的处罚。

（1）备案条件：已取得房地产预售许可证，已签订房地产预售合同，法律、法规、规章及规范性文件规定的其他条件。

（2）提交申请材料。

申请预售房地产备案应当提交下列材料：深圳市房地产合同备案申请表；身份证明（营业执照复印件 1 份，验原件，单位法定代表人证明书及授权委托书原件各 1 份，法定代表人及受托人身份证明复印件各 1 份，验原件；其中，港、澳、台地区及境外的单位，其身份证明须提交按规定进行公证、认证或见证的文件原件 1 份）；深圳市房地产买卖合同（预售）；预购房地产权利人的身份证明；增加预售监管的，还应提交加盖备案预售管理机关的备案章的预售款监管协议书；法律、法规、规章及规范性文件规定的其他材料。

（3）审查与出具审查意见。

预售房地产备案的申请由深圳市房地产权登记中心及各登记科根据各自的管辖范围受理预售房地产备案，并应自受理之日起 10 个工作日（不含公告期、材料不符合要求或补交材料时间不计入在内）内出具相应的审查意见。预售房地产备案，无证件也无期限要求，其所产生的法律效力是对房地产买卖情况进行公示。

3. 房地产合同预售备案的解除制度

（1）解除备案条件：依法解除房地产预售合同，未办理其他房地产登记，法律、法规、规章及规范性文件规定的其他条件。

（2）提交申请材料：深圳市预售房地产合同解除备案申请表（指定样表）；身份证明（同预售备案要求）；解除预售合同协议书（原合同经公证的，协议书须公证），或者裁决书、调解书、协助执行通知书；原已备案的房地产买卖预售合同（公证解除的，加盖公证处解除专用章）；法律、法规、规章及规范性文件规定的其他材料。

（3）审查与出具审查意见。

预售房地产备案的解除申请由深圳市房地产权登记中心及各登记科根据各自的管辖范围受理、审查和出具意见予以公示。

4. 预告登记制度

根据《物权法》之相关规定：当事人签订买卖房屋或者其他不动产物权的协议，为保障将来实现物权，按照约定可以向登记机构申请预告登记。预告登记后，未经预告登记的权利人同意，处分该不动产的，不发生物权效力。预告登记后，债权消灭或者自能够进行不动产登记之日起三个月内未申请登记的，预告登记失效。

预购商品房预告登记包括两个方面：一是预购商品房买卖预告登记，二是预购商品房抵押预告登记。以深圳市为例，预购房地产预告登记由深圳市房地产权登记中心及各登记科根据各自的管辖范围接受申请人的申请并办理相关的审批登记手续，以下将简要介绍有关制度及办理流程。

（1）买卖预告登记。

预购商品房买卖预告登记是开发商与买受人在签订预售商品房买卖合同时，

买受人为保障将来实现对房屋的所有权，按照双方约定向登记机构申请预购商品房预告登记的一种公示方式。

申请人需要向有关主管机关提交以下申请材料：深圳市房地产预告登记申请表（样表，指定版本）；申请人身份证明（具体要求参见政府部门网站）；约定预告登记的协议；房地产买卖合同（预售）。

审批流程：有关主管部门在受理申请之日起 10 个工作日内，根据初审→核准→记载于登记簿→发放《预告登记证明》→立卷归档的审批流程办理相关的预告登记手续。

（2）抵押预告登记。

预购商品房抵押预告登记是抵押权人与预购商品房买受人在签订预售房地产抵押合同时，为了保障将来实现对房屋的抵押权，按照双方约定向登记机构申请预购商品房抵押登记的一种公示方式。

申请：申请人需要向有关主管机关提交以下申请材料：深圳市房地产预告登记申请表（样表，指定版本）；申请人身份证明（具体要求参见政府部门网站）；约定预告登记的协议；房地产抵押合同；主债权合同；预购商品房预告登记证明。

审批流程：有关主管部门在受理申请之日起 10 个工作日内，根据初审→核准→记载于登记簿→发放《预告登记证明》→立卷归档的审批流程办理相关的预告登记手续。

13.4.3   预售款及房地产抵押、再转让的限制

1. 开发商收取预售款项的额度和用途限定

开发商收取预售款项的额度——根据住建部的规定，预售商品房预售款，在房屋开工建设时不得超过 40%，待建房工作量完成一半时再收至 60%，到房屋封顶可收至 95%，到房屋交付使用全部收取。

开发商收取预售款项的用途——必须用于有关的工程建设。为监督与约束房地产预售开发商对于预售所得房款的使用，以保证工程进度，保障买受人的合法权益，维护房地产交易市场的管理秩序，我国有关主管部门及深圳市地方有关主管部门制定了房地产预售所得房款专款专用制度：

（1）根据《城市房地产管理法》的相关规定，商品房预售所得款项，必须用于有关的工程建设。

（2）根据住建部《城市商品房预售管理办法》的相关规定，开发企业不按规定使用商品房预售款项的，由房地产管理部门责令限期纠正，并可处以违法所得3倍以下但不超过3万元的罚款。

（3）根据《广东省商品房预售管理条例》之规定：预售人在商品房项目所在地的银行设立商品房预售款专用账户内的款项，在项目竣工之前，只能用于购买项目建设必需的建筑材料、设备和支付项目建设的施工进度款及法定税费，不得挪作他用。预售人有多个商品房预售项目的，应当分别设立商品房预售款专用账户。预购人应当按合同约定的付款时间，将商品房预售款直接存入商品房预售款专用账户，凭银行出具的存款凭证，向预售人换领交款收据。预售人代预购人办理商品房房地产权证的，预购人可以留15％的商品房价款，其中10％的商品房价款在预售的商品房竣工验收之后、交付使用之前支付，5％的商品房价款在预售人交付商品房房地产权证时支付。预购人自己办理商品房房地产权证的，预购人可以留10％的商品房价款，在预售人取得商品房项目产权确认证明书并将商品房交付使用之日起10日内支付。预售人违反规定使用商品房预售款和直接收存商品房预售款的，主管部门应当责令其改正，降低或者注销其房地产开发资质，可以处以违法使用款项10％以上20％以下的罚款。

（4）根据深圳市《深圳经济特区房地产转让条例》的相关规定，预售款应当专款专用，由工程监理机构根据建筑工程承包合同规定的进度计划和工程实际进度，书面通知预售款监管机构向转让人划款。非经工程监理机构书面通知，预售款监管机构不得直接向转让人划款。工程监理机构和预售款监管机构监管不当，造成受让人损失的，应当与房地产开发商承担连带赔偿责任。

（5）根据《深圳市房地产市场监管办法》之相关规定，在商品房预售项目竣工前，商品房预售款必须专项用于购买该预售项目建设必需的建筑材料、设备和支付项目建设的施工进度款（含工资及社会保险）及法定税费、行政罚款，不得挪作他用。房地产开发企业使用预售款缴纳法定税费、行政罚款的，应当凭法定税费计税依据、凭证或者行政处罚决定书向商业银行申请提取使用；使用预售款支付工程进度款（含工资及社会保险）或者建设材料、设备款项的，应当凭经监理企业和施工企业共同确认的施工计划、施工进度说明、施工企业或者材料设备供应企业收款账号向商业银行申请提取使用，款项直接支付至施工企业或者材料设备供应企业。商业银行收到预售款拨付请求后，可以就工程进度进行现场查验。经查验认为申请使用款项与进度明显不符的，商业银行应当拒绝拨付。商业银行不按相关规定拨付预售款的，银行监管部门应当依法处理并在征信记录中作不良行为记录。

房地产开发企业应当将预售款申请使用和拨付情况如实即时载入项目手册。房地产开发企业应当按照有关规定，在房地产开发项目竣工验收后及时办理工程结算手续，向施工企业支付工程结算款。房地产开发企业应当在工程款（含质量保修金）全部依约支付完毕后方可在开户商业银行办理预售款专用账户注销手续。

2. 开发商是否可以对已经设定抵押的在建工程项目再行预售？

在建工程抵押，是指开发商为取得在建工程继续建造资金的贷款，以其合法方式取得的土地使用权连同在建工程的投入资产，以不转移占有的方式抵押给贷款银行作为偿还贷款履行担保的行为。

房地产开发需要大量的资金做支持，在实践中，为了弥补资金短缺，保障工程建设进度，开发商往往需要通过在建工程抵押向银行贷款，与此同时，开发商为了及时地回笼资金，归还银行贷款，往往又需要将已设定抵押权的在建工程项目进行预售。虽然现行有关房地产预售的法律法规并没有明文禁止预售已经设定抵押的在建工程项目，也没有明文规定办理预售许可需要提交抵押权人出具同意预售的证明材料，但根据《深圳经济特区房地产转让条例》、《深圳市房地产市场监管办法》之相关规定，"土地使用权未抵押或者已解除抵押关系"，"预售商品房项目及其土地使用权未设定他项权利且未被司法机关或者行政机关查封、扣押"为房地产开发商预售房地产必须符合的法定条件。也就是说，根据深圳市政府出台的相关法规政策，商品房预售许可主管部门在审查开发商预售申请时，如果发现开发商申请预售的房地产已经设定在建工程项目抵押的，将不予核准办理房地产预售许可。

开发商预售已经设定在建工程抵押的房产项目会存在以下障碍或者潜在风险：

（1）已经设定抵押的在建工程项目是不符合房地产预售的法定条件的，开发商也就无法就已经设定抵押的在建工程项目取得《房地产预售许可证》。

（2）根据《物权法》、《担保法》之相关规定，抵押期间，除非受让人代为清偿债务消灭抵押权，抵押人未经抵押权人同意，不得转让抵押财产。抵押人转让已经办理登记的抵押物的，应当通知抵押权人并告知受让人转让物已经抵押的情况；抵押人未通知抵押权人或者未告知受让人的，转让行为无效。开发商违反相关规定预售已经设定在建工程抵押的房产项目，根据《合同法》、《深圳经济特区房地产转让条例》等相关规定，一旦房地产买卖合同被确认为无效的，有过错的一方应当赔偿对方因此遭受的损失，也就是说，开发商很可能面临承担违约责任的风险。

（3）《房屋登记办法》明确规定，房产抵押期间，抵押人转让抵押房屋的所有权还应当提交抵押权人同意抵押房屋转让的书面文件。

3. 在实践中，开发商如何来预售已设定在建工程抵押的房产项目？

为确保交易安全，防止产生纠纷，增加经济成本，建议开发商在办理商品房预售许可时，应当提前争取在建工程抵押权人的同意，并由抵押权人出具同意预售的证明材料。在实践操作中，一般是开发商在征得抵押权人的同意之后，会同抵押权人共同申请在建工程抵押权变更登记，减少可能预售的抵押物或者增加其他在建工程抵押物，使得需要预售的抵押物注销抵押权，这样开发商便可以办理相应的预售许可，而且这种变更一般不会影响到抵押权人在建工程抵押权的存在。

4. 开发商对已经预售的房地产项目可否再行办理抵押？

根据《广东省商品房预售管理条例》之相关规定，开发商在已经预售的房地产项目竣工验收合格并交付使用之前，开发商不得以该房地产项目及其土地使用权设定抵押等权利。而根据《深圳经济特区房地产转让条例》的相关规定，房地产开发商不得抵押已预售的房地产。以上规定皆属于明文禁止性规定。2007年，我国《物权法》出台，开创了预购商品房买卖预告登记制度，从而进一步在实践操作上对开发商将已预售的房地产设立抵押进行了遏制。

5. 买受人就预购商品房可否办理抵押贷款？

根据住建部《城市房地产抵押登记管理办法》之相关规定，预购商品房贷款抵押是指买受人在支付首期规定的房价款后，由贷款银行代其支付其余的购房款，将所购商品房抵押给贷款银行作为偿还贷款履行担保的行为。我国《物权法》也明确规定，正在建造的建筑物可以设定抵押权，因此，买受人就预购商品房办理抵押贷款显然是为我国法律法规所允许的，但是，买受人就预购商品房办理抵押贷款必须满足一定的法定条件并且根据双方当事人的约定可能还需要办理预购商品房预告登记和预售房地产抵押登记。关于预购商品房抵押预告登记，已在前文中有详细阐述，此处仅对预售商品房抵押登记进行简要介绍。

（1）预购房地产抵押登记的法定条件。

以深圳市为例，预购房地产抵押登记需要符合以下法定条件：合法拥有房地产权并无产权争议；房地产买卖合同（预售）已经房地产主管机关备案；房地产无查封等限制房地产权利的情况；抵押人与抵押权人已签订债权合同和抵押合同；其他相关的法律、法规、规章及规范性条件。

（2）预购房地产抵押登记的申请与核准程序。

申请人应当按照主管部门的相关规定提交相应的申请材料，主要包括以下：深圳市房地产抵押登记申请表（指定，示范样表）；申请人身份证明（按申请人身份提交相应材料）；债权合同和抵押合同；《深圳市房地产买卖合同书（预售）》；房地产已设定抵押权的，提供原抵押权人同意抵押的书面意见等。

（3）预购房地产抵押登记由深圳市房地产权登记中心及各登记科根据各自的管辖范围办理抵押登记事宜。预购房地产抵押申请经有关登记机关初审后，符合法定条件的，予以核准。对于核准预购房产抵押登记的，登记机关应在房地产买卖合同书上加盖抵押专用章。

6. 开发商将已经预售的房地产项目转让给其他开发商开发建设时，应具备的条件

（1）开发商将已经预售的房地产项目转让给其他房地产开发企业开发建设时，开发商应当取得经拥有已预售商品房建筑面积的 2/3 以上的预购人同意。

（2）开发商将已经预售的房地产项目转让给其他房地产开发企业开发建设时，接收转让的开发商必须是已经依法成立并符合房地产开发企业资质等级要求的房地产开发经营企业。

（3）开发商将已经预售的房地产项目转让给其他房地产开发企业开发建设时，接收转让的开发商应当承担原开发商对买受人所承担的义务，当然，接受方

同样享有原开发商对买受人所享有的权利。

7. 预购房产再转让的限制与条件、预购人更名问题

（1）行政政策法规明确禁止商品房预购人将购买的未竣工的预售商品房再行转让。

根据《城市房地产管理法》之相关规定，商品房预售的，商品房预购人将购买的未竣工的预售商品房再行转让的问题，由国务院规定。而国务院通过国办发〔2005〕26号文件，行使《城市房地产管理法》中的授权，作出相关决定，禁止商品房预购人将购买的未竣工的预售商品房再行转让。该文件还进一步规定，在预售商品房竣工交付，预购人取得房屋所有权证之前，房地产主管部门不得为预购人办理预售商品房转让等手续，而且，如果房屋权属登记的申请人与登记备案的预售合同中所载明的预购人不一致的，房屋权属登记机关也不得办理相应的房屋权属登记手续。为了防范预售商品房私下交易，该文件进一步强调预售商品房实行实名制购房，推行商品房预销售合同网上即时备案。

（2）司法实践中，商品房预购人将购买的预售商品房再行转让的效力与条件。

根据深圳司法实践中的审判观点，房屋买卖合同当事人以出卖人未取得房屋权属证书为由主张合同无效的，法院一般是不予支持的。司法审判观点认为，《中华人民共和国城市房地产管理法》中未依法登记领取权属证书的房地产不得转让的规定，是国家为了行政管理的方便而制定的，不能作为认定未依法登记领取权属证书的房产转让合同无效的法律依据。而且，我国已全面建立商品房预售合同登记备案制度并且正在逐渐施行商品房预告登记制度，根据这两项制度，预售商品房买受人已取得对房屋的准所有权，因此，有权对其所预购的房屋进行相应的处分，自然包括预售商品房的再转让。司法实践中，只要预售商品房再转让的双方当事人意思表示真实，不损害国家、集体或者第三人的利益的，预售商品房的买受人在取得房屋权属证明之前，与第三人签订的预售房地产买卖合同是具有效力的。

（3）开发商如何处理预售商品房预购人更名问题。

预售商品房销售过程中，开发商常常会遇到商品房预购人要求更名问题。如果商品房预售合同已经备案登记，预售商品房预购人更名时，开发商必须要首先与预购人通过法律途径解除已签订的预售商品房买卖合同，然后双方根据解除合同的生效法律文书去房产部门解除备案登记，之后，开发商才能与更名后的预购

人重新签订预售合同。在遇到此种情形时，建议开发商以和裁方式处理，简要介绍如下：

什么是和裁？以开发商与预购人解除商品房预售合同案件为例，开发商与预购人就解除商品房预售合同达成《和解协议》并在和解协议中选定仲裁机构，然后由开发商或者预购人向选定的仲裁机构提出仲裁请求，请求仲裁机构将双方在仲裁前达成的《和解协议》作出和解裁决的案件。

和裁具有简单快捷的优势，以华南国际经济贸易仲裁委员会为例，开发商与预购人可以在《和解协议》中约定"各方同意由仲裁委员会主任指定一名独任仲裁员，组成仲裁庭，进行书面审理"，在此种情况下，当事人一方按照仲裁委的要求提交相应材料并缴纳费用之后，除非特殊情况，华南国际经济贸易仲裁委员会将在 5 个工作日之内依照《和解协议》的内容快速作出和解仲裁裁决。并且，仲裁委针对申请将仲裁前达成的《和解协议》作出和解裁决的案件，制定了相应的优惠收费办法，仲裁费用最低减收 50%，最高减收 75%。

开发商注意事项：①开发商应在与预购人签订《和解协议》且提请仲裁之前，应当要求预购人以及更名后预购人出具承诺函，就预购人解除合同事宜以及更名后预购人继续购买该房产事宜作出相应的承诺与保证，以避免合同解除后，预购人或者更名后预购人反悔，从而使得开发商自身利益受损。②开发商在与预购人签订《和解协议》中应当明确仲裁费用、律师费用等全部由预购人承担。③开发商一方可以作为申请人申请仲裁，也可以由预购人作为申请人申请仲裁，关于仲裁费用的预付，建议开发商要求申请更名预购人以开发商名义先行预付。

13.4.4　预售的交易流程及注意事项

1. 预售商品房大致交易流程（图 13-1）

2. 商品房预售时的注意事项

（1）材料、证照应当公示。

房地产开发企业销售商品房时，应当将下列材料在营业场所公示：

1）购房指引；

2）营业执照和资质证书；

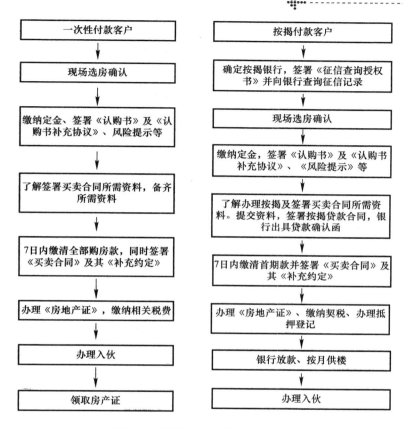

图 13-1 预售商品房大致交易流程

3) 建设用地规划许可证、建设工程规划许可证和建设工程施工许可证；

4) 采取预售的，应当公示商品房预售许可证；

5) 建设用地使用权出让合同书；

6) 商品房买卖合同示范文本及附件；

7) 商品房项目总平面图和测绘报告；

8) 商品房能源消耗指标、节能措施和保护要求、保温工程保修期；

9) 商品房销售控制表；

10) 业主临时管理规约；

11) 前期物业服务企业名称、收费标准和物业服务合同；

12) 法律、法规、规章和主管部门要求公示的其他材料。

除以上必须公示的文件外，开发商可根据需要自行公示其他如认购书、认购书补充协议、风险提示、交款须知、贷款办理流程等文件。

（2）补充约定的事项必须形成书面文件。

在房产交易过程中，常常会因为买受人的特别要求或是个人条件差异而产生需要另外补充约定的事项，为方便执行买卖合同以及分清责任，补充协商达成一致的内容必须以书面形式固定下来。形成书面文件的补充约定包括但不限于如下事项：

1）对于《认购书》、《房地产买卖合同》中需要补充约定的事项签订补充条款或补充协议（参见范本二、范本三）。

2）基于已经签署《认购书》的买受人，无法在约定的时间内办理签署正式房地产买卖合同，经与开发商协商，双方同意将签约时间予以延后，此时需要双方对此予以进一步确认，签署相关延期补充协议。

3）在售卖房产过程中，碰到需要对买受人姓名（名称）进行更名、增名、减名、换房等情况并不少见，对此，双方也必须通过补充约定固定协商结果，但需要注意的是，此种房地产买卖合同主体、客体的变更势必造成在法律上对房产产权的处分和变更，开发商除对变更后的买受人进行必要的资格审查外，还必须在补充协议中明确因此产生的产权纠纷由买受人（申请人）自行承担。

4）房产竣工验收后，办理房地产证前，对于预售房产的登记面积及价款必须通过书面文件予以确定，同时，这也是房地产权登记部门进行房产证权属登记的必要文件。

5）其他需要约定的事项。

（3）风险必须提示。

为防范买受人在购买房产后对房产本身及宣传等产生误会和纠纷，无法厘清双方的责任和义务，开发商对房产买受人确有必要进行一定的提示风险，并形成书面材料，以利于有章可循，控制销售风险。对于必要的风险提示，主要包括：

1）关于法律法规、限购政策的风险提示（参见范本四）。近年来，国家为遏制房价过快上涨而相继出台相关限购政策，对此，各地也陆续出台相应的实施细则，买方在购买房产时除应遵守国家限购政策外，还应符合本行政区划内的相关房地产政策，因此，建议由买受人单独签署风险告知书或在《房地产买卖合同》

附件中补充约定有关交易风险提示，以及要求买受人清楚了解自己的购买资格和对为规避国家政策而可能提示虚假材料作出书面承诺。

2）关于预售物业景观及周边环境影响的提示（参见范本五）。由于所售房产为预售性质，买受人通常只是观察和了解样板房以及开发商的宣传后，直接与开发商签订房地产买卖合同，买受人对于开发商将来交付的商品是存在一定的风险。我们经常会碰到房产具备交付条件时，买受人不清楚现楼的交付标准而提出不予收楼的情况，因此，为保障房产的顺利交付，开发商对预售房产本身的地址位置、使用年限、公共设施、周边建筑物、噪声、采光、视野遮挡、整体物业的结构、施工设计等应履行告知义务。

3）关于交易过程中交付房款的性质、贷款的责任、办理入伙、办理房产证、税费承担以及违约承担等问题的提示（参见范本六）。为了进一步使买受人了解整个房产的交易过程及过程中需要注意的事项，同时也是为了防止因格式条款而可能引起买受人对开发商文件作出不利的解释，建议开发商对于房产交易中可能发生的情况和可能由买受人承担的义务和责任作出风险提示。

（4）审查买受人资格必须严格。

基于房地产买卖合同的备案和解除备案制度（本课已详述）的程序要求，避免不必要的重复或无效的工作，建议由专人成立买受人资格审查小组，只有在经审核小组确认买受人符合购房资格（尤其是涉及境外主体资格的审查必须符合当地房地产主管部门的要求，如境外人士在深圳只可购买一套自用的住宅类商品房）且在资料齐全的情况下，再通过房地产信息系统下载和签订买卖合同。

（5）按揭客户的特别约定。

从笔者多年服务房地产开发商的实际情况来看，购买房产有相当部分的买受人是需要通过银行按揭方式完成交付房款的义务，而发生纠纷时程序最为繁琐且耗时日久的也是按揭贷款的房产，因此，在签订房地产买卖合同时就应该注意该部分人士的风险控制。

建议：由需要按揭贷款购房的买受人填写委托书授权银行办理查询征信，以及由买受人先行向按揭贷款银行申报贷款情况（此部分开发商可协助提供多家按揭银行供买受人选择办理），经贷款银行审查后向开发商出具承诺贷款的确认书（参见范本七），由此，基本上保障了开发商的房款能够如期收回，不存在因买受人资格或限购政策等导致需要办理房地产买卖合同解除预售备案手续。

（6）收取定金和签约时间的掌握。

销售房产时会碰到买受人只是意向买家，可能首次交纳的费用不足定金金额，为此，开发商可先不予直接签订《认购书》，可以通过签订《预留单位协议书》的形式确定在一段时间（可以小时为单位）为买受人预留预购房产，超过约定时间未交齐定金开发商可另行售卖该房产；如买受人在约定时间内交齐定金，则开发商可与买受人签订正式《认购书》，同时签署《认购书补充协议》、《风险提示》等文件。

正常的销售流程是开发商与买受人签署《认购书》和《认购书补充协议》后几日内即双方签署正式的《房地产买卖合同》。但为了最大限度地保障开发商能按期收取房款和免除解除预售合同备案的手续，对于一次性付款买受人支付完毕全部房款后，开发商再与买受人签订正式的《房地产买卖合同》及其补充约定；对于按揭贷款买受人在支付完毕首期款、办妥按揭贷款合同和银行出具贷款承诺书后，开发商与买受人签订正式的《房地产买卖合同》及其补充约定。具体销售流程，开发商应根据实际情况予以调整和确定。

13.5　常见纠纷类型及司法处理

13.5.1　有关预售商品房认购书解除纠纷及司法审判处理

在商品房预售中，开发商与买受人在签订正式商品房买卖合同之前往往需要先行签订一份商品房认购书，并由买受人按照商品房认购书向开发商缴纳一定数额的款项。在司法审判实践中，开发商与买受人在签订商品房认购书之后，常会因为种种原因而未能在认购有限期内订立正式的商品房买卖合同，由此便会引发预售商品房认购书是否为商品房买卖合同以及开发商已收款项是否需要返还买受人的争议。

开发商与买受人是否可以依据双方所签订的预售商品房认购书要求对方支付价款和交付房屋？

原则上来讲，开发商与买受人签订预售商品房认购书约定的内容是双方将来按照认购书约定签订正式的商品房买卖合同，双方的合同义务在于签订正式的商品房买卖合同，因此，开发商不能依据预售商品房认购书来要求买受人支付房屋价款，而同样，买受人也不能依据预售商品房认购书来要求开发商交付房屋。

然而，在实践中，经常会出现签订认购书后，买受人迟迟不前来办理签署正式房地产买卖合同手续，导致开发商无法售卖和处理已签认购书房产，虽开发商可以没收定金，但往往定金根本无法弥补房产闲置的损失。如某开发商的某花园，买卖双方在认购书中约定："买方应在7天内交足首期款，否则卖方可没收定金。"一位外地买家看中了该花园的一套大户型，签了认购书以后，汇来了首期款但是迟迟不来签买卖合同办理按揭手续。当时该花园卖得很好，有好几个人都要买这套房，但是开发商不敢卖，也不能依认购书要求其继续支付房屋价款，房产还必须给这个外地买家留着。这样常常使开发商处于被动局面。

根据笔者担任房地产公司多年法律顾问的经验，通常会建议开发商直接签订包含正式商品房买卖合同的主要条款[①]的认购书或在认购书以外再另行签订包括正式商品房买卖合同的主要条款的补充协议，这样就可以直接作为双方履约和追责的依据。在法律上，该预售商品房认购书及补充协议是否可以被认定为开发商与买受人之间所签订的商品房买卖合同呢？根据最高人民法院的审判观点，如果开发商与买受人就预售商品房达成的"认购"、"订购"或者"预订"等协议具备了商品房买卖合同的主要内容[①]，并且开发商也已经按照约定收取买受人的购房款的，那么，该"认购"、"订购"或者"预订"协议应当被认定为商品房买卖合同。而预售商品房认购书及补充约定一旦被认定为商品房买卖合同的，开发商与买受人可以依据该认购书及补充约定要求对方支付房屋价款或者交付房屋。

[①] 根据《商品房销售管理办法》之相关规定，商品房买卖合同的主要内容有：当事人名称或者姓名和住所，商品房基本状况，商品房的销售方式，商品房价款的确定方式及总价款、付款方式、付款时间，交付使用条件及日期，装饰、设备标准承诺，供水、供电、供热、燃气、通信、道路、绿化等配套基础设施和公共设施的交付承诺和有关权益、责任，公共配套建筑的产权归属，面积差异的处理方式，办理产权登记有关事宜，解决争议的方法，违约责任等。

【案例2】 购房者诉开发商确认认购书效力案

某购房者与开发商签订了一份《认购书》，该认购书对当事人的名称、住所、房屋的基本情况、房屋的销售方式、房价、付款方式及时间、面积及差异处理、交付日期及条件、装饰、物业、办理产权证、供水电气及基础设施和公共设施、违约责任及争议解决等有明确约定。签订后，该购房者支付了全部房款，等待签订正式合同。在等待期间购房者考察了其他楼盘，认为所定楼盘价格过高，后以此为由拒绝签订正式《商品房买卖合同》。开发商申请仲裁，要求确认认购书具有《商品房买卖合同》的效力。

仲裁庭审理后认为：双方签订的《认购书》约定全面、具体，已经具备了商品房买卖合同应当具备的主要内容，购房者在签订《认购书》时也交纳了全部房款。另外购房者不签订正式购房合同的理由是房屋价格过高，这一部分内容双方在认购书中已有明确的约定，属于已协商确定的内容，因此其辩解不能获得支持。仲裁结果：购房者与开发商所签订的《认购书》具有《商品房买卖合同》的效力。

以上案例说明当认购书具备商品房买卖合同的主要条款时，该认购书就具有《商品房买卖合同》的效力，双方均应按照约定履行义务。

（1）开发商与买受人签订预售商品房认购书但未能订立正式的商品房买卖合同后，开发商与买受人就开发商已收款项是否返还所产生的争议焦点以及司法审判观点。

1）未能订立正式商品房买卖合同的责任归属问题。在实践中，买受人常常会以未能订立正式的商品房买卖合同的责任归属于开发商或者不可归责于双方来要求开发商返还已收款项。

2）开发商已收款项是否属于定金性质问题。在实践中，开发商在很多情况下不是以"定金"的字样来收取买受人的相应款项，有的只是在预售商品房认购书中以"意向金"、"预付款"、"诚意金"、"订金"、"认购金"、"押金"等字样来约定收取买受人缴纳的款项，这就需要根据合同中的其他条款来确定该款项是否具有定金性质，是否适用定金原则。如果开发商与买受人在预售商品房认购书中既未以"定金"字样来约定该款项，也未明确约定在一方违约时是可以没收该款项还是予以双倍返还，那么，一旦出现买受人违反商品房认购书约定拒绝签订正式的商品房买卖合同时，开发商便不能直接使用定金原则来没收买受人已交款项，而是需要根据双方所签订的预售商品房认购书的具体情况来作出相应的处理。

（2）该类型纠纷的司法审判实践。

司法审判实践中，开发商通过认购、订购、预订等方式向买受人收受定金作为进一步签订正式商品房预售合同的担保的，双方应当按照约定履行签订正式商品房预售合同的义务。如果因为买受人原因导致未能订立正式商品房预售合同，开发商有权解除商品房认购书，并且没收买受人已经缴纳的定金；如果因为开发商原因导致未能订立正式商品房预售合同的，买受人有权解除商品房认购书，并有权要求开发商双倍返还其已缴纳的定金；如果因为不可归责于开发商和买受人双方的原因导致未能订立正式商品房预售合同的，开发商与买受人均不承担违约责任，开发商需要将已经收取的定金返还给买受人。因此，发生纠纷时，往往一方主张其为定金，一方主张其为其他性质的款项。

（3）开发商如何签订预售商品房认购书以保障自身的权益？

根据《最高人民法院关于审理商品房买卖合同纠纷案件适用法律若干问题的解释》："当事人签订认购书、订购书、预订书、意向书、备忘录等预约合同，约定在将来一定期限内订立买卖合同，一方不履行订立买卖合同的义务，对方请求其承担预约合同违约责任或者要求解除预约合同并主张损害赔偿的，人民法院应予支持"；"买卖合同约定的定金不足以弥补一方违约造成的损失，对方请求赔偿超过定金部分的损失的，人民法院可以并处，但定金和损失赔偿的数额总和不应高于因违约造成的损失"。

鉴于开发商与买受人在预售商品房认购书的解除及已收款项是否退还方面所发生的上述第（1）点所述的争议焦点，以及结合上述第（2）点所述的该类型纠纷的司法审判观点，对于开发商在签订预售商品房认购书时如何保障自身的权益作如下两点建议：

1）在预售商品房认购书中，建议开发商应以"定金"字样来明确买受人所交付款项的性质，或者，如果在预售商品房认购书中没有使用"定金"字样来明确买受人所交付的款项性质时，应该明确约定在一方违约时可以没收该款项或予以双倍返还，以此表明开发商与买受人的真实意思是赋予该款项以担保法上定金的法律效力。开发商应该注意到，根据《担保法》司法解释的相关规定，如果当事人以"留置金"、"担保金"、"保证金"、"订约金"、"押金"或者"订金"等字样来约定交付的款项，但没有明确约定该款项的定金性质的，当事人以定金原则来主张相应的权利的，人民法院对当事人的该主张是不予支持的。如果开发商根据以上情形不能直接适用定金原则没收买受人已交付的款项时，在买受人拒绝履行签订买卖合同的义务时，开发商可以要求买受人承担违约责任或者要求买受人解除认购书并承担损害赔偿责任。

2）开发商应该对"不可归责于双方当事人的事由"有明确的认识，在预售商品房认购书中，根据自身实际情况，与购买人对不可归责条款作出相应的限定。比如在商品房认购书签订后，双方对于商品房认购书中未涉及的条款未能磋商一致，导致商品房买卖合同未能订立的，是否属于该事由？对此，最高人民法院认为，开发商与买受人签订预售商品房认购书后，双方又在公平、诚信原则下就签订正式商品房买卖合同事宜继续进行磋商，但只是基于各自利益考虑，无法就预售商品房认购书约定事项之外的其他事项达成一致意见，致使双方无法签订正式商品房买卖合同时，属于不可归责于双方的原因，双方皆不构成对预售商品房认购书的违约。反之，如果开发商与买受人在就签订正式商品房买卖合同的继续磋商中，一方违背公平、诚信原则，或者否认预售商品房认购书中已经达成一致意见的已决条款，或者提出令对方无法接受的不合理条件，或者拒绝与对方继续就签订正式商品房买卖合同进行磋商的，那么，上述这些行为都构成了对预售商品房认购书的违约，应当向对方承担预售商品房认购书中所约定的相应的违约责任。

【案例3】 购房者诉开发商解除定购协议书案

陈某与某房地产公司签订《房产定购协议书》，约定陈某定购一套商品房，并支付定金1万元。协议另载明：陈某在签订定购协议时已详细阅读和了解该房地产公司在销售现场公示的《商品房买卖合同》范本和补充协议等购房文本的内容。同年4月19日，陈某签订《商品房买卖合同》时，认为该合同的补充协议有许多不公平条款，两次发函要求修改不公平条款，最后陈某起诉到法院，要求解除《房产定购协议书》，返还已交定金。

法院审理后认为：该协议明确载明，陈某已详细阅读和了解该《商品房买卖合同》范本、补充协议等购房文本的内容，故陈某应按定购协议约定的合同基本条件与房地产公司签订正式的《商品房买卖合同》，该房地产公司有权拒退定金，驳回陈的诉讼请求。

该案中的开发商在签订《房产定购协议书》时就把将来要签署的正式的《商品房买卖合同》予以公示并留下了买受人确认的书面文件，不仅保障了后续合同的顺利签署，同时也很好的避免了买受人不予签署正式合同的违约损失。

13.5.2　有关预售商品房不符合预售条件纠纷

本课上述章节中对开发商预售商品房所需要的预售条件已经作了详细的阐明，但是，在实践中，经常出现开发商因为种种原因，在商品房尚未能取得预售许可证时，即向买受人出售预售商品房，因此，司法实践中便常常会出现开发商与买受人就该等情形下所签订的预售商品房买卖合同效力及开发商违约责任承担问题产生争议。

（1）开发商未取得预售许可证明，与买受人订立商品房预售合同的，该合同是否有效？

根据《最高人民法院关于审理商品房买卖合同纠纷案件适用法律若干问题的解释》之相关规定，开发商未取得商品房预售许可证明，与买受人订立商品房预售合同的，该商品房预售合同无效，但是，如果在买受人就开发商未取得商品房预售许可证明事宜向人民法院起诉开发商前，开发商已经就预售商品房取得商品房预售许可证的，法院可以认定开发商与买受人订立的商品房预售合同有效。

开发商未取得预售许可证明而与买受人订立商品房预售合同的，买受人主张相应的权利，使得双方所订立的商品房预售合同被认定为无效或者被撤销、解除的，开发商需要承担怎样的违约责任？

根据最高人民法院的司法观点，如果开发商故意隐瞒没有预售许可证明的事实而与买受人签订商品房预售合同，或者，开发商提供虚假的预售许可证明而与买受人签订商品房预售合同的，一旦该商品房预售合同被认定为无效或者被撤销、解除的，买受人可以据此要求开发商返还已经支付的购房款及利息、赔偿损失，并且还可以要求开发商承担不超过已付购房款一倍的赔偿责任。

某公司诉某房地产开发公司商品房预售合同纠纷案中，某公司与某房地产开发公司签订了《商品房买卖合同书》，但作为商品房的预售方某房地产开发公司没有取得土地使用证，并且在一审诉讼期间也没有补办预售许可证明，法院最后判决：某房地产开发公司与某公司签订的《商品房买卖合同书》为无效合同，某房地产开发公司依据合同所取得的财产应返还某公司。

（2）开发商未取得预售许可证明，与买受人订立商品房预售合同时，开发商需要承担怎样的行政责任？

根据我国房地产相关法律法规之规定，开发商未取得预售许可证而与买受人订立商品房销售合同的，开发商可能面临承担人民政府房地产开发主管部门作出的相应的行政处罚责任，可能包含：警告、罚款、没收违法所得等。

以深圳市为例，根据《深圳市房地产市场监管办法》之相关规定，如果开发商未取得预售许可证而销售或者以内部认购、内部认筹等方式变相销售商品房的，由主管部门责令停止违法销售行为，并按实际销售的商品房数量每套处10万元罚款。

开发商未取得商品房预售许可证明，与买受人订立商品房预售合同时，应注意哪些问题？

首先，根据上述第（1）、（2）点的分析，开发商应该明确，在未取得预售许可证明的情形下，与买受人签订商品房预售合同是存在承担相应违约责任与行政处罚责任风险的，开发商应当慎重考虑该风险，尽量不要在未取得预售许可证明的情形下与买受人订立商品房预售合同。

其次，如果开发商因为种种原因而在未取得商品房预售许可证明的情况下，与买受人签订商品房预售合同的，建议开发商应该明确告知买受人其尚未取得商品房预售许可证明的情况，而不应该隐瞒或者提供虚假的商品房预售许可证明，因为，根据上述第（2）点的分析，开发商隐瞒或者提供虚假的商品房预售许可证明而与买受人签订商品房预售合同的，一旦该商品房预售合同被认定为无效或者被撤销、解除的，买受人可以据此要求开发商返还已经支付的购房款及利息、赔偿损失，并且还可以要求开发商承担不超过已付购房款一倍的赔偿责任。

再次，如果开发商因为种种原因而在未取得商品房预售许可证明的情况下，与买受人签订商品房预售合同的，建议开发商在与买受人签订商品房预售合同之后，应积极地办理相关的预售许可手续，若在买受人就开发商未办理商品房预售许可证明向法院提起诉讼之前，开发商能够取得商品房预售许可证明的，该商品房预售合同可以被认定为有效。

13.5.3　有关预售商品房合同情势变更的适用及价格纠纷

商品房预售合同纠纷中，有关预售商品房价格纠纷的案件占有相当大的比例。由于商品房预售合同的履行开始于在建工程的建设，结束于工程竣工验收后的交付，这中间需要很长的周期，而在这段履行期限内，很可能会因为房地产交易市场行情的变化而引发开发商与买受人之间关于预售商品房价格的纷争：从开发商角度来讲，建筑材料的价格上涨或房地产价格的上涨会使得其需要提高预售商品房的价格；从买受人角度来讲，房地产交易市场中房屋价格的下跌，也会使得买受人要求降低预售商品房的价格。

1. 预售商品房价格纠纷司法审判的一般原则

我国法律目前并没有对开发商与买受人之间有关预售商品房价格纠纷的明确处理规定，一般来讲，除了国家规定开发商必须执行国家定价的"微利房"、"解困房"等外，房地产交易市场中商品房价格是由开发商和买受人双方根据房地产市场的行情自主约定的，该约定应该受到法律的保护，因此，法院在处理预售商品房价格纠纷案中，对于一方以"建筑材料或商品房的市场价格变化等为由，要求变更合同约定的价格或解除合同的"，一般是不予以支持的。

2. 情势变更原则在预售商品房价格纠纷中的适用

在预售商品房价格纠纷案件中，在一些特殊情形与事由下，法院可能会支持一方当事人提出的变更合同约定的价格或解除合同的要求，这些特殊情形与事由，也就是我们通常所说的"情势变更"。预售商品房合同履行中出现的情事变更事由，从司法实践中予以认可的来看，主要包括国家法律的修订、国家政策的调整、地方政府的行政干预以及意外的商业风险，例如："一方以政府调整与房地产有关的税费为由要求变更合同约定价格的，可予以支持"；"由于不可归责于当事人双方的原因，作为合同基础的客观情况发生了当事人不能预见的根本性变化，以致按照原合同履行显示公平的，可以根据当事人的申请，按情势变更原则变更或解除"。

3. 开发商合理运用情势变更原则的几点注意事项

首先，开发商应意识到，商品房预售合同中所约定的价格并不是在任何情形下都必须要遵守的，如果开发商在商品房预售合同的履行过程中遇到可归为情势变更事由时，为维护自身的合法权益，开发商可以以此请求变更商品房预售合同中已约定的房屋价格或者请求与买受人解除已签订的商品房预售合同。

其次，开发商应意识到，情势变更原则的适用是非常的严格的，它并不等同于开发商在履行商品房预售合同过程中所遇到的商业风险，例如"建筑材料或商品房市场价格的变化"是开发商自身应承担的正常的商业风险，不能归于情势变更。只有当开发商遇到的商业风险已经超出开发商的预见范围，成为异常或者意外商业风险时，从不可归责于双方当事人方面来考虑，才能适用情势变更原则。

再次，开发商适用情势变更原则时，一定要注意对情势变更原则的把握和合理运用，避免因自身任意适用情势变更原则而导致出现对买受人的违约行为，从而承担不必要的违约责任。

4. 按照情势变更原则解除商品房预售合同后，开发商与买受人要承担什么样的义务？

开发商与买受人按照情势变更原则解除已签订的商品房预售合同之后，开发商与买受人不再按照原商品房预售合同的约定来履行相应的合同义务，比如说，开发商不用再向买受人交付房屋，而买受人也不再向开发商支付房屋价款，双方对于尚未履行的合同义务不再履行，双方也不会因此而需要向对方承担违约责任。但是，一方已经履行的部分中，如果另一方接受履行并获得了利益，那么，履行的一方有权要求另一方返还并给予适当的赔偿，比如，买受人已向开发商缴纳了部分的房屋价款，商品房预售合同解除后，买受人有权要求开发商返还已支付的房屋价款及其利息。

【案例4】 购房者以贷款未获批准为由诉开发商解除买卖合同案

2011 年 2 月，购房人叶某与某房地产开发公司签订了《天津市商品房买卖合同》，约定：叶某购买某房地产公司开发的某小区房屋，房屋总价为 148 万元，叶某支付定金 5 万元以及房屋首付款 43 万元，剩余房款 100 万元以贷款形式支付，如贷款不足 100 万元，以现金形式补足；若贷款因叶某自身原因未获批准，由叶某自行筹齐剩余房款，以现金形式支付给房地产公司。后叶某支付定金 5 万元及首付款 43 万元。2011 年 4 月，天津实施限购令，叶某不能取得银行按偈贷款，因为叶某非天津市户籍，也不能提供 1 年以上当地纳税证明或社保证明，不符合贷款政策。叶某两次向房地产公司发出解约函，主张因限购政策导致其没有履约能力，但协商未果，叶某遂起诉。

法院审理认为，因为国家宏观调控政策调整，对购房人的履约能力产生重大影响，叶某不能取得银行贷款是叶某在订立商品房买卖合同时无法预见的重大变化，购房人履约能力的变化并非因其自身的原因或签订合同时可以预期的商业风险所致。若继续履行合同，对一方当事人明显不公，因此判决支持叶某解除合同的请求，由房地产公司返还叶某已交付的购房款 48 万元及利息，叶某并不承担违约责任。

本案中，限购令政策在叶某与房地产公司签订房地产合同后颁布的，属于叶某不可预见之情形，并非叶某主观原因导致解除合同，不具有过错性，因此，法院判决解除合同，叶某无须承担违约责任。

13.5.4 有关预售商品房按揭贷款纠纷

预售商品房按揭贷款促进了房屋的销售，加速了开发商在开发地产项目时资金的回笼以及运转，也使得开发商不再为分期付款买受人不能按照合同约定按期缴纳房款承担风险，但是，同时，开发商也面临新的风险，一旦买受人停供或者断供贷款时，开发商需要就此向银行承担保证担保责任。有的时候，开发商甚至还会因为买受人的其他债务纠纷而陷入向银行承担担保责任的风险中来。因此，在房地产交易市场中，开发商如何防范为买受人向贷款银行承担保证责任所带来的风险，成为开发商需要着重注意的事项。

1. 预售商品房按揭贷款概述及常见纠纷类型

预售商品房按揭也就是上文所提到的预购商品房贷款抵押，是人们通常所说的"楼花按揭",需要房地产开发商、买受人以及银行共同参与完成。预售商品房按揭贷款所涉及的主要事项包括:开发商与买受人签订商品房预售合同;开发商、买受人与银行三方共同签订商品房预售合同;在买受人按照约定支付部分房屋价款后,将自己持有的商品房预售买卖合同及相应的缴款凭证等交给银行来保管;买受人与银行申请并办理预售商品房抵押登记;银行根据相关合同约定,将剩余房屋价款直接支付给开发商;买受人根据相关合同约定向银行履行还款义务;预售商品房在按揭还款期内竣工验收的,应当在买受人领取到房地产权属证书后重新办理抵押登记;在买受人领取房地产权属证书并办理抵押登记之前,开发商需要对买受人的履约还款行为向银行承担保证担保责任。

如上所述,预售商品房按揭贷款涉及开发商、买受人以及银行三方当事人,也包含开发商与买受人之间的房屋买卖关系、买受人与银行之间的借款关系、买受人与银行之间的抵押合同关系以及开发商与银行之间的担保保证关系等多种法律关系在内,一旦一方违约,都会导致预售商品房按揭贷款纠纷产生,因此,按照违约主体的不同,预售商品房按揭贷款纠纷一般会涉及以下纠纷类型:因开发商违约产生的预售商品房按揭贷款纠纷;因买受人违约产生的预售商品房按揭贷款纠纷;因银行违约产生的预售商品房按揭贷款纠纷等。

在实践中,贷款银行为降低贷款风险,一般都会设定一个贷款前提,即由开发商提供阶段性担保,也就是说,自按揭贷款合同生效之日起直至预售商品房办理完毕房屋所有权证并抵押登记之前,由开发商为买受人的还贷行为承担保证担保责任。根据合同法,附解除条件的合同,自条件成就时失效,阶段性担保合同法律属性应为附解除条件的担保合同,条件成就,担保责任即告解除。因此,如果在担保责任解除前即一旦买受人在预售商品房办理完毕房屋所有权证并抵押登记之前出现停供、断供等危机贷款银行利益的违约行为时,开发商可能就要面临着就买受人的违约行为向银行承担保证责任的风险。

【案例5】 银行诉开发商承担保证责任案

建行某支行与刘某、北京某房产开发公司签订《个人住房借款贷款合同》,合同约定贷款担保为抵押加阶段性保证,即以本合同项下贷款资金所购房屋作抵押,在刘某取得该房屋所有权证并办妥抵押登记之前,由房产公司提供连带责任保证。刘某取得所有权证后必须立即办妥抵押登记手续，抵押担保的期限自所购房屋取得房屋所有权证并办妥抵押登记之日起至担保的债权全部清偿之日止。房地产公司的保证期间则自借款合同生效之日起至抵押房屋取得房屋所有权证，办妥房产保险和抵押登记，并将房屋他项权证及其他有关资料交建行代为保证之日止，借款人发生违约行为时，建行有权停止发放贷款，有权解除合同，提前收回本息，有权依法处分抵押物或要求保证人履行保证责任。

后刘某未按期还款，建行诉至法院，要求解除贷款合同，刘某归还全部本息，以及要求房产公司承担连带保证责任。房产公司的辩称，房屋所有权证早已办妥，未办理抵押登记的原因是建行怠于行使职权，不正当地阻止解除担保责任条件成就，所以房产公司的保证责任应予免除。法院认为，本案房屋至今未能办妥抵押登记，刘某是办妥抵押登记的合同义务人，并负担抵押登记费用，建行负有配合刘某办理抵押登记义务，除非有证据证明刘某积极办理而建行怠于配合，否则，不能认定建行不作为属于"不正当地阻止条件成就"，且建行债权是抵押加阶段性保证来担保实现的，抵押有效成立，则保证责任解除，抵押不生效，则保证责任存续，故房产公司的辩称理由不成立，不予支持。但建行在取得房屋所有权证和国有土地使用权证后长达一年的时间内，其没举证证明曾催告过刘某共同申请抵押登记致使抵押权不成立，房地产公司本可解除的责任因而未能解除，建行和刘某对此具有过错，应当承担相应的赔偿责任。

判决：刘某对未办理抵押登记事项上承担80％，银行承担20％责任，因未办妥抵押登记与房地产公司不能解除担保责任存在因果关系，故在建行所承担的过错责任范围内，适当减轻房地产公司的担保责任，房地产公司对刘某未清偿的本金及利息的80％承担保证责任。

本案中，由于房地产公司的保证期间至办妥房地产证及房产抵押登记止，因购房人没有及时办理房地产抵押登记导致承担保证责任。因此，在实践中，房地产公司应积极、主动督促保证责任解除的前提条件成就，以早日免除因购房人违约而导致需要承担的保证责任。

2. 预售商品房的"假按揭"

《重庆市高级人民执行局关于规范执行按揭案件的若干意见》规定的"假按

揭”主要有：①开发商为了套现等目的，与购房人甚至与自己的员工恶意串通，签订“假按揭”合同，严重损害银行利益的；②开发商为了提前收回投资利益或利润，采取假借他人身份证与银行签订商品房借款抵押按揭贷款合同，或者一房数卖，多次收取房款，损害银行的利益或购房人利益的；③开发商通过提高售房单价的方法，与购房人合谋达到“零首付”的目的，套取银行资金，将风险全部转移给银行的；④有其他行为的“假按揭”等。执行中发现“假按揭”情形已构成诈骗等犯罪的，应将相关证据材料移送公安机关立案侦查，待追回赃款后再进行民事案件的执行。

"假按揭"行为的民事责任承担应根据行为人的过错予以分清：如果是房地产开发商通过伪造借款人信息和签名签订“假按揭”合同，由于名义借款人对借款行为不知情，亦不存在过错，应由开发商承担全部的还款责任。而银行由于对假按揭不知情，其贷款利息可作为损失，由开发商承担赔偿责任。如果是房地产开发商和名义借款人串通进行假按揭，而银行不知情，房地产开发商与名义借款人均存在过错，开发商取得贷款应付返还义务，利息损失由开发商和名义借款人根据其过错程度进行分担。如果银行知情，三方均有过错，开发商取得贷款应付返还义务，利息由三方根据过错程度分担。

【案例 6】 银行诉开发商假按揭合同案

罗某以某建筑公司名义与某房地产开发公司签订修建商业门市协议。工程完工后，某房地产开发公司未及时支付工程款。某房地产开发公司请求罗某以其本人名义代其向银行申请贷款。事后某房地产开发公司在未收到罗某任何款项的情况下给罗某开具购房款发票，并与罗某签订《商品房买卖合同》。罗某便以该商品房买卖合同向某银行申请借款。罗某与某银行签订了《个人商业用房借款合同》，合同约定，罗某向某银行借款 77 万元，借款期限为 120 个月（从借款发放之日起），月利率为 5.6925‰，按月结息。某房地产开发公司亦于同日与某银行签订了保证合同，某房地产开发公司对罗某在某银行的借款 77 万元承担连带保证责任。合同签订后，某银行与罗某到市国土资源和房屋管理局办理了预购商品房抵押登记手续，该局核发了抵押证书。借款合同生效后，某房地产开发公司支付给罗某应得的工程款，并以罗某名义向某银行按期支付罗某应归还的借款本息。后某房地产开发公司未再偿还罗某应付借款本息。某银行诉至法院，要求解除与罗某签订的借款合同，由罗某归还借款 704757.33 元，并按月利率 6.3‰ 结付利息，对其借款抵押物享有优先受偿权并要求某房地产开发公司承担连带保证责任。法院认为，名义借款人罗某为实现对房地产公司的工程款债权，在未交纳购房款的情况下，由某房地产开发公司出具购房发票，双方签订虚假的商品房买卖合同，其利用该合同以借款人的名义替某房地产开发公司申请贷款，罗某从而实现债权。罗某作为名义借款人与某房地产开发公司的行为已构成欺诈，违反诚实信用原则，根据合同法规定，一方以欺诈、胁迫手段订阅合同，损害国家利益的属无效合同，未损害国家利益，属可变更可撤销合同，撤销权人可依法行使撤销权，合同在未被撤销之前仍有效。贷款人并未行使撤销权，故合同应属有效，担保合同有效。名义借款人以房屋作了抵押担保，并对抵押作了登记，在借款不能归还时，应以抵押的房屋折价或拍卖变卖抵押物的价款由贷款人优先，房地产公司对借款作了连带责任保证担保，故判决由某房地产开发公司对借款的偿还承担连带清偿责任。

3. 开发商在预售商品房按揭贷款中承担保证责任风险的防范

（1）开发商应该认真审查买受人的资信情况，不要因为急于预售商品房而疏于或者放宽对买受人资信情况的审查，更不要帮助买受人虚假提高合同价款以取得贷款银行更高比例的贷款，一旦买受人断供、停供，开发商因此承担保证责任的风险会非常大，而且，此类买受人的偿付能力往往具有局限性，开发商承担保证责任后，往往无法向其追偿。

（2）开发商在与买受人签订预售商品房买卖合同时，对于按揭付款的买受人，开发商应当在合同中，对买受人未能按照贷款合同约定归还贷款导致开发商承担保证责任时，开发商的合同权利进行明确的约定，例如，"当开发商因买受人原因导致开发商向贷款银行承担保证责任时，开发商有权立即解除本合同，并有权收回本合同项下的房产，由此引起的一切损失概由买受人承担"等。

（3）开发商在签订保证合同的时候，需要明确承担的是阶段性担保，一旦预售商品房办理完毕房屋所有权证并抵押登记，开发商便不再为买受人的还贷行为承担保证责任。因为在实践中，有的银行会利用自己的强势地位要求开发商承担全程保证责任，也就是说直到买受人全部还清房贷之前，开发商要一直向银行承担保证责任，此种约定虽然在实践中很少出现，但是开发商还是应该加以关注，以免承担过重的保证责任。

（4）开发商对于预售标的额较大的房地产时，可以要求买受人或者买受人提供的第三人向开发商提供反担保。这样一来，开发商一旦因为买受人而向贷款银行承担保证责任后，可以利用已设定的反担保来得以追偿。

（5）开发商要积极地督促与协助按揭贷款买受人办理房屋权属证书与房屋产权抵押登记手续，以使得自身的保证责任尽早消灭。在实践中，笔者碰到过类似此种情形：业主刘某与一家房地产开发公司签订了商品房买卖合同，购买商品房一套，并顺利的从房地产公司指定的贷款银行办理了 18 万元贷款，银行把贷款直接划到了房地产公司在银行开立的账户上。同时房地产公司与提供贷款的银行签订一份保证协议，约定：银行向购买该房地产公司商品房的业主提供按揭贷款，银行把贷款划转到房地产公司在贷款银行开立的账户上。当年底，房地产公司交付了房屋，并通知业主刘某可办理房屋所有权证，但刘某无任何理由情况下一直未办理产权登记。由于业主刘某拒不办理房屋所有权证，进而不能办理抵押登记，所以依据房地产公司与银行签订的协议，银行不允许房地产公司动用账上的贷款，并且房产公司还需随时承担保证责任。在此种情况下，开发商应主动行使权利，可向买受人发函催告或在催告后仍旧拖延办理房屋产权证书时，为保护自身的合法权益以及避免陷入承担保证责任的风险，采取诉讼方式要求买受人办理产权证书并承担相应的违约责任。

（6）在银行诉求开发商承担保证责任案件中，开发商可以诉请法庭在判决书中明确开发商对买受人的追偿权，这样便可以直接根据该判决书向买受人行使追偿权或者申请法院强制执行，以免得开发商还要另案起诉买受人来行使追偿权。

13.5.5　有关预售商品房规划变更、设计变更纠纷

在房地产交易市场中，开发商为获得更高的利润，往往需要变更规划、设计来增加预售房地产项目的开发量，而随着人们法律意识与维权意识的增强，近些年来，开发商与买受人就预售商品房规划、设计变更而产生的纠纷日益增多。从

纠纷处理结果来看，总的来说对购房者比较不利，这与我国相关法律规定的不完善有一定的关系。但判决开发商承担违约责任的也不在少数。因此，开发商应该注意到预售商品房规划、设计变更的相关法律法规政策以及做好相应的防范。

1. 现行法律法规政策对预售商品房规划、设计变更的要求

根据《商品房销售管理办法》之相关要求，开发商应当按照已获得批准的规划、设计方案来建设施工，并且，商品房一旦销售（包括现售与预售）后，开发商不得擅自变更商品房的规划与设计。开发商就商品房的规划、设计向规划部门申请变更并获得批准后，该规划、设计变更导致商品房的结构型式、户型、空间尺寸、朝向变化，以及出现开发商与买受人约定的其他影响商品房质量或者使用功能情形的，开发商应当在变更确立之日起 10 日内，书面通知买受人。买受人有权在通知到达之日起 15 日内作出是否退房的书面答复。买受人在通知到达之日起 15 日内未作书面答复的，视为接受规划、设计变更以及由此引起的房价款的变更。但是，如果开发商未在上述规定的时限内通知买受人的，买受人有权退房，买受人退房的，开发商应当承担相应的违约责任。

根据《广东省商品房预售管理条例》之有关规定，开发商不得擅自变更已预售的商品房项目的设计；如果开发商对预售的商品房项目的结构型式、户型、使用功能、使用面积和合同约定的其他事项的设计进行变更时，应当征得相关的预购人同意；如果预购人不同意开发商进行上述变更，并且预购人与开发商经过协商后未能就规划、设计变更达成补偿协议的，预购人可以要求开发商返还已经交付的商品房预售款项的本金及利息，并且还可以按照合同约定要求开发商支付相应的违约金，如果已签订的商品房预售合同中未对此约定相应的违约金的，预购人可以要求开发商支付已付商品房预售款项 10% 以上 20% 以下的违约金。

根据《深圳经济特区房地产转让条例》之相关规定，开发商对已经预售的房地产在建筑施工过程中，对公共设施部分不得变更设计，如果开发商确实需要变更设计的，应当征得全体受让人 4/5 以上的同意。

2. 开发商如何应对与防范规划、设计变更产生的风险

（1）开发商应当注意到，不要随意变更规划、设计，一旦开发商对预售商品房规划、设计进行的变更符合上述第 1 点所列情形时，开发商应当按照上述第 1 点中的要求，及时通知买受人，在实践中，即使开发商对预售商品房的规划、设

计进行的变更未在上述第 1 点所列情形之内的，也应该及时地张贴公告予以告知，以免使自己陷入不利境地。

（2）开发商就预售商品房的规划、设计变更通知相关买受人后，买受人同意变更或者视为同意变更的，开发商应当及时与买受人对预售商品房规划、设计的变更达成补充协议，以免日后买受人再就此变更向开发商主张权利而导致纠纷的产生。

（3）开发商在预售商品房合同以及预售宣传广告中，不要就预售商品房的规划、设计向买受人作出不能兑现的说明和允诺，以免日后买受人因为开发商的规划、设计未能达到合同约定或者与宣传广告资料记载不符而导致纠纷的产生。

【案例 7】　陈某诉开发商增加容积率案

2008 年 3 月，陈某与某公司签订《商品房买卖合同》，合同载明总层数为 28 层，但陈某接房时发现所建房屋实际楼层为 33 层。陈某遂以开发商增加容积率为由起诉至法院。

法院审理后认为，房产开发公司违背了合同对商品房基本状况的约定，擅自提高了容积率，没有取得买受人的同意，甚至没有通知买受人，构成违约。综合考虑业主遭受损害的程度，以及开发商超建可能获得的利益等因素，判决开发商赔偿陈某 4500 元。

该案中，开发商变更规划没有按照规定书面通知买受人，买受人有权依法要求开发商承担违约责任。

附：律师范本

范本一：房产销售代理合同

委　托　人：＿＿＿＿＿＿＿＿＿＿＿＿（以下简称甲方）

法定代表人：＿＿＿＿＿＿＿＿＿＿＿＿

委托代理人：＿＿＿＿＿＿＿＿＿＿＿＿

地　　　址：＿＿＿＿＿＿＿＿＿＿＿＿

电　　　话：＿＿＿＿＿＿＿＿＿　　传　　真：＿＿＿＿＿＿＿＿＿

受　托　人：＿＿＿＿＿＿＿＿＿＿＿＿（以下简称乙方）

法定代表人：＿＿＿＿＿＿＿＿＿＿＿＿

地　　　址：＿＿＿＿＿＿＿＿＿＿＿＿

电　　　话：＿＿＿＿＿＿＿＿＿　　传　　真：＿＿＿＿＿＿＿＿＿

第一条　代理销售范围

甲方委托乙方为其代理销售位于＿＿＿＿＿＿＿＿＿＿的＿＿＿＿＿＿物业，并协助其与买受人订立正式的房地产买卖合同。甲方委托乙方代理销售的物业范围，以《代理销售物业范围明细表》（见附件一）为准。

第二条　代理销售期限

乙方代理销售期限自＿＿＿＿年＿＿＿＿月＿＿＿＿日之日起至＿＿＿＿年＿＿＿＿月＿＿＿＿日止。如甲方在上述期限届满之日起3日内以书面形式通知乙方续签本合同的，乙方应当按照甲方要求自＿＿＿＿年＿＿＿＿月＿＿＿＿日起续签本合同，续签期间内，乙方代理佣金的支付标准按本合同约定执行。

第三条　代理销售价格

甲方委托乙方代理销售本合同项下物业，物业销售价格以甲方制定的《销售价格明细表》（见附件二）为准，乙方应严格遵照执行，不得未经甲方书面同意而变更物业销售价格。但甲方享有对《销售价格明细表》中所记载的销售价格的变更权，有权在乙方代理销售期限内根据房地产市场的变化调整上述销售价格。甲方调整上述销售价格的，乙方应当按照甲方调整后的销售价格代理销售，但甲方通知乙方调整销售价格时，乙方有证据证明已与买受人就变更前的销售价格达成书面协议的除外。

第四条　代理方式

甲方委托乙方代理销售本合同项下物业的代理方式为独家代理销售，甲方不得就本合同项下物业另行委托第三方进行代理销售。但甲乙双方确认，为确保本合同项下物业的销售进度，甲方有权自行销售本合同项下的物业。甲方成功销售本合同项下物业的，甲方应及时通知乙方，乙方不再对该物业进行销售。甲方成功销售的本合同项下物业，不向乙方支付代理佣金，但是，该物业合同价款金额可计入乙方销售代理的房屋价款总额。

第五条　代理佣金

1. 代理佣金支付条件：当乙方促成买受人与甲方签订正式商品房买卖合同时，视为乙方成功代理销售该物业，此时，甲方应当按照本合同的约定向乙方支付相应的代理佣金。

2. 代理佣金支付标准：甲方以乙方成功完成代理销售本合同项下物业的合同价款为基数、以 X％ 为代理佣金结算比例，来向乙方支付相应的代理佣金，例如，乙方成功销售的 A 房屋，其合同价款为 300 万元，则乙方就其成功销售的 A 房屋，可提取的代理佣金为：300 万元×X％

3. 激励条款：

（1）当乙方在代理销售期限内，其成功完成代理销售的房屋合同价款的总额为大于等于 Y 元时，甲方按上述第 2 款约定的销售代理佣金结算比例 X‰基础上，相应地提高 1 个百分点来提取乙方的代理佣金，例如，乙方在代理销售期内成功完成代理销售的房屋合同价款的总额为 Y 元时，则乙方就其成功销售的物业所提取的代理佣金为：Y×（X＋1）元。

（2）当乙方在代理销售期限内，其成功完成代理销售的房屋合同价款的总额为大于等于 Z 元时，甲方按上述第 2 款约定的销售代理佣金结算比例 X‰基础上，相应地提高 2 个百分点来提取乙方的代理佣金，例如，乙方在代理销售期内成功完成代理销售的房屋合同价款的总额为 Z 元时，则乙方就其成功销售的物业所提取的代理佣金为：Z×（X＋2）元。

4. 代理佣金支付期限：甲方以实际到账的各期房款为基数，按照上述第 2 款约定的代理佣金结算比例计提代理佣金给乙方，支付期限为各期房款实际到账后的个工作日内支付。当乙方在代理销售期限内，其成功完成代理销售的房屋合同价款的总额达到上述第 3 款激励条款约定情形的，甲方需要按相关约定对之前已支付给乙方的销售代理佣金按激励条款约定补足，并且，对尚未支付的代理佣金按相关条款约定的代理佣金结算比例以及支付期限支付相应的代理佣金给乙方。

第六条　已没收定金的提取比例

乙方已向甲方提交并经甲方签署的《客户登记确认书》（见附件三）之买受人（或该买受人之亲属、委托人、代理人）在向甲方缴纳定金但在签署正式《房地产买卖合同》之前违约的，甲方应以已没收的该笔定金为基数，按照上述第五条第 2 款约定的相应的代理佣金的结算比例支付给乙方，但甲方收取的该笔定金不计入乙方成功完成代理销售的房屋价款总额。

第七条　甲方义务

1. 甲方应向乙方提供以下文件和资料：

（1）甲方营业执照复印件和银行账户。

（2）政府有关部门批准的国有土地使用权证、建设用地批准文件、建设用地规划许可证、建设工程规划许可证、施工许可证和商品房预售许可证。

（3）关于代售房地产的所需的有关资料，包括：平面图、地理位置图、室内设备、建设标准、电器设备配备、楼层高度、面积、规格、价格、其他费用的估算等。

（4）乙方代理销售该项目所需的收据、销售合同，以实际使用的数量为准，余数全部退给甲方。

（5）甲方出具的委托乙方独家代理销售的委托书。

（6）甲方应向乙方提交国土部门开具的本合同项下物业产权状态查询单并加盖甲方公章；如本合同项下物业已被设定抵押，甲方应向乙方提交抵押权人认可本合同并同意甲乙双方出售抵押物业的书面证明材料并签章确认。

以上文件和资料，甲方应于本合同签订后 3 个工作日内向乙方交付齐全。

甲方保证若客户购买的房地产的实际情况与其提供的材料不符合或产权不清，所发生的任何纠纷均由甲方负责。

2. 甲方在本合同约定的销售代理期间应指定甲方专门的工作人员负责收取客户所付款项，并向买受人出具收据。

3. 甲方应积极配合乙方的销售，并按本合同的规定向按期足额向乙方支付代理佣金及相关费用。

4. 甲方在乙方委托期限内，未经乙方同意，不得私自联系乙方提交并经甲方签署的《客户登记确认书》中所记载的客户。

第八条　乙方义务

1. 在本合同有效期内，乙方应做好以下工作：

（1）根据市场，制定推广计划。

（2）在委托期内，进行网络、媒体、声讯电话等方式的广告、宣传，利用各种形式开展多渠道的销售活动。

（3）派送宣传资料、售楼书。

（4）在甲方的协助下，安排客户实地考察并介绍项目、环境及情况。

（5）在甲方与客户正式签署房地产买卖合同之前，乙方以代理人身份签署房产认购或预定合约，并收取定金。

（6）乙方不得超越甲方授权向客户作出任何承诺。

2. 乙方在销售过程中，应根据甲方提供的项目的特性和状况向客户作如实介绍，尽力促销，不得夸大、隐瞒或过度承诺。

3. 乙方应信守本合同所规定的销售价格。非经甲方的授权，不得擅自给客户任何形式的折扣。在客户同意购买时，乙方应指导客户按甲、乙双方确定的付款方式与收款方式向甲方指定工作人员缴纳相应款项。若遇特殊情况，乙方应告知甲方，作个案协商处理。

4. 乙方不得私自收取客户所付款项，不得以甲方的名义从事本合同规定的代售房地产以外的任何其他活动。

5. 对甲方因履行本合同而提供的相关资料负有保密义务，不得对外披露。

第九条　合同的终止与变更

1. 在本合同到期时，双方若同意终止本合同，双方应通力协作作妥善处理终止合同后的有关事宜，结清与本合同有关的法律、经济等事宜。本合同一旦终止，双方的合同关系即告结束，甲、乙双方不再互相承担任何经济及法律责任，但甲方未按本合同的规定向乙方支付应付费用的除外。

2. 经双方同意可签订变更或补充合同，其条款与本合同具有同等法律效力。

3. 甲方如发现乙方在代理销售过程中有任何未经甲方许可之销售行为，可书面告知乙方并给予五天的整改期，若期满乙方仍未修正，则甲方有权单方解除本合同。

4. 乙方应保证其代理销售行为遵守其行业的法律法规，如因乙方的违法行为给甲方造成损失的，甲方有权向乙方追偿。如因乙方原因导致《房地产买卖合同》解除的，乙方不得要求甲方支付该笔佣金，甲方已支付的佣金，乙方应当退还，并且该笔销售金额不计入乙方成功完成代理销售的合同价款总额。

第十条　违约责任

1. 因一方违约给守约方造成损失的，违约方应对因此给守约方造成的损失承担相应的赔偿责任。

2. 如因乙方原因导致甲方按照本合同约定单方解除合同的，甲方有权先行在应付给乙方的代理佣金中扣除因乙方违约给甲方所造成的损失。

3. 甲方应按照本合同约定按期足额向乙方支付代理佣金或者相关费用，如甲方逾期支付上述费用的，乙方有权要求甲方按逾期支付费用的_____‰支付滞纳金。

第十一条　其他事项

1. 本合同自签订之日起生效。

2. 双方在履行本合同的过程中，因本合同发生争议的，应通过有好协商解决，协商不成时，任何一方均有权提请甲方所在地人民法院裁决。

3. 本合同一式四份，甲、乙双方各执两份。

范本二：认购书

一、购买房地产存在一定风险，请消费者结合自身经济状况，谨慎选择，慎重落定。

二、签署认购书前，买方应认真查阅并理解以下文件，卖方应提供查阅便利并解答：

1. 土地使用权出让合同书及其补充协议或《房地产证》；

2. 《建设用地规划许可证》、《建设工程规划许可证》、《施工许可证》；

3. 《房地产预售许可证》；

4. 主管部门批准的总平面图、立面图、楼层平面图、分户平面图；

5. 卖方与物业管理企业签订的《前期物业管理服务合同》；

6. 《临时业主公约》；

7. 正式的房地产买卖合同文本及其补充协议；

8. 一手楼购房指引。

卖方：

资质证书编号：_____

联系人：_____

联系电话：_____

委托代理机构：_____

备案证书编号：_____

联系人：_____

联系电话：_____

买方：

□身份证/□护照号码：_____

联系电话：_____

公司或机构名称：_____

联系人：_____

联系电话：_____

委托代理人：_____

□身份证/□护照号码：_____

电话：_____

第一条　买方自愿认购卖方____项目的第____栋_____单元____层____号房（以下称"本房地产"），用途为□公寓/□住宅/□别墅/□办公/□商业/□厂房/□；套内建筑面积____平方米，以上面积为□预售测绘面积/□竣工测绘面积。土地使用期限自_____年_____月_____日起至_____年_____月_____日止。

第二条　本房地产总价款为□人民币/□港币____亿____仟____佰____拾万____仟____佰____拾元（小写_____元）。按套内建筑面积计算，单价为每平方米□人民币/□港币_____元。

第三条　买方愿意采取下列第____种方式付款：

（一）一次性付款；

（二）分期付款；

（三）向银行借款方式付款。

第四条　签订本认购书时，买方应向卖方支付定金□人民币/□港币____佰____拾____万____仟____佰（小写_____元）。

签订正式的房地产买卖合同（以下称"买卖合同"）后，买方已付的定金自动转为购房款的一部分。

第五条　自签订本认购书之日起____日内，买卖双方应签订正式的买卖合同。买卖合同一旦签订，本认购书的效力即行终止。

若买卖双方未在约定的时间内签订买卖合同，除非买卖双方书面同意本认购书时效延期，否则本认购书的效力即行终止，本房地产可另行出售。

如因买方原因导致买卖合同无法在约定时间内签订，买方已付定金不予退还。

如因卖方原因导致买卖合同无法在约定时间内签订，卖方应双倍返还买方已付定金。

本认购书在履行过程中发生纠纷时，由买卖双方协商解决；协商不成的，循法律途径解决。

第六条　本认购书自买卖双方签订时起生效。本认购书一式＿＿份，买方执＿＿份，卖方执＿＿份，代理机构执＿＿份。

卖方（签章）：　　　　买方（签章）：　　　　代理机构（签章）：

卖方代理人（签章）：　买方代理人（签章）：　经纪人员（签章）：

年　　月　　日　　　　年　　月　　日　　　　年　月　日

范本三：认购书补充协议

1. 买方应于 20 ____ 年 ____ 月 ____ 日前向卖方支付首期款 ____ 元，其余楼款须于 20 ____ 年 ____ 月 ____ 日前通过向银行办理按揭手续支付。按揭金额、按揭年限以银行最后批复为准，如银行所批贷款金额减少，首期款将有所增加。

2. 买方选择卖方安排的按揭银行，则按本款约定办理；若买方选择卖方安排的按揭银行以外的银行贷款，则视为买方选择一次性付款，买方须在 20 ____ 年 ____ 月 ____ 日前付清全部楼款，卖方仅提供各银行现有通用的按揭贷款条件和资料信息并不负责协助买方办理按揭手续，买方应自行与按揭银行联系按揭办理事宜。

3. 买方应自缴纳定金、签订本补充协议之日起 ____ 日（即 20 ____ 年 ____ 月 ____ 日）内付清首期款（银行按揭客户）/全款（一次性付款客户），与按揭银行办理相关手续（银行按揭客户）并与卖方签订买卖合同。买方提供资料不合格、资信状况或其他不能归责于卖方原因导致未能办妥按揭手续，则自动转为一次性付款方式，按认购书及补充协议签署之日起 15 个自然日内付清全部购房款。若上述付款日是卖方营业地的银行假期，该期付款日期应为假期前最后一个银行营业日。

4. 买方应按照认购书约定的期限持认购书（含补充协议）、收款收据、购房所需各项有效证明文件，无须通知而自行前往卖方售楼处与卖方签署买卖合同及买卖合同补充协议、所有附表、附图，支付应付购房款。

5. 若出现买方未按照认购书约定期限支付任何一笔款项，或者买方在认购书约定期限内未能与卖方签署买卖合同及买卖合同补充协议、所有附表、附图的情形，则视为买方违约，卖方可认定买方弃权并有权解除认购书，卖方可以不经通知、催告而另行处置该物业，并没收买方所交纳的全部定金，且卖方不承担因此而形成的任何责任；若卖方不解除认购书，则买方每延期一日，须向卖方支付未付款金额的 _____ 作为违约金。

6. 买方确认，卖方已向买方明示拟签署的买卖合同及买卖合同补充协议、所有附表、附图及法律规定应当明示的其他文件、证件。买方声明已阅悉并理解、接受卖方的买卖合同及买卖合同补充协议、所有附表、附图所约定的内容。买方已充分了解该物业的状况、交易条件、周边环境，且无异议。

7. 卖方的联系方式以本补充协议载明的为准，买方的联络方式以买方书面确认的联系方式为准。双方对所提供的资料的真实性、准确性负责。任何一方联络方式发生变动时，应在变动后的三个自然日内书面通知对方，否则应承担因此而造成的全部责任。

8. 如买方违反本补充协议所约定的内容，则认购书及本补充协议自动终止，买方所交定金不予退回。

9. 立约双方，于平等、真实、自愿的前提下签署本补充协议，对签定本补充协议的行为可能引致的后果责任，任何一方均完全明白并愿意遵守。

10. 在买卖双方签订正式房地产买卖合同前，如遇不可抗力之意外，导致认购书及本补充协议无法继续履行，任何一方均有权解除认购书及本补充协议。此时，卖方除将买方已付购房定金及房款本金无息退回买方外，互不承担其他任何责任。

11. 若双方签订的买卖合同与认购书及本补充协议有相抵触的地方，以双方签订的买卖合同为准。

范本四：买卖合同补充约定

买卖双方本着平等自愿、协商一致的原则，结合项目实际情况，同意对双方所签订《深圳市房地产买卖合同（预售）》（深圳市的示范文本，下称买卖合同）作如下修改、补充约定：

1. 买卖合同第六条第一款第三点的第 2 小点作如下补充：

买受人自行办理按揭贷款手续的，买受人同意在不超出出卖人推荐的各家银行范围中进行选择。

2. 买卖合同第七条作如下修改、补充：

因买受人未按期足额支付全部购房款，导致双方买卖合同解除的，买受人应向出卖人支付总房款____％的违约金。在办妥房屋买卖合同注销备案登记、注销抵押登记及解除抵押贷款合同手续后____个工作日内，出卖人应将扣除违约金、解除合同所发生费用后的剩余款项无息退还给买受人。买卖合同需要通过仲裁程序解除的，双方约定通过和裁解除买卖合同，并且买受人应当承担仲裁费用。买受人拒绝配合出卖人办理买卖合同注销备案登记、注销抵押登记及解除抵押贷款合同手续，或在仲裁过程中，买受人拒绝通过和裁方式解除买卖合同的，买受人应双倍支付违约金（即按总房款的____％）。

3. 买卖合同第八条作如下修改、补充：

买受人未付清全部购房款之前，暂由出卖人出具相应款项的收款收据。出卖人在收到买受人全部购房款（包括银行贷款）并且经最终竣工查丈报告核实竣工面积之后办理房地产证之前，向买受人出具正式发票，同时买受人交回收款收据。

4. 本买卖合同第九条如下修改、补充：

（1）出卖人向买受人交付房屋时，应发出《入伙通知书》，实际交付的本房地产套内建筑面积详见深圳市地籍测绘大队出具的竣工测绘报告。

（2）因买受人原因导致出卖人无法通知买受人入伙或买受人不按时办理入伙手续的，视为买受人已于《入伙通知书》规定的入伙期限届满之日入伙，出卖人不承担延期交付责任。

（3）买受人于本买卖合同约定的交付时间未收到出卖人的《入伙通知书》的，交付时间为本买卖合同约定的交付时间，交付地点为本买卖合同标的房产所在地点。

（4）已交付（包括视为交付）的商品房毁损、灭失的风险及物业管理费等所有相关费用，由买受人承担。

（5）在买受人未付清应付购房款、违约金及相关费用的情况下，买受人不能办理入伙、办证，买受人同意由此引起的风险责任由买受人承担，且出卖人不承担违约责任。

5. 买卖合同第十条作修改、补充：

对于本条要求出卖人提供的文件修改为：（三）、（四）项，出卖人提供加盖公章的原件；（一）、（二）、（七）项出卖人应在本房地产交付时向买受人在现场展示复印件，不再向买受人提供原件或复印件；（五）、（六）项应由买受人填写或签署，即视为符合交付标准。

6. 买受人确认：

买卖合同第十一条第一款所称的"买受人对本房地产进行验收"是指：买受人检查核实所购房屋坐落位置、户型平面、竣工面积和房屋附属设施、设备是否与本合同相符，以及本房地产项目竣工验收程序及竣工验收备案文件是否符合政府相关法律法规及规定。如本房地产项目已完成政府规定的竣工验收备案手续，本房地产即符合本合同约定的交付标准或条件。对于可能出现的房屋质量瑕疵、若买受人认为房屋不符合交付标准或条件的，均属于出卖人保修范围，并不构成买受人拒绝收楼的理由。出卖人应当根据买受人验收意见进行整改；买受人以质量瑕疵或需要整改为由拒绝接收房屋的，视为出卖人已按期履行交付服务，由此可能导致的迟延入住的损失与法律责任概由买受人承担。

买受人应于出卖人发出的入伙通知书中规定的日期办理房屋交接验收手续，否则自次日起该房地产的所有风险责任自动转移给买受人并承担物业管理费等费用。

7. 买卖合同第十二条作如下修改：

整改期间不属于逾期交房，出卖人亦不承担违约责任。出卖人无法提供工程竣工验收合格证明文件导致无法交楼的除外。

8. 买卖合同第十五条保修中的第（一）至（七）项按照国家《建设工程质量管理条例》综合表述为：

（一）地基基础和主体结构工程，为设计文件规定的该工程合理使用年限；

（二）屋面防水工程、有防水要求的卫生间和外墙面的防渗漏工程，为 5 年；

（三）供热与供冷系统，为 2 年采暖期、供冷期；

（四）电气管线、给排水管道、设备安装工程，为 2 年；

（五）装修工程，为 2 年；

（六）其他项目的保修期，按《住宅质量保证书》中的承诺执行。保修期起始日修改为：保修期自项目竣工验收合格之日起计算。

9. 买卖合同第十六条作如下补充：

买卖合同第十六条中的"质量问题"是指房屋建筑工程的质量不符合国家工程建设强制性标准以及本合同的约定。"不能满足正常使用"是指房屋主体结构工程质量不合格、不能满足安全使用，并经政府指定的建设工程质量检测机构检测，检测结果经原设计单位或具有相应资质等级的设计单位复核确认不能满足正常使用。

10. 买卖合同第十七条的面积差异处理方式第一项第（二）点修改为：

差异值在±____％以上（不含本数）至±____％以下（含本数）的：①实际交付房屋套内建筑面积小于预售面积的，出卖人就差额面积按照合同单价退还多收房款给买受人；②实际交付房屋套内建筑面积大于预售面积的，买受人就差额面积按照合同单价补交房款给出卖人。

买卖合同约定套内建筑面积在____平方米以上（不含本数）的，面积差异按照多退少补的原则处理，买受人不解除合同，除非出卖人同意买受人解除合同。

11. 对买卖合同第十八条作如下补充：

买卖合同第十八条第一款修改为，出卖人提供的样板房及样板房说明仅作为展示，不作为出卖人对买受人商品房及相关设施的允诺。买卖合同第十八条第三款仅限于买受人所购买房屋内部。为优化居住环境，出卖人可以不经买受人同意而对共有部位、共用设施及买受人房屋套内面积所涵盖范围之外范围增加装置、装修、装饰。买受人不得依据合同第十八条提出异议。

12. 对本合同第十九条第二款作如下修改：

已预售的房产在建筑施工过程中，不得随意变更本房地产的结构形式、户型、空间、尺寸和朝向。在不影响本房地产的质量和使用功能的情况下，经规划部门和设计单位同意，出卖人可对原有规划设计作出局部调整，可不通知买受人；若变更无需政府主管部门或设计单位同意的，则出卖人亦可不通知买受人。除买受人因设计变更而受到直接损失的，出卖人不承担赔偿责任。

13. 符合买卖合同第十七条或第十九条约定的合同解除条件时，买受人有权在出卖人的通知送达后_____日内决定是否解除合同。如买受人未在上述期限内将解除合同的书面通知送达出卖人，则视为买受人放弃合同解除权。

14. 买卖合同第二十一条第三段"一、"修改为：

（1）买受人为按揭付款的，买卖双方共同委托买受人的贷款银行办理本房产的《房地产证》，买受人应按出卖人书面通知上要求的时间交纳各种应由买受人承担的税费和提供办证所需的全部资料。出卖人在本合同约定的交付日起____天内办理完初始登记即视为履行了办证义务。如需买受人补充办证资料或费用，买受人应在接到贷款银行或出卖人通知后____天之内将符合要求的资料或应交的费用提供给贷款银行，买受人《房地产证》无法及时办出的，责任由造成方负责。

（2）买受人为一次性付款的，买受人自行办证，出卖人在本合同约定的交付日起____天内办理完初始登记并通知买受人领取相关办证资料即视为履行了办证义务。买受人延误领取资料的，逾期办证的责任由买受人负责。

（3）买受人延迟办证导致税费增加的，由买受人自行承担。

15. 对买卖合同第二十二条第一段作如下修改、补充：

如出卖人未履行相关义务造成买受人不能按约定期限取得《房地产证》的，出卖人自本房地产交付之日后的第____日起，按日向买受人支付本房地产总价款万分之____的违约金。如延期办证的时间达到____日，则买受人有权在该____日届满之日起半年内解除合同。

16. 本合同第二十八条第四款修改为：

出卖人的售楼书、广告、宣传资料、模型所载的内容和数据仅为要约邀请，并不构成买卖合同的组成部分，样板房仅为展示用途，并非交楼标准或未来可实现状态，双方的权利义务均以买卖合同及本补充约定为准。

17. 买受人为居住环境的统一管理与公共利益的统一维护，特别授权由出卖人使用、管理以下建筑区划内的设施及空间（包括但不限于：设备用房、屋顶、架空层等公共物业、设施和屋顶、商业裙楼外墙的共有部位及公共场地），并同意由出卖人享有使用的收益，期限为本宗土地的使用年限；双方确认，地下车库、地面社会停车库、小区车位、会所、自行车位等由出卖人投资建造的小区配套设施归出卖人所有，但出卖人应按照相关法律法规的规定，本着首先满足业主需要的原则行使其权利。出卖人对以上配套进行出租或者销售的，租金或者价位另行约定。

18. 买卖合同因法律规定或合同约定解除的，按以下方式处理：

（1）双方应互相配合办理本合同备案登记的注销手续、抵押登记注销及按揭贷款合同解除手续，不履行该配合义务的，应当承担对方因此而造成的经济损失。

（2）买受人应在买卖双方解除合同之日起＿＿＿日内办理解除合同手续并交还房屋，否则买受人应按照深圳市政府主管部门公布的房屋指导租金三倍的标准向出卖人支付占用期间的房屋占用费；

（3）买受人交还本房地产后，出卖人对本房地产内房屋装修不作任何补偿或赔偿。买受人改变房屋结构或造成房屋任何损坏的，应当承担赔偿责任。

19. 出卖人已将《业主临时管理规约》、《前期物业服务合同》展示给买受人，买受人在签署本合同时已知悉并接受《业主临时管理规约》、《前期物业服务合同》的全部条款及内容。

20. 本合同附表的附图仅供参考，最终以政府验收结果为准。

21. 双方同意：

建筑结构上单独属于某一套房地产的架空层、露台、阳台、平台、入户花园等独立于其他专有面积和公共面积的面积在不影响其他业主正常、合理使用和不违背法律法规的前提下，上述面积归该房产购买人使用。所有上述面积的使用均应遵守业主临时规约、物业管理服务合同以及业主委员会制定的规则。

22. 双方确认：

本附件系经双方协商一致达成的补充约定，是买卖合同不可分割的组成部分，"买卖双方补充约定"与买卖合同内容存在歧义或矛盾、相冲突的，以本"买卖双方补充约定"内容为准。

范本五：限购政策风险提示及业主声明

以深圳市为例，《关于进一步贯彻落实国务院文件精神坚决遏制房价过快上涨的补充通知》出台后的交易风险提示：

2010年9月30日，市政府办公厅发布《关于进一步贯彻落实国务院文件精神坚决遏制房价过快上涨的补充通知》（深府办〔2010〕82）号，明确在本市暂时实行限定居民家庭购房套数政策。对于本市户籍居民家庭（含部分家庭成员为本市户籍居民家庭），限购2套住房；对于能够提供在本市1年以上纳税证明或社会保险缴纳证明的非本市户籍居民家庭，限购1套住房。暂停在本市拥有2套以上（含2套）住房的本市户籍居民家庭、拥有1套以上（含1套）住房的非本市户籍居民家庭、无法提供在本市1年以上纳税证明或社会保险缴纳证明的本市户籍居民在本市购房。对境外机构和个人购房，严格按照有关政策执行。

买卖双方在交易之前应按照深府国〔2010〕82号文的要求，认真核查是否符合购房条件，对不符合条件的，市主管部门将不予办理预售商品房备案、一手房现售及二手房交易过户等手续。对提供虚假信息、材料进行交易的，该交易行为无效，因此造成的法律责任由买卖双方自行承担。

声　　明

我（们）已明确得知国家有关房屋限购政策（国发〔2010〕10号，深府办〔2010〕82号），并按要求提供相关真实的证明材料，对因提供虚假材料以及不符合政策条件而进行的房产交易行为所产生的法律责任，本人愿承担全部责任。特此声明。

声明人：

年　月　日

范本六：项目及周边环境的风险提示（部分）

1. 本项目东起____路，西至____路，南起____路，北至____路，周边的主干道为____条。

2. 本项目注册名称为"____花园"，土地性质为____，土地使用年限为____年____月____日至____年____月____日。

3. 本项目周边地块规划及开发将按照____市政府的具体文件执行。

4. 本项目____侧受____景观遮挡，具体根据户型朝向不同，而对景观的影响程度不同。

5. 购房人不得以本项目的公共设施和建筑物影响个人生活及通风、采光、景观等为由向卖方主张任何权利。

6. 本项目的售价已经充分考虑了各项可能对居住造成的不利因素。

7. 红线内因素基于政府批准的规划及设计方案，因方案调整而导致信息变化的，以最终政府批准的规划及设计方案为准；在履行了必要的法定程序后，可能发生调整，卖方不对此承担违约责任，但合同另有约定的除外。红线外不利因素，信息来源于目前环境现状或相关政策规划，将来可能发生调整，届时不再另外通知，且对此卖方不承担违约责任。受条件所限，卖方不可能写尽所有红线内外的不利因素，请购房人予以仔细选购并慎重决定。

8. 本项目____面有社会停车场，车辆行驶发出的噪声可能给购房人居住环境带来一定影响。

9. 本项目户型品种较多，户型图并不能逐一体现所有户型局部的细微变化，部分户型结构存在一定的差别，其具体的面积、尺寸、形状、通风、采光、环境条件可能会因位置不同而有所差异，购买人所购户型以最终房地产买卖合同为准。

10. 本项目总平面效果图以规划部门批准的总平面图为依据绘制，仅作为规划效果示意，与实景存在一定差异，具体内容以政府规划部门批准的规划方案为准。

11. 所有样板房的设计与施工做法不作为交楼标准。

买卖双方的权利义务以房地产买卖合同为准，买方确认在签署认购书及补充协议前已经熟知上述文本内容及其含义，并无异议。

　　认购房号：

　　认购人签字（手印）：

　　日期：

范本七：房产交易的风险提示（部分）

1. 买受人已经仔细阅读已经在现场展示的《认购书》及《认购书补充协议》、《房地产买卖合同》及补充约定、《风险提示》……明示文件、证书的示范文本。

2. 买受人应在签署认购书之日起 7 日内，按选定的付款方式交纳房款并签署买卖合同。

3. 办理合同《公证书》、《房地产证》、抵押贷款等属买受人应当承担的一切税费自行承担，并在办理相关手续时携带相关款项和备齐各种证明文件。

4. 付款方式及时间：

按揭客户：

定金：每套人民币＿＿＿元整，签订认购书；

首期款：首次置业，首期款≥实际成交总价的 30％，二次置业，首付款比例≥实际成交总价的 60％（首期款金额按最终银行批准的按揭贷款金额确定，按揭贷款金额减少，则首期款相应增加。若买受人未能取得银行按揭贷款，则自愿更改付款方式为一次性付款）。买受人必须在约定的期限内取得银行按揭贷款确认函、付清首期楼款、并签署买卖合同，逾期将视为买受人违约，已交定金将不予退还。

一次性付款客户

定金：每套人民币＿＿＿元整，签订认购书；

剩余楼款：自签订认购书之日起 7 日内缴清并签署买卖合同。

5. 办理入伙和办证通知的约定

6. 有关费用（以深圳市为例）

国内人士按揭贷款需承担以下税费：

收费项目	收费标准	收费单位
抵押登记费	买卖合同金额×0.01％（不足 100 元按 100 元收取）	国土局
贷款印花税	贷款金额×0.005％	税务局
公证费	按公证业务收费标准执行（境内公民免公证）	公证处
以上有关费用按现行深圳市政府部门相关规定执行，如有调整或增加须按最新政策规定执行		

外籍人购房时需承担以下税费：

收费项目	以下收费仅供参考	收费单位
买卖合同公证费	（标的额－50万）×0.25％＋1500元	公证处
按揭合同公证费	（标的额－50万）×0.25％＋1500元	公证处
委托书公证费	约300元/户	公证处
抵押登记费	50元	财政局
以上有关费用按现行深圳市政府部门相关规定执行，如有调整或增加须按最新政策规定执行		

办理房地产证时的税费：

收费项目	以下收费仅供参考	收费单位
契税	购房总价款3％	税务局
印花税	购房总价款的0.05％	税务局
转移登记费	个人50元/户，单位80元/户	财政局
贴花	5元/户	财政局
以上有关费用按现行深圳市政府部门相关规定执行，如有调整或增加须按最新政策规定执行		

……

范本八：按揭贷款确认函

×××× 地产公司：

我行已收到＿＿花园＿＿栋＿＿房＿＿顾问的贷款申请，现通知贵司，该顾客的贷款申请已获我行批准，详情如下：上述房产总价：＿＿＿＿＿＿＿元，核准贷款金额：＿＿＿＿＿＿元，核准利率：＿＿＿＿＿＿。

特此通知！

我行将按上述核准金额为该顾客提供按揭贷款服务，最终放款至贵司账号，请贵司与该顾客签署房地产买卖合同。

我行联系人：＿＿＿＿＿＿＿＿＿＿＿

联系电话：

×××× 银行

年　月　日

第14课　房产交付——入伙大吉

引言

　　房产交付指的是，开发商依据相关法律规定以及开发商与买受人之间的商品房买卖合同的约定，将符合交付条件的房屋按期向买受人进行交付，买受人对开发商所交付的房屋进行验收的行为。

　　预售商品房的交付，是履行商品房预售合同的关键节点。对于开发商来说，按约定交付房屋，既履行了其合同义务，也转移了房屋灭失、毁损的风险等责任负担，而对于买受人来说，按约定接收房屋之后，从法律上拥有了该房屋的所有权，同时也要承担房屋灭失、毁损的风险以及承担物业管理费等责任，因此，预售商品房的交付对于双方来说既是权利也是义务，意义极其重大。正是因为商品房交付的意义所在，在实践中，开发商与买受人在预售商品房交付时，往往容易产生大量的纠纷，纠纷产生的原因主要集中在交付的认定、交付的条件与标准、交付的迟延以及拒绝接收等方面上。

14.1　交付的条件及注意事项

　　正确的办理交付房产手续，能有效预防或者减少纠纷的发生，开发商应该从明确房产交付条件与完善房产交付流程两个方面来着手。

305

14.1.1 房产交付的条件

商品房交付使用条件，包括法定条件和约定条件两个方面：

1. 法定条件

法定条件指的是法律法规的强制性规定，例如深圳市住宅类型预售房产交付，根据《深圳市建设工程质量管理条例》第五十六条规定："房屋建筑工程竣工验收应当符合以下条件：（一）完成房屋建筑工程设计文件和合同约定的各项内容；（二）有完整的技术档案和施工管理资料；（三）有工程使用的主要建筑材料、建筑构配件和设备的进场试验报告；（四）有勘察、设计、施工、监理等单位签署的质量合格文件；（五）有施工单位签署的工程保修书。房屋建筑工程经竣工验收合格，并取得消防、电梯、燃气竣工验收合格证明或者准许使用文件后，方可投入使用。"《深圳市房地产买卖合同》第九、十、十一条也作了相应约定。开发商在向买受人交付房屋时应当同时提供：深圳市地籍测绘大队出具的预售面积测绘报告和竣工面积测绘报告；《深圳市建设工程竣工验收备案（回执）》；《房地产（住宅）质量保证书》；《房地产（住宅）使用说明书》；《收楼意见书》；《业主临时公约》；前期物业管理企业出具的物业共有部位、共用设施设备接管查验清单。

2. 约定条件

在实践中，开发商与买受人通过签订《商品房买卖合同》及附件、补充协议等约定更为详细、具体的交付条件，一般涉及以下方面：房屋的面积、户型、尺寸、朝向，房屋的装置、装修、装饰标准，上下水、电、燃气、暖气等，小区绿化、道路、会所、学校等共用设施、附属配套项目。

14.1.2 注意事项

在实践中，开发商经常会碰到买受人拒绝入伙或开发商在房产尚不符合交付条件时便向买受人交付房产，大量纠纷因此产生。针对此类问题，我们建议开发商应注意以下几点事项，并做好应对措施：

（1）开发商在交付房产时，所交付房产应当符合交付使用条件。当开发商所交付的房产不符合法定条件时，也即开发商在向买受人交付房产时，未能向买受人出示符合房产交付条件的各证明文件或者开发商向买受人出示的证明文件不齐全的，视为不符合法定交付标准，买受人有权拒绝收楼，由此产生的逾期交付责任是由开发商来承担的。值得注意的是，开发商与买受人对房产交付条件进行详细、具体约定时，所约定的交付标准应当高于或等于法定交付标准，否则，双方的约定是无效的。

（2）开发商在大中型项目的开发建设中，应当在项目立项时就做好分区报建、分区施工、分区验收的筹划，这样，便可以合理的分配各项目区域内房产达到交付条件的期限，也可以避免因各项目区域间达到交付条件的时间不一致而造成项目整体上的拖延，而且，一旦发生违约情形时，项目区域的划分也使得开发商需要承担违约责任的区域范围得以限定。

（3）开发商在房产开发过程中，应当根据房产交付条件的实现情况，来预先评估房产交付期限是否可能会存在迟延，如果存在逾期交房的可能性，开发商应当积极的采取措施来加以补救，比如通过跟买受人协商，根据项目的进展情况就延期交房另行签订补充协议，以避免因所交付房产未达到交付条件或者逾期交房而陷入纠纷甚至导致群体性事件的发生。

（4）开发商应在合同约定的交付期限前按照约定的方式向买受人发出严谨、规范的书面入伙通知，为保障入伙通知能送达每位买受人，可同时在报纸上刊登《入伙公告》（参见范本一）和《入伙通知书》（参见范本二），《入伙公告》中需要注意对房号的标注，以使业主有效对应；《入伙通知书》则可以按照《房地产买卖合同中》约定的联系电话和地址予以联系领取或邮寄，如需邮寄时应采用中国邮政 EMS 特快专递的方式，并在详情单上注明"入伙通知书"字样。

（5）为避免因房产确实存在需要修缮或其他瑕疵而导致无法顺利交付房产的情况，建议开发商在与买受人签订房产买卖合同时约定，在买受人验收房产时，如存在需要修缮部位则属于开发商保修责任范围，不影响房产的交付（参见第13课范本三第6条）。

（6）若买受人不按入伙通知要求办手续、验收房屋和收钥匙，只要有充分证据表明是以下情况，视为买受人放弃了权利，就构成了"单方交付"开发商无需承担责任：①该入伙通知已确定送达；②对不如期收楼的行为，通知已有明确的违约制裁提示；③未实际入伙，确实是买方自身原因不履行所导致。

（7）开发商在房地产竣工验收合格前交付房地产的，交付行为无效；如果开发商未及时竣工验收但买受人已按期收楼，则开发商无须承担延迟交付的责任，因此种情况，法院一般认为属于买受人以实际行为接受了变更的约定。

14.2　交付的流程及注意事项

14.2.1　房产交付流程

房地产符合交付条件时，开发商应及时发布入伙通知书→买方收到通知后，按通知的时间持房地产买卖合同、户口本、购房收据（发票）等到售楼处办理入伙手续→在办理入伙手续时，为方便业主了解办理流程和具体手续，可制作《入伙指引》（参见范本三）、《收楼须知》（参见范本四）进行引导→按买卖合同约定需要业主结清房款等费用的应提醒业主及时交费→未签《前期物业管理协议》和《业主临时公约》的需要补签→发放《业主使用手册》等资料→买方到房产现场验房→签署《房屋验收表》（参见范本五），对于需要整改的部分签署整改意见书→业主领取钥匙。

14.2.2　注意事项

（1）开发商应当对于房产交付易产生纠纷事项在买卖合同相关条款中加以事先约定与完善。在房产交付阶段，开发商与买受人易产生的纠纷，多集中在开发商逾期交付房产、开发商交付的房产不符合交付使用条件、买受人以交付房产存在质量问题拒绝验收、开发商交付房产书面通知义务的履行、开发商规定买受人先交费后验房流程等事项上，因此，开发商与买受人在签订房产买卖合同时，应当在合同条款中对上述事项加以限定与完善，该部分注意事项我们已在第 13 课作了详细论陈，此处不再赘述。

【案例1】 李某诉开发商房产质量引发逾期交房责任案

2008年3月，李某与某公司签订《商品房买卖合同》，约定2008年6月30日前交房。李某于2008年6月28日接到验房通知验房时，发现房屋生活阳台铁栏杆与公共露台铁栏杆相连，且有室外电线搭在该公共露台的铁栏杆转角处，李某以房屋需要整改为由不予接房，该公司不允，李某遂诉至法院，要求整改，并承担延期交房的违约责任。

法院审理后认为，虽然房屋已取得竣工验收许可证，但公共露台搭接的室外电线不符合电气装置安装工程及验收规范，存在重大安全隐患，李某有权拒绝接房，房产公司构成违约。

《合同法》第一百四十八条规定：因标的物质量不符合质量要求，致使不能实现合同目的的，买受人可以拒绝接受标的物或者解除合同。该案中，某公司所交付的房产质量不符合要求，李某依法有权拒绝办理入伙手续。同时，需要注意的是，如果开发商已经符合房产交付的法定条件，买受人拒绝办理入伙手续，则买受人就要承担相应的法律责任。

【案例2】 开发商诉邱某支付面积补差价款案

2007年9月23日，某房地产公司与邱某签订了《商品房买卖合同》，约定邱某向该公司购买东莞市某商住区3单位801号房，合同约定：①购买的商品房为预售商品房，商品房建筑面积共133.06平方米，其中套内建筑面积114.94平方米；②商品房按套出售，按套内建筑面积计算，该商品房单价为每平方米4930.14元，总金额566670元整；③商品房交付使用后，合同约定计价面积与产权登记面积有差异的，以产权登记面积为准，产权登记面积与合同约定计价面积发生差异，差异值为±0.6%以上（不含本数）至±3%以内（含本数）的，双方按合同约定的房屋单价多退少补；④邱某如未按本合同时间付款，逾期超过90日后，邱某愿意继续履行合同的，经某房地产公司同意，合同继续履行，自本合同规定的应付款期限之第二天起至实际全额支付应付款之日止，邱某按日向某房地产公司支付逾期应付款万分之二的违约金。

因房产面积测绘成果报告书（2008 年 4 月）显示案涉房屋建筑面积 136.05 平方米，房屋套内面积 117.10 平方米。某房地产公司诉至法院，请求：①邱某支付某房地产公司房屋面积差价款人民币 10649 元；②邱某支付某房地产公司逾期付款的违约金（按每日 0.2‰计算，自 2010 年 11 月 20 日起计至实际清偿之日止）；③邱某承担本案诉讼费用。

邱某否认收到某房地产公司的催款通知，认为某房地产公司的起诉超过了诉讼时效。

法院认为：测绘单位在 2008 年 4 月已对案涉房屋出具房产面积测绘成果报告书并报房产部门备案，某房地产公司在 2008 年 4 月知道或者应该知道产权登记面积与合同约定计价面积发生差异，可以要求邱某按合同约定对房价多退少补。某房地产公司称其于 2010 年 10 月 22 日已通过邮寄方式通知邱某补交房价款，但未能提供证据证明通知补交房款的快递邮件已由邱某签收或到达邱某，亦未能提供其他证据证明该诉讼时效有中断、中止的情况，某房地产公司直至 2012 年 10 月 18 日才向原审法院提起诉讼，要求邱某补交房屋面积差价款，已经超过了法律规定的诉讼时效期间，对某房地产公司的诉请依法不予支持。本案经过一审、二审，维持驳回某房地产公司诉请。

以上案例中，开发商某房地产公司在实体上拥有根据双方的约定向买受人邱某主张补交实际房产面积大于约定房产面积价款的权利，但由于某房地产公司没有引起重视，及时在自知道自己权利受到侵犯之日起 2 年内主张，导致在程序上无法实际收回房款，使公司权益受到损失。因此，开发商应在交付房产后，及时清理对于需要补收房款的房产，并及时向相关买受人主张权利。

（2）建议在办理入伙时由业主签收办理房产证通知书（参见范本六），避免产生日后业主无法准确及时签收通知而导致办证的纠纷。

（3）律师现场咨询。目前深圳多家开发商均采用在项目入伙时，安排公司的法律顾问或专职律师现场值班，及时解答业主交房流程中出现的法律问题，为开发商提供法律意见与建议，方便业主顺利办理入伙手续，以及提醒开发商采用合法、及时的措施，来避免或者减少纠纷的发生。

14.3 房产证的办理

在为买受人办理分户产权的《房地产证》之前，开发商必须申领房地产整体项目的《房地产证》，我们通常称之为房地产的初始登记。现按照深圳市办理顺序逐一讲述。

14.3.1 开发商产权证的办理—房地产初始登记

1. 办理条件

（1）合法取得房地产。

（2）已付清地价款。

（3）经有资质的测量机构实地测绘。

（4）法律、法规、规章及规范性文件规定的其他条件。

2. 提交申请

开发商需根据房产项目所在地及管辖机关，向深圳市房地产权登记中心或者相应登记科提交以下申请材料：

（1）深圳市房地产初始登记申请表（样表）。

（2）申请人身份证明（参照相关机关详细要求）。

（3）土地权属证明，包括：土地使用权已办理初始登记的，提交《房地产证》或者其他房地产权属证明；土地使用权未办理初始登记的，按(1)土地使用权初始登记的申请材料清单提供。

（4）建筑工程规划证，或建筑许可证。

（5）开工许可证，或施工许可证。

（6）建设工程规划验收合格证。

（7）竣工验收证明（或竣工验收证书或竣工验收备案证明或竣工验收备案回执）。

（8）建筑设计总平面图、建筑物竣工图（包括单体建筑平面、立面、剖

311

面图)。

(9) 建筑物命名批复书。

(10)《深圳市建设工程竣工测量报告》及《深圳市房屋建筑面积测绘报告》。

(11) 工程结算证明。

(12) 房屋维修基金证明。

(13) 除上述文件外,其他情况还应当提交:房地产属于共有的,提交产权分成详细清单;属全体业主共有部分的,提交经规划部门确认的证明材料或房地产开发企业与业主的书面约定;集资建房的,应当提交有关部门批准集资建房的文件(包括集资的对象、范围等);拆迁赔偿的,应当提交经主管部门见证的拆迁赔偿清单及拆迁补偿协议;原已核发《房屋所有权证》或者国有土地证书等其他权利证书的,应当提交其权利证书;法律、法规、规章及规范性文件规定的其他材料。注:以上文件已交城建档案馆归档,而无法提交原件的,可提交盖有该馆"原件已归档"章的复印件。

3. 办理程序

受理→初审→复审→初步审定→公告(30 日)→计收税费→核准→记载于登记簿→发证(自受理之日起 90 个自然日,含公告期)→立卷归档

14.3.2 买受人房地产证的办理——房地产二级转移登记

1. 办理条件

(1) 合法拥有房地产权并无产权争议。

(2) 房地产已经初始登记。

(3) 房地产无查封等限制房地产权利的情况。

(4) 当事人已依法签订房地产买卖合同书或持有权利发生转移的证明。

(5) 房地产已设定抵押权的,已经抵押权人书面同意。

(6) 非法人企业、组织的房地产转移的,已经其上级主管部门批准同意。

(7) 行政划拨、减免地价的土地,已经主管部门批准并已按规定付清地价款。

(8) 其他相关的法律、法规、规章及规范性条件。

2. 提交申请

买受人房地产证的办理，通常有三种方式：①开发商与买受人共同向房地产权登记机关申请房地产转移登记、办理《房地产证》；②买受人书面委托开发商向房地产权登记机关申请房地产转移登记、办理《房地产证》；③待初始登记时向房地产权登记机关出具开发商委托买受人自行登记办证的备案申请，买受人于房地产项目初始登记后径自向房地产权登记机关申请房地产转移登记、办理《房地产证》。

开发商或者买受人办理房地产证时，需向深圳市房地产权登记中心或者相应登记科提交以下申请材料：

（1）深圳市房地产转移登记申请表（样表）。

（2）申请人身份证明（按详细要求提供）。

（3）房地产权利发生转移的证明：深圳市房地产买卖合同书，或生效的法律文书，或行政机关行政决定书等。

（4）属于预售房地产抵押转现售房地产抵押的，还应提交楼花转现证明文件原件。

（5）开发商已办《房地产证》的，应当提交《房地产证》。

（6）因拆迁赔偿申请转移登记的，提交拆迁赔偿协议书。

（7）有委托的还应提交委托证明文件及受托人身份证明复印件。

（8）法律、法规、规章及规范性文件规定的其他材料。

3. 办理程序

受理→初审→核准→记载于登记簿→计收税费→发证（自受理之日起 30 个自然日）→立卷归档

14.3.3　注意事项

1. 严谨发放办证通知

根据合同约定，通知必须是书面通知，并应采取买方签收或邮寄的方式。如果选择邮寄，应当用特快专递或挂号信的形式，并保留好回执等凭证。邮寄时回执上必须注明"办理房产证通知"。邮寄的地址应按照合同载明的买方地址，而不是所购买房产的地址。只有在以上方式无法送达的情况下，才能通过报纸公告送达。举例说明：深圳某房产公司开发的楼盘已具备了办证条件，遂在小区张贴办证通告，并电话通知了业主。但仍有一些业主没有来办理办证手续，房产公司也不以为意。一年多以后，按揭业主章某突然将房产公司告上法庭，称房产公司未按约通知办证，应承担延期办证责任。法庭上，房产公司辩称已通过张贴公告及电话方式通知了全体业主。法院经审理认为，房产公司没有充分的证据证明其已通知全体业主，且其所称的通知方式不符合合同约定，故判决房产公司败诉。消息传出，其他多家业主也先后起诉房产公司，该公司损失惨重。

因此，针对可能出现的虽经书面通知，买受人仍未予办理《房地产证》的情形，开发商可提前在签订房地产买卖合同时履行此告知义务，并由买受人签收通知书，或采取在办证通知中只通知预约办理的时间，此两种方法均为避免对开发商办证通知的问责而转由买受人主动发起办证程序，使开发商仅处于协助配合地位。

2. 不可忽视的迟延办证

以深圳市为例，延期办证以取得竣工验收之日为起算基准日，开发商应在取得竣工验收证明文件后 180 天内完成初始登记；在交付房地产 240 天内办妥房产证。深圳市"京某花园"因为延期办证，开发商被几户业主告上法庭，开发商开始没重视。结果这几户业主胜诉后，将胜诉判决复印张贴在小区里，引发上百户业主纷纷起诉，每户要赔 2～4 万元不等，给开发商带来了巨大的损失。

应避免延迟办理按揭买方的房地产证，否则可能承担违约责任。在实践中，笔者通常会建议在开发商与买受人签订房地产买卖合同和按揭贷款合同时，由买受人签署委托书由银行代办房地产证，开发商只是协助银行提交有关材料，并不承担办证义务，并且，代收相关税费、房地产转移登记申请表等均在签订房地产买卖合同时一并签署，这样大大降低了开发商的办证风险。

对于一次性付款的房产，开发商应选择在收到全部房款时将开发商相关资料一并交由买受人，由买受人自行办证以防范延期办证的风险。

3. 延期办证责任处理

延期办证的原因是否为开发商过错是开发商承担违约责任的关键所在，一般情况下，在购房合同中，开发商均约定如因出卖人过错（责任）导致延期，才需要承担违约责任，否则，不应承担延期办证的责任。

（1）因政策原因导致延期办证，开发商无须承担违约责任。

【案例3】 李某诉开发商逾期办证案

2005年，李某某与某房地产公司签订《北京市商品房预售合同》及其补充协议，约定：买受人购买出卖人开发的位于北京市宣武区某8号院某号楼某号房屋，总价款人民币1464638元。同时约定：如因出卖人的责任，买受人未能在商品房交付之日起720日内取得房屋所有权证书的，出卖人应当按日计算向买受人支付全部已付款万分之三的违约金。2009年5月7日，李某某所购北京市宣武区某8号院某号楼楼栋所有权登记在某公司名下。2009年8月1日，房屋的所有权人登记在李某某名下，房屋所有权证上记载的房屋建筑面积为138.32平方米，套内建筑面积为120.08平方米，其中房屋套内建筑面积的记载与双方签订《商品房买卖合同》的约定一致。

李某某以某公司违约为由诉至法院要求某公司支付逾期办理房屋所在楼栋初始登记和房屋产权证的违约金。

一审法院认为，根据合同约定，某公司应于2007年12月31日前完成李某某的房屋所在楼栋的初始登记，并应当在2009年1月5日前取得李某某房屋的所有权证书，但因政府主管单位于2007年5月11日作出《关于房屋权属登记面积有关问题的通知》的政策调整，直接影响了某公司办理楼栋初始登记的工作，亦影响了作为初始登记后续工作的转移登记。从而某公司在主观上不存在拖延办理权属登记的过错。客观上，某公司亦无法在合同约定的期限内完成初始登记和转移登记。在政府主管单位于2008年6月12日出台新的政策《关于商品房开发项目房屋登记面积测量有关问题的通知》后，李某某房屋所在项目符合了办理权属登记的相关要求，某公司于2009年5月7日取得李某某房屋所在楼栋的所有权登记，并于2009年8月1日协助李某某办理了房屋产权登记，履行了作为房屋出卖方的合同义务。

综上，某公司按时向李某某交付所购房屋，并未给李某某对房屋的实际居住和正常使用造成影响，且在政策调整后办理了楼栋初始登记并协助李某某取得房屋所有权证，故对于李某某要求某公司支付逾期办理房屋所有权证的违约金的诉讼请求，缺乏事实与法律依据，本院不予支持。据此，判决：驳回原告李某某的全部诉讼请求。李某某不服原审判决提起上诉，二审法院判决维持原判。

本案是一起因政策原因导致房产初始登记工作延迟，继而直接影响转移登记，开发商在具备办证条件时及时办理了初始登记并及时为李某办理房屋所有权证，开发商不存在主观过错，因此，政策原因导致延期办证，开发商无须承担违约责任。若本案中开发商在具备办证条件后拖延办理相关证件，则仍需承担拖延期间的违约责任。

（2）协助办证义务必须引起重视。

因买受人办理房产证所需要提交的材料中包含开发商的相关文件，因此，开发商在办证义务上必须予以协助，开发商不仅需要注意自身的催办通知，同时也应当对买受人的催办通知等书面文件引起重视，如果因为疏忽没有履行相应的义务，则仍需要承担责任。

【案例4】 秦某诉开发商逾期办证案

2006年3月11日，秦某与某房产公司签订《北京市商品房预售合同》，约定："秦某向某公司购买某号房屋，总价款为637125元。""某公司应于2007年12月31日前，取得涉案房屋所在楼栋的权属证明。若因某公司的责任未能在此约定期限内取得涉案房屋所在楼栋权属证明的，秦某不退房，某公司按已付房价款的1‰向秦某支付违约金。若因某公司原因，秦某未能在涉案房屋交付之日起720日内取得涉案房屋所有权证书的，秦某不退房，某公司按已付房价款的1‰向秦某支付违约金"。后秦某与某律师事务所签订《委托代理协议书》，约定委托某律所代办涉案房屋的房屋所有权证转移登记手续。2007年4月7日，某公司向秦某交付了涉案房屋，2008年5月20日，某公司取得了包括涉案房屋在内的某楼的所有权证书，2009年6月21日，秦某取得房屋所有权证。

秦某诉至法院，要求某公司支付延期取得涉案房屋所在楼栋权属证明的违约金6371元，及支付延期取得涉案房屋所有权证书的违约金6371元，并由某公司承担本案诉讼费用。

某公司在原审法院答辩称：2008年4、5月起，负责办理我公司此项目产权的主管机关原先主管的市房屋权属登记机关转移到区建委办理。在转移的过程中有半年的时间停止了相关权属登记的办理；2009 年起，宣武区地税局对于权属办理作出了新的规定，要求提交购房的全款发票、业主身份证明等材料，由于上述资料和手续需购房人予以配合方能完成，我司已经两次催告业主提交相关材料，不存在延期办证过错。

一审法院审理认定：某公司未按合同约定，于 2007 年 12 月 31 日前取得涉案房屋所在楼栋的权属证明，该公司应依合同约定，履行向秦某支付迟延取得涉案房屋所在楼栋权属证明的违约金。

秦某已取得房屋所有权证，但其未能提供证据证明，在某公司于 2008 年 5 月 20 日取得涉案房屋所在楼栋权属证明至其应取得涉案房屋所有权证书的最后期限（2009 年 3 月 28 日）之间，其已要求某公司履行相应协助义务，或秦某委托的代办机构已向有关行政主管部门申请办理权属转移登记而因某公司的原因未能办理，故该院无法确认系某公司的原因而导致秦某未能在商品房预售合同约定的期限内取得涉案房屋的所有权证书。故对秦某要求某公司支付迟延取得涉案房屋所有权证书违约金的请求，该院不予支持。遂判决：一、某房地产公司支付秦某因迟延取得涉案房屋所在楼栋权属证明的违约金 6371 元。二、驳回秦某的其他诉讼请求。秦某不服提起上诉，二审维持原判。

虽然根据商品房预售合同及秦某与某律所签订的委托代理协议，秦某系委托某律所为其申请办理涉案房屋的权属转移登记，但某公司作为涉案房屋的开发商，在秦某办理涉案房屋所有权证书的过程中应尽的协助义务亦是不可免除的。某公司于 2008 年 5 月 20 日取得涉案房屋所在楼栋的权属证书后，已尽力协助以使秦某在 2009 年 3 月 28 日（即双方在商品房预售合同中约定的秦某收房后 720 日内）前取得涉案房屋所有权证书。因此，法院虽判决支持迟延取得涉案房屋所在楼栋权属证明的违约金，但没有支持涉案房屋所有权证书的违约金请求。

（3）约定违约金过高，可在诉讼中申请适当调低。

根据《合同法》第一百一十四条规定："当事人可以约定一方违约时应当根据违约情况向对方支付一定数额的违约金，也可以约定因违约产生的损失赔偿额的计算方法。约定的违约金低于造成的损失的，当事人可以请求人民法院或者仲裁机构予以增加；约定的违约金过分高于造成的损失的，当事人可以请求人民法院或者仲裁机构予以适当减少。"如开发商在案件中存在必须承担违约责任的情况，则可以从违约金额上作文章，申请法院调低违约金的支付金额，以减免公司损失。

【案例5】 李某诉开发商逾期办证案

2006年2月18日，朱某、某房产开发公司签订《北京市商品房预售合同》，约定朱某购买由某公司开发的位于某号楼房屋一套，双方在合同中约定了房屋面积、价款等相关事项。在合同第二十条约定：出卖人应当在2008年3月28日前取得该商品房所在楼栋的权属证明；如因出卖人原因买受人未能在商品房交付之日起360日内取得房屋所有权证书的，买受人不退房的，自买受人应当取得房屋所有权证书的期限届满之次日起到实际取得之日止，出卖人按日计算向买受人支付全部已付款万分之一的违约金，并于买受人实际取得房屋所有权证之日起30日内由出卖人支付。某公司向朱某交付房屋后，2009年9月10日，朱某取得某号房屋的产权证。

朱某诉请法院要求按合同约定承担违约金。某公司以双方合同约定的违约金过高请求法院予以调整。

法院综合本案的实际情况，就办理本案涉诉房屋的转移登记而言，因某公司的责任致使朱某未能在约定期限内取得房屋所有权证书，某公司存在违约行为，鉴于现有证据未能证明房屋转移登记逾期已经对朱某造成实际损失，故综合本案合同的履行情况、当事人的过错程度以及预期利益等综合因素，根据公平原则和诚实信用原则予以衡量，酌定某公司支付朱某违约金3000元。朱某不服提起上诉，二审维持原判。

附：律师范本

范本一：×家园入伙公告

尊敬的×家园业主：

×家园（推广名：×××）已竣工验收合格，具备入伙条件，现定于×年×月×日起至×年×月×日于×家园项目××××为您办理入伙收楼相关手续。为避免您长时间等候，恭请您按我公司寄出的《入伙通知书》约定的日期，带齐相关资料亲临办理。

具体入伙房号明细为：××××××

特此公告！

如有任何疑问，敬请垂询：××××（电话）

恭祝您：入伙大吉，生活幸福！

_____地产有限公司

____年____月____日

范本二：入伙通知书

尊敬的_____女士/先生：

恭贺您成为尊贵的×家园（推广名：×××）的业主！

您购置的×家园（推广名：×××）_____座_____房已竣工验收合格，符合交付使用条件，我们现将入伙相关事宜通知如下：

一、您办理入伙的时间为____年____月____日至____年____月____日，届时请您或者您的受托人持所需文件及费用（详见《入伙指引》）至×家园项目×××××办理，我们将在现场恭候。

二、如您未能在本通知书的上述截止期限内办理入伙，根据我们双方签订的《××市房地产买卖合同（预售）》中的相关约定，您的房产的交付时间为20____年____月____日，该日即视为您已入伙，物业管理费也将从该日起计收。

四、根据《××市房屋建筑面积测绘报告（竣工测绘）》，您的房产实际交付建筑面积为_____平方米，套内建筑面积为_____平方米。

五、请您在前来办理入伙手续前，仔细阅读×家园《入伙指引》。

六、如您有疑问，请垂询电话×××××。

特此通知！

顺祝阁下：入伙大吉！万事如意！

_____地产有限公司

____年____月____日

范本三：入伙指引

尊敬的×家园业主：

您好，感谢您一直以来的支持与关注，您所购买的×家园（推广名：××
×）的房产已竣工验收合格，具备房产交付条件，现简要介绍办理入伙的相关事
项，请您务必仔细阅读以下信息：

一、入伙时间的安排

×家园定于×年×月×日起至×年×月×日分批集中办理入伙手续，由于业
主户数较多，为避免您在现场长时间等候，保证您顺利办理入伙手续，敬请您按
照《入伙通知书》中我们为您预约的时间到场办理。我们的办公时间为 9：00～
17：00。

二、入伙地点安排

×家园项目＿＿＿＿＿＿＿＿＿＿＿＿＿＿＿＿＿＿＿＿＿＿

三、办理入伙时必须携带的资料及证件

1. 经我公司盖章确认的×家园《入伙通知书》；

2. 一次性付款业主须持《××市房地产买卖合同（预售）》（该合同文件可
于入伙现场领取）；按揭付款业主须持《按揭贷款合同》原件，以及您的全部购
房款收据或发票办理

注：我们将在入伙流程中为一次性付款业主办理收据换发票的手续。

3. 请您预先填写好《业主信息登记表》并粘贴好照片；

4. 业主有效身份证/护照原件（香港人还需提供回乡证）及 2 份复印件（用
于资料存档及办理供电等）；

5. 以业主名义开户的＿＿＿＿＿＿＿银行存款或银行卡原件及 2 份复印件（用
于物业管理费及电费的扣款）。

四、温馨提示

1. 如您委托他人办理入伙手续的，受托人须持受托人的有效身份证/护照原件
及复印件、《授权委托书》原件（经公证机关公证）以及您的身份证复印件办理。

2.《授权委托书》的主要内容应能够涵盖办理入伙手续所涉及的事项。

3.联名业主须同时亲自到场办理，如任何一方不能亲自到场办理的，亦需提交上述第1款所需文件。

4.未成年业主，须由法定监护人代办有关入伙手续，并且需提交《法定监护人公证书》原件（经公证机关公证）。

五、逾期入伙

如您未在指定的入伙期间到场办理收房手续的，入伙期届满后，均视为您已入伙（请参照您的《入伙通知书》）。

六、入伙费用一览表

1. 办理入伙费用（需物管确认）

序号	收费内容	收费标准	备　注
1	首次预交2个月管理服务费	住宅：房屋建筑面积×管理服务费单价（3.8元/m²·月）×2个月	×家园服务中心按月收取管理服务费。因新入伙的业主将从第3个月开始通过银行托收管理服务费，故预交2个月管理服务费
2	信箱	免费	为回馈广大业主，由开发商赠送（需公司确定）
3	IC卡（2张）	免费	为回馈广大业主，由开发商赠送（需公司确定）

2. 办理装修的费用（需物管确认）

序号	收费内容		收费标准	备　注
1	装修保证金	业主	1000元	装修验收合格后15个工作日退还
		装修公司	1000元	
2	装修垃圾清运费		8.00元/m²	按装修房屋建筑面积计算，统一清运
3	施工人员出入证工本费		5元/张	参照深圳市物价局（2000）41号文
4	装修施工许可证工本费		5元/张	参照深圳市物价局（2000）41号文

注：集中入伙期间，以上费用通过刷卡或现金付款都可。

七、入伙流程指引

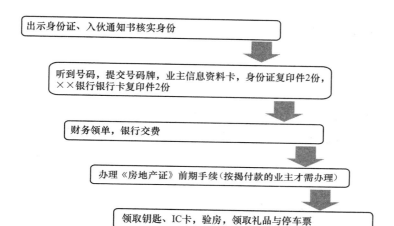

出示身份证、入伙通知书核实身份

听到号码，提交号码牌，业主信息资料卡，身份证复印件2份，××银行银行卡复印件2份

财务领单，银行交费

办理《房地产证》前期手续（按揭付款的业主才需办理）

领取钥匙、IC卡，验房，领取礼品与停车票

范本四：收楼须知

敬请业主留意：

　　敬请阁下于入伙通知书中注明的时间前来办理入伙收楼手续，活动当天请阁下留意现场所放置的入伙现场布置图及入伙活动流程图，以便您能方便、快捷地办理各项手续。

　　阁下接收楼宇时请在验楼职员的陪同下仔细检查楼宇。如楼宇及其设备、设施有任何损坏，应详列于《房屋验收表》上，并将该表格于检查楼宇后当天交回，以便本公司查阅及联络修缮事宜。如因阁下未能及时申报损坏项目而造成延误修缮及由此产生的责任由业主本人承担。

　　为确保阁下顺利收楼及迁入新居，我们在入伙现场特别设有咨询台，解答您的各种疑问，包括房屋质量、入伙事项、装修等。

　　办理入伙时，我们已向您提供《业主手册》等相关资料，请详细阅读，以相互合作，携手共创理想家园。

_____地产有限公司

___年___月___日

范本五：房屋验收表

项目名称：××家园（推广名：××××）

房号	座号	业主姓名		联系电话	

业主验收意见：

燃气底数：	业主签名：
水表底数：	
电表底数：	
钥匙数量：	

处理意见：

经手人签名：　　　　　年　　月　　日

验收人（业主签名）：	验房工作人员签名：
年　　月　　日	年　　月　　日

范本六：关于办理《房地产证》的通知

编号：＿＿＿＿＿＿＿＿

尊敬的＿＿＿＿＿＿＿＿（先生/女士）：

感谢您购买＿＿＿＿＿地块＿＿＿＿＿花园，您购买的本项目＿＿栋＿＿＿＿＿号房已具备办理《房地产证》的条件，为保障我们双方的权益，请您于＿＿年＿＿月＿＿日前与我司工作人员预约办证时间。届时请您按约定带齐产权登记机关要求的各项办证材料，前往约定的地点办理。

若您为一次性付款购买，在您向产权登记机关递交办证的相关资料后，您还须缴纳各项办证税、费，方可领取《房地产证》。

若您为按揭付款购买，在您向产权登记机关递交办证的相关资料后，您还须缴纳各项税、费，您的《房地产证》办理回执将由我公司保管，并在取证后交由您的按揭银行办理抵押登记手续，您的《房地产证》原件由银行保管。

本通知相关事宜我们将不再另行通知，请注意办理时间。

特此通知！

您的业务员：＿＿＿＿＿＿＿ 联系电话：＿＿＿＿＿＿＿

或销售中心联系电话：＿＿＿＿＿＿＿＿＿＿＿＿＿＿＿

＿＿＿＿＿＿＿地产公司

＿＿年＿＿月＿＿日

第 *15* 课　商业租赁——持续提升价值

💡 引言

　　商业地产在开发模式、融资模式、经营模式以及功能用途等方面都有别于住宅、公寓等物业类型。商业地产最重要的是商家资源，招商、品牌组合、运营等都离不开品牌商家的支撑，通过将商业地产出租给品牌商家，除了可以为开发商获得长期、稳定的现金流回报，还能享受资产升值的好处，并且由于零售业是受经济周期影响较小的行业，所以商业地产还不容易受经济周期和宏观调控政策的影响。越来越多的开发商纷纷进军商业地产，各大房地产企业精心布局的商业地产规模也将逐一呈现出来。如万科推出社区商业地产品牌"万科2049"、北京金域缇香项目的"蜂巢商街"，同时还有开发区域中心型城市综合体；保利集团在商业地产方面加大投资比例，并持有部分核心地段的高品质物业；首创置业加大投资，走与产业相结合的住宅产业综合体道路；金地的土地计划中，加大了商业项目的资金；远洋成立了新的商业地产事业部……

15.1　租赁模式概述

　　商业地产租赁模式主要体现为分零租赁和整体租赁。

　　分零租赁主要是指开发商将商铺拆分销售，由投资者对自己的小商铺进行出租或自营。该运作模式在外部环境上虽然顺应了广大中小投资者投资发展的趋势，但其适应面较窄，主要适用于专业型商业街，并不适用于复合型商业街，更不适用于楼层较高的商场。且因经营权分散，难于控制管理，无法树立商业物业的统一形象，经营定位不明确，经营格局混乱，容易导致经营商家的效益、投资者的回报、开发商和商业管理公司的品牌得不到保证。

整体租赁，无论是自留产权或虽出售产权但统一回收租赁权，均可以运用"统一招商"策略，在统一经营、统一管理的背景下，形成大型商场和专业市场，如目前市场上倍受追捧的"购物中心"、"购物广场"就是典范。这种统一、整体的运作模式由于其对项目经营内容、商家品质、形象定位有着清晰的界定，有助于各经营商家入驻前对项目整体营运风格、发展前景的了解和预测，从而作出正确的决策；对购房投资者而言，省去了投资者出租的风险和收取租金的麻烦，投资收益较为长久而稳定，并回避了市场形成初期较大的经营风险；同时，对开发商来说，也能及时回收资金，大大缓解资金紧张问题。如果商铺的经营权交专业管理公司运营，则更进一步增强了投资者的信心，从而促进商铺的销售。

整体租赁模式的优点是能够最大程度实现商业物业的整体经营价值。成功的商业物业经营会带来双赢的良好局面，它能形成以其为核心的新商业圈，大幅度提升该地区的人流量，达到商业物业自身的不断增值，同时使建筑单体获得最大的价值与租金增长空间，而项目住宅销售率、入住率的提高，同样也为经营商带来大量长期有效的消费群体，这样相互促进，共同发展壮大。

伴随着市场的不断变化和需求，以零售、餐饮、娱乐、儿童等多种业态混合的集合店越来越受到顾客的追捧，只有通过开发商的合理统筹、统一经营才能迎合新型的消费模式，因此，整体租赁成为更多开发商的选择。

但同时，整体租赁模式也存在不足之处：投资回报合同期较长，合同期内因经营管理不善、租金收益较低，不足以偿还投资者的固定回报，甚至商场整体倒闭的可能性是完全存在的。对于已经出售的商铺，租赁合同期满后，投资者重新获得商铺的经营权，如果此时商场整体经营正常，投资者可能不满足开发商当初的投资回报率；如果此时商场已是惨淡经营，投资者可能出于对商业管理商的不信任，同样要求进场自行经营或自行出租，这将会破坏商场统一经营格局，引发一系列不可预测的严重后果。

15.2 定向租赁

15.2.1 何为定向租赁?

定向租赁是开发商自留产权、整体租赁的一种租赁模式。这种模式主要是为了扩大开发商及所售楼盘的影响和声誉,对于品牌商家给予优惠政策,邀请入场,以点带面,使之起到增强和活跃文化、商业氛围的效果。运作上,开发商往往提前与国内外知名的商家(常见的商家代表有家乐福、百佳等)签署加盟性质的租赁合同,按照双方在合同中约定的特殊经营用途或特殊装修要求进行施工和建设,工程竣工后交付使用,这种租赁模式就是定向租赁。

15.2.2 定向租赁合同中需要注意的问题

预租房产的计租面积、交付日期的把握是租赁合同(参见范本一)的主要条款,由于在建房产的特殊性,预租房产的面积和工期存在不确定、不稳定因素,同时有可能超出合同双方的预期,无论是从开发商的损失维护或承租人的商业成本控制来讲,都具有重大的意义,因此,双方应持审慎态度明确具体有执行力的合同条款,以及在办理物业交接时注意签署相关的确认文书,达到降低风险的目的。对于定向租赁的商家尤其要防范商家在签订好合同后不再进驻的情形,如在合同中没有对此违约责任予以约定或约定的商家违约成本较低,由于特殊功能和用途建造的商铺只适合原承租人即商家的使用,则无疑加大了开发商的损失和再次招商的窘境。

1. 约定面积与交付面积产生差异时按签署合同本意解释合同条款

开发商应当特别注意在合同中明确租赁房屋实际交付面积与约定不一致时的处理方案,以免承租人以实际交付面积与约定面积存在差异为由拒绝履行合同,甚至要求开发商承担违约责任等。因房地产公司具有专业知识,在合同的理解包括对预租房产的计租面积存在分歧时，法院一般会作出有利于承租人的解释予以判定。现以某房地产公司与某商业公司的租赁纠纷为例，试释之。

【案例1】 某房地产公司诉某商业公司撤销面积差异条款案

2007年2月13日，某房地产公司将预售房产出租给某商业公司，租赁协议书约定：甲方（即房地产公司）同意按照协议书附件二所示位于建筑物内地下一层商业的配套用房，以及一至三层的商业用房开设经营大型超市。租赁建筑面积约19392平方米……该协议第5.2条约定"自本协议书第7.5条规定的实际交付之日起，甲方授权乙方180天的免租期"，第6.2（2）约定："在最终取得房地产证权证或政府授权单位出具的测绘报告确定租赁物业之实际建筑面积之前，乙方按照建筑面积19392平方米计算租金，若最终与房地产权证标明的建筑面积或测绘报告上标明的建筑面积有出入，是应以房地产权证上标明的建筑面积为准，如房地产权证上记载不明的，则以测绘报告上标明的建筑面积为准，如测绘报告没有记载或记载不明的，则以双方实测面积为准"，先前所付租金按照"多退少补"方式处理。房地产权证或测绘报告上标明的建筑面积或双方实测面积其增加部分超过协议约定建筑面积5%以上的，对超过5%部分面积，商业公司有权使用并不予支付租金。

2007年12月28日，房地产公司签署了《租赁物业交接单》，双方确认"……甲方已经于2007年12月28日将完好无损的全部租赁物业移交给乙方，乙方同意按现状全部接收并无异议"。

2008年7月10日，经房地产开发公司委托的测绘公司测量，商业公司租用的建筑面积为21768.13平方米。随后，房地产公司以重大误解为由，请商业公司前来协商。后双方对计租面积无法达成一致，遂房地产公司提起诉讼，请求：①撤销《协议书》第6.2（2）约定中的"对超过5%部分面积，商业公司有权使用并不予支付租金"；②要求商业公司补交超过19392平方米部分面积的租金563449.32元。商业公司在举证期内提起反诉，请求判令：房地产公司支付迟延交付违约金230654.6元。

本案经人民法院一审、二审、再审审理，最终确认，某房地产公司的经营范围包括房地产开发、商品房经营、物业管理和租赁等，应当具备足够的专业知识评估涉案租赁合同的责任和履行风险，其在签订上述合同时约定最终建筑面积超过合同约定面积5％以上部分由商业公司免费使用，表明其已经预见到租赁建筑物建成后的建筑面积存在超过5％以上的可能，现其又主张当时对建筑物的实际建筑面积存在重大误解，认为实际建筑面积不会超过约定面积5％明显不合情理。"多退少补"条款与"超过5％部分不予计租"约定属于递进关系，在逻辑上并不矛盾，应当理解为：最终面积小于约定面积或最终面积增加部分未超过约定面积5％的部分，按多退少补原则处理；最终面积增加部分超过约定部分5％以上，超过5％部分商业公司有权免费使用。判决：驳回某房地产公司撤销重大误解条款的诉讼请求，商业公司在超过约定面积5％以内的部分补交租金122169.6元。

2. 超出《房屋租赁许可证》用途的房屋租赁行为无效

在签订租赁合同后，开发商应严格按照租赁合同约定进行施工和办理相关证件，在不能履约的情况下，应及时与承租人进行沟通，尽早协商解决方案，避免不必要的损失。

【案例2】　某公司诉某酒楼拖欠租金案

××公司与××大酒楼签订一份《房屋租赁合同》，约定：由××公司将坐落于××房屋出租给××大酒楼作酒店使用，租期7年。如因《租赁许可证》失效造成××大酒楼损失的，××大酒楼可要求××公司赔偿；如××大酒楼迟延交付的租金达两个月以上，××公司有权解除合同。同年10月17日，双方签订一份《补充协议》，约定：××公司保证租赁给××大酒楼的楼房能够经营酒楼，如国土部门需××大酒楼办理有关装修报建手续，由××公司负责，如因此而影响酒楼营业，导致酒楼无法经营，××大酒楼的投资损失及当年的营业利润损失由××公司赔偿。

双方签订租赁合同后，按约将房屋交付使用，××大酒楼接收装修后作酒楼使用。上述楼宇××公司办理了《房屋租赁许可证》，房屋出租用途为"写字楼"。后××大酒楼致函给××公司，要求其向国土部门办理经营酒楼用途许可手续，但××公司一直未能办理。

两年后，××公司因××大酒楼拖欠房租，诉至法院，请求判令××大酒楼支付租金、水电费及赔偿损失共计 100 余万元。××大酒楼认为，原告将不能作酒楼用途房屋租赁给己方，造成××大酒楼经济损失，遂提出反诉，请求赔偿 160 万元。

法院经审理认为，原告领取的《房屋租赁许可证》未有酒楼用途，其出租给原告作酒楼使用，改变了房屋的使用功能，不符合有关法律的规定，原告与被告的房屋租赁行为无效，双方签订的《房屋租赁合同》及《补充协议》均为无效，造成合同无效原告作为出租方应承担主要过错责任；被告明知房屋尚不具备酒楼用途，在未取得有关部门对经营酒楼的许可的情况下，与原告签订合同，并实际使用上述房屋，应承担无效租赁的次要责任，双方责任比例酌定为 7∶3。鉴于双方对合同的各项费用条款已实际履行，参照同期同类房屋指导租金的有关标准，房屋使用期间的房屋使用费、水电费等从双方约定。遂判决如下：①原、被告双方签订的《房屋租赁合同》及《补充协议》无效；②被告应向原告支付房屋使用费、水电及其他费用合计人民币 60 余万元；③原告应偿付被告装修、修饰等各项损失共计人民币 120 余万元。上述相抵，原告应向被告支付人民币 50 余万元。一审判决后，原告不服，向深圳市中级人民法院提出上诉，二审驳回上诉，维持原判。

本案法院判决租赁合同无效的主要原因是开发商超出《房屋租赁许可证》用途范围出租房屋，在承租方拖欠房租的情况下，开发商反而处于被动局面，不仅无法按约收回租金，而且还需承担合同无效的过错责任。

3. 预售商品房的租赁不影响工商营业执照的办理

对于需要办理工商营业执照的租户，开发商在房产竣工前与之签订的租赁合同有效。

【案例 3】　刘某诉某房地产公司租赁合同无效案

某房地产公司与刘某签订《房屋租赁合同》，约定所租赁房屋为预售商品房，刘某所承租房屋作为工商注册企业之用。后刘某未按期交付租金，某房地产公司向法院主张要求刘某支付租金，刘某提出拒交租金理由是因租赁房屋无房地产证，无法正常办理营业执照，请求确认《房屋租赁合同》无效，并有权停止交付租金。

法院经审理认为，当事人签订的房屋租赁合同系双方真实意思表示，合法有效，双方均应按约履行。房屋租赁合同在房屋未取得房地产证书的情况下，出租人也已取得房屋使用权，并不影响承租人依据合同约定向出租人履行交纳租赁费用等义务，出租人要求承租人按照合同约定支付租金的诉讼请求有事实和法律依据，应当予以支持。一方当事人辩称合同无效并停付租金的理由是因系争房屋无产权证，致使其无法办理营业执照，根据现有工商部门的企业注册规范，申请注册的企业，经营地房屋为预售商品房的，并不必须影响办理营业执照，且双方合同中明确该房屋为预售商品房，该当事人在签订时也明知该情况，故对于其抗辩理由，不予采信。驳回刘某的诉讼请求，刘某仍应按约支付租金。

15.3 捆绑租赁

15.3.1 何为捆绑租赁？

对于开发商来说，定位和招商是商业地产开发最重要的环节，对于品牌商来说，以单一品牌进驻陌生的地区也是非常困难的，由此，商业地产与连锁品牌的紧密战略合作，成为开发商与品牌商双方的共同诉求：一方面，商业地产快速发展，急需知名成熟的商业品牌帮助提升商业经营氛围；另一方面，商业品牌也可以通过商业地产完成快速扩张。井喷的商业地产是连锁品牌如味千拉面、达芙妮等品牌扩张的重要平台，品牌连锁与商业地产开发商达成战略合作非常重要，通过双方共同创造平台，各尽其能的合作模式，更利于双方共同发展。

捆绑租赁模式随即应运而生，该模式主要指开发商与品牌商长期稳定的战略合作方式。通常表现为开发商每开发一个商业地产项目，有战略合作关系的商家也会如影随形，进驻该商业房产，类似开发商与商家"捆绑"在一起。该种租赁模式中的开发商与商家的关系较定向租赁关系更为紧密，同时，也是最适合有较强实力的开发商（可以在全国范围内进行开发的开发商）和知名品牌商的一种租赁关系。

具体运作：开发商在开发前对商业房地产项目作出整体业态规划定位后，由开发商和与之有战略合作关系的商家签署租赁合同（参见范本二），必要时可以共同对房地产项目进行选址、设计，房地产建成后品牌商可以直接进驻开业，不存在房产闲置以及建后招商环节。对开发商来说，这种方式降低了经营风险并加大了后续招商谈判的筹码，但开发商必须在开发前就与品牌商形成较紧密的合作关系，需要以品牌商对开发商有一定信任度为前提。

15.3.2　万达的"订单地产"模式

捆绑租赁运营较为成功的代表有大连万达集团（以下简称万达），现以万达为例供借鉴。

万达创立于 1988 年，2001 年开始进军商业地产，从传统房地产开发向现代不动产企业成功转型，为国内房地产企业建设百年老店开辟了一条新路。现已形成商业地产、高级酒店、文化产业、连锁百货四大支柱产业。公司的主营业务，是商业地产投资及运营管理。它在城市副中心、新开发区开发以"万达广场"命名的城市综合体，目的是打造"一座万达广场，一个城市中心"。万达现拥有1000 多家签订合作协议的商家，其中有 50 个左右是大的主力业态，60～70 个为次主力业态，这些商家都是"跟着万达走"，万达广场到哪里，他们就开到哪里，这种经营模式被称之为"订单地产"。

1. 万达租赁模式特点

（1）核心商业全部持有，只租不售。

（2）业态配比是经过市场检验出来的科学，购物娱乐休闲一体化，尤其是办公物业的加入，成为区域快速升级的发动机。

（3）万达的独门绝技，即"订单"地产。就是这门绝技使得万达实现了先租后建，完全避免了其他商业地产会遇到的招商问题，同时形成满场开业，场场旺铺。

2. "订单"地产包括的内容

（1）联合发展，共同选址。公司与主力店商家包括多家紧密合作伙伴约定，无论万达到什么地方开发"万达广场"，这些合作伙伴都要跟随开店，双方共同商讨合作开发的地块。

（2）平均租金。对于主力店的商家，在公司划分的同等级城市，收取同样水平的租金，减少了谈判成本。

（3）先租后建。招商在前，建设在后。将招商环节提前，降低开发风险，减少后顾之忧。

（4）技术对接，共同设计。在开工前就确定主力店商家的需求，避免商家进场后的改建，减少浪费，与商家构建紧密和谐关系。

万达订单式的经营，使得其在每个城市的生长苗壮有力，且良性循环，在全国多家城市经营的万达广场均取得了不错的收益和社会效果；同时，由于万达的物业只租不售，也造成了高投入慢产出的态势，目前万达盈利主要靠公寓和住宅的销售，租金对整个业绩的贡献比例较低。开发商应根据自身的情况探索出符合自己的商业地产开发、租赁模式。

15.3.3　市场现状

越来越多的品牌商愿意与商业地产开发商形成全国乃至全球性的战略合作关系。

2013 年 3 月，全球最大体育用品零售商迪卡侬（Decathlon）与万科共同宣布，双方已达成全国战略合作协议。这意味着，万科与迪卡侬成为"捆绑"式的商业合作伙伴。双方第一个合作项目是位于沈阳的长白岛万科城项目。在这个基础之上，双方又相继签订了沈阳丁香湖定制租赁项目、北京中粮万科长阳半岛定制租赁项目和抚顺定制购买项目。

多年位居世界 500 强企业之首的沃尔玛，与万达、深国投下面的深国投商用置业有限公司及后来的华润商用置业公司形成长期的战略合作伙伴，并共同为商业地产的开发进行选址。它的品牌是万达等开发商手中的王牌，与之捆绑能轻而易举地从地方政府手中用低廉的价格得到相中的地块。

宜家家居与英特宜家购物中心紧密的"战略合作伙伴"关系，捆绑布局而又相互独立。双方合作方式灵活，共同的项目要双方一起选址，但是运营主要由购物中心来做，对于一些购物中心扎堆或者交通偏远的地区，英特宜家购物中心不会选择进驻，宜家家居则具有是否独立建店的选择权和决定权。

目前，影院成为商业地产项目的重要业态，影院与商业地产的捆绑也成为新的合作景象，如中影、广东金逸等影院与商业地产的捆绑结合，不仅提升了商业地产项目的质量，同时，商业地产项目也能够为影院提供高质量的观影人，且影院带来的休闲型客流，不会与其他任何业态重叠。

15.4　售后包租

15.4.1　售后包租的合法性问题

根据《商品房销售管理办法》之规定，售后包租指的是房地产开发企业以在一定期限内承租或者代为出租买受人所购商品房的方式销售商品房的行为。售后包租有多种存在形式，其包括返租回报、带租约销售、利润共享、保底分红等。

我国目前房产市场中，售后包租现象非常普遍，但是，我国现行法律、行政法规对此尚未有明确的规范或限制，也就是说，开发商与业主就售后包租事宜所签订的商品房买卖合同与包租合同，并未违反法律、行政法规的强制性规定，应当是属于具有法律效力的。

但是，根据住建部《商品房销售管理办法》第 11 条之规定，房地产开发企业不得采取售后包租或者变相售后包租的方式销售未竣工商品房，并且，同时该办法第 42 条规定，房地产开发企业在销售商品房中采取售后包租或者变相售后包租方式销售未竣工商品房的，可能会承担"处以警告，责令限期改正，并可处以 1 万元以上 3 万元以下罚款"的行政责任。

在实践中，开发商为规避以上行政处罚风险，往往采取以开发商名义与业主签订商品房买卖合同，然后再以其所成立的专门的商业地产经营公司名义与业主统一签订租赁合同，这样，开发商也就从形式上避免了售后包租的法律风险，因为根据上述《商品房销售管理办法》之规定，其所限定的主体是房地产开发企业，并未对其他主体进行限定。而且，随着房地产开发市场与投资市场的完善，售后包租尚有很大的发展空间，政府部门并不会一味地进行限制，例如，上海市还出台了《上海市新建外销商品房售后包租试行办法》来对售后包租行为进行法律引导。因此，开发商在售后包租问题上，要注意灵活运用，并且注意处理好项目宣传以及房屋出售后与业主之间的利益关系。

15.4.2 带租约销售案例简析

带租约销售是售后包租的一种形式，指开发商在将商业房产出售前，就已经与商家签署租赁合同，买受人在购买该房产后不需要自己经营，可以直接从商户处取得租金收入。这种方式使得投资者免去了自己经营的困扰，是一个相对安全的投资渠道，同时也利于开发商迅速回笼部分资金、统一规划商业市场。

【案例4】 刘小姐等诉某餐饮连锁公司撤销租赁合同案

2008年2月19日，某房地产公司与某餐饮连锁公司签订租约，约定其房地产公司将其所有的一处使用面积为367平方米的房产出租给某餐饮连锁公司使用，租赁期为10年，租金按照租赁房产所开立的餐厅营业额的8%计取租金。同年5月7日，某房地产公司将这处房产卖给了刘小姐等四位业主，双方签订了《商品房买卖合同》和《补充协议》，约定自2008年6月3日起，某餐饮连锁公司与某房地产公司签订的《租赁合同》的出租方变更为刘小姐等四人。

之后的11个月，某餐饮连锁公司逐月向四位业主以《营业额及租金和其他款项的通知单》（以下简称《通知单》）的形式告知业主们前一个月餐厅的营业额及其应交纳的租金。刘小姐等四位业主认为，租金金额的确定依赖于某餐饮连锁公司单方提供的《通知单》，导致业主们无法对某餐饮连锁公司的营业额进行监督。由于这份租赁合同的期限为10年，业主们自己算了一下，某餐饮连锁公司支付的租金将少于市场行情价格几百万元。同时，还认为合同第9.3条第二款约定："如因拆迁、批租、市政府规划或征用引起的任何有关经营、装修、设备、搬迁等方面的补偿，应归某餐饮连锁公司所有。明显侵害了作为房屋产权人的合法权益。"因此认为租赁合同显失公平，诉至法院要求撤销双方签订的《租赁合同》及《补充协议》。

对此，某餐饮连锁公司辩称，其和业主约定的属于"风险租金"，营业额越高，租金也越高。该合同并没有违反我国的相关法律。而业主们对于同等地段的租金的计算，与本案不存在可比性。

法院经审理认为，刘小姐四人在签订房产买卖合同时，已知房产处于租赁状态及租赁合同的内容，并在此之后又与某房地产公司、某餐饮连锁公司签订了《补充协议》，对租赁合同的内容及租金支付方式等进一步进行确认。由此可见，四人对租金的支付方式及合同风险是明知的和可预知的。而法律、行政法规对租金的计算及支付方式并无强制性规定，当事人可自由约定，并应承担相应的法律后果。至于租金是否明显低于同等地段店面租金，经过法庭委托相关鉴定机构鉴定，某餐饮连锁公司实际支付的租金大多在评估价格范围内，租金亦可随某餐饮连锁公司营业额的上升而高出鉴定价格范围。在拆迁补偿的约定上，双方对拆迁、征用后的补偿款支付给房屋承租人的约定并不违反法律、行政法规的强制性规定，而刘小姐四人提供的证据亦不足以证明该约定构成了显失公平。因此，判定双方合同有效，各方均应遵照履行。刘小姐四人的诉讼请求缺乏事实与法律依据，法院不予支持。刘小姐等业主不服，上诉至中级人民法院，中院作出终审判决，驳回上诉，维持原判。

由以上案例可以看出，带租约销售的合同在审判实践中是合法有效的，但要注意，在选择商家时要谨慎考察其执行能力，对于买受人也应当坦诚相待，不得故意隐瞒或提供虚假出租信息，这样才能确保自身的安全。

15.5　常见法律问题及注意事项

房产租赁中出租人与承租人之间常常也出现纠纷，现将常见的一些法律问题和注意事项作简要归纳。

15.5.1　租赁房产的装修装饰及扩建费用问题

1. 装修装饰

如果开发商与承租人就租赁房产的装饰装修问题已经在租赁合同中作了相关约定，一旦产生争议，法院一般会按照双方的事先约定来处理争议问题，如果双方所争议的装饰装修问题没有事先达成合意，根据《最高人民法院关于审理城镇房屋租赁合同纠纷案件具体应用法律若干问题的解释》之规定，则法院将按照下列情形分别处理：

（1）承租人经出租人同意装饰装修，租赁期间届满或者合同解除时，未形成附合的装饰装修物，可由承租人拆除。因拆除造成房屋毁损的，承租人应当恢复原状。

（2）承租人经出租人同意装饰装修，因出租人违约导致合同解除时，承租人请求出租人赔偿剩余租赁期内装饰装修残值损失的，应予支持。

（3）承租人经出租人同意装饰装修，因承租人违约导致合同解除时，承租人请求出租人赔偿剩余租赁期内装饰装修残值损失的，不予支持。但出租人同意利用的，应在利用价值范围内予以适当补偿。

（4）承租人经出租人同意装饰装修，因双方违约导致合同解除，剩余租赁期内的装饰装修残值损失，由双方根据各自的过错承担相应的责任。

（5）承租人经出租人同意装饰装修，因不可归责于双方的事由导致合同解除的，剩余租赁期内的装饰装修残值损失，由双方按照公平原则分担。法律另有规定的，适用其规定。

（6）承租人经出租人同意装饰装修，租赁期间届满时，承租人请求出租人补偿附合装饰装修费用的，不予支持。

实践中，开发商就租赁期间租赁房产的装饰装修问题，应当根据双方的具体情况以及以上司法解释的相关规定，综合考虑，以在租赁合同签订时就租赁房产的装饰装修问题作出详细约定，以更好地维护自身的利益。

2. 扩建费用问题

承租人未经开发商同意扩建所产生的费用，由承租人承担，并且，开发商有权请求承租人恢复原状或者赔偿损失。但如果承租人经开发商同意扩建所产生的费用，则《最高人民法院关于审理城镇房屋租赁合同纠纷案件具体应用法律若干问题的解释》之规定，法院将根据以下情形分别处理：

（1）开发商与承租人就扩建费用的承担有约定的，按照约定处理；

（2）开发商与承租人就扩建费用的承担没有约定的，如果承租人就扩建办理了合法建设手续的，扩建造价费用由出租人负担；

（3）开发商与承租人就扩建费用的承担没有约定的，如果承租人没有就扩建办理合法建设手续的，扩建造价费用由双方按照过错分担。

根据以上司法解释的规定，提请开发商注意在签订租赁合同时，明确上述情形下，扩建费用的承担问题，以免产生争议时，自身利益得不到保护。

15.5.2 承租人转租与优先购买权问题

1. 转租

承租人未经开发商同意将房产转租给第三人的，开发商可以请求解除租赁合同或者请求认定承租人与第三人之间的转租合同无效，并可以根据合同的约定，追究承租方的违约责任。但是，开发商以上权利的行使，是有期限限制的。根据《最高人民法院关于审理城镇房屋租赁合同纠纷案件具体应用法律若干问题的解释》之规定，如果开发商知道或者应当知道承租人将房产转租给第三人的，开发商需要在六个月内提出异议，否则，开发商再以承租人未经开发商同意为由请求解除合同或者认定承租人与第三人之间的转租合同无效的，法院是不会支持的。

根据以上规定，开发商为维护自身利益以及有效地管理租赁房产，建议开发商在签订租赁合同时，对于承租人未经开发商同意而转租的行为，约定相应的违约责任，并且，开发商一旦知道承租人转租租赁房产的，不管开发商是否对转租行为保存沉默，开发商都应当在六个月内及时的向承租人以及第三人提出书面异议，并保存好证据，以备将来维权之需。

2. "买卖不破租赁"的优先购买权

租赁物在租赁期间发生所有权变动的，不影响租赁合同的效力，也就是通常所说的"买卖不破租赁"原则，并且，出租人出卖租赁房屋的，应当在出卖之前的合理期限内通知承租人，承租人享有以同等条件优先购买的权利，也就是通常所说的"优先购买权"。鉴于"买卖不破租赁"与"优先购买权"原则，开发商在出售已对外出租的房产时，应注意相关法律法规以及司法解释的规定，以免遭受不必要的损失。

（1）开发商出卖房产时，应当向房产买受人履行相应的告知义务。

开发商应当告知租赁房产买受人，房产存在租赁的事实。在实践，一般房产买卖合同中会对房产是否存在租赁事实进行确认，一旦开发商隐瞒房产存在租赁的事实，开发商可能会因此承担相应的违约责任，而且，如果开发商因为承租人原因导致与买受人的房产买卖合同无法继续履行时，开发商将会因此遭受重大的损失。

（2）开发商出卖房产、折价或变卖房产偿还抵押权人债务或者拍卖房产时，应当在合理期限内通知承租方。

根据《最高人民法院关于审理城镇房屋租赁合同纠纷案件具体应用法律若干问题的解释》之规定：开发商出卖租赁房屋未在合理期限内通知承租人或者存在其他侵害承租人优先购买权情形，承租人有权请求开发商承担赔偿责任；开发商与抵押权人协议折价、变卖租赁房屋偿还债务，应当在合理期限内通知承租人，承租人有权请求以同等条件优先购买房屋；出租人委托拍卖人拍卖租赁房屋，应当在拍卖 5 日前通知承租人，承租人参加拍卖的，仍然享有优先购买权。

15.5.3　租金支付及房产交付问题

1. 租金支付标准

租金支付条款是租赁合同的核心条款，也是开发商最为关心的。关于租金支付的方式，实践中有两种：一是采取固定租金的方式，也即承租人按照约定向开发商支付固定数额的租金；一是采取扣率租金（承租方营业额乘以双方约定的百分比）和固定租金相结合的方式，也即择取两者中金额高的为承租人应当支付的当月租金。当开发商采取后一种方式收取租金时，对于承租人营业额的确定将成重中之重，建议开发商根据承租人的实际情况，在租赁合同中予以明确的约定。

2. 逾期支付租金的违约责任问题

开发商在与承租人签订租赁合同时，应当对租金的支付期限予以明确的约定，并且，对承租人逾期支付租金的违约责任予以明确，例如："承租人应于每月 5 日前向出租人交付当月租金，承租人逾期交付租金的，按逾期交付租金额的 2‰向甲方支付滞纳金；承租人逾期交付租金超过 10 日的，出租人有权单方解除租赁合同，并且要求承租人支付违约金人民币 10 万元。"

3. 对欠租的承租人采取停水停电措施的分析

对于拖欠租金的承租人，出租人采取以停水停电的措施来迫使承租人尽快交付租金似乎已经形成一个行业的习惯做法了，但是，在法律观念日益增强的时代里，笔者经常会遇到出租人就采取停水停电措施来迫使承租人交付房租的风险前来进行法律咨询。作为督促承租人交付房租的一个相对有效的措施，笔者建议开发商在采取该措施时，应注意以下几个方面：

（1）开发商在与承租人签订租赁合同时，应当在租赁合同中明确，当承租人逾期交付租金或者其他费用超过一定期限时，开发商有权对承租人采用停水停电的措施。

（2）开发商在采取停水停电措施时，应当提前以书面形式告知承租人，以避免突然停电给承租人造成损失后，承租人以此要求开发商承担相应的赔偿责任。

（3）开发商采取停水停电措施的适用情形，应当限定在水、电供应是开发商与自来水公司以及电力公司之间签订相应协议的基础上，如果水、电供应是由承租人与自来水公司、电力公司之间直接签订的协议，那么，开发商不是水、电供应合同的当事人，此种情形下，建议开发商不要擅自采取停水停电措施，以免因此承担相应的赔偿责任，双方另有约定除外。

【案例 5】　承租方诉出租方赔偿停电损失案

甲公司与乙投资公司签订《房屋租赁合同》及《补充合同》，约定由甲公司将地王大厦的 16 楼某单元的房屋出租给乙投资公司作办公场地；乙方如拖欠租金 2 个月以上，甲方有权解除合同，由此造成的损失，乙方应向甲方赔偿，甲方依据上述情形解除合同的，应当书面通知乙方；如乙方拖欠甲方或甲方委托的管理公司的水电费，甲方有权停止租赁房屋水电的供应。

合同履行期间，因乙公司拖欠 2 个月租金，甲公司委托物业公司向乙公司发出解除合同的书面通知，称该日 17 时之前不交清所欠租金，则单方解除租赁合同。同日下班后，物业公司对租赁房屋停电。此后，乙投资公司一直未交纳租金，公司员工也撤离租赁房屋。

2 个月后，乙公司以甲公司对租赁房屋停电为由，向法院提起诉讼称：原告因一时资金周转不灵，未及时支付租金，被告甲公司全然不顾原告尚有 2 个月的押金保证，将原告租用的办公室停电，阻止原告进入，由此造成原告所有业务停止，经济损失巨大，请求法院判令被告赔偿原告的经济损失 78 万元。

法院经审理认为，原、被告双方签订的《房屋租赁合同》是双方真实意思表示，且不违反我国法律强制性规定，是有效合同，双方均应严格履行。原告不按时向被告支付租金，经被告多次催收后，原告仍拒不交纳，被告根据合同约定，以停水停电的方式催促被告履行义务，即使给原告造成了损失，由于被告没有过错，对该损失不承担责任。故驳回原告的诉讼请求。

本案中，乙公司拖欠 2 个月租金，甲公司委托物业公司将乙公司的租赁房屋停电，由于双方在租赁合同中约定甲公司享有采取停电措施的权利，根据合同法中关于当事人意识自治原则，应当尊重双方订立合同时的意思表示，即乙公司在签订时就已经同意甲公司在欠租情形下可以采取停电措施，因此，法院判决甲公司的停电行为没有过错，不承担赔偿责任。

4. 交付条件的确认问题

开发商在与承租人签订租赁合同时，应当在合同中就租赁房屋及其附属设施的现状予以确认，并在合同的附件中予以详细列明，如果开发商与承租人就租赁房屋的交付，有特别约定的，开发商应当在租赁合同中予以明确，如果双方合意以房屋现状进行交付的，开发商也应当在租赁合同中明确"以现状交付"，以避免承租人以租赁房屋或者其附属设施不符合交付条件为由，向开发商主张权利。同时，在承租人对租赁房屋或附属设施造成损害时，开发商也可以以经双方确认的租赁房屋及附属设施现状为依据，向承租人主张相应的赔偿责任。

如果是在建房屋租赁，因为在建房屋租赁合同签订时，开发商与承租人之间的出租与承租权利义务并未得到实际履行，因此，在建房屋租赁合同应当属于附条件生效合同，也就是说开发商与承租人在租赁合同中约定一个时间点或是条件作为合同生效要件。根据《建筑法》第六十一条："建筑工程竣工验收后，方可交付使用。"作为租赁标的物的房屋仅通过主体与基础部分验收，尚未办理整体工程竣工验收时，当事人双方订立的房屋租赁合同因为违反建筑法强制性规定而会无效，房屋租赁合同条款亦不能成为认定双方权利义务的依据。因此，为了防范风险，在约定房产交付或合同生效标准时，可约定以建筑工程通过竣工验收合格或者房屋产权证办理完毕等等。

法院在审判实践中如何认定出租的房屋是否具备交付使用条件？就以下案例进行分析：

【案例 6】　某投资公司与某建筑公司解除租赁意向书案

2004 年 3 月 18 日，某学校与某建筑公司签订《合同书》一份，约定学校门面楼改建工程由某建筑公司全额投资并租赁 15 年，工程产权归某学院所有，建设期 1 年，16 年间共应支付某学院 6180 万元等。2005 年 8 月 31 日，某建筑公司与某投资公司签订《房屋租赁意向书》，约定将学院一号楼沿街商业用房使用权转让给某建筑公司 15 年，某投资公司承诺，该房屋作为服务经营使用，范围为宾馆及餐饮等。某建筑公司应满足上述用途所需的水电、煤气及通信网络设施，并接到指定位置，相关费用由某建筑公司承担。同时约定了 2005 年 10 月 10 日交付房屋，提供竣工验收合格的房屋，并签订正式房屋租赁合同，否则应承担违约责任。本意向产权方暂不盖章，在正式合同签订时，某学校在正式租赁合同上签证并盖章。

2006 年 9 月 15 日，某投资公司法定代表人张某签收了《建设工程竣工验收备案证书》，此后，某投资公司与某建筑公司因房屋是否具备交付条件产生争议。某建筑公司认为商业用房已将《建设工程竣工验收备案证书》交付给某投资公司，依据意向书约定，交付条件成就后，某投资公司即负有与某建筑公司签订租赁合同的义务，要求某投资公司前来签订租赁合同，某投资公司认为，意向书约定的交房必备条件未成就起诉，要求意向书应解除，某建筑公司应返还定金，并要求某学校承担连带违约责任。

法院认为，双方对租赁房屋交付条件的约定是房屋必须竣工验收合格，而关于水电等双方在租赁用途中约定应满足所需，可见虽然上述设施的接通是合同义务，但并非交付租赁房屋时的必备条件，因此，签订《建设工程竣工验收备案证书》应视为已经具备交付房屋条件。

关于某学校是否应承担连带责任，法院认为，某学校并非意向书相对方，某投资公司交付的定金也是交付给某建筑公司，且无证据证明其与某学校产生过相应的权利义务，故要求某学校承担连带责任不予支持。

上述可以说明，当事人仅签订《房屋租赁意向书》，租赁房屋尚未建成，正式的房屋租赁合同尚未签订，但租赁房屋建成后，经竣工验收合格，即具备交付条件，虽然租赁房屋水、电、气煤气及通信网络设施尚未接通到指定位置，但其并非交付租赁标的物的必备条件，承租人拒绝接收租赁标的物并签订正式的房屋租赁合同的，应承担违约责任。

15.5.4　提前解除租赁合同问题

1. 承租人提前解除合同

实践中，承租人往往会因为经营不善或者其他原因而提前解除租赁合同，对于承租人提前解除合同的，开发商又要面临重新招商等问题，而且对于商业地产租赁来说，开发商往往还会给予承租人较长时间的免租期，这样，开发商可能会因为承租人的提前解除租赁合同行为承受较大的损失，因此，提请开发商从以下几个方面注意防范承租人提前解除租赁合同风险，以保障自身的合法利益：

（1）开发商应当要求承租人缴纳保证金，并且约定，当承租人提前解除租赁合同时，开发商不予退还保证金。

（2）开发商应当注意明确免租期的期限以及交付首期租金的期限，承租人首期租金的支付应当在租赁房产交付前支付，不能因为合同中约定有免租期而将首期租金的交付期限放于免租期之后。

（3）承租人提前解除租赁合同的，应当补交免租期内的租金，同时开发商应当在租赁合同中明确免租期租金支付标准。

2. 承租人违约，开发商提前收回租赁房产

如果承租人违约，例如逾期交付租金超过一定期限的，开发商可以提前解除租赁合同，并且有权要求承租人在约定或者合理期限内腾房。如果承租人拒不腾房的，开发商除了有权要求承租人承担逾期腾房占有使用费之外，开发商可以强制收回租赁房产。因此，建议开发商在采取该措施时，应注意以下几个方面：

（1）租赁合同中约定的合同解除条件已成就；

（2）在租赁合同中明确，当开发商行使合同解除权时，承租人应当迁离或者返还租赁房产的期限；

（3）在租赁合同中明确，承租人逾期不迁离或者不返还租赁房产时，开发商

有权强制收回租赁房屋，并且约定承租人逾期期间占有房屋的赔偿标准；

（4）开发商在行使强制收房措施时，应当首先向承租人发出解除租赁合同的通知书，并明确承租人迁离或者返还房屋的期限，同时，告知承租人，逾期不迁离或者不返还房屋的，开发商将对其采取强制收回租赁房产的措施；

（5）开发商在行使强制收回房屋时，必定会遇到承租人存放在出租房产内的物品问题，为避免会因此产生纠纷，建议开发商在采取强制收回房产措施时，应当邀请公证人员进行公证或者聘请律师进行见证，并且应当注意妥善保管承租人的遗留物品。

3. 预防不诚信承租人"消失"问题

如果遇到不诚信的承租人，在拖欠租金、水电等费用后，突然间消失，对于这种空壳公司，开发商往往会承受较大的经济损失，而且，这种情况往往还会存在后续问题，比如，如果该房产是被承租人用来注册公司的，承租人消失后，注册地址便无法及时变更，这样，会导致后来的承租人无法使用该房屋地址作为经营地，也无法办理企业登记手续等。面对诸如此类的问题，开发商除了在选择承租人时，要尽到谨慎注意义务，另一方面，对于出租房产给规模不大的公司时，开发商根据实际情况考虑，要求公司的法定代表人或者股东对于公司租赁合同的履行承担连带保证责任。

15.5.5　住宅底商租赁特殊问题及注意事项

在房地产销售中，住宅特别是高层住宅的第一层、第二层不是很容易销售，其市场价位也比较低，开发商往往会通过将其转向做商业用途来提高其市场价值，而且这样做的同时也可以解决小区的商业配套，正所谓一举两得。这种情形，便是我们所说的住宅底商。住宅底商一般包括两种类型：一种是位于住宅楼一层的房产属于商业用途，其余一层以上的房产全部为住宅用途；一种是属于住宅建筑物的附属房产，一般楼层比较低，多数为一层到三层，其全部为商业用途。

开发商经营住宅底商时，应该注意以下几个方面的问题：

1. 住宅底商房屋用途问题

开发商在进行住宅底商开发时，应当注意明确住宅底商所在楼层在房屋产权证上的房屋用途为商业，因为在实践中，经常会出现因为住宅底商所在楼层房屋用途不明确而导致承租人在办理营业执照时工商局无法办理的情形。有的时候，住宅底商没有办理独立的房屋产权证，比如该住宅底商属于住宅楼裙楼，那么如果该住宅底商与住宅楼共用一个房屋产权证时，开发商要特别注意在办理房屋产权证时应当明确该裙楼的房屋用途为商业，最好是不要将住宅楼跟裙楼的房屋用途笼统地表述为"住宅、商业和配套"，以免日后出现分歧。

2. 住宅底商的相邻关系问题

因为住宅底商与住宅之间的关系的特殊性，开发商在运营或者管理已出租的住宅底商时，应当关注有关住宅底商方面的法律法规并且注意协调住宅底商与相邻住宅业主之间的关系。根据《物权法》第七十七条"业主不得违反法律、法规以及管理规约，将住宅改变为经营性用房。业主将住宅改变为经营性用房的，除遵守法律、法规以及管理规约外，应当经有利害关系的业主同意"之规定，一方面住宅变商用是要受到法律限制的，但从另一方面来说，也为开发商或者业主变更住宅地产用途以及承租者办理住宅底商营业执照提供了法律途径。

3. 住宅底商的商业保险问题

住宅底商存在于住宅楼的底层或者是作为住宅楼的附属建筑物，因此，住宅底商的安全问题显得尤为重要，一旦住宅底商发生火灾等意外，将可能殃及住宅业主的人身与财产安全，造成重大的安全事故，开发商将可能会就此承担连带责任，因此，住宅底商的商业保险问题显得尤为重要。开发商应该要求承租人购买商业保险，并且，开发商应该注意审查承租人所购买商业保险的险种和范围，应当能够覆盖开发商财产以及开发商可能承担的连带责任风险，建议开发商考虑财产一切险与第三者责任险。

附：律师范本

范本一：超市房屋租赁合同

甲方（出租方）：_____房地产开发有限公司

法定代表人：_____

授 权 代 表：_____

法 定 地 址：_____

电　　　话：_____

传　　　真：_____

乙方（承租方）：_____超级市场

法定代表人：_____

授 权 代 表：_____

法 定 地 址：_____

电　　　话：_____

传　　　真：_____

兹为房屋租赁事宜，经甲、乙双方友好协商，达成如下合同条款：

一、租赁关系的建立

1. 甲方同意将其合法拥有的位于_____层商场套内建筑面积约为_____平方米房屋（以下简称"出租物业"），出租予乙方用于经营其社区超市业务。有关乙方租赁物业的范围，详见本合同所载平面图（附件一）。租赁面积以双方最后确认的面积为准。

2. 裙楼的外墙及广场装饰工程由甲方负责，在租赁期内，甲方无偿向乙方提供上述物业的室内及室外墙面位置以便乙方设置商业招牌（详见附件二），该室外招牌的规划报建工作由甲方负责。乙方负责招牌的制作费用、电费及其他相关的费用。乙方商业招牌设置的报批手续，由乙方负责向政府有关部门申报批准，甲方应予以协助。室外广告面积及位置以政府部门最后批核为准。

3. 停车位、货梯、卸货区位置及客货两用垂直电梯：

（1）在租赁期内，乙方及其所有供应商的卸货车停泊在指定卸货区的车辆免收费用。所有供应商的车辆可免费通过进入乙方卸货区所必经的公共通道。

（2）租赁期内，甲方提供负一层或广场地面约50个时钟车位予乙方顾客使用。所有在百佳超市购物的顾客，凭消费50元的购物收据可免费停车2小时。停车超过2小时的费用，由乙方顾客直接支付给甲方或甲方指定的物业管理公司。

（3）货梯及卸货区：甲方同意在租赁期内免费提供首层室外约200平方米和1台2吨的专用货梯予乙方及乙方供货商作独立卸货用途。（详见附件一）

（4）租赁期内，乙方同意出资购买及安装一台由负二层至三层（层层相通）的客货两用垂直电梯，该梯的相关土建改造、报建、电梯装饰等工作由甲方负责，相关费用由甲方承担，租赁期内该电梯的维护保养由甲方负责，其费用按商家的租赁面积比例进行合理的分摊。

4. 双方同意物业租赁期限自20＿＿年＿月＿日（"物业租赁日"）开始至20＿＿年＿月＿日截止或根据本协议第九条提前终止。租赁期共计10年。

5. 甲乙双方同意从20＿＿年＿月＿日至20＿＿年＿月＿日为装修免租期，免租期共计6个月。免租期内，乙方无须向甲方及物业管理公司交付任何租金、管理费及装修保证金，但须按本协议书的约定向甲方支付其他应由乙方支付的费用，包括：电费、水费、电话费、装修工程的垃圾费等乙方实际产生的费用。

6. 在免租期内，乙方可在接收"出租物业"后进场装修，具体的物业交付标准详见附件三，场地接收的同时，甲方应提供该物业一次消防验收合格证，规划验收合格证，质量验收合格证及环保批复等验收证明文件。

7. 在装修期间如因甲方或甲方的施工单位的原因未能取得上述验收批文，而致使乙方的装修工程停止；或20＿＿年＿月＿日前该物业的各项验收未能通过及未能将相关的加盖甲方公章的各项验收证明复印件交由我司存档，而导致乙方的装修工程完结而未能开业的，乙方有权向甲方索赔由此而引起的一切损失。

8. 甲方协助乙方取得有关部门批准及许可后，乙方方可进行施工。乙方须委任合资格的承建商对工程进行施工。有关工程完成后，须由有关部门验收。

9. 租赁费用

在租赁期限内，乙方需于每月10日前（节假日顺延）根据下述规定向甲方缴付当月的定额租金（包括：管理费、设备维护费、公共区域设施的维护、管理及公共水、电分摊费用、排污费用，其余的管理范围及责任详见附件四），具体如下：

（1）出租物业租金及管理费按套内建筑面积计算，租金每月每平方米人民币50元。首三年租金免递增，第4年至第10年租金每年复式递增2%。具体如下：

20__年__月__日至20__年__月__日为装修免租期；

20__年__月__日至20__年__月__日，每月租金_____元/m²；

20__年__月__日至20__年__月__日，每月租金_____元/m²；

······

（2）中央空调费用（含中央空调的电费、冷水费用、冷水主管对接口前设施的维修、保养费）：按乙方所承租的面积（面积以广州市房地产管理局测绘所最后测量的面积为准）计算，甲方每天向乙方提供12小时（10：00～22：00）的中央空调使用时间，中央空调费为每月人民币15元/m²；乙方超时营业的中央空调费用以实际供冷时间计算，具体为：

每月超时空调费用＝乙方计算空调费用的承租面积×0.0417元/m²×每月超时营业时间（以小时计）。

甲方或物业管理公司需保证整个商场的全年室温保持在26℃±1℃，如无法达到上述温度，乙方有权拒绝支付中央空调使用费，直至达到上述温度为止。

以上中央空调费用在乙方租赁期内，除政府对电费价格有调整时，会作同样比例调整外，其余情况下不作调整。

（3）乙方于每月10日或之前向甲方交付的所有款项（包括但不限于租金、管理费及公用事业费用）应以税务局制定的相应项目发票为收款凭据。甲方收到款项起七天内开具租金及管理费等合法发票予乙方。若在下次应支付的所有款项时，甲方仍未开具发票给乙方时，乙方有权延缓支付租金，直到收到发票为止。

付款方式：银行转账支票。如甲方需要变更收款账户的，须提前 30 天以书面形式通知乙方，否则由此引起的一切责任、损失乙方概不负责。

二、履约保证金

1. 保证金相当于两个月的租金及管理费即每月每平方米人民币 50 元。签订本合约 14 个工作日内支付 50%，场地交付使用 14 个工作日内支付 50%。甲方收到保证金后，应向乙方出具收据。

2. 在本协议租期（包括依法延期）届满或本合同终止时，若乙方没有违反房屋租赁合同及本协议，甲方应于合同租期届满后 14 个工作天内，在乙方没有拖欠租金及各项费用后，将全部保证金全数无息退还给乙方。

三、交房日期

1. 甲方同意于 20__年__月__日或之前按双方约定的场地移交条件（详见附件三）将出租物业交给乙方作为装修之用，并向乙方提供申请二次装修有关文件（包括消防验收合格证，规划验收合格证，质量验收合格证及环保批复等）。如甲方未能按时交付出租物业给乙方装修，则租期及免租期顺延；同时，每延误一天按乙方应缴付月租金的千分之一计算违约金；如逾期 60 天仍未能将出租物业交付乙方装修，则乙方有权终止本合约，并向甲方索赔由此而引起的一切损失。若提前交场，则本协议各条款亦相应提前履行。

2. 乙方的店铺开业时间不迟于 20__年__月__日，甲方保证在乙方店铺开业时，乙方及乙方的客户可使用出租物业卸货区、卸货电梯、进出卸货区道路通畅、商场及超市的出入口道路通畅、购物客户可在停车场停放车辆、商业广场的公共设施可投入使用（具体范围详见附件一），否则免租期随之延长，且甲方须承担由此而引起对店铺正常运营造成的经济损失。

3. 如果该物业的验收未能符合政府部门的有关规定，而致使乙方的装修工程停止；或 2006 年 5 月 1 日前该物业的各项验收未能通过而导致乙方的装修工程完结而未能开业的，乙方有权向甲方索赔由此而引起的一切损失。

四、物业的使用

1. 乙方必须把租赁物业用于经营社区超市，不得作其他用途。乙方经营的超级购物广场将使用其获合法授权使用的商号"_____"。

2. 乙方使用上述商业称号及徽号并无向甲方或任何第三方转让、租用、授权、委托或邀请加盟的含意。其所有权及使用权仍属原持有方所有。

3. 乙方同意甲方使用"＿＿＿＿＿＿"商标作租售广告宣传用途，但所有的广告宣传内容许经乙方确认。

五、双方声明和保证

甲方对乙方的保证和其他责任：

1. 甲方是物业的合法拥有者，并具有全部的授权和权利将出租物业按本租赁协议条款租赁给乙方。如因建筑物或出租物业的产权问题使乙方受到任何损失，则甲方将负责承担一切的赔偿责任。在本协议期限内，若物业所有权人将物业所有权转让予第三方，甲方须保证事前使转让双方充分了解甲、乙方在本协议的权利和义务，并于转让确认前7天内以书面方式将物业产权转让的事宜通知乙方。在同等条件下，乙方须在7天内以书面方式答复明确放弃优先购买权，若超过7天乙方没书面方式答复的，甲方可视乙方已放弃优先购买权，甲方可转让租赁物业。而该项转让不得取消或减少乙方在本协议的权利，受让人将无条件按本协议继续执行。

2. 甲方出具出租物业无银行抵押的证明书（详见附件五）。

3. 除本协议书所约定的、乙方经营实际发生的、法律法规、规章、政府规定的应由乙方交纳的费用外，乙方无需就使用场地向甲方或政府有关部门支付任何税项或费用（包括但不限于甲方提供予乙方的所有设备折旧等）。

4. 甲方需于20＿＿年＿月＿日或之前将符合商业用途的物业交付乙方，及在本协议期限内保障乙方对物业的正常使用。

5. 甲方负责为物业提供充足商业用途之水、电源（详见附件三之场地移交件）。甲方保证：在20＿＿年＿月前提供永久用水、电给乙方。

6. 在出租物业内的消防及所有甲方提供给乙方专用的设施、设备，交场以后的年审及保养维修费用由乙方负责。任何由乙方自行加装的机电设备由乙方自行保养维修。双方工程代表必须于场地正式移交时作好有关现有设备项目的详细记录（后补附件六），以作保养责任依据。

7. 甲方保证在本协议生效后，在不违反政府法规情况下，乙方有权自主地按其营业范围使用物业及有权分租、设置专柜（商户有：药店、眼镜店、冲印店、茶叶店、手机店等），但分租及设置专柜的总面积不能超过承租面积的30%，且不允许整个出租物业进行转租。

8. 在本协议期限内，甲方应对物业的建筑主体结构及出租物业以外的配电系统、消防系统、自来水、排污、雨水管及公共面积定期进行必要的维修保养，以保证物业良好的使用性。乙方应对甲方在物业内应由甲方负责的维修保养提供方便，以不影响乙方营运为大前提。一般情况下，甲方在接到乙方通知后应立即进行维修，并尽快修复。甲方应修复物业外部建筑结构及本项所述的各种线路、管道、设施及装置出现的故障及缺陷，全部费用由甲方负担。在通知期3天内，如甲方不作维修或在紧急情况下，乙方有权自行维修，所需费用由甲方承担。但因乙方使用不当所造成之一切损坏，修理费用和其他经济损失均由乙方承担。

9. 乙方室内自行安装的配电、消防、自来水、排水等设备和管线由乙方负责管理及维修。

10. 甲方应保证物业可作为合法用于经营社区超市，并须遵守中国所有与本协议相关法律、法规及取得所有与本协议所需的有关批准证件。

11. 公用事业（含水、电、有线电视、通信）。

（1）甲方必须协助乙方向有关部门申请出租物业所需公用事业的增加额外供应（以下简称"增加供应"手续）。如在经营期内乙方需增加公用事业供应，费用由乙方负责。

（2）自乙方按协议约定进驻物业之日起10天内，如乙方因甲方原因不能在建筑物内合法地安装所需的管线（包括附件所提及的一切水、电）、消防、空调供应等，经双方协商后的10天内仍无法解决时，乙方可选择单方面终止合同，而无需对甲方负责，甲方需赔偿乙方因此而引起的一切损失。但额外增加的除外。

（3）甲方需协助乙方以其名义向公用事业公司申请安装由乙方单独使用的公用事业计量器（即水表），申报完成后每月实际发生的水费由乙方直接与公用事业部门结算。乙方需在租赁期满或合同终止后2个月内协助甲方将该部分公用事业计量器转回甲方名下。

（4）如乙方向物业管理公司缴交公用事业费用的，按有关部门的收费标准缴交；甲方在收取乙方的相关费用后应开具增值税发票予乙方。

12. 甲方应根据乙方需要提供一切为申请营业执照等需经甲方应当提供的必

要文件，并协助乙方办理在物业经营社区超市所需的各项批准、执照和许可证，其费用由乙方负担（详见附件八）。

13. 在租赁期内出租物业如受政府迁拆或被有关部门征用，按照政策规定，政府部门给予的营业损失补偿和搬迁补偿费（员工解散费、设备搬移费、误工费、装潢费、设备损耗费、回搬费等费用）归乙方所有。土地和建筑物及甲方投资的配套设施设备补偿费归甲方所有；由乙方投资的部分建筑物和部分配套设施的补偿费归乙方所有。乙方应获得作为承租人的所有补偿和权益。

14. 就乙方因甲方违反本协议任何规定而蒙受的索赔、要求、诉讼、损害赔偿、直接损失责任、罚金和费用（包括各种法律费用），甲方应予赔偿及保障乙方。

15. 甲方应为出租物业投保必要的有关房产保险，费用由甲方负责。

16. 在本协议有效期内，甲方负责缴付任何国家政府机构、税务当局或其他行政机关因物业及协议有关行为而令甲方产生应该缴纳的税项和费用。

17. 甲方保证在合同期内不得或不得允许第三方在"出租物业"所在建筑物其余部分经营与乙方社区超市功能相同或近似的商场（详见附件九）。

18. 甲方需积极配合乙方的装修改造工程。如因甲方或甲方委任的承建物业之有关承建商的原因而令工程有延误时，一切损失由甲方负责，其损失费用在租金中扣除。

19. 甲方有义务在场内及停车场内提供进出停车场或百佳的导向标志。

乙方对甲方的保证和其他责任：

1. 乙方保证其为依中国法律合法成立有限公司，有权作为物业的承租方签署并履行本协议项下的义务和责任；乙方应将物业用于其获政府批准及本协议约定的范围进行经营活动。

2. 乙方在物业内外的装修不得影响所在建筑物结构安全、外立面及防火功能。乙方商场的装修设计方案须向消防、公安、城管等有关政府部门报批，并获得甲方书面认可方可施工。但甲方在接到乙方书面装修方案后 7 个工作日内不答复的，视作甲方已同意乙方的装修方案。唯甲方不得无理拒绝或不批准乙方的装修施工方案。

3. 乙方须负责支付在物业内经营所需的水、电费及电话费和有线电视费用，水电费的计算标准按独立计算仪表实际用量×单价的办法交付。所有费用的收取标准按有关部门的规定执行。线路损耗率为2％。

4. 乙方在本协议有效期内，乙方应依法纳税。

5. 乙方不能非法使用场地或在场地内存放危险物品影响公共安全。

6. 租期届满或合同终止时，在不损坏或不影响甲方建筑完整的情况下，乙方增添安装的设备、所有广告招牌的装置应自行拆除，并将场地清理干净，并在双方协商同意的时间内将承租物业交回甲方。

7. 租赁期内，乙方自行购买必要的保险，费用由乙方负担。

8. 就甲方因乙方违反本协议任何规定而蒙受的索赔、要求、诉讼、损害赔偿、直接损失责任、罚金和费用（包括各种法律费用），乙方应予赔偿及保障甲方。

9. 乙方应准时缴付租金，如乙方无理迟延缴交租金，须向甲方支付违约金。从迟交之日起，按日加收所欠金额1‰（千分之一）的违约金。该违约金必须在下月的7日前缴交。如果乙方逾期90天未能缴足租金，甲方有权单方面解除《租赁合同》和《房屋租赁合同补充协议》（如遇特殊情况经双方协商除外），收回出租物业，乙方预缴的保证金不予退回。

10. 乙方及乙方的商户可免费使用公用场所作促销场地，并应于一周前将方案书面通知物业管理公司并获批准，同时自行向有关部门报批，费用由乙方负责，但不得影响其他商家的正常经营活动。在乙方店铺开张日起的一个月内，免费提供建筑物的外墙位置给予乙方作大型的宣传推广活动，但事先应将广告形式和内容书面通知物业管理公司并获批准。

11. 乙方应在本合同签署后15个工作日内与甲方协商确定乙方租赁场地的建筑施工、设计预留接口要求。

12. 在乙方负责管理的甲方提供给乙方专用设备、设施原厂保修期届满前，乙方应向甲方提供上述设施、设备的保养维修细则供甲方确认。甲方有权对乙方保养维修的甲方设施设备进行监督和抽查。若乙方保养维修工作不符合要求，甲方有权要求整改、赔偿损失或收回设施设备的管理权。

13. 乙方开业时间为20＿年＿月＿日。出租物业如晚于本合同双方约定的交房日期，乙方开业时间可相应顺延。

14. 乙方的营业时间为全年每日7：00～23：00，如乙方调整营业时间须提前7

个工作日书面通知甲方，获同意后实行。

六、不受干扰

在租期或任何延期内，乙方拥有对租赁范围出租物业的独立使用权，不受甲方或任何第三方的干扰和阻挡乙方使用的出租物业的出入口通道及乙方的招牌；甲方保证不在辅助该商业物业使用的公共范围内堆放杂乱物品而影响乙方场地的整体美观及购物环境；所有百佳出入口位置及收银台到商场正门及侧门的通道宽度不能少于3米（具体范围详见附件一）。如发生上述情况，甲方应在24小时内采取一切必要行动以排除此等妨碍。如甲方未能采取上述行动，乙方可自行采取必要行动以排除此等妨碍，费用由甲方负责；同时，乙方有权延迟缴付租金直至上述行为纠正为止。若因外来干扰令乙方的经营受损，乙方有权要求责任人作出赔偿。乙方需保证不在辅助该商业物业使用的公共范围内堆放杂乱物品而影响物业的整体美观及环境，不会因其经营行为而对出租物业及出租物业所在的建筑物产生任何不良影响，否则甲方有权追究乙方责任。

七、不可抗力

由于地震、飓风、水灾、战乱及其他不能预见并且对其后果不能防止或避免的不可抗力，致使直接影响本协议的履行时，15天内由事故发生地的公证机关开出具书面证明并由甲乙双方协商决定是否解除或延期履行本协议。

八、特约条款

1. 在物业如有产权纠纷时，甲方应保证继续履行租赁合同，乙方在租赁合同项下的权利不受任何影响。如果因此致使乙方无法正常营业或受其他损害时，乙方有权终止本物业的租赁合同，甲方应立即无息发还预付而尚未使用之租金及保证金予乙方，甲方并应赔偿乙方所有损失（包括利润损失）。租赁物业之任何一部分如遭法院查封或抵押权人行使抵押权，而致使承租人之租赁被解除而不能使用租赁物业时，乙方可选择向甲方发出通知立即终止本物业的租赁合同，甲方于收到乙方通知时，应在十五天内发还所有预付尚未使用之费用予乙方，甲方应赔偿乙方之全部损失（包括利润损失）。乙方亦可选择不向甲方发出立即终止本物业租赁协议通知，而此举并不代表乙方放弃对甲方追讨赔偿之权利。

如因甲方出租物业抵押权的实现而造成乙方的损失（包括但不限于无法继续租用拟租赁物业的损失、装修投入的损失或租金被提高的损失等），甲方应作出赔偿。

2. 乙方有权把此合约的所有权益及义务转移给其关联企业（包括屈臣氏集团所有子公司）而无须事先获得甲方的批准，但乙方须提前30日书面通知甲方，并由受让人与甲方按本合约内容签署合同。受让人有权且必须使用"百佳"品牌。转移后承租公司则享有此合同内乙方的一切权益，及须遵守乙方在此合同内的责任及义务。

3. 本协议如有未尽事宜，双方应按法律政策商订补充协议。补充协议具有与本协议同等的法律地位。

九、协议的终止及债权债务的处理

1. 在下列任何一情况下，协议一方可以书面通知另一方提前终止本协议：

（1）本协议任何一方破产或成为清算或解散程序对象或停止进行业务经营达6个月以上。

（2）任何一方严重违反本协议的规定，造成物业不能正常对外营业，或严重损害另一方在本协议的协议权益。

（3）本协议第七条所列的事故或其后果持续超过3个月，而甲乙双方无法按规定协商处理办法的。

如本协议因上述（1）及（2）情况发生而终止，则行使协议终止权的一方还有权向对方索赔。

2. 如在租期届满前，乙方有下列情形之一时，甲方可以终止本协议，收回物业，不退还乙方所缴付的履约保证金，同时乙方应赔偿由此所造成的一切经济损失，包括可预期的效益损失。在此情况下，乙方的装修投入，甲方不作补偿，且无偿归甲方所有（除乙方自行安装的活动装置活动设备外）。

（1）乙方利用物业进行非法活动，损害公共利益的。

（2）乙方无理拖欠缴纳租金累积达3个月的。

（3）乙方未经甲方同意将物业改变经营范围。

（4）乙方擅自将整个出租物业转租或转租比例超过30%的。

3. 除非获得乙方书面同意或本条第1、2款情况出现，否则甲方不得提前终止本协议。

4. 如在租期届满前，有下列情形之一时，乙方可以终止本协议：

（1）在租赁期内，乙方经营满3年后，如需提前终止本协议，可在满3年后的头两个月内行使合同解除权，书面通知甲方，并在甲方接到通知后第三个月终止本协议，且甲方在 15 天内无息发还乙方预付而未用的费用（包括保证金）。

（2）如果因甲方责任，乙方在开业前不能获得经双方同意所示的招牌（详见附件二），则甲方同意：A、乙方的起租期顺延，直至能合法地挂起所有招牌；或 B、乙方从租金中扣除由此引起的一切损失；或 C、终止合同，而且乙方有权向甲方要求赔偿因此引起的所有经济损失。

十、物业的交还

1. 租期届满或本协议提前终止时，除甲乙双方另行签订合同续约外，在不损坏或不影响出租物业建筑结构完整的情况下，乙方应在合同终止后 15 个工作日内拆除其添置的活动装置、设备及搬空物业内什物，否则该装置及设备无偿为甲方所有，如甲方需要拆除的，则相关费用由乙方承担。乙方还应结清其使用物业期内应缴的费用（包括租金、管理费、电费、电话费、有线电视、水费等）。若因甲方违约或过失而造成本协议提前终止，乙方有权要求甲方支付有关的迁移费和一切损失。

2. 因甲方违约或在不可抗力的情况下终止本协议，甲方都要于 15 天内无息发还乙方预付而未用的费用（包括保证金）。若乙方违约，则甲方有权不退还预付费用及保证金。

十一、违约责任

1. 由于一方的过失，造成本协议不能履行或不能完全履行时，过失方须承担相当于当年年租金的违约金，赔偿守约方因此而遭受的一切损失。如属双方过失，则应根据过失比例大小由双方承担各自应付的违约责任。

2. 任何一方违反本协议的约定，违约方应依本协议的约定承担赔偿和违约责任。

3. 违约金、赔偿金应在确定责任后 14 天内付清，否则按逾期付租金条款处理。

十二、适用法律

本协议的订立、效力、解释、履行和争议的解决均受中华人民共和国法律的管辖。

十三、争议的解决

1. 凡因本协议而产生的或与本协议有关的一切争议，双方应通过友好协商解决，如在争议产生后 30 天内仍协商不成的，任何一方均有权将争议提交出租物业所在地有管辖权的法院解决。

2. 在诉讼过程中，除各方有争议正在进行诉讼的部分外，本协议其他各条款应继续执行。

十四、协议法律费用负担

因签署本协议而产生的印花税、见证费用及登记费，按政府规定各自承担，政府没有规定时，由甲乙双方各自负一半。

甲方须于在签署该《合同》后七日内办理租赁登记手续，否则视作甲方违约；如在店铺预期开业日前一个月，甲方仍未将租赁登记手续办理完成的，其免租期顺延，若情况严重致使乙方未能预期开业的，甲方应承担由此引起的一切经济损失。

十五、文书送达

本协议的任何一方，应以书面形式向另一方以本协议所载地址送达文件。任何一方地址如有变更，应即以书面通知方式于通信地址变更一周前通知他方，否则视为已合法送达。

甲　　　方：_____房地产开发有限公司

甲方地址：_____

收 件 人：_____

传真号码：_____

乙　　　方：_____超级市场

乙方地址：_____

收 件 人：_____

传真号码：_____

十六、协议的生效及其他

1. 本协议是房屋租赁合同的补充协议，本协议经甲乙双方法定代表人或其授权代表签署盖章后生效，并到房屋租赁合同的登记机关登记备案。本协议的内容与房屋租赁合同有同等法律效力，如本协议的内容与报政府部门备案的房屋租赁合同有任何冲突或矛盾或不一致之处，则以本协议规定为准。

2. 根据本协议的订立原则由各方共同订立的其他附录为本协议有效的及不可分割的组成部分。

3. 本协议如有未尽事宜，甲乙双方可通过磋商签订补充协议。补充协议具有与本协议同等的法律地位。

4. 本协议签署中文正本一式两份，副本四份；甲方持正本一份，副本一份，乙方持正本一份，副本两份，其余交合同登记机关签证。

5. 本协议由甲乙双方法定代表人或其授权代表于 20 ＿年＿月＿日签订，并于签订之日起生效。

甲　方：＿＿＿＿＿房地产开发有限公司　　乙　方：＿＿＿＿＿超级市场

（签章）　　　　　　　　　　　　　　　　（签章）

法定代表人：＿＿＿＿＿　　　　　　　法定代表人：＿＿＿＿＿
授 权 代 表：＿＿＿＿＿　　　　　　　授 权 代 表：＿＿＿＿＿
通 信 地 址：＿＿＿＿＿　　　　　　　通 信 地 址：＿＿＿＿＿
电　　　话：＿＿＿＿＿　　　　　　　电　　　话：＿＿＿＿＿
签 约 日 期：20 ＿年＿月＿日＿＿＿＿　签 约 日 期：20 ＿年＿月＿日

附 件 目 录

附件一　平面图　　　　　　　　　（签署协议前按意向书版本双方确认）
附件二　广告招牌位置图　　　　　　（同上）
附件三　物业场地条件　　　　　　　（同上）
附件四　物业管理范围及责任的划分；（同上）
附件五　无银行抵押的证明书；　　　（签署协议前由甲方提供）
附件六　设施设备交接清单；　　　　（物业交接时提供）
附件七　同意转租证明；　　　　　　（签署协议前由甲方提供）
附件八　甲方应提供的文件：　　　　（签署协议前由甲方提供）

1. 土地证；

2. 供电局申请永久用电的文件；

3. 发展商的营业执照；

4. 《建设用地规划批准书》；

5. 《建设工程规划许可证》；

6. 《房地产权证》；

7. 《质量验收合格证》；

8. 《消防验收意见书》；

9. 《环保局验收批文》；

10. 《卫生防疫验收批文》。

范本二：商铺租赁合同

出租方：＿＿＿＿＿＿＿＿＿＿＿＿＿

注册地址／身份证号：＿＿＿＿＿＿＿＿＿＿＿＿

出租方委托代理人：××有限公司

（出租方与其委托代理人合称"甲方"）

承租方（"乙方"）：＿＿＿＿＿＿＿＿＿＿＿

注册地址／身份证号：＿＿＿＿＿＿＿＿＿＿＿

出租方是位于＿＿＿市＿＿＿路＿＿＿号＿＿＿万达商业广场（"商场"）＿＿＿座首层＿＿＿号铺（以下简称"该商铺"）的合法产权人，拟将该商铺出租给乙方，乙方同意承租。甲乙双方经协商一致，就该商铺租赁及相关物业管理等事宜达成如下条款。

一、该商铺的位置、面积和用途

1. 该商铺的位置：商业广场＿＿＿座首层＿＿＿号（见附件一：图示）。

2. 该商铺的建筑面积：＿＿＿平方米。

该建筑面积数为本合同项下的租金、物业管理费等款项、费用计取基数。

3. 该商铺的租赁用途：

乙方承租该商铺用于经营（商品类别）＿＿＿＿＿＿＿＿＿＿＿＿。

非经甲方书面同意，乙方不得随意更改该商铺的租赁用途。

二、租期和开业

本合同租期为＿＿＿年＿＿＿个月，自 200＿＿年＿月＿日起至 200＿＿年＿月＿日止。

自本合同签订之日起＿＿＿天内，为乙方的免租装修期。乙方在免租装修期内无需交纳物业管理费，但须承担免租装修期内该商铺发生的水、电等各项能源费。

免租装修期届满后的次日为计租起始日。

三、租金

1. 双方约定该商铺租金为：

200＿年＿月＿日至200＿年＿月＿日，按建筑面积每月每平方米＿＿元，月租金为＿＿元人民币（大写：＿＿元），季度租金为＿＿元人民币（大写：＿＿元），全年租金为＿＿元人民币（大写：＿＿元）。

200＿年＿月＿日至200＿年＿月＿日，按建筑面积每月每平方米＿＿元月租金为＿＿元人民币（大写：＿＿元），季度租金为＿＿元人民币（大写：＿＿元），全年租金为＿＿元人民币（大写：＿＿元）。

200＿年＿月＿日至200＿年＿月＿日，按建筑面积每月每平方米＿＿元，月租金为＿＿元人民币（大写：＿＿元），季度租金为＿＿元人民币（大写：＿＿元），全年租金为＿＿元人民币（大写：＿＿元）。

以上租金均不含物业管理费、能源费。

2. 租金支付期限：

双方约定，每三个月为一个计租期；乙方应在每个计租期结束前15天向甲方支付下一计租期的租金。

其中第一个计租期租金，乙方应当在开始装修前向甲方支付。

3. 租金支付方式：乙方可以现金或银行支票或银行汇款的方式向甲方支付租金。租金交到甲方书面指定的账户之日为乙方的实际付款日。

本款约定的乙方付款方式、实际付款日的确定，适用于乙方就本合同项下所有应付款项或费用，其中应向该商铺所在商场的物业公司（"物业公司"）支付款项或费用的账户由物业公司另行书面指定。

甲方指定账户：＿＿＿＿＿＿＿＿＿＿＿＿＿＿＿

四、物业管理及物业管理费、能源费

1. 乙方保证遵守物业公司对商场及该商铺的统一经营管理制度，遵守出租方与物业公司达成的"业主手册"中的物业管理内容（见附件二：业主手册）。

2. 从免租装修期届满之日，乙方应当向物业公司交纳该商铺的物业管理费。该商铺的物业管理费为每月每平方米（建筑面积）＿＿＿＿元人民币，即乙方每月应当向物业公司交纳物业管理费＿＿＿＿元人民币（大写＿＿＿＿元人民币）。

本物业管理费包括该商铺应分摊的商场夏天空调制冷费和公共区域的水、电等能源费，以及商场所有公共区域的保安、保洁、绿化的费用。物业公司可以根据政府有关部门批准调整物业管理费，乙方应当遵守调整结果。

物业管理费以每三个月为一个计费期。首期物业管理费应与第一个计租期租金同时支付；除首期物业管理费外，乙方应在每个计费期结束前15日内向物业公司交纳下一个计费期的物业管理费。

3. 乙方自行承担租赁期限内该商铺发生的水、电等能源费用（实行分户计量），并应在每月5日前将上一个月的能源费用交物业公司代为缴纳。

4. 如果乙方拖延支付应付物业公司款项、费用超过15日，则物业公司有权选择暂停该商铺的部分或全部物业服务，引起的全部后果由乙方承担。

乙方、物业公司将在以上约定基础上签订物业管理合同，并按照法律法规规定享有相应权利和义务。

五、保证金

1. 为了确保本合同下各款项、费用按时足额交纳，乙方同意向甲方交纳租金保证金和经营质量保证金。

2. 乙方应当在本合同签订同时向甲方一次性交纳相当于三个月租金的租金保证金，计：_____元。

如乙方未能如约交纳租金时，甲方有权从租金保证金中直接予以扣抵或扣罚，不足部分仍有权向乙方追索。乙方应当在接到甲方书面通知后的7日内补足租金保证金；逾期未予补足的，应按本合同第六条约定承担违约责任。

3. 乙方应当在本合同签订同时向物业公司一次性交纳经营质量保证金_____元，作为乙方遵守商场经营管理制度（包括保证商品质量、服务质量等）的保证金。

如乙方发生违反商场经营管理制度的行为，物业公司有权从经营质量保证金中直接扣抵或扣罚，不足部分仍有权向乙方追索。乙方应当在接到物业公司书面通知后的7日内补足经营质量保证金；逾期未予补足的，应按本合同第六条约定承担违约责任。

4. 在本合同租期内，如果乙方全面履行本合同的约定，甲方/物业公司应在乙方办理完撤离手续后的10日内，将保证金余额无息返还。

六、迟延履行违约金

乙方延期向甲方或物业公司交纳其应付款项或费用，则甲方或物业公司有权向乙方收取迟延履行违约金，该违约金以迟延应付款项或费用金额每日 3‰ 计算，从应付之日至实际全额付清之日。

七、该商铺的使用

1. 该商铺的装修：乙方就该商铺的装修方案应事先交甲方和物业公司书面审查同意后实施。甲方和物业公司应当在收到装修方案后的 5 个工作日内作出书面意见，否则视为同意。

乙方装修时应当遵守商场装修管理制度和相关法律法规。物业公司有权对乙方不合理的装修行为予以指正或制止。

前述甲方和物业公司的审查同意行为或者物业公司的指正或制止行为，不免除乙方应承担的责任，并不导致甲方或物业公司因此对乙方装修承担责任。

2. 乙方应当严格遵守物业公司的各项管理制度、防火、防盗、用电等规定和相关法律法规等规定，否则责任自负，造成他方损害的应予赔偿。

3. 乙方应当在经营范围内合理使用并爱护该商铺及商铺所在商场的各项设施、设备，保持其良好使用状态。因乙方原因造成损坏或故障，乙方应当及时自行修复或给予赔偿。

4. 未经甲方书面同意，乙方不得以任何形式转租或分租该商铺。否则，转租或者分租行为无效，相应的收益由甲方享有。

5. 乙方承诺其于租赁期限经营行为将严格遵守法律法规、相关政策，不损害他方的合法权利，并为此单独承担责任。如果乙方的行为给甲方或物业公司造成损失，乙方应当无条件给予赔偿。

6. 乙方应自行为其位于该商铺内的财产、设备等办理保险手续。

八、该商铺的交还

1. 本合同提前解除或终止后的 7 日内，乙方应当在保护该商铺墙面、天棚、地面装修完整性的前提下，将该商铺恢复到与甲方交接商铺时的状态（正常使用及时间因素损耗除外），并交还甲方。

2. 乙方在撤离该商铺前应当结清所有对甲方或物业公司的应付款项或费用，否则，甲方或物业公司有权依法阻止乙方撤离其财产；由此所引起的一切损失和责任，均由乙方自行承担。

3. 因乙方原因导致其未能在本合同解除或终止后的 7 日内完成撤离，并将符合约定条件的该商铺交还甲方的，由此造成出租方与第三方的一切损失，由乙方自行承担；每延期一天，乙方还向甲方支付合同解除或终止时日租金水平双倍的违约金。

九、优先购买权

在租赁期限内，如甲方转让该商铺，乙方在同等条件下享有优先购买权。乙方应在接到甲方有关该商铺转让条件通知后3日内作出答复，并在30日内与甲方达成相关协议，否则视为放弃优先购买权。如乙方放弃优先购买权，甲方将该商铺转让给第三人，则甲方保证本合同内容得到受让人知晓并继续适用受让人；否则由此造成的损失由出租方承担。

十、税费

出租方与乙方按照法律法规和相关部门规定各自承担并缴纳相应税费。

十一、合同终止与解除

1. 本合同生效后，任何一方无法定或约定理由不得单方解除合同。

2. 本合同项下租期届满，本合同自动终止。如果乙方愿意续租，应在租期届满30日前与出租方另行达成续租协议。

3. 经协商一致，双方可以解除合同，且互不承担违约责任。

4. 因乙方违约导致合同解除的，甲方有权不返还3个月的租金保证金及乙方已交纳的其他款项，并有权要求乙方赔偿不低于相当于3个月租金的经济损失。乙方应在合同解除后10日内向甲方支付该违约金，如乙方未能按时支付该违约金的，甲方有权按本合同第六条约定向乙方收取迟延履行违约金。

5. 因甲方违约导致合同解除的，租金按实际发生租期结算，物业管理费、能源费等，据实结算；乙方有权要求甲方赔偿不低于相当于3个月租金的经济损失，甲方应在合同解除后10日内向乙方支付该违约金。

6. 乙方有下列情形之一的，视为乙方严重违约，甲方有权单方解除本合同，乙方应按照本条第4项约定承担违约责任。合同解除后，如果乙方不按第八条约定归还商铺，则甲方有权采取措施，比如封铺，将乙方在该商铺内的财物强制搬出等，因此导致的损失和责任由乙方自行承担。

（1）乙方无法定或约定理由单方解除合同的。

（2）迟延支付租金、物业管理费、能源费等应付款项或费用超过15日的。

（3）未能在开业日前 7 天完成装修；或未能在开业日正式营业；或未经甲方同意，在经营期间以任何借口在一个月内擅自歇业、关门累计 2 天，或一季度内擅自歇业、关门累计 3 天；或擅自撤场的。

（4）未经甲方和物业公司同意，对商铺或商场其他部位进行装修、改建或其他严重破坏行为；或擅自改变本合同约定的经营项目和内容，严重损害第三方利益；或张贴非经营性文字或图片及发生其他行为以致严重损害商场良好形象和声誉；或发生其他严重违反商场管理制度行为且未在物业公司限期内予以纠正；或发生违法经营行为致使合同目的无法实现的。

十二、特别约定

1. 如果需要将两个或两个以上独立商铺合并承租的，乙方同意与该区域的相关独立商铺出租权人同时签订商铺租赁协议。

2. 为了商场的整体经营效益，出租方授权物业公司对需要合并经营的区域进行统一规划和调整，乙方知晓并接受此安排。

3. 乙方对商场经营政策及经营方式已有全面了解，对其经营风险已有充分的认识。因此，乙方享受经营成果并同时承担经营风险。

十三、不可抗力

因不可抗力因素导致该商铺不能正常使用或不能继续使用时，甲、乙双方互不承担对方责任或损失。

十四、争议解决

甲、乙双方的争议应当通过协商解决，协商不成的，可以向该商铺所在地人民法院提起诉讼。

十五、物业公司地位和身份

物业公司作为该商铺所在商场物业服务的提供方，不影响本合同中甲、乙双方的主体地位和相关权利义务，不因此为甲方或乙方承担任何责任。甲、乙双方同意物业公司有权援引本合同的有关条款，与乙方签订物业管理合同。

十六、通知

甲、乙双方按照下列内容送达通知或文件，可视为送达：

1. 甲方住址和邮编：_____

2. 乙方住址和邮编：_____

任何一方变更以上内容，应当及时书面通知其他方。

十七、合同生效

本合同自甲、乙双方签署后生效。本合同一式三份，甲方两份，乙方一份，具有同等法律效力。

甲方：

乙方：

签订日期：

第*16*课　前期物管——无缝对接

前期物业管理，是指在业主、业主大会选聘物业管理企业之前，由开发商选聘物业管理企业签署《前期物业管理服务合同》，由物业管理企业按照该合同约定，对房屋及配套的设施设备和相关场地进行维修、养护、管理，维护相关区域内的环境卫生和秩序的活动。开发商应当按照规定在物业管理区域内配置必要的物业管理用房。前期物业服务合同应当对物业管理事项、服务质量、服务费用、双方的权利义务、专项维修资金的管理与使用、物业管理用房、合同期限、违约责任等内容进行约定。合同还可以约定期限，但是，期限未满、业主委员会与物业管理企业签订的物业服务合同生效的，前期物业服务合同终止。

16.1　如何选聘物业管理企业

16.1.1　选聘物管企业的操作

根据《物业管理条例》及实施细则规定，住宅物业的建设单位，应当通过招投标的方式选聘具有相应资质的物业管理企业；投标人少于 3 个或者住宅规模较小的，经物业所在地的区、县人民政府房地产行政主管部门批准，可以采用协议方式选聘具有相应资质的物业管理企业，由开发商与物管企业签署书面《前期物业管理合同》（参见范本一）。

在实践中，经常会看到前期物管企业直接由开发商"派生"，即由开发商专门注册成立物管企业来接管物业，这样的做法有利也有弊：一方面可以顺利地办理物业的交接，其次经营管理好的物管企业，可以成为开发商的"名片"——作为品牌广告；但是，由于是开发商注册的企业，在物业全部销售完毕后，很难能全身而退，为了维护和打造品牌，势必在小区内公共部分的维修、更新和改造等处需要继续投入大量资金，而且物管企业出现经营亏损时，则仍是由开发商予以补贴经营。

无论是否由开发商注册的企业来接管物业，都应当根据业主的委托（房地产买卖合同中已注明委托物管企业），认真管理好建筑区划内的建筑物及附属设施，规范收费，严格按照物业管理规定履行物管企业的职责，并接受业主的监督。只有称职的物管企业，才会得到业主满意，企业的经营就会有保障。

【案例1】 某小区物管处收费不提供依据纠纷

某小区物业管理处（由开发商注册成立）与某业主签订了一份"车辆停泊服务协议"，规定每辆小轿车每月停车费为135元，其中场地使用费63元，车辆停泊服务费72元。协议对"停泊服务费"解释：是指在指定的停车场地内，为维护保养场地设备设施、相关道路及管理所发生的人工、原辅材料费用等，并注明是根据市有关部门有关文件规定收的；但对收取"场地使用费"的依据却只字未提。小区多名业主多次找到物管处，要求出示收取该费用的依据，该物管处只承认室外停车场地产权属小区业主所有，但对收取"场地使用费"并自定价格的依据始终未作明确说明。由此，引发了业主对开发商的不满。

该小区室外停车场地产权既然属小区全体业主共有，则如何定价收费应当由全体业主或业主委员会来决定，而不是物管处（开发商）来决定。所以，物管企业的物管行为必须合法、合规，开发商注册的物管企业尤其要注意这点，否则，自身也会被扯入纠纷之中。

16.1.2　如何办理物业交接

物业竣工验收后，开发商应与物业管理企业办理物业承接验收手续，应当对物业共用部位、共用设施设备进行查验，同时向物业管理企业移交下列资料：

（1）竣工总平面图，单体建筑、结构、设备竣工图，配套设施、地下管网工程竣工图等竣工验收资料。

（2）设施设备的安装、使用和维护保养等技术资料。

（3）物业质量保修文件和物业使用说明文件。

（4）物业管理所必需的其他资料。

16.1.3　注意事项

开发商在预售房地产前后及有关前期物业管理的问题上需要注意：

（1）开发商与物业买受人签订的房地产买卖合同应当包含前期物业服务合同约定的内容。只要开发商在签订合同前向买方明示了其与物业管理企业签订的前期物业服务合同，则前期物业服务合同就对买受人产生法律上的拘束力。

（2）对于已竣工但尚未出售或者尚未交给物业买受人的物业，物业服务费用由开发建设单位交纳。

（3）按照国家规定的保修期限和保修范围，承担物业的保修责任。

（4）开发商、物业服务企业不得泄露业主资料。

（5）根据房地产所在地的地方性规定，还应注意前期物业服务合同按相关规定报相关部门备案。

16.1.4　开发商发生变更后，前期物业管理合同如何处理？

实践中，开发商转让在建房地产项目也不算新鲜的事，但由于涉及到第三方物业管理企业，在受让房地产项目后，受让房地产项目后的开发商能否顺利进行后期开发以及顺利交接物业仍是需要面对的事情，如果遇到前期物业管理企业不配合，则开发商应当及时主张权利，解除物业管理委托合同，以维护自身权益。以下我们用案例对此予以说明。

【案例 2】　实业公司诉物业解除物业管理委托合同案

2010 年 10 月 18 日，广东某实业公司（下称实业公司）起诉广州市中某物业管理有限公司（简称物业公司），称其买受了某大厦整体工程项目，物业公司与原开发商存在物业管理协议，2010 年 9 月 3 日法院交付该项目后，实业公司数次安排工作人员进场进行现场勘查、设计工作等，均遭到物业公司的阻挠。实业公司一直未能实际接收该项目。故请求：①判决确认已解除物业公司与某原开发商签订的《物业管理委托合同》；②判令物业公司立即将某大厦物业管理权交还给实业公司；③判令物业公司立即交还占用的办公室等物业管理场所；④判令物业公司立即撤出某大厦；⑤判令物业公司承担本案诉讼费用。

经审理查明：项目尚未全部竣工，未办理规划验收手续和竣工验收备案手续，仍属在建工程。2010 年 9 月 23 日实业公司向物业公司送达了《终止物业管理委托通知书》，通知终止物业公司与原开发商所签订的《物业管理委托合同》。物业公司复函表示不同意终止合同。某大厦目前无成立业主委员会。

法院认为：物业公司与原建设单位签订的涉案合同属于前期物业合同。该合同名称已明确为《物业管理委托合同》，并明确原开发商为"委托方"，物业公司为"受托方"，由原开发商将某大厦相关场地及配套设施、设备和相关区域内的环境卫生、秩序等委托物业公司进行管理和维护，还分专章对委托管理事项、委托管理权限等进行了约定。可见双方对该合同的委托性质有明确认识。某大厦整体工程项目变卖给实业公司后，实业公司已取代原开发商成为该项目的建设单位，合同主体已经发生变化，双方之间的信赖基础需要重新考量。法院适用《合同法》第四百一十条关于委托合同任意解除权的规定，支持实业公司要求解除涉案合同，并确认合同于 2010 年 9 月 23 日解除。本案经过一审、二审、再审程序，最终确认维持解除合同判决。

本案中，某大厦属在建工程，开发商发生变更，由原来的开发商变更为实业公司，实业公司在取得某大厦项目后，除了尚须完成大厦的后续施工建设外，还须承担违法建设整改等义务。同时，实业公司需要有效控制大厦的各项设施设备。而双方对场地、设施的移交意见不一，多次发生冲突，已经严重影响到实业公司对大厦未完工程的后续施工建设及整改，影响到大厦所有权人及购房业主合法权益的实现，双方已经丧失相互信赖的基础。因此，在双方丧失互信的情况下，法院依据任意解除权的规定解除了物业公司与原开发商之前订立的《物业管理委托合同》。

16.2　物业服务用房

16.2.1　何为物业服务用房？

根据规定，开发商应当在物业管理区域内无偿提供物业服务用房，物业服务用房产权属该物业管理区域全体业主所有。物业服务用房应当有独立产权并具有正常使用功能，权属资料由业主委员会保管。任何单位和个人不得改变物业服务用房的用途。

物业服务用房包括三部分：

（1）物业服务设备用房：如配电室、污水泵房、高压水泵房、电梯机房等等。

（2）物业服务办公用房：包括物业服务各个办公室、接待业主的服务大厅、物业工作需要的库房、物业员工的宿舍、食堂等等。

（3）业主委员会办公用房。

16.2.2　如何配置物业服务用房？

各地根据《物业管理条例》相关规定，也制定了当地有关物业服务用房配置的具体面积和位置要求：

1. 北京

新建住宅物业，建设单位应当配建物业服务用房，包括客服接待、项目档案资料保存、工具物料存放、人员值班备勤、业主大会及业主委员会办公用房等，并在房屋买卖合同中明确物业服务用房的坐落位置（具体到楼栋、房号）。物业服务用房建筑面积不得低于 150 平方米，其中地上房屋不得低于 100 平方米，业主大会及业主委员会办公用房建筑面积 30～60 平方米。

2. 上海

建设单位应当在物业管理区域地面上配置独用成套的物业管理，并具备水，电等基本使用功能。物业管理企业用房不低于物业管理区域房屋建筑面积的 0.2%；物业管理区域房屋建筑总面积不足 5 万平方米的，不低于建筑面积 100 平方米。业主委员会用房，不低于建筑面积 30 平方米。

3. 广东省

建设单位应当按照不少于物业管理区域总建筑面积千分之二的比例，在物业管理区域内配置物业服务用房，最低不少于 50 平方米，最高不超过 300 平方米；其中，业主委员会办公用房最低不少于 10 平方米，最高不超过 60 平方米。分期开发建设的物业，建设单位应当在先期开发的区域按照不少于先期开发房屋建筑面积 2‰的比例配置物业服务用房。物业服务用房应当为地面以上的独立成套装修房屋，具备水、电使用功能；没有配置电梯的物业，物业服务用房所在楼层不得高于四层。

4. 深圳经济特区

根据 2014 年 1 月 1 日起实施的《〈深圳经济特区物业管理条例〉实施若干规定》规定：2008 年 1 月 1 日之前取得建设工程规划许可证的物业项目，建设单位应当按照《〈深圳经济特区住宅区物业管理条例〉实施细则》的规定配置和移交物业服务用房。实施细则规定：物业服务设备用房面积根据设备安装、使用、维护实际需要提供；物业服务办公用房面积按照下列标准提供：

（1）物业管理区域物业总建筑面积 25 万平方米以下的，按物业总建筑 2‰提供，建筑面积在 5 万平方米及以下的，按不少于建筑面积 100 平方米提供；

（2）物业管理区域物业总建筑面积超过 25 万平方米的，除按照 25 万平方米的 2‰提供外，超过部分按千分之一的标准提供。

业主委员会的办公用房从物业服务办公用房中调剂，建筑面积应当不少于 20 平方米。

16.2.3 注意事项

（1）开发商在审批建设工程规划许可证时，应按规定明确物业服务用房的位置和面积，并且应当在商品房预售时予以公布。

（2）申请房屋预售许可证、房屋所有权初始登记时，应当提交物业服务用房房号、面积等相关资料

（3）开发商在交付物业前，应当对物业服务用房、共用场地、共用设施设备配置独立的水电气计量器具。

（4）未经业主大会同意，任何单位和个人不得擅自变更物业管理用房性质和用途。擅自改变用途的，由县级以上地方人民政府房地产行政主管部门责令限期改正，给予警告，并处1万元以上10万元以下的罚款；有收益的，所得收益用于物业管理区域内物业共用部位、共用设施设备的维修、养护，剩余部分按照业主大会的决定使用。

（5）开发商未按照规定提供物业服务用房的，由相关房地产行政主管部门责令限期提供；逾期不提供的，责令向业主大会交纳相应价款，用于解决物业服务用房，没收违法所得和处以罚款。

【案例3】 业主委员会与开发商移交物业管理用房纠纷

2005年，某地产公司与另外两家投资公司共同开发了位于深圳南山的某高档住宅区，小区于同年销售完毕次年移交入伙。但未能移交物业管理用房。2007年该小区业主委员会成立。2011年，在聘请专业律师担任业主委员会法律顾问后，律师对业主权益及维权进行普法培训。在律师指点下，对小区停车位、物业管理用房、公共场所及外墙收入等进行梳理，发现开发商并未按法律规定移交物业管理用房。经过业主大会授权，业主委员会遂委托律师展开证据收集和法律论证，并向某地产公司和另外两家投资公司寄发了律师函。经过几轮交涉和协商，开发商清查施工图纸，移交了部分物业管理用房，并对不足面积部分按市场价格进行了补偿。

本案中，开发商由于没有按照规定向业主委员会移交本属于全体业主共有的物

业管理用房，通过律师介入沟通，和平地解决了开发商与业主委员会之间的纠纷。

16.3　开发商与业主权益界定

实践中，在物管企业进驻后，开发商将其占用的公共设施等转移给物管企业，由于权属不明等原因，经常会引发开发商、物业公司与业主之间的纠纷，其中有相当部分涉及到会所、车库、道路、墙体等共有部位和共用设施设备的权属和占用问题。因此，有必要对开发商与业主之间的权益作一个区分。

16.3.1　业主享有的权益包括哪些?

业主对建筑物内的住宅、经营性用房等专有部分享有所有权，对专有部分以外的共有部分享有共有和共同管理的权利。业主依法享有物业共用部位、共用设施设备的所有权或者使用权，开发建设单位不得擅自处分。

业主享有共有和共同管理的权利包括:

(1) 公共场所，包括道路、绿地、休憩地、空余地、公共走廊、连廊、通道、公共楼梯间、天台、地下室等。

(2) 公用设施，包括电梯、给水排水管、排烟管道、煤气（天然气）管道、水箱、加压水泵、天线、照明设施、消防设施、避雷设施、电子锁、对讲系统、卫生间、供电线路、沟渠、池、井、公益性文体等设施设备。

(3) 物业服务用房。

(4) 其他，包括共有共用的房屋主体承重结构部位（包括基础、内外承重墙体、柱、梁、楼板、屋面等）。

16.3.2　容易发生纠纷的权益

1. 道路、绿地

对于小区中建筑区划内的道路，《物权法》明确属于业主共有，但已经纳入城镇规划、成为城镇公共道路的，则为国家所有。建筑区划内的绿地，原则上属于业主共有，但属于城镇公共绿地的，应当归国家所有。此外，对于明示归个人的绿地，例如在房屋买卖合同中已经约定归业主个人所有的地面花园，则应当按照约定归业主个人所有。

2. 车位、车库

（1）可以保留所有权的车位、车库。

《物权法》第七十四条规定："建筑区划内，规划用于停放汽车的车位、车库的归属，由当事人通过出售、附赠或者出租等方式约定。"即该条款并没有直接明确规定规划用于停放汽车的车位、车库属于开发商所有，是否要保留该类车位、车库的所有权，开发商应当与业主进行约定。当然，对于是否存在这种约定，应当按照法律规则来认定，例如虽然房地产买卖合同中没有明确约定，但是开发商在此前的广告中以附赠车库来宣传且足以影响业主决定购买或者房屋价格的，应当认定存在赠予车库的约定。因此，为避免纠纷的产生以及败诉的风险，建议开发商应当与业主在事前进行明确的书面约定。

（2）不能保留所有权的车位、车库。

根据《物权法》之规定，"占用业主共有的道路或者其他场所用于停放汽车的车位，属于业主共有"，这主要是针对事先在规划中并未规划为车位的停车位，法律直接将该车位、车库所有权确定归业主共有，开发商对该条款中小区车位、车库的所有权是不能通过合同约定方式来直接保留的。由于车位归业主共有，收益也相应归业主共有。

那么什么样的情形属于"占用业主共有的道路或者其他场所用于停放汽车的车位"？根据《最高人民法院关于审理建筑物区分所有权纠纷案件具体应用法律若干问题的解释》之相关规定，建筑区划内在规划用于停放汽车的车位之外，占用业主共有道路或者其他场地增设的车位，应当认定为属于"占用业主共有的道路或者其他场所用于停放汽车的车位"。

【案例4】 开发商占用公共用地作为停车位纠纷

某开发商为方便门面招租，在房产交付入住一年后，将小区1号楼与餐饮门面之间的栏杆向内移动约10米，圈占小区公共用地为食客提供停车位，每天停在此处的车辆有一二十辆，既占用了小区公共用地，还造成扰民等诸多问题。此举引来众业主不满。有业主认为：小区公共用地属于全体业主共有，原先可供业主停车，现在被外来车挤占，开发商未经我们同意的行为侵犯了业主利益，何况外来车辆停在小区内是应该收费的，并且收费多少应由业主大会进行表决，收益如何分配也应由业主决定。开发商对此的说法是这块地在红线之外，停车场也是专门为门面设置的。但当业主委员会向开发商索要合法证据时，开发商却提供不出。

显然，根据上述物权法的规定，该开发商未经小区业主同意，擅自将小区公共用地改变成停车位，作为餐饮门面的附属物一并出租的做法，明显侵犯了该小区全体业主对公共用地的所有权。

【案例5】 开发商对业主共有的车位擅自处分应承担赔偿责任

汪女士于与某房产公司签订了一份商品房预售合同。双方签约时，房产公司书面承诺赠送汪女士地面车位一个，使用权为20年。后房产公司告知汪女士，因地面车位为公共设施，属于全体业主共有，故无法兑现承诺。汪女士遂以房产公司未能履行承诺为由提起诉讼，要求房产公司按每月200元支付20年车位使用权损失，共计48000元。

法院判决：法院认定房产公司赠送地面车位的承诺为无效法律行为，房产公司对此应承担过错责任。参照当时车位使用价格标准，法院最终判令房产公司以货币形式一次性赔偿汪女士所受经济损失人民币3万元整。

该案中，地面车位为全体业主共有，房产公司并不享有所有权，显然其赠予行为是无效的，房产公司在明知没有处分权的情况下将属于公共设施的车位赠予汪女士，主观上有过错，应当对自己的行为承担过错赔偿责任。

（3）车库的设置：开发商保留所有权的小区车位、车库，应当首先满足小区业主的需求。

根据《物权法》的相关规定，建筑区划内，规划用于停放汽车的车位、车库应当首先满足业主的需要。那么怎样才能认定开发商"应当首先满足业主的需要"了呢？根据《最高人民法院关于审理建筑物区分所有权纠纷案件具体应用法律若干问题的解释》之相关规定，开发商按照规划确定的建筑区划内规划用于停放汽车的车位、车库与房屋套数的比例将车位、车库以出售、附赠或者出租等方式处分给业主的，即可以认定为开发商的行为符合物权法中有关"应当首先满足业主的需要"的规定。就是说这些车位、车库，首先应当由小区内的业主决定是否以合理的价格购买或者承租；对于剩余的车位、车库，开发商才能向小区业主之外的人员出租或者出售、赠予。

北京、广东省的物业管理条例规定，建设单位依法取得车位、车库权属登记后方能出售车位、车库。在满足本区域业主、物业使用人需要后，建设单位将车位、车库出租给本区域业主、物业使用人以外的其他人的，其租赁合同期限不得超过六个月。同时，广东省的规定中还明确，建设单位应当在出售车位、车库一个月前，以书面形式告知本区域全体业主，并在物业管理区域的显著位置公示拟出售车位、车库的产权证明文件和出售价格，拟出售车位、车库数量少于本区域房屋套数时，每户业主只能购买一个车位、车库。

（4）委托物业管理后，开发商对停车位是否享有相关权益？

开发商在物业交接给物管企业后，对属于人防工程的停车场虽不享有所有权，但仍享有使用、收益的权利，同时，也享有诉权，但不得影响物管企业的正常管理。

【案例6】　某房地产公司诉物业公司侵占停车位案

位于东莞市的某花园系某房地产公司开发的商品房项目。某物业公司自2011年1月25日开始接受委托对该小区提供物业服务。2012年11月5日，某房地产公司向法院提起诉讼，主张涉案地下停车位的权属归某房地产公司所有，某房地产公司没有转让或者出租给他人使用，也没有同意物业公司出租；但物业公司在车库的入口设置保安亭，将停车位出租或者临时提供给他人停车并收取停车费，导致某房地产公司无法控制和使用停车位。请求判令物业公司立即返还侵占某房地产公司的177个车位及擅自对外出租收取的车位停车费350000元。

物业公司称：①不存在侵占某房地产公司所称的地下停车库的事实，没有妨碍其对该车位的处分和出租，更不存在强行将该车位以权利人的名义对外出租的行为。②要求返还收益没有任何事实和法律依据。即使地下停车库的177个车位都停满车，按每个车位收取 50 元管理费，物业公司的收益也仅仅是 8550 元。③案涉车库属于小区人防工程，在某房地产公司出售涉案小区后，该人防工程应属于小区业主共有，某房地产公司无权对该人防工程主张权利。④某房地产公司隐瞒其在 2011 年 1 月 28 日将涉案停车库中 132～137 号 6 个车位的使用权转让给了案外人的事实，其无权再主张已转让车位的停车费。

法院查明：涉案停车库属于人防工程，根据《中华人民共和国人民防空法》第五条第二款的规定，即使某房地产公司对该停车库未享有所有权，其对该停车库可享有使用权、收益权，其可根据享有的使用权、收益权主张权利，故某房地产公司系本案适格原告。

法院认为：某房地产公司主张物业公司对其存在侵权行为，应由其举证予以证明，某房地产公司所提交的照片虽显示停车库中有部分车位悬挂着停车牌，但仅凭该照片并不足以证明该停车牌的悬挂系物业公司所为，亦不足以证明物业公司对案涉车库的停车位存在处分、使用并收取租金的行为。物业公司主张其对案涉停车库采取的行为属于管理行为，向相关业主收取的 50 元/月的费用属于管理费，而非停车位的租金。而物业公司收取的费用金额与本地一般小区地下停车库的车位租金金额相比较亦明显较低，故本院认为物业公司的主张是可信的。另外，物业公司对案涉停车库仅采取管理行为，本案中的证据无法反映物业公司对物业的管理行为已对某房地产公司的用益物权造成妨碍，故综合以上分析，本院认为某房地产公司关于物业公司对其存在侵权行为的主张不能成立，判决驳回某房地产公司的全部诉讼请求。本案已经过一审、二审终审判决。

本案中，涉案小区已经委托物业公司进行物业管理，《物业管理委托合同》中关于委托管理事项约定管理范围包括停车场的维修、养护和管理。物业公司依法对涉诉小区物业包括地下停车库进行管理服务的行为是物业公司履行物业管理服务的正当行为，而不是侵权行为。业主将车辆停在停车库，会产生车主与某房地产公司之间的租赁关系、物业公司对车辆安全进行服务管理的物业服务合同关系、物业公司与某房地产公司之间的物业管理服务合同关系，物业公司向车主收取管理费所依据的是物业管理服务合同，并不违法。同时，作为开发商的某房地产公司对属于人防工程的停车库仍可享有使用权、收益权，其权益受到侵害时，可依法主张权利。

3. 墙体、电梯，属业主共有

按照规定，任何人不得擅自利用物业共用部位、共用设施设备进行经营。但在实践中，一些广告公司通过与物业公司签订合同，在外墙面、电梯内等共有部位设置广告牌；或者物业公司与一些企业签订合同，允许其进入小区推销。严格的讲，这是对业主共有财产的利用，当然，其合同是否有效必须视业主是否对物业公司授权而定；而且，因此所得的收益应当归业主共有或者用来充抵物业服务费用。

4. 公共配套设施，属业主共有

公共配套设施是开发商根据城市建设规划的要求，或开发项目建设规划的要求，为满足居住的需要而与开发项目配套建设的各种服务性设施，包括教育、医疗卫生、文化体育、商业服务、行政管理和社区服务和绿地（包括公园、小游园、组团绿地及其他块状、带状绿地）等设施。它是住宅开发成本的组成部分，已经计入房屋价格，并以预算造价按住宅面积所占比例分摊到每一业主的房产单价中，因此，开发商与业主签订房地产买卖合同时，公共配套设施就一并转让给业主，同时，公共设施的维修费也来源于业主缴纳的公共维修基金，因此公共配套设施属全体业主共有，其收益也应当归全体业主所有。

【案例7】 张某诉某房地产公司撤销无偿转让合同案

某房地产公司与张某签订了某花园2号楼203房的房地产买卖合同，合同签订后，某房地产公司按约交付房产，张某入住后取得房地产权证，后某房地产公司将花园内锅炉、配电室、水源井、水泵房等公共配套设施无偿转让给物业公司，签订了无偿转让合同。张某得知此事后，认为某房地产公司与物业公司签订的无偿转让合同侵犯了自己对花园配套设施的所有权，遂将某房地产公司和物业公司诉诸法院，要求撤销两公司之间的无偿转让合同。后经法院审理，判决撤销无偿转让合同。

本案某花园的公共配套设施产权人为全体业主，应由业主管理委员会代表管理和行使权利，某房地产公司不是产权人，其无权处分业主共有的财产，根据合同法的相关规定，无处分权的人处分他人财产，只有经过权利人追认或者无处分权的人订立合同后取得处分权的，该合同才有效。房地产公司明知自己无权处分，而与物业公司签署无偿转让合同，且在事后又没有取得全体业主的授权，违反国家强制性规定，其与物业公司签署的合同依法属无效合因此，张某以利害关系人身份起诉要求撤销无偿转让合同合法有据，得到支持。

16.3.3　注意事项

（1）制定业主临时公约。权利与义务对等，业主享有共有部位和公共设施的权益的同时，还应当履行相应的义务。因此，开发商应注意制定业主临时公约（参见范本二），以供区分职责。临时公约应当包括内容：物业管理区域物业共有部分的使用和维护规则；业主合理使用物业专有部分的权利和义务；物业天面、外墙、门窗及户外设施保洁和装修规则；维护物业管理区域公共秩序的权利和义务；业主分担物业管理区域各类费用的方式；违反规约应当承担的责任。临时公约应在销售现场予以公示和说明，在签订买卖合同时由业主一并签署，由业主对遵守业主临时公约予以书面承诺（参见范本三）。

（2）专项维修资金属业主所有，由业主交纳，专项用于物业保修期满后物业共用部位、共用设施设备的维修和更新、改造，不得挪作他用。

（3）利用物业共用部位、共用设施设备进行经营的，应当征得相关业主和业主大会的同意，并依法办理相关手续。所得收益依法归全体业主共有。

附：律师范本

范本一：前期物业管理服务合同

第一章　总则

第二章　委托管理服务事项

第三章　委托管理服务期限

第四章　甲、乙双方的权利和义务

第五章　物业管理服务质量标准

第六章　物业管理服务费用

第七章　违约责任

第八章　附则

委托方（以下简称甲方）：

名称：_____

法定代表人：_____

注册地：_____

邮编：_____

联系电话：_____

受托方（以下简称乙方）：_____

名称：_____

法定代表人：_____

注册地：_____

住所地：_____

邮编：_____

联系电话：＿＿＿＿＿＿＿＿＿＿＿＿＿＿＿＿＿＿＿＿＿＿＿＿

甲、乙双方根据有关法律、法规的规定，在自愿、平等、协商一致的基础上，就甲方将＿＿＿（物业名称）委托乙方实行物业管理有关事宜，达成一致意见，特订立本合同。

第一章　总　　则

第一条　物业基本状况

物业名称：＿＿＿＿＿＿＿＿＿＿＿＿＿＿

物业类型：＿＿＿＿＿＿＿＿＿＿＿＿＿＿

坐落位置：＿＿＿＿＿＿＿（市）＿＿＿＿＿＿区

四　　至：东＿＿＿＿＿＿南＿＿＿＿＿＿西＿＿＿＿＿＿北

占地面积：＿＿＿＿＿＿平方米

建筑面积：＿＿＿＿＿＿平方米

委托管理的物业构成细目详见本合同附件一。

第二条　乙方提供服务的受益人为本物业的全体业主和物业使用人。

第三条　乙方应参与本物业的竣工验收，并在本物业移交接管时，与甲方共同办理物业管理书面交接手续。

第四条　本物业交付使用后的质量责任，按国家《建设工程质量管理条例》和《房屋建筑工程质量保修办法》等有关法律、法规的规定承担。

第二章　委托管理服务事项

乙方接受甲方委托，提供以下物业管理服务：

第五条　房屋建筑共用部位的维修、养护和管理，包括：楼盖、屋顶、外墙面、承重结构、楼梯间、走廊通道、门厅、＿＿＿＿。

第六条　共用设施、设备的维修、养护、运行和管理，包括：共用的上下水管道、落水管、垃圾道、烟囱、共用照明天线、中央空调、暖气干线、供暖锅炉房、高压泵房、楼内消防设施设备、电梯、中央监控设备、建筑物防雷设施、＿＿＿＿。

第七条　附属建筑物、构筑物的维修、养护和管理，包括道路、室外上下水管道、化粪池、沟渠、池、井、自行车棚、停车场、＿＿＿＿。

第八条　共用绿地、花木的养护与管理、＿＿＿。

第九条　附属配套建筑和设施的维修、养护和管理，包括商业网点、文化体育娱乐场所、＿＿＿。

第十条　公共环境卫生：包括公共场所、房屋共用部位的清洁卫生、垃圾的归集、清运、＿＿＿。

第十一条　交通与车辆停放秩序的管理、＿＿＿。

本物业管理区域内的业主在本物业管理区域的公共场地停放车辆的，停放人应与乙方签订专项合同，并按该专项合同的约定承担各项责任和义务。

第十二条　维护公共秩序，包括安全监控、巡视、门岗执勤、＿＿＿；前款约定的事项不包含业主的人身与财产保险和财产保管责任，乙方与业主另行签订人身、财产保险和财产保管等专项合同的，按该专项合同的约定承担各项责任和义务。

第十三条　管理与本物业相关的工程图纸、住用户档案与竣工验收资料、＿＿＿。

第十四条　协助组织开展本物业管理区域内的文化娱乐活动。

第十五条　业主和物业使用人房屋的自管部位、自用设施及设备的维修、养护，在业主和物业使用人提出委托时，乙方原则上应接受委托，具体收费事宜应按照乙方制订并公布的收费标准由当事人双方另行协商。

第十六条　对业主和物业使用人违反业主临时公约或物业使用守则的行为，针对具体行为并根据情节轻重采取报告、规劝、制止、＿＿＿等措施。

第十七条　其他委托事项：

1. ＿＿＿＿＿＿＿＿＿＿＿＿＿＿；

2. ＿＿＿＿＿＿＿＿＿＿＿＿＿＿；

3. ＿＿＿＿＿＿＿＿＿＿＿＿＿＿。

第三章　委托管理服务期限

第十八条　本合同规定的物业管理委托期限暂定为＿＿＿年，自本合同生效之日起至＿＿＿年＿＿＿月＿＿＿日止。本合同期限届满，若需要续签合同，双方另行签订书面合同。

第十九条　本合同期限届满或业主委员会成立与业主大会所选聘的物业管理公司签订的物业管理服务合同生效时，本合同自然终止。

第四章　甲、乙双方的权利和义务

第二十条　甲方的权利和义务

1. 应当在销售物业之前，制定《业主临时公约》，对有关物业的使用、维护、管理，业主的共同利益，业主应当履行的义务，违反公约应当承担的责任等事项依法作出约定。

2. 应当在物业销售前将《业主临时公约》向物业买受人明示，并要求物业买受人在订立物业买卖合同时，作出遵守《业主临时公约》的书面承诺。

3. 在物业竣工交付使用时，负责向物业买受人提供房屋质量保证书和房屋使用说明书。

4. 审定乙方拟定的物业管理方案并在乙方提交上述物业管理方案之日起____日内出具书面审定意见。

5. 检查监督乙方管理工作的实施及制度的执行情况并每年进行一次考核评定；并将管理情况报物业管理主管部门备案。

6. 审定乙方提出的物业管理服务年度计划、财务预算及决算报告并在乙方提交上述材料之日起____日内出具书面审定意见。

7. 保证委托乙方管理的房屋、设施、设备达到国家验收标准及要求。在保修责任内，如存在质量问题，按以下第____种方式处理：

（1）甲方负责返修；

（2）委托乙方返修，由甲方支出全部费用；

（3）_____。

8. 在本合同生效之日起____。日内向乙方提供经营性商业用房（指非住宅房屋），由乙方按每月每平方米____。元的标准租用，其租金收入仅用于____。

9. 在本合同生效之日起____日内向乙方提供____平方米建筑面积的物业管理用房，由乙方按下列第____项方式使用：

（1）无偿使用；

（2）按建筑面积每月每平方米____元的标准租用，其租金收入仅用于____。

10. 在物业管理交接验收时，负责向乙方移交下列资料：

（1）竣工总平面图，单体建筑、结构、设备竣工图，附属配套设施、地下管网工程竣工图等竣工验收资料；

（2）设备设施的安装、使用和维护保养技术资料；

（3）物业质量保修文件和物业使用说明文件；

（4）物业管理所必需的其他资料。

11. 为实现本合同约定的物业管理服务要求而发生的物业管理服务费用，除由业主、物业使用人按规定缴纳外，不足部分由甲方承担。

12. 协调、处理本合同生效前发生的管理遗留问题，包括但不限于以下事项：

（1）_____；

（2）_____。

13. 协助乙方做好物业管理工作和宣传教育、文化活动。

14. 及时缴纳空置房屋的物业管理服务费；依法提供物业维修专项资金。

15. 甲方有权指定专业审计机构，对本合同约定的物业管理服务费用收支状况进行审计。

16. _____。

第二十一条　乙方的权利和义务

1. 据有关法律、法规及本合同的约定，制定物业管理方案；自主开展物业经营管理服务活动。

2. 对项目设计和施工提供管理方面的整改和完善建议。

3. 配备工作人员参与物业管理区域内的共用部位、共用设施设备调试、验收和交接。

4. 对业主和物业使用人违反法规、规章的行为，提请有关部门处理。

5. 按本合同的约定，对业主和物业使用人违反业主临时公约或物业使用守则及相关管理规定的行为进行制止和处理。

6. 可以将物业管理区域内的专项服务业务委托给专业性服务企业，但不得将本区域内的全部物业管理一并委托给第三方。乙方将物业管理区域内的专项服务业务委托给专业性服务企业的，相关的物业管理责任仍由乙方向甲方、业主及物业使用人承担。

7. 负责编制房屋及其附属建筑物、构筑物、设施、设备、绿化等的年度维修养护计划和保修期满后的大修、中修、更新、改造方案，经甲、乙双方议定后由乙方组织实施。

8. 向业主和物业使用人告知物业使用的有关规定，当业主和物业使用人装修物业时，告知有关注意事项和禁止行为，与业主和物业使用人订立书面约定，并负责监督。

9. 负责编制物业管理年度管理计划，资金使用计划及决算报告，并最迟于每年____月之前以____方式向甲方提出上述计划和报告；经甲方审定后组织实施。

10. 负责每____个月向全体业主和物业使用人公布一次物业管理服务费用收支账目；并将物业管理服务收费项目和收费标准以及向业主和物业使用人提供专项服务的收费项目和收费标准在本物业管理区域内以书面方式公示。

11. 对本物业的公共设施不得擅自占用和改变使用功能，如需在本物业内改、扩建或改善配套项目，须与甲方协商经甲方同意后报有关部门批准方可实施；不得擅自改变房屋共用部位的用途。

12. 不得擅自在物业管理区域内从事物业服务以外的经营活动；不得在处理物业管理事务活动中侵犯业主及物业使用人的合法权益。

13. 建立、妥善保管和正确使用本物业的管理档案，并负责及时记载有关变更情况。

14. 本合同终止时，乙方必须在本合同终止之日起____日内向甲方移交甲方提供的全部经营性商业用房、管理用房及物业管理的全部档案资料。

15. 接受业主、物业使用人、甲方和物业管理主管部门等的监督，不断完善物业管理服务，定期以书面方式向甲方报告本合同履行情况。

16. _____。

第五章　物业管理服务质量标准

第二十二条　乙方须按下列标准，完成本合同约定的物业管理事项：

1. **房屋外观**：完好整洁；每____年组织实施清洗外墙____次（费用由业主承

担）；公共内墙、走廊楼梯等每＿＿＿年粉饰＿＿＿次；公共防盗门每＿＿＿年刷新＿＿＿次。

2. 设备运行：电梯按规定时间＿＿＿运行；水泵、发电机等设备＿＿＿日检查＿＿＿次。

3. 房屋及设施、设备的维修、养护：屋面及房屋渗漏＿＿＿日修好。

4. 公共环境：道路：＿＿＿；室内外排水＿＿＿；沙井＿＿＿清理一次。

5. 清洁卫生：

（1）公共场地每天以＿＿＿标准清扫＿＿＿次；

（2）电梯卫生每天清扫、保洁＿＿＿次；

（3）定期组织实施化粪池清掏（费用由业主承担）；

（4）＿＿＿＿＿＿＿＿＿＿＿＿＿＿＿＿＿＿＿＿。

6. 绿化：绿地完好率达到＿＿＿％以上。

7. 交通秩序：室内（外）停车场一天＿＿＿小时保管。

8. 保安：实行＿＿＿小时保安制度，岗位设置＿＿＿个，＿＿＿小时轮流值守。

9. 急修：停水不超过＿＿＿小时；停电不超过＿＿＿小时；下水道、沙井堵塞不超过＿＿＿小时内开工；小修：报修＿＿＿小时内开工。

10. 业主和物业使用人对乙方的满意率达到：＿＿＿％。

有关上述物业管理服务质量标准的约定详见本合同附件二。

第六章　物业管理服务费用

第二十三条　物业管理服务费

1. 本物业的管理服务费用执行国家及北京市有关物业管理服务费用的相关规定。

2. 本物业管理服务费，住宅房屋由业主按其拥有建筑面积每月每平方米＿＿＿元向乙方交纳；非住宅房屋由业主按其拥有建筑面积每月每平方米＿＿＿元向乙方交纳。本物业管理费包括如下费用：＿＿＿＿＿＿＿＿＿＿＿＿＿。

3. 本物业管理服务费每＿＿＿〔月〕/〔季〕/〔半年〕交纳一次，每次交纳费用时间为＿＿＿。

4. 空置房屋的物业管理服务费，分别由＿＿＿按其拥有建筑面积每月每平方米____元向乙方交纳。

5. 本物业管理服务费标准的调整，按____调整。

6. 业主出租其拥有的物业，其应承担的物业管理服务费由业主交纳，业主与承租人另有约定的，从其约定，但业主应将此约定送乙方备案并就物业管理服务费的缴纳负有连带责任。

7. 业主转让物业时，须交清转让之前该业主应承担的物业管理服务费。

8. 物业管理服务费中未计入的共用设施设备运行、能耗费用，按____〔该幢〕/〔该物业〕住户实际用量共同分摊。

9. 业主和物业使用人逾期交纳物业管理服务费的，按以下第____项方式处理：

（1）从逾期之日起按每天____元交纳滞纳金；

（2）从逾期之日起每天按应付物业管理服务费的万分之____交纳滞纳金；

（3）_____。

第二十四条　车位使用费不得高于有权核定部门规定的现行标准，由车位使用人按下列标准向乙方交纳：

1. 露天车位：每日____元，每月____元，每年____元。

2. 车库：每日____元，每月____元，每年____元。

3. 摩托车：每日____元，每月____元，每年____元。

4. 自行车：每日____元，每月____元，每年____元。

5. _____。

第二十五条　乙方受业主、物业使用人的委托对其房屋自用部位、自用设备的维修、养护及其他特约服务的费用，由当事人自行约定。

第二十六条　乙方向业主和物业使用人提供的其他服务项目和收费标准如下：

1. _____。

2. _____。

3. _____。

第二十七条　房屋的共用部位、共用设施、设备、公共场地的维修、养护费用：

1. 保修期内属保修范围内的房屋共用部位、共用设施设备、公共场地的维修、养护费用由甲方承担。

2. 不属保修范围内的____、____、____维修、养护费用，由业主按其拥有的权属份额或＿＿＿承担。

3. 保修期满后，本物业共用部位、共用设施设备的大修、中修、更新、改造费用，在本物业维修专项资金中列支。

第七章 违约责任

第二十八条 甲方违反本合同第二十条的约定，使乙方未完成约定管理目标，乙方有权要求甲方在一定期限内解决，逾期未解决的，乙方有权终止合同；由于甲方违约给乙方造成经济损失的，甲方应给予乙方经济赔偿。

第二十九条 乙方违反本合同第五章的约定，未能达到约定的管理目标，甲方有权要求乙方限期整改并达到本合同约定的标准；逾期未整改的，或整改不符合本合同约定的，甲方有权终止合同；由于乙方违约给甲方造成经济损失的，乙方应给予甲方经济赔偿。

第三十条 乙方违反本合同第六章的约定，擅自提高收费标准的，甲方有权督促和要求乙方清退所收费用，退还利息并按＿＿＿支付违约金；由此给甲方造成经济损失的，乙方应给予甲方经济赔偿。

第三十一条 甲、乙双方任何一方无正当理不得提前终止本合同，否则应向对方支付＿＿＿元的违约金；由此给对方造成的经济损失超出违约金的，对超出部分还应给予赔偿。

第三十二条 因房屋建筑质量、设备设施质量或安装技术等原因，达不到使用功能，造成重大事故的，由甲方承担责任并作善后处理。因乙方管理不善或操作不当等原因造成重大事故的，由乙方承担责任并负责善后处理。产生质量事故的直接原因，以相关主管部门的鉴定为准。

第三十三条 甲、乙双方任何一方如通过不正当竞争手段而取得管理权或致使对方失去管理权的，或由此给对方造成经济损失的，应当由施加损害的一方承担全部责任。

第三十四条 由于一方违约而致使本合同提前终止的，提出解除合同的一方应及时通知对方，合同自上述书面通知送达对方时即行终止。

第三十五条 本合同期限届满或本合同提前终止的，甲乙双方应在本合同终止之日起＿＿＿＿日内办理完毕全部物业管理交接手续。

第八章 附 则

第三十六条 自本合同生效之日起_____天内，根据甲方委托管理事项，办理完交接验收手续。

第三十七条 为维护公众、业主、物业使用人的切身利益，在不可预见情况下，如发生煤气泄漏；漏电、火灾、水管破裂、救助人命、协助公安机关执行任务等突发事件，乙方因采取紧急避险措施造成业主必要的财产损失的，当事双方按有关法律规定处理。

第三十八条 甲、乙双方经协商一致，可对本合同的条款进行补充，以书面形式签订补充协议，补充协议与本合同具有同等效力。

第三十九条 本合同之附件均为本合同有效组成部分。本合同及其附件内，空格部分填写的文字与印刷文字具有同等效力。

第四十条 本合同及其附件和补充协议中未规定的事宜，均遵照中华人民共和国有关法律、法规和规章执行。

第四十一条 本合同正本连同附件共____页，一式三份，甲、乙双方及物业管理行政主管部门（备案）各执一份，具有同等法律效力。

第四十二条 本合同执行期间，如遇不可抗力，致使本合同无法履行时，甲、乙双方应按有关法律规定及时协商处理。

第四十三条 本合同在履行中如发生争议，甲、乙双方应友好协商解决，协商不成的，甲、乙双方同意按下列第____方式解决：

1. 提交____仲裁委员会仲裁。

2. 依法向有管辖权的人民法院起诉。

第四十四条 本合同自____起生效。

第四十五条 本合同约定的相关内容若与现行有效的法律、法规、规章以及政府文件相抵触时，该约定无效。若在本合同的履行中，遇国家相关法律、法规、规章以及政府文件发生变化时，自然也应按变化后国家相关法律、法规、规章以及政府文件执行。

甲方签章：　　　　　　　　　　乙方签章：

法定代表人：　　　　　　　　　法定代表人

授权代表：

日期： 年 月 日

合同签订地：

附件：

一、本物业构成细目

二、木物业管理质量目标

三、本物业的管理方案

授权代表：

日期： 年 月 日

范本二：××花园业主临时公约

第一条　为维护本物业管理区域内全体业主和物业使用人的合法权益，维护公共环境卫生和正常秩序，保障物业的安全与合理使用，营造安全、舒适、文明、和谐的工作和生活环境，根据法律法规有关规定，结合本物业实际，制定本规约。本规约对本物业管理区域内的全体业主和物业使用人均具有约束力。

第二条　本物业的基本情况

（一）物业名称：＿＿＿＿＿＿＿＿＿＿＿＿＿＿＿＿＿＿＿＿

（二）坐落位置：＿＿＿＿＿＿＿＿＿＿＿＿＿＿＿＿＿＿＿＿

（三）物业总建筑面积：＿＿＿＿＿＿＿＿＿＿＿＿＿＿＿＿

（四）物业类型：＿＿＿＿＿＿＿＿＿＿＿＿＿＿＿＿＿＿＿＿

（五）土地宗地号：＿＿＿＿＿＿＿＿＿＿＿＿＿＿＿＿＿＿

（六）物业及配套设施的情况：＿＿＿＿＿＿＿＿＿＿＿＿

第三条　物业的使用

业主和物业使用人同意按照下列规定使用物业：

（一）业主、物业使用人应当按照规划部门批准的用途使用物业。因特殊情况需要改变物业用途的，除遵守法律、法规以及本规约外，应当征得有利害关系的业主同意，并报有关行政主管部门批准。

（二）业主依法行使物业专有部分权利和共有部分权利时，不得危及建筑物的安全，不得损害其他业主的合法权益和业主的共同利益。

（三）需要装修装饰物业的，应事先告知物业服务企业，与其签订装饰装修管理服务协议，并且应遵守本规约中有关物业装饰装修的注意事项，不从事装饰装修的禁止行为。

（四）应保证在小区内营业的商铺的营业人员到管理处登记（每人交一寸免冠相片两张，交验身份证及其他有关证明，户口不在本市内的，应办理登记手续或派出所申报暂住证）。

（五）安装空调时，应按照房屋设计预留的位置安装，未预留位置的，应当按照本规约的相关规定安装。

（六）业主及物业使用人使用电梯、扶梯，应遵守本物业管理区域的电梯、扶梯使用管理规定。损坏电梯设备的，应承担相应的赔偿责任。

（七）物业区域内的车辆行驶和停放，应遵守本物业管理区域的车辆行驶和停车规则。

（八）与他人建立合法使用、维护、改造所拥有物业的法律关系时，应告知并保证对方遵守本规约。

第四条 物业使用的禁止

业主、物业使用人在物业使用中，不得有下列行为：

（一）擅自改变房屋的结构和外貌；

（二）不得经营法律法规以及根据本规约规定所禁止的业态；

（三）擅自改建、占用物业共有部分；

（四）损坏或者擅自占用、拆改、移装公用设施；

（五）违法搭建建筑物、构筑物；

（六）擅自占用、改建、扩建小区内及周边市政道路；

（七）践踏、占用绿地，损毁树木、园林；

（八）商铺中生火煮食、存放不符合安全标准的易燃、易爆、剧毒、放射性等危险性物品，存放、铺设超负荷物品；

（九）排放有毒、有害物质；

（十）室内不得制造超标准噪声，包括大音量播放电视、音响、举行喧闹的聚会、舞会、机器设备噪声等；

（十一）违反规定在物业管理共用部位和相关场所摆设神位及燃点香烛悬挂衣物或其他洗涤物、张贴室外宣传物和乱涂乱画；

（十二）上落货物时，必须在管理处指定的卸货区内进行，不得将货物随处摆放，以免发生意外及堵塞通道；

（十三）文明营业，主要负责人应教育好自己的员工，绝不允许在住宅区打架斗殴、吸毒贩毒，以及进行赌博、色情等违法乱纪活动，一经发现，即送公安机关处理；

（十四）保持门前及橱窗范围内的卫生清洁，不准将垃圾乱丢乱放，货物包装材料废弃后要及时清理，不准放置在任何场所，生活垃圾需放在指定的垃圾筒内；

（十五）其他侵犯业主权益的行为；

（十六）本规约禁止的其他行为；

（十七）法律、法规禁止的其他行为。

第五条　物业的转让、出租

业主转让或者出租物业时，须将本规约作为物业转让合同或者租赁合同的附件，物业受让人或者承租人应当遵守本规约。业主转让或者出租物业后，当事人应当将物业转让或者出租情况以及受让人或者承租人的通信方式书面告知物业服务企业。

业主转让物业时应当结清物业管理服务费等相关费用。

第六条　建设单位与物业服务企业签订的前期物业服务协议中涉及业主共同利益的约定，应与本规约一致。

第七条　全体业主一致同意在业主大会成立之前，由建设单位____公司委托的____物业管理公司，根据前期物业服务协议对本物业进行物业服务。

第八条　业主应参加业主大会，协助业主大会、业主委员会、物业服务企业以及相关单位在物业管理方面的工作。

第九条　业主对下列部分享有共有和共同管理的权利：

（一）公共场所，包括道路、绿地、休憩地、空余地、公共走廊、连廊、公共楼梯间、天台、地下室等；

（二）公用设施，包括电梯、给排水管、水箱、照明设施、消防设施、避雷设施、电子锁、对讲系统、排烟管道及卫生间等；

（三）物业服务用房；

（四）其他，包括公共建筑物的承重结构、主体结构、____等。

第十条　业主及物业使用人应遵守法律、法规和本规约的规定，按照有利于物业使用、安全、整洁以及公平、合理、不损害公共利益和他人利益的原则，在供电、供水、供热、供气、排水、通行、通风、采光、维修、装饰装修、环境卫生、环境保护、房屋外观等方面妥善处理与相邻业主的关系，有关本物业管理区域内相关物业的特殊事项提示：

物业号	特殊提示
＿＿层＿＿号物业	内设强电井，为大厦配电设施，不能封闭，不能占用和挪用以及堆放一切物品在强（弱）井门口，保持强（弱）电井门口的清洁和整洁，且买方承诺配合检修
……	……

注意：凡有结构剪力墙柱及设备管井的地方均不能打通。

第十一条 业主及物业使用人应注意按照物业的业态功能使用物业，除国家法律、法规禁止业态外，不得经营如下业态：工厂、洗车场、修理厂、小五金加工等对本物业管理区域内的商业街区及住宅项目造成环境污染或者影响小区业主的正常生活及秩序的经营。

本物业管理服务区域内物业的经营使用应注意以下：

（1）本物业管理区域内具有餐饮业态功能的物业：＿＿。上述物业已预留给排水管道及排污管道接驳口，燃气须业主自行申请，并严禁使用瓶装燃气隔油池已设置于规定的位置。上述物业中，＿＿号商铺未预留排烟管道，需自行安装，但安装前方案必须经物业管理公司同意，并且报环保部门审核同意且自行维护，＿＿月清洗一次；＿＿号物业已预留有排烟管道接驳口。上述所有设备、设施不可拆除，上述部位的装修设计方案及施工必须在施工前经物业管理公司审核同意。

（2）＿＿号物业预设给排水点，具备建设独立洗手间的条件，但需业主自行按国家相关规范设计施工。

（3）＿＿层设有＿＿个公共卫生间，具备建设独立洗手间的条件，但需业主自行按国家相关规范设计施工。

（4）本物业管理区域内，除上述物业外，其余物业均未设置排烟管道和给排水管道，业主及物业使用人不得私自增设。

（5）本物业管理区域内所有物业的招牌及广告门面必须按建设单位规定的位置、尺寸及材质要求自行施工，施工前施工方案必须经物业管理公司审核同意。本规约是对物业管理区域内的商铺部分作出的，为上下文统一，称"物业"，在此没有歧义。

（6）本物业管理区域内所有商业物业的卷帘门仅可安装于该物业的室内。

第十二条　业主及物业使用人装饰装修物业时应遵守以下约定：

（一）应事先告知物业服务企业，并与其签订装饰装修管理服务协议；

（二）应在指定地点放置装饰装修材料及装修垃圾，不得擅自占用物业共用部位和公共场所；

（三）本物业管理区域内相关物业的装饰装修施工时间为每天 8：30～12：00，14：00～19：00，其他时间不得施工（节假日不得从事敲、凿、锯、钻等产生严重噪声的施工）；

（四）违反装饰装修管理协议而影响物业用电、用水、供气、通信、有线电视等使用功能的，应承担相应的责任；

（五）因装饰装修物业影响物业共用部位、共用设施设备的正常使用以及侵害相邻业主合法权益的，业主应及时恢复原状并承担相应的赔偿责任；

（六）按规定可以安装防盗网的，应按照统一的标准制作安装，以保持物业区域外观统一；

（七）_____。

第十三条　物业在使用过程中存在安全隐患，已经或即将危及公共利益及他人利益时，责任人应当及时应急维修；责任人不履行或者无法履行应急维修义务的，物业服务企业可在社区工作站（社区居民委员会）、业主委员会有关人员到现场见证下进入物业内部应急维修，维修所需的费用由责任人承担。

第十四条　因维修养护物业确需进入相关业主的物业专有部分时，业主或物业服务企业应事先告知相关业主，相关业主应给予必要的配合。

相关业主阻挠维修养护造成物业损坏及其他损失的，应负责修复并承担赔偿责任。

第十五条　因维修养护物业，业主确需临时占用、挖掘道路、场地的，应当征得业主委员会或物业服务企业的同意，并在约定期限内恢复原状。

第十六条　业主及物业使用人应按设计预留的位置安装空调，未预留设计位置的，应按物业服务企业指定的位置安装，并按要求做好噪声及冷凝水的处理。

（一）本物业管理区域内_____层物业均设有中央空调，中央空调管道已入户，_____层各物业预留中央空调管道接驳口。

（二）本物业管理区域内_____层物业如需安装独立空调，其空调主机仅可安装在＿＿层停车场内，并不得影响停车场车辆停放，施工前方案必须经物业管理公司审查同意。所有2层物业不允许设置独立空调机位。

第十七条 业主和物业使用人在本物业管理区域内饲养动物不得违反有关规定，并应遵守以下约定：

（一）不得影响其他业主及物业使用人的正常生活；

（二）进入公共场所要使用绳索牵好，以防伤及他人；

（三）应当及时处置动物的排泄物，不得影响公共环境的卫生和美观。

第十八条 业主应当按照规定交纳物业专项维修资金。

第十九条 本物业管理区域内发生的需要全体业主分担的费用按下列第＿＿种方式分担：

（一）按照业主专有部分占建筑物总面积的比例确定；

（二）业主大会决定；

（三）＿＿＿＿＿＿＿＿＿＿＿＿＿＿＿＿＿＿。

第二十条 业主利用物业共用部位、共用设施设备设置广告或进行其他经营活动的，应当征得有关业主、业主大会的同意，并按照规定办理有关手续。

按照前款规定获取的收益，按下列第＿＿种方式处理：

收益纳入物业服务费，并不是额外增加了物业服务企业的物业服务费收入，而是应该冲抵业主应缴纳物业服务费部分，自然是合理的。

（一）纳入物业服务费；

（二）纳入专项维修资金；

（三）＿＿＿＿＿＿＿＿＿＿＿＿＿＿＿＿＿＿；

（四）＿＿＿＿＿＿＿＿＿＿＿＿＿＿＿＿＿＿。

第二十一条 业主应当按规定缴纳物业服务费。业主与物业使用人约定物业使用人交纳物业服务费的，从其约定，业主负连带交纳责任。

第二十二条 为维护业主的共同利益，全体业主同意在物业服务活动中授予物业服务企业以下权利：

（一）根据有关法律法规、本规约和前期物业服务协议，制定必要的规章制度，并督促业主和物业使用人遵守、执行；

（二）以批评、规劝、警告等方式制止业主、物业使用人违反本规约的行为。

（三）在物业区域内公布不遵守本规约及相关法律法规的业主、物业使用人的姓名及违约事实；

（四）＿＿＿＿＿＿＿＿＿＿＿＿＿＿＿＿＿＿＿＿＿＿。

第二十三条 业主大会和业主委员会，对违反本规约规定的行为，有权依照法律、法规以及本规约，要求行为人停止侵害、消除危险、排除妨害、恢复原状、赔偿损失等。业主对侵害自己合法权益的行为，可以依法向人民法院提起诉讼。

第二十四条 其他补充条款。

第二十五条 本规约自本物业管理区域内的第一个买受人签字后生效，至业主大会制定的《管理规约》生效之日终止。

范本三：临时公约业主承诺书

本人为_____（物业名称及具体位置，以下称该物业）的买受人，为维护本物业管理区域内全体业主的共同利益，本人声明如下：

一、确认已详细阅读_____（建设单位）制定的"_____（项目名称）临时公约"（以下称"本临时公约"）；

二、同意遵守本临时公约；

三、本人同意承担违反本临时公约的相应责任。

承诺人（签字）：

_____年____月____日